Culture Club
II

Klassiker der Kulturtheorie

Herausgegeben von
Martin Ludwig Hofmann,
Tobias F. Korta
und Sibylle Niekisch

W0340294

Suhrkamp

Bibliografische Information Der Deutschen Bibliothek
Die Deutsche Bibliothek verzeichnet diese Publikation in der Deutschen Nationalbibliografie
⟨http://dnb.ddb.de⟩

suhrkamp taschenbuch wissenschaft 1798
Erste Auflage 2006
© Suhrkamp Verlag Frankfurt am Main 2006
Suhrkamp Taschenbuch Verlag
Alle Rechte vorbehalten, insbesondere das der Übersetzung, des öffentlichen Vortrags sowie der Übertragung durch Rundfunk und Fernsehen, auch einzelner Teile. Kein Teil dieses Werkes darf in irgendeiner Form (durch Fotografie, Mikrofilm oder andere Verfahren) ohne schriftliche Genehmigung des Verlages reproduziert oder unter Verwendung elektronischer Systeme verarbeitet, vervielfältigt oder verbreitet werden.
Druck: Druckhaus Nomos, Sinzheim
Printed in Germany
Umschlag nach Entwürfen von
Willy Fleckhaus und Rolf Staudt
ISBN 3-518-29398-2
ISBN 978-3-518-29398-0

1 2 3 4 5 6 – 11 10 09 08 07 06

Inhalt

Vorwort

Was heißt »Kultur«? Kaum ein anderer Begriff durchzieht die theoretische Debatte der letzten Jahrzehnte mit solch einer Wucht. Kulturwissenschaft und Kulturtheorie sind längst nicht nur zu interdisziplinären, sondern auch zu internationalen intellektuellen Abenteuern geworden. Schließlich war der *cultural turn* kein rein deutsches, nicht einmal ein rein europäisches, sondern ein globales Phänomen in der *scientific community*. »›Kultur‹ ist zur Zauberformel unserer Gegenwart geworden«, haben wir folgerichtig im ersten Band des *Culture Club* geschrieben, in dem wir 15 Klassiker der Kulturtheorie vorgestellt haben: von Sigmund Freud bis Jacques Lacan, von Georg Simmel bis Michel Foucault, von Georges Bataille bis Judith Butler.[1]

Die Wochenzeitung *Die Zeit* gab dem Buch das Prädikat »lesenswert«, das Online-Portal *literaturkritik.de* konstatierte, dass die einzelnen Beiträge »die jeweiligen Theoriegebäude verständlich und konzise wiedergeben«, die Zeitschrift *Freiburger FrauenStudien* prophezeite, dass der *Culture Club* »zu Recht ein Standardwerk werden« würde, »die einzelnen Beiträge sind, gerade auch in ihrer stilistischen Heterogenität, sehr angemessene und zum Teil brillante Einführungen in die vorgestellten theoretischen Konzepte«. Und die Zeitung *Die Welt* wählte es gar zu den »Taschenbüchern der Woche«, der Schriftsteller Hanns-Josef Ortheil begründete die Wahl mit den Worten:

> Wollte man einmal zusammenstellen, mit welchen Autoren sich Bolanos junge Dichter beschäftigen, so fände man viele von ihnen in dem bei Suhrkamp herausgegebenen Band *Culture Club* ausführlich behandelt (...) 15 Beiträge sind es insgesamt, die den Kulturdiskursen des 20. Jahrhunderts bis in die Gegenwart nachgehen. Dabei handelt es sich nicht bloß um im akademischen Sinn interessante Theoretiker.[2]

So viel Lob ermutigte zur Wiederholungstat, zumal die Auswahl der im ersten Band vorgestellten Kulturtheoretikerinnen und Kultur-

1 Martin Ludwig Hofmann, Tobias F. Korta, Sibylle Niekisch (Hg.): *Culture Club. Klassiker der Kulturtheorie*, Frankfurt am Main 2004.

2 *Die Zeit*, 7. Juli 2005; *literaturkritik.de*, November 2004 (www.literaturkritik.de); *Freiburger FrauenStudien*, 16/2005; *Die Welt*, 3. April 2004.

theoretiker allzu viele Denkerinnen und Denker außen vor lassen musste, die es allemal verdient haben, in den *Culture Club* aufgenommen zu werden: Allen voran Max Weber, einer der Gründerväter moderner Kultur- und Sozialwissenschaft in Europa. Oder Siegfried Kracauer, der nach Meinung Adornos »die Filmkritik in Deutschland überhaupt erst aufs Niveau gebracht« habe.[3] Martin Heidegger, für manche der wichtigste Kulturphilosoph des 20. Jahrhunderts, oder Helmuth Plessner, der jüngst wiederentdeckte Mitbegründer der Philosophischen Anthropologie. Margaret Mead, die Grande Dame der US-amerikanischen Ethnologie, und Clifford Geertz, einer der einflussreichsten nordamerikanischen Kulturanthropologen der Gegenwart. Weiterhin Paul Feyerabend, der wahrscheinlich originellste, verwirrendste, populärste und umstrittenste Erkenntnisphilosoph der vergangenen Jahrzehnte, oder Hannah Arendt, die vielleicht wirkmächtigste politische und kulturelle Theoretikerin des 20. Jahrhunderts. Darüber hinaus ein akademischer Außenseiter und intellektueller Tausendsassa wie Ivan Illich, der Kulturkritik zur Fundamentalkritik weitete. Nicht zu vergessen die wegweisenden Medientheoretiker Marshall McLuhan und Vilém Flusser. Oder die Begründer der *Cultural Studies* – Richard Hoggart, Raymond Williams und Stuart Hall. Und schließlich zwei der wichtigsten Vertreter der so genannten Postmoderne: Jean-François Lyotard und Jacques Derrida. All diese Theoretikerinnen und Theoretiker finden im vorliegenden Band Eingang in den *Culture Club*.

Doch es bleibt die Frage: Was heißt »Kultur«? Nach der Veröffentlichung des ersten Bands kritisierte Gustav Mechlenburg in seiner Rezension, dass der *Culture Club* keine einheitliche Kulturdefinition präsentiere. Der Begriff »Kultur« bleibe auch nach der Lektüre vage.[4] Ein Vorwurf, der ins Schwarze trifft und doch ganz danebenliegt. Wer mit starren Kategorien festzuzurren versucht, was in seiner Heterogenität und Ambiguität die Vielfalt kulturtheoretischen Denkens ausmacht, verfehlt unseren Anspruch: Orientierung zu bieten durch einen Überblick über das Denken und Werk unterschiedlichster Kulturtheoretikerinnen und Kulturtheoretiker. Prä-

3 Theodor W. Adorno: »Siegfried Kracauer tot«, in: *Frankfurter Allgemeine Zeitung*, 1. 12. 1966.

4 Gustav Mechlenburg: »Willkommen im Club!«, in: *textem*. Online-Veröffentlichung in: www.textem.de (abgerufen am 6. 10. 2004).

sentation der Vielfalt statt deren Vereinheitlichung lautet unser Programm.

Denn welche Kulturdefinition sollte als Korsett für all die unterschiedlichen Denkansätze taugen? Vielleicht jene, die der *Brockhaus* schon im Jahr 1892 präsentierte: »Kultur (lat.), eigentlich Pflege und Vervollkommnung eines nach irgend einer Richtung der Verbesserung fähigen Gegenstandes, z. B. des Bodens, der Waldungen, einzelner Tiere, besonders aber die Entwicklung und Veredelung des menschlichen Lebens und Strebens.«[5] Oder die lange Zeit in der Kulturanthropologie verbindliche Definition von Sir Edward Burnett Tylor, dem Begründer der wissenschaftlichen Ethnologie in der Englisch sprechenden Welt, der Kultur begreift als »jenes komplexe Ganze, das Wissen, Glauben, Kunst, Moral, Recht, Sitte, Brauch und alle anderen Fähigkeiten und Gewohnheiten umfaßt, die der Mensch als Mitglied einer Gesellschaft erworben hat«.[6] Die beiden Definitionen sind veraltet? Dann ziehen wir die Umschreibung der zeitgenössischen Berliner Kulturwissenschaftlerin Christina von Braun heran, die Kultur »im Sinne einer Fülle von symbolischen oder medialen, von Handlungen und Denkmustern bestimmten Wissensformen begreift, aus denen die Gesellschaft ihr kulturelles Gedächtnis bezieht«.[7] Oder jene Definition, die Marvin Harris anbietet: »Kultur beinhaltet die erlernten, sozial angeeigneten Traditionen und Lebensformen der Mitglieder einer Gesellschaft einschließlich ihrer strukturierten, gleichbleibenden Weisen des Denkens, Empfindens und Handelns (d. h. des Verhaltens).«[8]

Je mehr Definitionen man heranzieht, desto deutlicher zeichnet sich ein Verständnis von »Kultur« ab, das Raymond Williams in eine längst legendär gewordene Wendung gefasst hat: *culture as a whole way of life*. Oder anders formuliert: Williams entwickelt eine »›gesellschaftliche‹ Bestimmung der Kultur, in der diese als Be-

5 Brockhaus von 1892, zitiert nach Werner Bartens, Martin Halter, Rudolf Walther: *Letztes Lexikon*, Frankfurt am Main 2002, S. 192.

6 Edward Burnett Tylor: *Die Anfänge der Kultur. Untersuchungen über die Entwicklung der Mythologie, Philosophie, Religion, Kunst und Sitte*, 2 Bde., Leipzig 1873 (englische Ausgabe 1871), S. 1.

7 Christina von Braun zitiert nach Winfried Pauleit: »Zur Aktualität der Kulturwissenschaft«, in: *Ästhetik & Kommunikation*, Heft 126, Herbst 2004, S. 49.

8 Marvin Harris: *Kulturanthropologie. Ein Lehrbuch*, Frankfurt am Main, New York 1989, S. 20.

schreibung einer bestimmten Lebensweise erscheint, deren Werte sich nicht nur in Kunst und Erziehung ausdrücken, sondern auch in Institutionen und im ganz gewöhnlichen Verhalten«.[9] Eine wissenschaftliche und theoretische Beschäftigung mit Kultur hat demzufolge eine Klärung der Werte und Bedeutungen zu leisten, die von einer bestimmten Lebensweise, einer bestimmten »Kultur« implizit oder explizit verkörpert werden.

Erst ein solchermaßen bewusst offen gehaltenes Verständnis von »Kultur« ermöglicht es, verschiedenste Theorieansätze zu vereinen, insbesondere wenn diese sich jenseits der eingespielten Fach- und Disziplingrenzen bewegen.

Martin Ludwig Hofmann, Tobias F. Korta, Sibylle Niekisch
Freiburg, Dresden und Berlin im Sommer 2006

9 Raymond Williams: *Innovationen. Über den Prozeßcharakter von Literatur und Kultur*, herausgegeben und übersetzt von H. Gustav Klaus, Frankfurt am Main 1983, S. 45. Vgl. zum kulturtheoretischen Denken Raymond Williams' auch den Beitrag von Roman Horak in diesem Band.

Michael Sukale

Max Weber (1864-1920) Kultur zwischen Chaos und Entzauberung

Max Weber – Jurist, Volkswirtschaftler und Gesellschaftstheoretiker – begründete neben Wilhelm Dilthey (1833-1911), Heinrich Rickert (1863-1936) und Georg Simmel (1858-1918) die deutsche Kulturwissenschaft und Kultursoziologie, die sich während des 19. und zu Anfang des 20. Jahrhunderts herausbildeten. Bereits zu Lebzeiten wurde Weber als einer der Väter der deutschen Soziologie angesehen. Heute gilt er selbst auf europäischer Ebene neben Emile Durkheim (1858-1917) und Vilfredo Pareto (1848-1923) als vielleicht wichtigster Begründer der modernen Sozialwissenschaften der westlichen Welt.

I. Frühe Anfänge

Marianne Weber schreibt in ihrer Biografie über Max Weber, dass er sich schon als Junge mit dem *Kulturproblem* auseinander gesetzt habe. Als 15-Jähriger schreibt er aus freien Stücken einen Aufsatz über »Betrachtungen über Völkercharakter, Völkerentwicklung und Völkergeschichte bei den indogermanischen Nationen«, bei dem es ihm darum geht, verschiedene Kulturstufen zu unterscheiden und allgemeine Gesetze der Kulturentwicklung zu erforschen, um Orient und Okzident gegeneinander auszuspielen. Er vergleicht insbesondere die indogermanischen Völker und deren Kultur mit den semitischen Völkern und Kulturen und stellt einen gegenseitigen und unüberwindlichen Widerwillen zwischen beiden Volksgruppen fest. Außerdem schildert er, wie die indogermanischen Nationen – er scheint schon hier zwischen »Volk« und politisch organisierter »Nation« zu unterscheiden – immer wieder durch den semitischen Despotismus unterdrückt und korrumpiert worden seien. In diesem »Kampf der Kulturen« sind ihm zwei Ereignisse besonders wichtig. Zum einen ist es die Schlacht von Salamis, in der sich Griechenland und der gesamte Okzident vom orientalischen Joch befreien, zum anderen ist es die Ausbreitung des Christentums. Es ist aus dem Judentum hervorgegangen, und daher ist es die semitisch beeinflusste Christianisierung des Okzidents, die die antike Kultur zum Versinken bringt.[1]

Die beiden Thesen des jungen Weber – der gegenseitige Widerwillen der Arier und Semiten sowie der Untergang der antiken Kultur durch die Christianisierung – sind dem spezifischen Inhalt nach von Weber schon bald nicht mehr verfochten worden. Bereits als Student lobt er seinem jüngeren Bruder Alfred gegenüber die christliche Kultur und verpflichtet ihn, ihr und damit der Weltkultur seine Kräfte zu widmen; und der Antisemitismus Treitschkes und seiner Berliner Mitstudenten widert ihn an. Aber die beiden Argumentationsschemata sind geblieben. Weber hat in wiederholten Anläufen und Schüben zu zeigen versucht, dass sich erstens insgesamt der Okzident und vornehmlich Europa durch eine kulturelle Sonderentwicklung vom Orient löste und dass zweitens diese Entwicklung durch den Prozess der Rationalisierung bestimmt war, der mit dem frühen Judentum beginnt und über das Frühchristentum, das katholische Mittelalter und über die protestantischen Teile des neuzeitlichen Christentums bis in die Moderne reicht. Außerdem erhält Webers Kulturbegriff bald einen schärferen wirtschaftlich-sozialen Aspekt und eine stark politische Komponente; und das für ihn immer wichtiger werdende religiöse Element führt zu einer Modifizierung und Differenzierung seines Begriffs vom Christentum.

Ich verfolge zunächst die Einbeziehung des Wirtschaftlich-Sozialen in einem populären Vortrag über »Die sozialen Gründe des Untergangs der antiken Kultur« aus dem Jahre 1896[2] und danach den politischen Aspekt in seiner kurz zuvor gehaltenen Antrittsrede für die Professur für Nationalökonomie in Freiburg 1895.[3] Die Modifizierung und Differenzierung des Christentums werde ich erst in einem späteren Abschnitt und im Zusammenhang mit Webers Aufsätzen zur protestantischen Ethik diskutieren.

1 Marianne Weber: *Max Weber – Ein Lebensbild*, Tübingen 1926, S. 49 ff.

2 Erstdruck in: *Die Wahrheit*, Bd. 6, 1896, S. 57-77, wieder abgedruckt in Max Weber: *Gesammelte Aufsätze zur Sozial- und Wirtschaftsgeschichte*, Tübingen 1924, S. 289-311.

3 Max Weber: *Der Nationalstaat und die Volkswirtschaftspolitik. Akademische Antrittsrede*, Freiburg, Leipzig 1895.

II. Kultur und Wirtschaft

Der Vortrag über den Untergang der antiken Kultur ist die populäre Aufbereitung des letzten Kapitels aus Webers Habilitationsschrift aus dem Jahre 1891.[4] Ich kontrastiere Webers Thesen mit denjenigen, die die beiden Historiker Gibbon und Burckhardt zum gleichen Problem aufgestellt hatten. Gibbon hatte in den berüchtigten Kapiteln XV und XVI seiner *History of the Decline and Fall of the Roman Empire* behauptet, dass es die Ausbreitung des Christentums und der Einfall der Barbaren in das Römische Reich gewesen seien, die zum Zerfall der antiken Kultur geführt hätten. Seiner Meinung nach war die spätantike Kultur durch den kaiserlich-römischen Polytheismus tolerant geworden und außerdem sei sie vernunftorientiert gewesen. Das Christentum habe diese Kultur durch seinen intoleranten und vernunftwidrigen Aberglauben ruiniert. Diese These hatte der große Schweizer Historiker Jacob Burckhardt nur in punkto Christentum übernommen, und die antike These von der Degeneration nahm er in etwas verwandelter Form auf, indem er das Schwergewicht auf den Verfall der spätantiken *Kultur* legte.

Wenn man bedenkt, dass Gibbon und Burckhardt viel gelesene Autoren waren, wirkt Webers wirtschaftshistorische Erklärung des Untergangs der antiken Kultur umso ungewöhnlicher und frischer. Auch Weber fragt mit Gibbon und Burkhardt: »Woher jene Kulturdämmerung in der antiken Welt?«[5] Er konstatiert wie Burckhardt den Verfall der Kultur im dritten und vierten Jahrhundert und mit ähnlichen Beispielen, aber Webers Erklärung basiert weder auf der Tatsache der Völkerwanderung, die seiner Meinung nach für diesen Prozess nicht die Ursache, sondern die Konsequenz war, noch basiert sie auf der Ausbreitung des Christentums und schon gar nicht auf einem endogenen Alterungsprozess. Stattdessen führt er die Gründe des Untergangs der antiken Kultur auf die »*Eigentümlichkeiten* der sozialen Struktur der antiken Gesellschaft« zurück und entwickelt die These von einem »Kreislauf der antiken Kulturentwicklung«.[6]

Die antike Kultur ist für Weber zunächst Stadt-, Küsten- und

4 Max Weber: *Die römische Agrargeschichte in ihrer Bedeutung für das Staats- und Privatrecht*, Stuttgart 1891.

5 Weber: *Gesammelte Aufsätze zur Sozial- und Wirtschaftsgeschichte*, S. 290.

6 Ebd., S. 291.

Sklavenkultur. Ihr Untergang im Kaiserreich erfolgte dadurch, dass die ökonomische Trägerin der antiken Kultur, die Sklavenarbeit, nach Ende der Eroberungskriege zurückging, die Sklaven also knapp wurden. Infolgedessen zogen sich die Besitzer von Landgütern, die bis dahin in der Stadt residiert hatten, auf ihre Landgüter zurück, reorganisieren sie, indem sie die früheren Sklavenkasernen auflösten, den früheren Sklaven ihre eigene Familienbildung zuerkannten und die Sklavenarbeit durch die Arbeit abhängiger *coloni* (Kleinbauern) ersetzten. Damit verfielen aber die Städte, die sich auf die Reichtümer der Landbesitzer gestützt hatten, und aus der antiken Stadtkultur wird eine ländliche Kultur, die sich weit weg von den Küsten im Binnenland ansiedelt, keine Sklaven mehr kennt und sich langsam zum Feudalsystem des Mittelalters wandelt, in dem abgestufte Abhängigkeiten mit entsprechend abgestuften Freiheitsräumen die Machtstruktur beherrschen. Zum Schluss des Vortrages fasst Weber die Ergebnisse dieses Prozesses folgendermaßen zusammen:

»Verschwunden« ist die *Stadt*, – die Karolingerzeit kennt sie als spezifischen verwaltungsrechtlichen Begriff überhaupt nicht. Die *Grund*herrschaften sind die Träger der Kultur – auch die Unterlage der Klöster –; Grundherren die politischen Funktionäre; ein Grundherr, der größte, der König selbst, – ein überaus ländlicher Analphabet. Auf dem Lande liegen seine Pfalzen, deshalb hat er keine Residenz: er ist ein Herrscher, der, um seines Lebensunterhalts willen, mehr reist, als selbst moderne Monarchen – denn er lebt, indem er von Pfalz zu Pfalz zieht und verzehrt, was für ihn aufgespeichert ist. – *Die Kultur ist ländlich geworden.* – Der Kreislauf der ökonomischen Entwicklung des Altertums hat sich vollendet …[7]

III. Kultur, Nation und Macht

Obwohl Weber in seinem Vortrag über den Untergang der antiken Kultur behauptete, aus der Geschichte des Altertums könne man »wenig oder nichts« lernen, und meinte, ein »heutiger Proletarier und ein antiker Sklave verständen sich so wenig, wie ein Europäer und ein Chinese«,[8] haben seine Analysen starke Berührungspunkte

7 Ebd., S. 309-311.
8 Ebd., S. 291.

mit seinen Untersuchungen über die ostelbischen Landarbeiter, an denen er kurz nach seiner Promotion und noch während der kurz darauf folgenden Habilitationszeit arbeitete. Die Ergebnisse dieser Untersuchungen, die in einem dickleibigen Buch und mehreren Aufsätzen Webers niedergelegt sind,[9] stehen hinter den Ausführungen seiner Antrittsrede *Der Nationalstaat und die Volkswirtschaftspolitik*, in denen »Kultur- und Wirtschaftsgeschichte an Stelle politischer Geschichte [in den] Vordergrund der Betrachtung« treten.[10]

Weber findet im deutschen Osten noch immer eine mittelalterliche Feudalstruktur vor und bemerkt, wie sie zugrunde geht. Die Gruppe der kleinen Landpächter und abhängigen Bauern ist zwar groß, aber ihr eigenes Land ist so klein, dass sie darauf kein Auskommen erwirtschaften können. Die Landarbeiter, die oft nur saisonweise beschäftigt werden, hausen in Kasernen und verelenden. Die modernen kapitalistischen Verhältnisse auf dem Lande ähneln also strukturell den spätrömischen Verhältnissen der Kaiserzeit.

Doch nun will Max Weber zeigen, dass diese Organisation der Arbeit beim Großgrundbesitz in den Gebieten jenseits der Elbe einer Wandlung unterworfen ist. Die Geldwirtschaft, die vorher vor allen Dingen in der Stadt herrschte, macht sich plötzlich im Großgrundbesitz breit: Von nun an wird mit Geld verrechnet und nicht mehr in Naturalien. Wenn nun außerdem allgemein gültige Sätze für die Arbeitsentlohnung festgelegt werden, dann hat der vom Gutsherrn abhängige Bauer, der so genannte Instmann, kein direktes Interesse mehr an der Produktion landwirtschaftlicher Güter, sondern nur noch ein solches, möglichst viel von dem Geld abzubekommen, das der Großgrundbesitzer erwirtschaftet. Und der Großgrundbesitzer hat natürlich ein gesteigertes Interesse daran, seine Investition zu Profit zu machen. Diese ganze Entwicklung führt dazu, dass die ansässigen Instmänner praktisch verschwinden, weil sie für den Gutsherrn zu teuer werden. Statt ihrer werden Wanderarbeiter aus Polen und Russland zur Arbeit herangezogen, weil die Saisonarbeit

9 Max Weber: »Die Verhältnisse der Landarbeiter im ostelbischen Deutschland, dargestellt auf Grund der vom Verein für Socialpolitik veranstalteten Erhebungen«, in: *Schriften des Vereins für Socialpolitik*, 55. Bd., 1892. Mehrere der nachfolgenden Aufsätze befinden sich in Weber: *Gesammelte Aufsätze zur Sozial- und Wirtschaftsgeschichte.*

10 Max Weber: *Gesammelte Politische Schriften*, München 1921, S. 15.

bei einer intensiven und kapitalistisch betriebenen Landwirtschaft enorm wichtig wird. Auf diese Weise entsteht eine dünne Schicht von Großgrundbesitzern und eine unstete große Schicht von wandernden Landarbeitern, die sich teilweise aus Deutschen, aber vor allem aus Polen zusammensetzt. Die verdrängten deutschen Instmänner wandern teils in die Industrie ab, teils wandern sie in die USA aus.

In weiten Gebieten des Ostens waren nun nach Weber die Besitzer der deutschen Rittergüter die Träger der Kultur: »Wirtschaftliche Kultur, relative Höhe der Lebenshaltung und Deutschtum sind in Westpreußen identisch.«[11] Da die kulturell und ökonomisch »hoch stehenden« deutschen Tagelöhner und Bauern die Dörfer und Rittergüter verlassen und durch die »niedrig stehenden« polnischen Tagelöhner und Bauern ersetzt werden, kommt es nach Meinung Webers dazu, dass sich eine niedrige Kultur unter eine höhere schiebt und diese verdrängt: »Es sind vornehmlich deutsche Tagelöhner, die aus den Gegenden mit hoher Kultur abziehen; es sind vornehmlich polnische Bauern, die in den Gegenden mit tiefem Kulturstand sich vermehren.«[12] So aber werde, meint Weber, die Kultur des deutschen Ostens systematisch unterwandert, und das Gebiet schlüpfe unversehens aus deutschen in polnische Hände. Dies wiederum widerspräche den nationalstaatlichen Interessen des gerade gegründeten Deutschen Reiches, denn: »Nicht Frieden und Menschenglück haben wir unseren Nachfahren mit auf den Weg zu geben, sondern den ewigen Kampf um die Erhaltung und Emporzüchtung unserer nationalen Art.«[13] Um die deutsche Nation vor der drohenden Kulturunterwanderung durch die Polen zu retten, schlägt Weber übrigens drastische Mittel vor. Er will die Deutschen zwingen, sesshaft zu werden, und die Polen aus Deutschland heraushalten – durch die Aufrechterhaltung der von Bismarck eingeführten Schließung der Grenzen. Diese Art von »Kulturpolitik« klingt für heutige Ohren nicht gerade korrekt, obwohl Weber später in seinem Leben – im und nach dem Ersten Weltkrieg – seine Haltung gegenüber den Polen erheblich revidiert hat: Er wollte sie nunmehr im neu zu konzipierenden Europa »mit ins Boot nehmen«.

11 Weber: *Gesammelte Politische Schriften*, S. 10.

12 Ebd.

13 Ebd., S. 14.

Weber hielt aber bis an sein Lebensende an der Verbindung zwischen Nation, Kultur und Macht fest. Macht und ihre spezifische Form, Herrschaft, pendeln bei Weber zwischen der nackten Gewalt und der sozialen Ehre, dem Prestige, hin und her. *Gewalt* ist das Hauptmittel, um den eigenen Willen gegen Andere durchzusetzen. Kern der Macht ist die *physische* Gewalt. Soziale Ehre oder Prestige sind ebenfalls Mittel zur Durchsetzung des eigenen Willens, wobei dieser hier nur durch *Überzeugung* des Anderen durchgesetzt werden kann. Diese »Ehre der Macht« erhebt ebenfalls den Anspruch auf Macht, und obwohl sie keine Form der physischen Gewalt ist, bleibt sie doch immer deren Echo. Weber nennt diesen Anspruch auf Macht auch »Prestige-Prätention« oder »reines Machtprestige«. Für Weber ist dies ein »irrationales Element aller politischen Außenbeziehungen«.[14] In seinem posthum veröffentlichten Hauptwerk *Wirtschaft und Gesellschaft* schreibt Weber, dass alle politischen Gebilde Gewaltgebilde sind,[15] aber als *Großmächte* bezeichnet er dann »jene politischen Gemeinschaften, welche jeweils als Träger des Machtprestiges auftreten«, und er fährt fort: »Innerhalb eines jeden Nebeneinander politischer Gemeinschaften pflegen sich Einzelne als Großmächte eine Interessiertheit an politischen und ökonomischen Vorgängen eines großen, heute meist eines die ganze Fläche des Planeten umfassenden Umkreises zuzuschreiben und zu usurpieren.«[16] Für ihn ist klar, dass Deutschland eine solche Großmacht sein oder werden soll.

Ein Machtprestige muss natürlich garantiert werden. Dabei berufen sich Großmächte aber nicht nur auf ihre rein technische Stärke, sondern auch auf ihre geistigen Güter. Die soziale Ehre, die sie diesen geistigen Gütern zuschreiben, nennt Weber das *Kulturprestige*. Weber spricht von politischen Verbänden, sofern diese ein Kulturprestige entwickeln oder aufrechterhalten, als *Nationen*: »Die Überlegenheit oder doch die Unersetzlichkeit der nur kraft der Pflege der Eigenart zu bewahrenden und zu entwickelnden ›Kulturgüter‹ ist es denn, an welcher die Bedeutsamkeit der ›Nation‹ verankert zu werden pflegt.« Und Weber setzt hinzu: »Kultur-Prestige und Machtprestige sind eng verbündet.« [17] Sehr oft sind Großmächte Natio-

14 Max Weber: *Wirtschaft und Gesellschaft*, Tübingen 1921/1922 (Erstauflage).
15 Ebd., S. 619.
16 Ebd., S. 620.
17 Ebd., S. 630.

nen, das heißt, sie machen nicht nur ein Machtprestige geltend, indem sie behaupten, dass sie ihren Willen auch außerhalb ihres eigenen Territoriums durchsetzen können oder könnten, sondern sie halten auch ihre Kultur für würdig, an alle Stellen des Planeten exportiert zu werden.

IV. Der Neukantianismus

Bis jetzt habe ich mit dem Begriff der Kultur gearbeitet, als sei es ein selbstverständlicher Begriff bei Weber, der um den einen oder anderen Aspekt erweitert oder verkürzt werden kann, dessen Kernbedeutung aber feststeht und dessen erkenntnistheoretische Fundierung geklärt ist. Doch das wäre voreilig, weil sich Weber erst nach einer schweren nervlich bedingten Krankheit, die 1898 ausgebrochen war und erst um 1903/04 ihren Höhepunkt überschritten hatte, ausführlich mit ebendiesen beiden Punkten auseinander gesetzt hat.

Die methodenorientierten Aufsätze, die Weber ab 1904 über die Sozialwissenschaften schreibt und auf die ich mich hier beziehe, sind im Schnittpunkt zweier wichtiger geistiger Strömungen angesiedelt. Zum einen war Weber geprägt von der so genannten deutschen historischen Schule, die sich zu Anfang des 19. Jahrhunderts formierte und zu der bedeutende Rechtswissenschaftler, Historiker und Kunstgeschichtler gehörten. Der bekannteste Vertreter war der Historiker Leopold von Ranke, von dem der Ausspruch stammt, er wolle »bloß zeigen, wie es eigentlich gewesen« sei.[18] Andererseits war Weber auch vom so genannten Neukantianismus geprägt, der sich im letzten Drittel des 19. Jahrhunderts gegen Hegels Erkenntnistheorie wandte und wieder auf Kant zurückgriff. Da die historische Schule eher gegenaufklärerisch war, der Neukantianismus aber vom aufklärerischen Kant abstammte, mussten beide Schulen in eine schwer zu lösende Spannung geraten. Der Reiz von Webers Auffassungen über die Kulturwissenschaften resultiert daher auch aus dieser Spannung, die in zwei Geistessträngen zum Ausdruck kommt, deren erster von Kant über Rickert zu Weber und deren zweiter von Dilthey über Windelband zu Weber führt. Ich gehe diesen beiden

18 Dieser Ausspruch findet sich im Vorwort von Leopold von Rankes Jugendwerk *Geschichten der romanischen und germanischen Völker von 1494-1514*, 1824, S. VII.

Entwicklungen nach und beginne mit Kant und der erkenntnistheoretischen Fundierung von Webers Kulturbegriff.

Die empirische Außenwelt selbst, losgelöst von allem Bewusstsein, ist für Kant überhaupt nicht erkennbar und umfasst seiner Meinung nach eine *unendliche Mannigfaltigkeit*, die sowohl dem Umfang als auch der Tiefe nach und sowohl in unserer Erkenntnis als auch in sich selbst unendlich differenziert ist. Es lässt sich denken, so erklärt Kant an einer Stelle, dass »die spezifische Verschiedenheit der empirischen Gesetze der Natur, samt ihren Wirkungen, (...) so groß sein könnte, daß es für unsren Verstand unmöglich wäre, in ihr eine faßliche Ordnung zu entdecken«, und es uns dann damit auch unmöglich wäre, »aus einem für uns so verworrenen (eigentlich nur unendlich mannigfaltigen, unserer Fassungskraft nicht angemessenen) Stoffe eine zusammenhängende Erfahrung zu machen«.[19] Was Kant in diesen Zeilen nur als Möglichkeit bezüglich der Gesetze der Natur erwähnt, das ist ihm beim »Ding an sich« gewiss: Es sprengt unsere Fassungskraft. Dies ist wichtig, denn alles, was die Fassungskraft des Verstandes übersteigt, nennt Kant *irrational*, womit er einen neuen Wortgebrauch einführt, denn bis dahin war das Irrationale immer noch in den engen Schranken der Mathematik geblieben, in denen es schon die Griechen entdeckt hatten: Irrationale Zahlen sind solche Zahlen, die nicht einfach berechenbar sind, das heißt, sie können nicht als das *Verhältnis zweier ganzer Zahlen* ausgedrückt bzw. nicht als *rationale Brüche* geschrieben werden ($\sqrt{2}$ und π sind solche irrationalen Zahlen). Wenn Kant also davon spricht, dass das unendlich Mannigfaltige unserem Verstande nicht »angemessen« sei, so meint er damit, dass das unendlich Mannigfaltige nicht mit den Kategorien des Verstandes *ins Verhältnis gesetzt* werden kann und deshalb begrifflich unfassbar ist. Aber diese Unverhältnismäßigkeit hat die Grenzen der Mathematik weit überschritten, denn in der Mathematik kann man mit irrationalen Zahlen durchaus rechnen, die Rechnung ist nur nicht ganz so einfach wie die Grundrechnungsarten für natürliche Zahlen. Bei Kant wird gleich die ganze empirische Welt in den Strudel des Irrationalen gerissen.

Die Neukantianer lehnten zwar Kants wissenschaftliche Metaphysik ab oder ließen sie beiseite, aber sie pflichteten ihm bei, wenn es

19 Immanuel Kant, *Kritik der Urteilskraft*, 1890, S. XXXIV ff.

um die unendliche Mannigfaltigkeit der Natur und die Erkenntnisse von ihr ging. Wir verfolgen das kurz bei Rickert, weil Weber bei ihm in diesen Punkten »abgeschrieben« hat. Rickert macht aus Kants »unendlicher Mannigfaltigkeit« die »unübersehbare Wirklichkeit«, aber er meint damit dasselbe, und wenn er über das Irrationale spricht, meint er es ebenfalls ganz im Sinne Kants als das für den Verstand Undurchdringliche: »[Wir verstehen] unter der Unübersehbarkeit der Wirklichkeit nichts weiter als die für uns unausschöpfbare anschauliche Mannigfaltigkeit und damit ihre ›Irrationalität‹ gegenüber dem Versuch, sie restlos mit dem ›Verstande‹ zu durchdringen.«[20]

Weber spricht meist nicht mehr von der unübersehbaren Mannigfaltigkeit, sondern wie Kant von der *»unendlichen Mannigfaltigkeit«* (im Gesamtwerk etwa 30 bis 40 Mal) oder von der *»anschaulichen Mannigfaltigkeit«*[21] im strikt kantischen Sinn, besonders in seinen methodologischen Frühschriften. Bei zwei der eindrücklichsten Stellen findet sich bei Weber aber eine andere Wortwahl: »Endlos wälzt sich der Strom des unermeßlichen Geschehens der Ewigkeit entgegen«,[22] und ein paar Seiten vorher schreibt er von der »sinnlosen Unendlichkeit des Weltgeschehens«.[23]

Dies ist sicher die radikalste Interpretation des kantischen Ansatzes, denn aus dessen skeptischem *Vielleicht* in Bezug auf die Ordnungslosigkeit der Welt ist bei Weber ein dogmatisches *Ist* geworden. Nimmt man Weber in diesem Punkte ernst, dann ist *die Welt eine sinnlose, ungegliederte bzw. ungeordnete, unausschöpfbare, unermessliche und schließlich auch eine extensiv und intensiv unendliche Mannigfaltigkeit, die sich der Ewigkeit entgegenwälzt*. Ist dies wahr, dann ist die Welt *nicht rational*, denn sie hat keine vergleichbaren Glieder, die man zueinander ins Verhältnis setzen könnte, und sie ist *irrational* im Sinne von Kant und Rickert: Der Verstand kann sie nicht durchdringen und ausschöpfen.

Rickert und Weber sprechen sich beide konsequenterweise gegen die so genannte *Abbildtheorie* der Erkenntnis aus: Wenn Erkenntnis Abbildung einer Ordnung ist und die Welt keine Ordnung auf-

20 Rickert: *Die Grenzen der naturwissenschaftlichen Begriffsbildung*, Tübingen ^{5}1929, S. 37 (1. Auflage in zwei Bänden 1896 und 1902).

21 Weber: *Wirtschaft und Gesellschaft*, S. 11.

22 Ebd., S. 184.

23 Ebd., S. 180.

weist, dann kann die Welt eben *nicht durch Abbildung erkannt* werden. Nun streiten Rickert und Weber aber ebenso wenig wie Kant die Existenz von Einzelerkenntnissen und deren Zusammenschluss zu Wissenschaften ab, doch wie wollen sie das erklären? Sie folgen auch hier den Spuren von Kant, ohne dessen Lösung direkt zu übernehmen, denn sie meinen, dass die irrationale Wirklichkeit *umgeformt* und *zerlegt* werden muss und dass man Teile von ihr *ordnend auswählt*, wenn sie erkannt werden soll. Doch wie kommen Umformung, Zerlegung und vor allem: *ordnende Auswahl* zustande?

Für Rickert und Weber gibt es zwei Prinzipien, die voneinander verschieden sind und ganz verschiedene Gegenstände als die interessanten, wesentlichen, auswählen: Das naturwissenschaftliche Interesse wählt sich *allgemeingültige und abstrakte Gattungs- und Artbegriffe* aus, die es in gesetzliche Kausalzusammenhänge bringt; das geistes- oder kulturwissenschaftliche Interesse sucht sich über Wertideen oder Werte *besondere konkrete Individuen* aus, die es als in sich bedeutungsvoll bewertet und über die es kausale Einzelurteile fällt – allerdings unter Zuhilfenahme gesetzlicher Kausalgesetze naturwissenschaftlicher Art.

Bei den Naturwissenschaften ist es die »reine Neugier am Wesentlichen«, die sie treibt, und sie benutzen das aristotelische Instrumentarium der Begriffslogik, die sich in der Lehre von den Definitionen, Gesetzen und Schlüssen entfaltet. Doch das Hauptsächliche daran für Weber ist, dass naturwissenschaftliche Begriffe selbst »wertfrei« sind. Sie sind relativ zueinander als Gattungs- oder Artbegriffe bestimmt, und alle Mannigfaltigkeiten, die uns als Erkenntnisobjekt gegeben sind, werden unter die Begriffe »subsumiert«.

Bei den Kulturwissenschaften entreißt das *wertende Interesse* die Kulturerscheinungen dem unendlichen Strom: »›Kultur‹ ist ein vom Standpunkt des Menschen aus mit Sinn und Bedeutung bedachter endlicher Ausschnitt aus der sinnlosen Unendlichkeit des Weltgeschehens.«[24] Daher scheidet Weber Wert und Interesse, um die »wertfreie« naturwissenschaftliche Neugier von der wertenden Neugier des Kulturwissenschaftlers zu scheiden – allerdings nirgends so gut wie in seinen Briefen an Friedrich Gottl aus dem Jahre 1906:

Übrigens ist nicht zuzugeben, dass ›Werth‹ und ›Interesse‹ oder ›Wesentlichkeit‹ auf gleicher Stufe (...) stehen ... ›Werthen‹ führt unter allen Um-

24 Ebd.

ständen in eine andre Welt hinein (die des ›stellungnehmenden Subjektes‹ nach Münsterberg). Das ›Interesse‹ und das ›Wesentliche‹ als Leitseile giebt es auch in den nomothetischen Wissenschaften, die Verankerung an ›Werthen‹ nicht.[25]

Dass Weber hier einen grundsätzlichen Unterschied zwischen Natur- und Kulturwissenschaften sieht und offenbar den Begriff *Naturwissenschaft* nicht als Wertbegriff zu akzeptieren scheint, kann natürlich nicht ganz stimmen, weil auch die Naturwissenschaften als Wissenschaften am Leitseil höchster Werte hängen, heute, wie eh und je, an der Wertschätzung der wissenschaftlichen Wahrheit und an anderen wissenschaftlichen Wertschätzungen (zum Beispiel an der Logik, an der Methode und am Experimentieren). Das hat Weber wohl gesehen, aber er hielt daran fest, dass die Kulturwissenschaftler sich als ihre Objekte konkrete »historische Individuen« aussuchen, das heißt: »ein(en) Komplex von Zusammenhängen in der geschichtlichen Wirklichkeit, die wir unter dem Gesichtspunkte ihrer *Kulturbedeutung* begrifflich zu einem Ganzen zusammenschließen«.[26] Hierfür gebrauchen sie Werte, die den einzelnen ästhetischen oder ethischen Werturteilen über diese Objekte zugrunde liegen (»die, der oder das ist schön, gut, schlecht, fortschrittlich usw.«), deswegen muss Weber grundsätzlich zwischen den allgemeinen wissenschaftlichen und den besonderen kulturwissenschaftlichen »Werten« unterschieden haben. Letztlich hängt es also doch an den besonderen Objekten der Kulturwissenschaften, dass Weber diesen Unterschied macht: Es sind konkrete Dinge in Raum und Zeit, zum Beispiel Nationen oder Epochen, und vor allem: Menschen.

V. Die historische Schule

Die historische Schule entstand gleichzeitig mit der deutschen Romantik, die den Klassizismus und die Aufklärung des 18. Jahrhunderts hinter sich gelassen hatte. Insbesondere in Deutschland hatte Kant es sich zur Aufgabe gemacht, nicht nur die allgemeinen Gren-

25 Max Weber: *Gesamtausgabe*, Bd. II.5: *Briefe 1906-1908*, Tübingen 1990, S. 64 f.
26 Max Weber: *Gesammelte Aufsätze zur Religionssoziologie*, Bd. 1, Tübingen 1920, S. 30.

zen der Vernunft zu entdecken, sondern auch deren Gesetze auf die Geschichte, Staatsphilosophie und Moralphilosophie anzuwenden. Kants Arbeiten zur Geschichtsphilosophie und Gotthold Ephraim Lessings (1729-1781) Schrift *Die Erziehung des Menschengeschlechts* (1780) sind literarische Beispiele für die Auffassung, dass sich die Vernunft auf die Geschichte auswirkt und für Verbesserung und Fortschritt sorgt.

In Deutschland begann aber schon mit Johann Gottfried Herder (1744-1803) und, parallel hierzu, mit der kurzen Zeit der ›Empfindsamkeit‹ eine Gegenbewegung, die in Italien längst mit dem Geschichtsphilosophen Giambattista Vico (1668-1744) und in Frankreich mit dem Gesellschaftsphilosophen Jean-Jacques Rousseau (1712-1778) begonnen hatte. Ihnen ging es nicht mehr um eine Mechanik der Gesellschaft, deren Räderwerk und Hebel man kennen musste, um allgemeingültige Entwicklungsgesetze zu finden und um mit diesem Wissen vernünftige Gesellschaften einzurichten; ihnen ging es darum, die verschiedenen Gesellschaften und ganze Epochen als organische Gesamtheiten zu verstehen, die ihre jeweils eigenen Entwicklungen durchmachen. Je tiefer diese Forscher in ihre Gegenstände eindrangen, desto unvergleichlicher und einzigartiger kamen sie ihnen vor und desto mehr Gewicht legten sie auf individuelle Beschreibungen statt auf allgemeine Erklärungen. Dies führte am Anfang des 19. Jahrhunderts zur Gründung der deutschen historischen Schule, die sich dann über mehrere sozial- und geisteswissenschaftliche Disziplinen verzweigte. Es konnte Ranke gerade nicht mehr darum gehen, zu zeigen, wie es in der Geschichte *immer* war, sondern nur darum, wie es *ein einziges Mal* gewesen war.

Der Philosoph Wilhelm Dilthey, der in Webers Elternhaus verkehrte und den Weber daher schon seit jungen Jahren kannte, übertrug diese Anschauung der historischen Schule auf die gesamten Geisteswissenschaften. Er untermauerte sie in seiner *Einleitung in die Geisteswissenschaften*, die 1883 in Leipzig erschien und sofort großes Aufsehen erregte, weil Dilthey hierin die Einheit von Natur- und Geisteswissenschaften der Aufklärer wieder zerbrach und behauptete, dass Natur und Geist prinzipiell so verschieden seien, dass ihnen auch verschiedene Methoden zuerkannt werden müssten. Nach Dilthey wird in den Naturwissenschaften die unbewusste Natur durch die äußere Wahrnehmung in den Geist aufgenommen und durch allgemeine Begriffe systematisiert; ihre Ereignisse und

Abläufe werden durch allgemeingültige Gesetze *kausal erklärt*. In den Geisteswissenschaften werden die gesellschaftlichen und geschichtlichen Vorgänge im menschlichen Bewusstsein durch die innere Wahrnehmung, das heißt durch das Selbstbewusstsein, aufgenommen und *verstanden*. Sofern es sich dabei um Vorgänge handelt, die im Bewusstsein anderer Menschen ablaufen, müssen diese *nacherlebt* werden, damit sie verstanden werden können.

Diese Gedanken übernahm nun Wilhelm Windelband (1848-1915) 1894 in seiner Straßburger Rektoratsrede über *Geschichte und Naturwissenschaft*,[27] wandelte sie aber etwas ab: Für ihn lag der Unterschied von Natur- und Geisteswissenschaft nicht in ihren Objekten – tote Natur gegen bewusstes Leben –, sondern nur in ihren Methoden, wie er sie von Dilthey gelernt hatte, allerdings ohne den ontologischen Unterschied heranzuziehen: »Die einen sind Gesetzeswissenschaften, die anderen Ereigniswissenschaften; jene lehren, was immer ist, diese, was einmal war ... Hieraus folgt, daß in dem naturwissenschaftlichen Denken die Neigung zur Abstraktion vorwiegt, in dem historischen dagegen diejenige zur Anschaulichkeit.«[28] Windelband ließ also die ontologische Unterscheidung Diltheys fallen und übernahm nur den methodischen Unterschied, was ihm einen großen Vorteil einbrachte, den Max Weber seinerseits aufnahm: Er konnte die Einheit der Wissenschaften, die Dilthey auf der Gegenstandsebene zerrissen hatte, auf der Methodenebene halbwegs wieder zusammenflicken, indem er behauptete, dass der Historiker allgemeine kausale Gesetze bemühen muss, wenn er seine Objekte verstehen will.[29]

Andererseits nimmt Weber Windelbands These auf, dass sich die Geisteswissenschaften für konkrete Individuen interessieren, während die Naturwissenschaften konkrete Individuen oder Ereignisse nur gebrauchen, um sie unter abstrakte Begriffe zu bringen, die sie zu Gesetzesaussagen zusammenschließen. Ist also eine bestimmte Person oder eine bestimmte Kulturerscheinung für den Naturwissenschaftler nur wichtig, weil er sie unter einen abstrakten Begriff bringen und sodann unter ein allgemeines Gesetz fallen lassen kann, so ist dieselbe Person oder dieselbe Kulturerscheinung für den Geis-

27 Wilhelm Windelband: »Geschichte und Naturwissenschaft«, in: ders.: *Präludien*, Bd. 2, 4. Aufl., Tübingen 1911.

28 Ebd., S. 145.

29 Max Weber: *Gesammelte Aufsätze zur Wissenschaftslehre*, Tübingen 1922, S. 179.

teswissenschaftler nur deshalb wichtig, weil er ihrer Einzigartigkeit eine besondere *Bedeutung* beimisst: »Wir erstreben eben die Erkenntnis einer historischen, d. h. einer in ihrer *Eigenart bedeutungsvollen*, Erscheinung.«[30]

Das *historische Individuum*, von dem Weber hier spricht, hat zwei hervorstechende Eigenschaften, die es dem Forscher unmöglich machen, es aus dem Weltgeschehen »objektiv« herauszuheben: Es hat eine solch einzigartige »Tiefe«, dass es nie auch nur halbwegs erschöpfend *beschrieben* werden kann, und es ist so eng mit einer unendlichen Anzahl von vorausgegangenen Begebenheiten verschränkt, dass es von ihnen nicht ohne Willkür *abgelöst* werden kann. Die erste Eigenschaft sorgt dafür, dass das historische Individuum *irrational* ist – gerade so, wie Dilthey es sagt. Die zweite Eigenschaft macht die *Begrenzung* des historischen Individuums zu einem Akt der subjektiven *Willkür* und steht einer objektiven Erklärung deswegen im Wege, weil diese das Gegenteil voraussetzt, nämlich von subjektiver Willkür unabhängige Merkmale und Begrenzungen des zu erklärenden Dings oder Ereignisses. Wenn aber das geisteswissenschaftliche Interesse die historischen Individuen oder die Kulturerscheinungen einmal begrenzt hat, meint Weber, dann können sie nach dem Schema einer naturwissenschaftlichen Erklärung behandelt werden, wobei dann kausale Gesetzmäßigkeiten der toten Natur und des Seelenlebens die entscheidende Rolle spielen.

VI. Werte, Interessen und Idealtypen

Allerdings müssen noch zwei weitere Fragen geklärt werden, um die Kulturtheorie Webers zu vervollständigen: Worauf gründen sich die kulturwissenschaftlichen Interessen, und welches sind die Maßstäbe, die gebraucht werden, um das kulturwissenschaftliche Material zu ordnen? Die Antwort auf die erste Frage gibt das *wertende Interesse* des Kultur- oder Sozialwissenschaftlers, das Weber von dem nichtwertenden Interesse des Naturwissenschaftlers abgrenzt. Der Naturwissenschaftler ist nicht an den einzelnen Objekten der Welt um ihrer selbst willen interessiert, sondern nur an den Gesetzen, die diese Objekte zusammenhalten. Es handelt sich bei ihm um eine

30 Weber: *Gesammelte Aufsätze zur Wissenschaftslehre*, S. 177.

Art »wertfreier« Neugier. Dagegen gilt, »daß auf dem Gebiet der Sozialwissenschaft der Anstoß zur Aufrollung sozialwissenschaftlicher Probleme regelmäßig durch *praktische* Fragen gegeben wird«.[31]

Das, was bei den Sozial- bzw. Kulturwissenschaften die Auswahl der endlichen Ausschnitte ermöglicht und der Forschung die bestimmende Richtung weist, sind bei Rickert und Weber die *Wertbeziehungen*. Diese beziehen Teile der individuellen Wirklichkeit auf Werte oder Wertideen und wählen diese Teile als *bedeutungsvoll* aus. Letztlich ist es also der durch Werte oder Wertideen gesteuerte Glaube des Forschers an die *Bedeutung bestimmter Kulturinhalte*, die zur Auswahl der endlichen Ausschnitte der Wirklichkeit führen, die der Kulturforscher wissenschaftlich zu bearbeiten trachtet.

Hieraus folgt für Weber:

> Der Begriff der Kultur ist ein Wertbegriff. Die empirische Wirklichkeit ist für uns ›Kultur‹, weil und sofern wir sie mit Wertideen in Beziehung setzen, sie umfaßt diejenigen Bestandteile der Wirklichkeit, welche durch jene Beziehung für uns bedeutsam werden und nur diese. Ein winziger Teil der jeweils betrachteten individuellen Wirklichkeit wird von unserm durch jene Wertideen bedingten Interessen gefärbt, er allein hat Bedeutung für uns; er hat sie, weil er Beziehungen aufweist, die für uns infolge ihrer Verknüpfung mit Wertideen wichtig sind. Nur weil und soweit dies der Fall, ist er in seiner individuellen Eigenart für uns wissenswert. Was aber für uns Bedeutung hat, das ist natürlich durch keine ›voraussetzungslose‹ Untersuchung des empirisch Gegebenen zu erschließen, sondern seine Feststellung ist die Voraussetzung dafür, daß etwas Gegenstand der Untersuchung wird.[32]

Nun möchte man meinen, dass für Weber alle Forschung und insbesondere die Kulturforschung durchgängig wertgetränkt sei. Dies verneint er aber, denn er ist der Ansicht, dass zwischen der Auswahl der bedeutungsvollen Forschungsgegenstände und dem Werturteil, das der Forscher letztlich über diese Gegenstände fällt, ein Reich der reinen Sachlichkeit liegt, in der ohne Bezug auf Werte und »objektiv« über Sachverhalte geurteilt werden kann. Für Weber sind die Feststellung der inneren Struktur von Kulturgütern und die Frage nach dem Wert der Kultur ganz und gar verschiedene Probleme,[33] und an einer anderen Stelle bekennt er: »Wie man es machen

31 Ebd., S. 158.

32 Weber: *Gesammelte Aufsätze zur Wissenschaftslehre*, S. 175.

33 Ebd., S. 601 f.

will, ›wissenschaftlich‹ zu entscheiden zwischen dem Wert der französischen und deutschen Kultur, weiß ich nicht. Hier streiten eben auch verschiedene Götter miteinander, und zwar für alle Zeit.«[34] An dieser Unterscheidung hat sich der so genannte *Werturteilsstreit* über die Frage entzündet, inwieweit Sachurteile von Werturteilen logisch und faktisch getrennt werden können. Der Streit reicht bis in unsere Zeit und kann noch nicht als gelöst gelten.

Die Wertideen können sich durch die Zeiten ändern, und deshalb gibt es für Weber in den Kulturwissenschaften immer wieder neue Forschungsaspekte und nicht, wie bei den Naturwissenschaften, die Möglichkeit, ihre Ergebnisse ein für alle Mal *festzuhalten*: »Das Licht, welches jene höchsten Wertideen spenden, fällt jeweilig auf einen stets wechselnden endlichen Teil des ungeheuren chaotischen Stromes von Geschehnissen, der sich durch die Zeit dahinwälzt.«[35]

Die Antwort auf die zweite Frage nach den Maßstäben, an denen die durch wertendes Interesse hervorgehobenen Gegenstände des Kulturwissenschaftlers gemessen werden, geben die so genannten *Idealtypen*, die in den Geistes- und Kulturwissenschaften die Funktion der allgemeinen *Gattungsbegriffe* der Naturwissenschaften übernehmen sollen: Idealtypen sind Idealbilder von der Wirklichkeit, die dadurch zustande kommen, dass einzelne *konkrete*, also tatsächlich vorliegende Elemente der Wirklichkeit gedanklich gesteigert und zu *Sinnbildern* zusammengeschlossen werden. Ein als konkret gedachtes *Modell* von Teilen der Wirklichkeit wird vorgestellt, mit dem die Wirklichkeit verglichen und so gemessen werden kann. Webers Idealtypen kamen auch seiner erkenntnistheoretischen Grundposition zugute. Mit ihrer Hilfe konnte er das bedeutungslose Chaos konkreter Einzelerscheinungen nicht nur durch Wertideen und Forschungsinteressen in bedeutende und unbedeutende Teilbereiche aufspalten; er konnte auch aus dem Material des Chaos selbst, nämlich durch Zusammenschluss von Einzelerscheinungen, individuelle Agenten bilden, die, im »Fluß des Geschehens verharrend«, dieses durch die Ermöglichung von Vergleich und Messung bändigen.

34 Ebd., S. 604.
35 Ebd., S. 213 f.

VII. Asketische Kultur

Gleichzeitig mit der Arbeit an seinem Kulturbegriff und dessen Einbettung in eine allgemeine Erkenntnis- und Werttheorie beschäftigt Weber sich mit der christlichen Religion. In seinen Protestantismus-Aufsätzen[36] geht Weber zwei bestimmten Kulturphänomenen nach, die er in einen quasikausalen Zusammenhang bringen will: der protestantischen Ethik mit ihrer »Askese« und dem kapitalistischen »Geist«. Was zunächst Webers leitenden Wertgesichtspunkt angeht, so muss es außer seinem generellen Interesse an der Entstehung des Kapitalismus noch seine persönliche Vorliebe für die Askese gewesen sein, denn dies beweist ein Brief aus dem Jahre 1906, nachdem er die Studie publiziert hatte: »Aber daß unsere Nation die Schule des harten Asketismus niemals, in *keiner* Form, durchgemacht hat, ist … der Quell alles Desjenigen, was ich an ihr (wie an mir selbst) hassenswert finde …«[37] Hier ist die eigentliche *Protestantismusthese* Webers: »Einer der konstitutiven Bestandteile des modernen kapitalistischen Geistes, und nicht nur dieses, sondern der modernen Kultur: die rationale Lebensführung auf Grundlage der *Berufsidee*, ist – das sollten diese Darlegungen erweisen – geboren aus dem Geist der *christlichen Askese.*«[38]

Max Weber differenziert allerdings den Begriff der Askese. Er unterscheidet die außerweltliche von der innerweltlichen Askese. Die außerweltliche Askese ist eine systematisch regulierte und ritualisierte Suche nach Gott. Der Asket versucht hierbei, *sich aus der Welt zurückzuziehen* und sich durch Gebete und andere Rituale und Übungen in direkten Kontakt mit Gott zu bringen. Demgegenüber geht es dem innerweltlichen Asketen darum, *sich innerhalb der Welt zu bewähren.* Mit diesem Unterschied geht ein anderer Hand in Hand. Schon das außerweltliche asketische Mönchtum im Mittelalter hatte eine rationale Lebensordnung, aber sie bestand außerhalb des Alltagslebens, im *Kloster*. Bei der innerweltlichen Askese der Protestanten hat die rationale Lebensführung das Ziel, die *Alltagswelt* völlig zu durchdringen, statt nur ein Einsprengsel in ihr zu sein.

36 Dem Originalaufsatz, *Die protestantische Ethik und der ›Geist‹ des Kapitalismus*, der 1904 und 1905 in zwei Abteilungen erschien, folgten weitere Aufsätze, die sich mit diesem Thema und mit Webers Kritikern auseinander setzten.

37 Weber: *Gesamtausgabe*, Bd. II.5: *Briefe 1906-1908*, S. 33.

38 Weber: *Gesammelte Aufsätze zur Religionssoziologie*, Bd. 1, S. 202.

Deswegen drückt sie sich innerweltlich und im Alltag als Tüchtigkeit im Beruf aus. Aber ebendies ist auch ein wesentlicher Zug des kapitalistischen Geistes: »Der Gelderwerb ist – sofern er in legaler Weise erfolgt – innerhalb der modernen Wirtschaftsordnung das Resultat und der Ausdruck der Tüchtigkeit *im Beruf* ...«[39] Dies ist der erste Schritt in Richtung eines Kausalurteils oder, wie Weber aus neokantischen Gründen im *Objektivitätsaufsatz*[40] sagt, in Richtung einer *kausalen Zurechnung*: Die innerweltliche Askese des Protestantismus hat den modernen Berufsmenschen geschaffen, der zum kapitalistischen Geist gehört.

[Da] steht der Satz der Askese: »Entsagen sollst du, sollst entsagen«, ins Positiv-kapitalistische gewendet: »Erwerben sollst du, sollst erwerben«, in seiner Irrationalität schlicht und rein als eine Art kategorischer Imperativ vor uns. Nur Gottes Ruhm und die eigene Pflicht, nicht die Eitelkeit des Menschen, ist hier bei den Puritanern das Motiv, und heute: nur die Pflicht gegen den »Beruf«.[41]

Damit habe ich die Protestantismus-Aufsätze Webers kurz zusammengefasst und bin am Ende des 19. Jahrhunderts angelangt. Aber Weber zieht am Schluss seines langen Aufsatzes auch weit reichende Konsequenzen für die folgende Zeit. Da diese Stelle zu den am meisten zitierten Stellen seines ganzes Werkes gehört, soll sie hier nicht fehlen. Weber knüpft an Baxter an, der einer der frühen puritanischen Prediger in England war, und führt aus:

Nur wie »ein dünner Mantel, den man jederzeit abwerfen könnte«, sollte nach Baxters Ansicht die Sorge um die äußeren Güter um die Schultern seiner Heiligen liegen. Aber aus dem Mantel ließ das Verhängnis ein stahlhartes Gehäuse werden. Indem die Askese die Welt umzubauen und in der Welt sich auszuwirken unternahm, gewannen die äußeren Güter dieser Welt zunehmende und schließlich unentrinnbare Macht über den Menschen, wie niemals zuvor in der Geschichte. Heute ist ihr Geist – ob endgültig, wer weiß es? – aus diesem Gehäuse entwichen ... Niemand weiß noch, wer künftig in jenem Gehäuse wohnen wird und ob am Ende dieser ungeheuren Entwicklung ganz neue Propheten oder eine mächtige Wiedergeburt alter Gedanken und Ideale stehen werden, *oder* aber – wenn keins von beiden – mechanisierte Versteinerung, mit einer Art von krampfhaftem

39 Ebd., S. 36.
40 »Die ›Objektivität‹ sozialwissenschaftlicher und sozialpolitischer Erkenntnis«, in: *Archiv für Sozialwissenschaft und Sozialpolitik* 19 (1904), H. 1, S. 22-87.
41 Weber: *Gesammelte Aufsätze zur Religionssoziologie*, Bd. 1, S. 190, Anm. 1.

Sich-wichtig-nehmen verbrämt. Dann allerdings könnte für die »letzten Menschen« dieser Kulturentwicklung das Wort zur Wahrheit werden: »Fachmenschen ohne Geist, Genußmenschen ohne Herz: dies Nichts bildet sich ein, eine nie vorher erreichte Stufe des Menschentums erstiegen zu haben.«[42]

Heute, hundert Jahre später, kann man fragen, ob damit nicht *wir* gemeint sein könnten!

VIII. Kunst und Rationalität

1903, also noch vor Veröffentlichung der Protestantismus-Aufsätze, war Weber aus Krankheitsgründen von seiner Professur in Heidelberg zurückgetreten und verbrachte seine Zeit bis auf das letzte Jahr seines Lebens als Privatier. Weber hatte nun Zeit zu reisen und befasste sich ernsthafter mit den »schönen Künsten«. Auf seinen Reisen, die ihn und seine Frau immer wieder nach Italien führten, aber auch nach England, Belgien, Frankreich, Österreich und die Schweiz, wollte er sein »Bedürfnis nach *Kultur*schau«[43] stillen. Er plante sogar eine umfassende Kunstsoziologie, die allerdings nicht zustande kam. Vereinzelte Stellen in Webers Aufsätzen und Briefen verraten immerhin genug, um sich von den von ihm behandelten *Grundproblemen* ein Bild zu machen.

Weber will in aller Kunst der jeweils kunstgerechten *Technik* und dem in ihr beschlossenen Fortschritt einen besonderen Stellenwert beimessen. In einem Fragment über die Gotik bewundert er den »technischen Rationalismus« der Baumeister und meint, »der richtig verstandene ›technische‹ Fortschritt [sei] geradezu die Domäne der Kunstgeschichte«.[44]

In seiner *Musiksoziologie*[45] stellt er ebenfalls den technischen Ra-

42 Ebd., S. 203 f.

43 Marianne Weber: *Max Weber. Ein Lebensbild*, S. 502.

44 Weber: *Gesammelte Aufsätze zur Wissenschaftslehre*, S. 482.

45 Max Weber: »Die rationalen und soziologischen Grundlagen der Musik«. Diese Abhandlung wurde von Weber als eine musik*geschichtliche* Studie angekündigt (in einem Brief an seine Schwester Lili, vgl. Weber: *Gesamtausgabe*, Bd. II.7: *Briefe 1910-1912*, S. 638 f.), was sie auch zu großen Teilen ist, aber dann muss sie ihm unter der Hand zu einer systematischen Auseinandersetzung mit dem okzidentalen Rationalismus geworden sein. Der jetzige Titel stammt von Marianne Weber,

tionalismus in den Mittelpunkt seiner Betrachtungen, weil es ihn besonders reizt, gerade auf einem Gebiet, in dem das Gefühl vorzuherrschen scheint, nachweisen zu können, dass auch dort die Ratio eine bedeutende Rolle spielt – vor allem im Okzident. Man kann sogar noch weiter gehen und behaupten, dass Weber in dieser Schrift die so genannte Rationalisierungsthese – dass nämlich die kulturelle Entwicklung Europas zu einer immer stärker werdenden Rationalisierung aller Lebenssphären geführt habe – zum ersten Mal auf *einem* Gebiet vollständig ausführte. Später wandelte er sie mehr und mehr ab und erweiterte sie – bis hin zu seinen letzten Formulierungen in der »Vorbemerkung« zu seinen *Gesammelten Aufsätzen zur Religionssoziologie*.[46] Dennoch wird gerade hier das Problem deutlich, das Weber schon in der *Protestantischen Ethik* aufgeworfen hatte und das ihn auch weiterhin verfolgen sollte: das Zusammenspiel zwischen dem Rationalen und dem Irrationalen. Weber behauptete nämlich, dass das *Rationale* in der *Form* liege, also zum Beispiel im Aufbau der Tonleiter und der Akkordharmonik, das *Irrationale* aber im *Inhalt*, das heißt in der *Melodie*.[47] Insgesamt ergeben sich für Weber drei Irrationalitäten in der Musik: die *Unübersetzbarkeit* der einzelnen Tonskalen ineinander, die *Mehrdeutigkeit* einzelner Töne und die *Unvereinbarkeit* von Harmonik und Melodik. Ich meine, dass wir hier vor uns haben, was ich für Webers Kernbedeutung der Irrationalität überhaupt halte, und dass der Versuch, die Dinge *übersetzbar, eindeutig und vereinbar* zu machen, die Kernbedeutung dessen ist, was Weber unter *Rationalisierung* versteht – nicht nur in der Musik, sondern auf allen Gebieten, die diesem Prozess unterworfen werden.

Bei aller Vorliebe für den Prozess der Rationalisierung und der jeweils involvierten Technik will Weber dennoch die eigentlich künstlerische Absicht von diesen Problemlagen lösen. Er schwankt

die diese Studie erst nach Webers Tod veröffentlichte und in der zweiten Auflage von *Wirtschaft und Gesellschaft* (1925) als Anhang abdruckte. Inzwischen liegt die kritische Ausgabe als Band 1 der *Max Weber Gesamtausgabe* (MWG) vor.

46 Weber: *Gesammelte Aufsätze zur Religionssoziologie*, Bd. 1, S. 1-16.

47 Diese »kantische« Dichotomie zwischen Form und Inhalt wendet Weber auch in den anderen Künsten an und schlüsselt damit zum Beispiel die Gedichte von Stefan George und Rainer Maria Rilke auf. Näheres findet man im Kapitel »Technik, Form und Inhalt: Die schönen Künste«, in: Michael Sukale: *Max Weber, Leidenschaft und Disziplin*, Tübingen 2002, S. 265-316.

hier zwischen einem Fortschrittsglauben auf dem beschränkten Gebiet der eingesetzten künstlerischen *Mittel* und dem Glauben daran, dass jedes Kunstwerk einen von aller Technik unabhängigen *Eigenwert* darstellt. Diesen Eigenwert sieht er vor allem verwirklicht in der gotischen Baukunst des Nordens und in den Tafelbildern und Fresken der italienischen Renaissance. Auch seine Briefe aus dieser Zeit zeugen von seinen präzisen und empfindlichen Reaktionen auf den autonomen künstlerischen Eindruck. So führt er in Florenz seine Mutter gleich drei Mal in Michelangelo Buonarrotis (1475-1564) Medici-Kapelle und schreibt dann seiner Frau: »der Eindruck steigert sich, je tiefer man in die ungeheure Schwermut eindringt, immer mehr ins Kolossale«.[48]

Außerdem hat für Weber auch die eigene Zeit ihre besonderen ästhetischen Reize; von der modernen Großstadt ist er fasziniert, und ihrer Technik schreibt er einen eigenen künstlerischen Wert zu. Er behauptet nämlich, sie übe eine unwiderstehliche Anziehungskraft auf die moderne Kunst aus, und erahnt damit schon 1910 die Tendenzen der Dichtung und Malerei der Kriegs- und Nachkriegszeit:

> … ich sage, es ist gar nicht möglich, glaube ich, dass gewisse formale Werte der modernen Malerei ohne den noch nie in aller Geschichte menschlichen Augen dargebotenen Eindruck, denjenigen eigentümlichen Eindruck, den die moderne Großstadt schon am Tag, aber vollends in überwältigender Weise bei Nacht macht, hätten errungen werden können. Und da das Sichtbare – auf welches es hier allein ankommt – bei jeder modernen Großstadt bis ins letzte hinein seine spezifische Eigenart primär nicht von Eigentumsverhältnissen und sozialen Konstellationen, sondern von der modernen Technik empfängt, so ist hier allerdings ein Punkt, an dem die Technik rein als solche, sehr weittragend für die künstlerische Kultur, Bedeutung hat.[49]

48 Max Weber: *Briefe 1906-1908,* MWG II, Bd. 5, S. 541.

49 Max Weber: *Gesammelte Aufsätze zur Soziologie und Sozialpolitik,* Tübingen 1924, S. 453.

IX. Entzauberung und Sinnentleerung

Weber hat seine Kunstsoziologie bis auf den musiktheoretischen Teil und die verstreuten Fragmente, die sich in seinen Briefen und an manchen Stellen in seinen Aufsätzen als Nebenbemerkungen finden, nicht geschrieben und sich stattdessen ganz auf die Niederschrift von *Wirtschaft und Gesellschaft* gestürzt, dessen erste Fassung etwa in den Jahren 1910 bis 1913 entstand. Aber die vorliegenden Teile dieser groß angelegten Studien zeigen sehr schön, was wir zu erwarten gehabt hätten, wenn er die Kultur als ein eigenes Kapitel mit einbezogen hätte. Den Grund hierfür demonstriert man am besten, wenn man seine Schreib- und Aufbautechnik mit der Technik anderer Historiker vergleicht, die ebenfalls eine oder mehrere Epochen von den verschiedensten Aspekten her beschrieben haben. Theodor Mommsens (1817-1903) mehrbändige *Römische Geschichte*[50] und Heinrich von Treitschkes (1834-1896) mehrbändiges Werk über *Deutsche Geschichte im Neunzehnten Jahrhundert*[51] sind hierfür Beispiele, die Weber sehr gut kannte. Beide beziehen neben den politischen Ereignissen auch ökonomische, gesellschaftliche und kulturelle Aspekte in ihre Beschreibungen mit ein.

Während Mommsen und Treitschke die einzelnen Fachsparten noch säuberlich in einzelne Kapitel zerlegen und voneinander trennen, schiebt Weber die einzelnen Fachschichten in *Wirtschaft und Gesellschaft* wie durchsichtige, aber jeweils andersfarbige Schablonen übereinander. Deswegen sind die einzelnen Kapitel von *Wirtschaft und Gesellschaft* einander thematisch so ähnlich, obwohl sie sehr verschiedene Sachgebiete abhandeln: Bei jedem Thema mischt Weber die Schablonen einfach neu und legt jeweils eine, etwa diejenige der Herrschaft, der Religion oder der ethnischen Beziehungen, oben auf den Stapel – und sieht dann erneut von oben nach unten durch alle hindurch. Deswegen gibt der religionssoziologische Teil dieses Riesenwerkes den besten Einblick, wie Webers Kultursoziologie ausgesehen hätte. Ja mehr noch: Da für Weber die Religion das

50 Die ersten drei Bände des auf fünf Bände angelegten Werkes erschienen 1854 bis 1856, der vierte Band wurde nie geschrieben, der fünfte Band erschien 1885. Mommsen verkehrte in Max Webers Elternhaus, und Weber hat Teile dieses Werkes schon als 14-Jähriger gelesen; als der fünfte Band erschien, las er ihn sofort.

51 Der erste Band dieses fünfbändigen Werkes erschien 1879 und wurde kurz danach vom 15-jährigen Max Weber in einem Brief besprochen.

Herzstück allen Ritus und aller Kultur ist, kann man füglich behaupten, dass seine systematische Religionssoziologie in *Wirtschaft und Gesellschaft* und seine dreibändigen *Gesammelten Aufsätze zur Religionssoziologie* seine Kultursoziologie beinhalten oder sogar *sind*. Das stellt er selbst im Vorwort zu den *Gesammelten Aufsätzen zur Religionssoziologie* fest und bezeichnet sogleich die Stoßrichtung seiner Forschung:

Universalgeschichtliche Probleme wird der Sohn der modernen europäischen Kulturwelt unvermeidlicher- und berechtigterweise unter der Fragestellung behandeln: welche Verkettung von Umständen hat dazu geführt, daß gerade auf dem Boden des Okzidents, und nur hier, Kulturerscheinungen auftraten, welche doch – wie wenigstens wir uns gern vorstellen – in einer Entwicklungsrichtung von universeller Bedeutung und Gültigkeit lagen?[52]

Auf die Frage, welche okzidentale Entwicklung Weber denn meint, gibt er zur Antwort, es sei der »in der okzidentalen Kultur durch Jahrtausende fortgesetzte Entzauberungsprozeß«, also die zunehmende Intellektualisierung und Rationalisierung, die vom Glauben daran, was immer war oder was der Ritus vorschreibt, weg und hin zu dem Glauben führt, dass es »prinzipiell keine geheimnisvollen unberechenbaren Mächte gebe, die da hineinspielen, daß man vielmehr alle Dinge – im Prinzip – durch *Berechnen beherrschen* könne«.[53]

Diese besondere Eigenart des Okzidents erläutert Weber in knappster Form in seiner *Vorbemerkung* zu den religionssoziologischen Untersuchungen:[54] Besonders wichtig für den westlichen Rationalismus sind die Ausbildung der rationalen Wissenschaften und deren Ausbreitung in der Gesamtkultur; die Erfindungen der Notenschrift und der Akkordharmonik in der Musik; die Kunst der Perspektive in der Malerei; die rationalisierte Bautechnik in der Architektur; und im politisch-sozialen Bereich: das formale Recht, das geschulte Fachbeamtentum und schließlich der neuzeitliche Staat und seine bürokratischen Verwaltungsformen. Der *moderne* okzidentale Rationalismus wird durch den modernen Kapitalismus und die mit ihm untrennbar verbundene Arbeitsdisziplin geprägt.

Über die Methode, den Inhalt und die Ergebnisse von Webers re-

52 Weber: *Gesammelte Aufsätze zur Religionssoziologie*, Bd. 1, S. 1.
53 Weber: *Gesammelte Aufsätze zur Wissenschaftslehre*, S. 536.
54 Weber: *Gesammelte Aufsätze zur Religionssoziologie*, Bd. 1, S. 1-16.

ligionssoziologischen Studien wurde und wird viel gestritten. Es gibt jedoch einen Themenkreis, der zwar mit diesen Studien zusammenhängt, aber nicht nur für das begrenzte Ziel der Aufdeckung der spezifischen Eigenart des Okzidents relevant ist. Er kann für alle Kulturen und Zeiten aufgerollt werden und ist für unsere eigene Zeitdiagnose sogar besonders wichtig. Weber bespricht ihn vor allem in seiner »Einleitung«[55] zu den *Gesammelten Aufsätzen zur Religionssoziologie* und in seinem späten Vortrag über »Wissenschaft als Beruf«.[56] Es geht um die Sinnfrage und um den modernen Fortschrittsglauben. Wir fragen: Welcher psychologische Motor treibt eigentlich die Religionen an, und warum sind sie in allen Gesellschaften in der einen oder anderen Form zu finden? Für die fünf Weltreligionen gibt Weber eine eindeutige Antwort: Sie versprechen, dem Menschen einen *Lebenssinn* zu geben und ihn von seinen Leiden zu erlösen: Sie sind *Erlösungsreligionen.*

Diese Leiden werden vom Menschen fast immer als eine Form der Sinnlosigkeit oder Irrationalität des Lebens empfunden, und sie äußern sich in den verschiedensten Weisen: als Not, Krankheit, Tod, aber auch als Einkerkerung des Geistes durch den Körper oder als deren Laster und Sünden. Dies hat seine Auswirkungen auf das jeweils vorherrschende Weltbild, in dem sich die Menschen das Universum und ihre eigene Stellung in ihm als harmonisches Ganzes vorstellen, denn alles Leiden lässt sich mit einem Weltbild, in dem alles seinen »Sinn und Zweck« hat, nicht vereinbaren. Eben hieraus entsteht dann das so genannte Theodizeeproblem, das die Priester und Intellektuellen lösen müssen: Wie kann die göttliche Ordnung es zulassen, dass wir so leiden müssen? In diesem Zusammenhang erinnert sich Weber explizit an seine Musiksoziologie und schreibt: »Wie in der Musik das pythagoreische ›Komma‹[57] der restlosen tonphysikalisch orientierten Rationalisierung sich widersetzte (…) so schien es dem theoretischen Weltbild, noch weit mehr aber und vor allem der praktischen Lebensrationalisierung zu gehen.«[58]

55 Die »Einleitung« erschien erstmals 1915, also mitten im Ersten Weltkrieg!

56 Weber: *Gesammelte Aufsätze zur Wissenschaftslehre*, S. 524-555. Dieser Vortrag wurde 1917 gehalten, also nur zwei Jahre nach dem Erscheinen der »Einleitung«.

57 Das pythagoreische ›Komma‹ ist genau der überzählige Zahlenrest, der es unmöglich macht, eine Tonskala in eine andere zu übersetzen. Es gibt mehrere verschiedene solcher Kommata, die auch unterschiedliche Namen tragen.

58 Weber: *Gesamtausgabe*, Bd. I.19, S. 102 f.

Die Aufgabe der großen Religionsstifter und Intellektuellen war und ist es, diese Sinnlosigkeiten entweder aus dem Bewusstsein zu verbannen oder sie zu *rationalisieren*, das heißt, sie in größere, meist kosmische Zusammenhänge zu stellen, die die einzelnen Leiden als Mittel zu einem höheren Zweck Gottes oder des Universums verständlich und dadurch erträglich machen. Diese von den Religionen verschieden vorgestellten letzten Zwecke sind aber ihrerseits irrational, das heißt, unvergleichbar und unvereinbar untereinander. Die Rationalisierungsleistung der Erlösungsreligionen besteht also darin, zwei Irrationalitäten aufeinander zu beziehen: die irrationale Ausgangslage als Mittel zu dem irrationalen höheren Zweck. Je nach Religion und durch sie beeinflusste Kultur werden aber die Ziele und Mittel andere sein, und »was von einem aus ›rational‹ ist, kann vom andern aus betrachtet ›irrational‹ sein«.[59] Und weiter schreibt Weber: »Rationalisierungen hat es (...) auf den verschiedenen Lebensgebieten in höchst verschiedener Art in allen Kulturkreisen gegeben. Charakteristisch für deren kulturgeschichtlichen Unterschied ist erst: *welche* Sphären und in welcher Richtung sie rationalisiert wurden.«[60] Letztlich hängt alles am Kampf der »obersten Werte«, denen sich eine Kultur verpflichtet fühlt, und man wird daraus die Lehre ziehen können, dass auch der »Kampf der Religionen« untereinander so unversöhnlich und unlösbar sein wird, wie die letzten Werte und Zwecke, auf die sie sich gründen.

Werke von Max Weber (Auswahl)

Gesamtausgabe (noch unvollständig, abgekürzt als: MWG), hg. v. Horst Baier, M. Rainer Lepsius, Wolfgang J. Mommsen, Wolfgang Schluchter, Johannes Winckelmann, Abteilung I: *Schriften und Reden* (Band 1-22), Abteilung II: *Briefe* (Band 1-10), Abteilung III: *Vorlesungen*, Tübingen 1984 ff.

Die »klassischen« Auswahlausgaben 1920 bis 1924 (alle herausgegeben von Marianne Weber):

Gesammelte Aufsätze zur Religionssoziologie, 3 Bde., Tübingen 1920-1921.

Gesammelte Politische Schriften, München 1921.

Gesammelte Aufsätze zur Wissenschaftslehre, Tübingen 1922.

59 Weber: *Gesammelte Aufsätze zur Religionssoziologie*, Bd. 1, S. 11.

60 Ebd., S. 12.

Gesammelte Aufsätze zur Soziologie und Sozialpolitik, Tübingen 1924.
Gesammelte Aufsätze zur Sozial- und Wirtschaftsgeschichte, Tübingen 1924.
Wirtschaft und Gesellschaft, Tübingen 1922.
Eine neuere Auswahlausgabe (alle hg. und eingeleitet von Michael Sukale):
Schriften zur Wissenschaftslehre, Stuttgart 1991.
Schriften zur Soziologie, Stuttgart 1995.
Schriften zur Sozialgeschichte und Politik, Stuttgart 1997.

Literatur zu Max Weber (Auswahl)

Baumgarten, Eduard: *Max Weber, Werk und Person*, Tübingen 1964.
Bendix, Reinhard: *Max Weber. Das Werk. Darstellung, Ergebnisse, Analyse*, München 1964.
Fügen, Hans Norbert: *Max Weber mit Selbstzeugnissen und Bilddokumenten dargestellt*, Reinbek 1985.
Kaesler, Dirk: *Max Weber. Eine Einführung in Leben, Werk und Wirkung*, Frankfurt am Main, New York 1995.
Radkau, Joachim: *Max Weber. Die Leidenschaft des Denkens*, München 2005.
Sukale, Michael: *Max Weber – Leidenschaft und Disziplin. Leben, Werk, Zeitgenossen*, Tübingen 2002.
Weber, Marianne: *Max Weber – Ein Lebensbild*, Tübingen 1926.

Tobias F. Korta

Siegfried Kracauer (1889-1966) ›Long-shots‹ und ›Close-ups‹ der materialen Wirklichkeit

Siegfried Kracauer ist vielen als international bedeutender Filmtheoretiker und einer der wichtigsten Filmkritiker der Weimarer Zeit bekannt. Aber auch in der sozialwissenschaftlichen Forschung hat er durch seine Aufsehen erregende Studie von 1929 über die Alltagskultur der Angestellten den Status eines Klassikers erlangt. Sein Talent indes war noch weit vielseitiger: Als Romancier und Essayist ebenso wie als Feuilleton-Redakteur der renommierten überregional verlegten *Frankfurter Zeitung* genoss er die Aufmerksamkeit und Anerkennung vieler Köpfe der intellektuellen Szene im damaligen Deutschland, wie z. B. von Kurt Tucholsky, Walter Benjamin, Thomas Mann, Ernst Bloch oder Theodor W. Adorno. Mit seinen kultur- und zivilisationskritischen Arbeiten beeinflusste er die zeitgenössischen Debatten und prägte einen neuen Stil feuilletonistischer Literatur. In diesem Zusammenhang gehören beispielsweise die Essays »Die Wartenden«, »Das Ornament der Masse«, »Erinnerungen an eine Pariser Straße« und die Artikelserie »Die kleinen Ladenmädchen gehen ins Kino« sowie seine beiden autobiografisch gehaltenen Romane *Ginster* und *Georg* sicherlich zu den gelungensten Zeugnissen seines Schaffens. Umrahmt sind die soziologischen, kulturkritischen und filmtheoretischen Arbeiten von den philosophischen Abhandlungen der Frühzeit, u. a. über *Soziologie als Wissenschaft*, über Georg Simmel, den Expressionismus sowie über den *Detektiv-Roman*, und von seinem geschichtsphilosophischen Nachlass *Geschichte – Vor den letzten Dingen*.

I. Ein Außenseiter meldet sich zu Wort

Zu einem modernen Universalgelehrten wurde Kracauer nur auf Umwegen: als Autodidakt und Seiteneinsteiger. Der Sohn eines jüdischen Handlungsreisenden aus Frankfurt am Main sollte aus Gründen des Broterwerbs einen Ingenieurberuf erlernen. Aber schon während des Architekturstudiums in Darmstadt, Berlin und München in den Jahren 1907 bis 1911 beschäftigte er sich lieber mit Philosophie, Soziologie und Wissenschaftstheorie. Besondere Anziehung übten auf ihn die Berliner Vorlesungen von Georg Simmel aus, der mit seiner Phänomenologie wie kein anderer Kracauers Denken prägte. In dieser Zeit setzte er sich auch intensiv mit Kants Erkenntnistheorie auseinander. Sein Studium schloss er in München bei Theodor Fischer ab, einem der einflussreichsten Architekten Deutschlands vor dem Ersten Weltkrieg. Erich Mendelsohn, der junge Le Corbusier, Bruno Taut und andere die architektonische Moderne prägende Köpfe pilgerten zu Fischer. Auch auf Kracauer war er nicht ohne Einfluss. Denn als Kulturphilosoph, Schriftsteller und Kritiker wird Kracauer später, in der Gemengelage der Weimarer Republik, ebenso die Extreme ablehnen und eine vermittelnde Haltung einnehmen, wie Fischer es als Architekt tat.[1]

Die praktische Seite der Architektur interessierte Kracauer nur wenig. Lediglich für ästhetische Aspekte, besonders für Ornamentik, konnte er sich begeistern. Deshalb schrieb er seine Dissertation zum ›Dr. Ing.‹ über *Die Entwicklung der Schmiedekunst in Berlin, Potsdam und einigen Städten der Mark vom 17. Jahrhundert bis zum Beginn des 19. Jahrhunderts*. Aber obwohl Kracauer seinen ›Brotberuf‹ nur wenige Jahre vor und während des Ersten Weltkriegs ausübte, blieb ihm der *perspektivische Blick* des Architekten, die Lust am *plastischen* und *bildhaften* Schreiben zeitlebens erhalten. Als Motivkomplex und als Metaphernkette zieht sich die Architektur durch seine als ›philosophische Miniaturen‹ bezeichnete Kurzprosa: Hotelhallen, die »optischen Feenpaläste« der Kinos oder »Arbeitszeitnachweise« werden zu »Raumbildern«, aus denen Kracauer die »Träume der Gesellschaft« und den Grund der sozialen Wirklichkeit entziffert. Die Architektur, so Gerwin Zohlen in Anlehnung an

1 Gerwin Zohlen: »Schmugglerpfad. Siegfried Kracauer, Architekt und Schriftsteller«, in: Michael Kessler und Thomas Y. Levin (Hg.): *Siegfried Kracauer. Neue Interpretationen*, Tübingen 1990, S. 328.

Hans Blumenberg, ist damit eine der ›verborgenen Metaphern‹ in Kracauers Denken, die zum Grundbestand seiner philosophischen Sprache gehören und in denen seine kultur- und geschichtskritischen Erkenntnisse Gestalt gewinnen.[2]

Einflussreich für Kracauers Entwicklung war sicherlich auch der Kontakt zur jüdischen Intellektuellenszene Frankfurts. Im Kreis um den charismatischen Rabbiner Anton Nobel begegnete er in den Jahren 1918 bis 1923 Martin Buber, Franz Rosenzweig, Erich Fromm und Leo Löwenthal. Mit Löwenthal verband Kracauer seither eine lebenslange Freundschaft. In dieser Zeit entstand auch das sehr enge Verhältnis zu Theodor W. Adorno, das für beide fruchtbar, wenn auch nicht frei von Friktionen war. Kracauer führte den um Jahre jüngeren Adorno an Kant heran und entwickelte mit ihm dessen philosophisches Handwerkszeug. Adorno bekennt später, dass er dieser samstäglichen Lektüre der *Kritik der reinen Vernunft* mehr verdankt als seinen akademischen Lehrern, weil er von Kracauer lernte, diesen Text nicht als bloße Erkenntnistheorie oder Analyse der Bedingungen wissenschaftlich gültiger Urteile zu lesen, »sondern als eine Art chiffrierter Schrift, aus der der geschichtliche Stand des Geistes herauszulesen war, mit der vagen Erwartung, dass dabei etwas von der Wahrheit selber zu gewinnen sei«.[3]

Über die Freunde Adorno und Löwenthal, Walter Benjamin und Ernst Bloch fand Kracauer auch Zugang zum intellektuellen Kern der so genannten »Frankfurter Schule«, mit der er in engem Austausch stand, auch wenn er ihr, d. h. dem »Institut für Sozialforschung«, formal nie angehörte. So teilt er mit Benjamin den Blick des Flaneurs auf die Oberflächen von Kultur und Gesellschaft als einen chiffrierten Text. Von Lukács' Romantheorie und Geschichtsphilosophie hat Kracauer wesentliche Impulse bezogen. Und auch in umgekehrter Richtung wurden entscheidende Akzente gesetzt: Der Mitautor der unter dem Eindruck des Holocaust 1944 geschriebenen *Dialektik der Aufklärung*, Adorno, bescheinigt Kracauer im Hinblick auf dessen Essay »Ornament der Masse« (1927), schon früh erkannt zu haben, dass Aufklärung in Mythos umschlagen kann; Kracauer habe damit »von uns allen die Probleme der Aufklä-

2 Ebd., S. 342.

3 Theodor W. Adorno: »Der wunderliche Realist«, in: ders.: *Noten zur Literatur*, Bd. 3, Frankfurt am Main 1965, S. 83.

rung zuerst in Angriff genommen«.[4] Sein kritisches Denken hat Kracauer jedoch bei den Freunden des von ihm (Bloch zufolge) abschätzig so genannten »Instituts für Sozialfälschung«[5] nicht immer beliebt gemacht. Sein Realismus war mitunter »abgrundtief«,[6] seine Interventionen desillusionierend und störend. Löwenthal hat ihn deshalb als eigentlichen »super-member of our school of critical thinking« bezeichnet und führt dazu weiter aus: »As a critic he always maintained, I would say, an attitude of extreme unwillingness to surrender to any absolutes; he always raised doubts, always retained this critical attitude.«[7]

Kracauer verfolgte mit seiner kritischen Haltung einen aufklärerischen, humanistischen Kurs, der – nach dem Vorbild des im Zeitalter von Reformation und religiösem Dissens lebenden Erasmus von Rotterdam – »von ideologischen Zwängen frei« irgendwo in der Mitte, zwischen allen Extremen verlaufen sollte:

Die Botschaft, die ich meine, betrifft die Möglichkeit, daß keiner der widerstreitenden Standpunkte das letzte Wort sei zu den Fragen, um die es geht; daß es im Gegenteil eine Weise des Denkens und Lebens gibt, die, sofern wir ihr Folge leisteten, gestattete, daß wir uns erschöpfend durch die Standpunkte hindurcharbeiten, um uns ihrer zu entledigen – eine Weise, die in Ermangelung eines besseren Ausdrucks, oder eines Ausdrucks überhaupt, *human* zu nennen wäre.[8]

In den Jahren der Orientierungslosigkeit nach dem Ersten Weltkrieg formulierte er dies »Bekenntnis zur Mitte« und entlarvte gleicherweise kompromisslos Untergangsklagen (Spengler), religiöse Erneuerungsversuche (Scheler, Buber, Rosenzweig) und chiliastische Utopien (Bloch), auch wenn er damit Freundschaften aufs Spiel setzte.[9] Sein Denken eckte an, es war mit ›Widerhaken‹ verse-

4 Brief an Kracauer von 1933, zit. n. Inka Mülder-Bach: »Nachwort der Herausgeberin«, in: Siegfried Kracauer: *Schriften*, Frankfurt am Main 1971-90, hier: Bd. 5.3, S. 372.

5 Nach David Frisby: *Fragmente der Moderne. Georg Simmel, Siegfried Kracauer, Walter Benjamin*, Rheda-Wiedenbrück 1989, S. 16.

6 Vgl. Rolf Wiggershaus: »Ein abgrundtiefer Realist. Siegfried Kracauer, die Aktualisierung des Marxismus und das Institut für Sozialforschung«, in: Michael Kessler, Thomas Y. Levin (Hg.): *Siegfried Kracauer. Neue Interpretationen*, Tübingen 1990, S. 285-295.

7 Leo Löwenthal: »As I remember Friedel«, in: *New German Critique* 54, 1991, S. 10.

8 Kracauer: *Schriften*, Bd. 4, S. 19 und 20.

9 In »Bekenntnis zur Mitte« (1921) lehnt Kracauer die extremen Positionen von links

hen, »an denen abstrakte Revolutionstheorien sich nicht hastig hätten vorbeimogeln können«.[10]

Die kritische Haltung des Außenseiters findet ihr Pendant im methodologischen Vorgehen des Soziologen, Filmtheoretikers und Historikers Kracauer, sich in weitgehender »Selbstvertilgung« sein Material möglichst unbefangen anzueignen. In dieser Selbstzurücknahme hängt das Subjekt sein Ich, seine Vorurteile und Hintergrundannahmen buchstäblich an den Nagel und begibt sich ins »Vakuum der Exterritorialität«. Auch Ginster, jene *Ich-lose* kafkaeske Gestalt, um die sich Kracauers erster autobiografischer Roman dreht, fällt geradezu über die gewöhnlich unbeachteten und unhinterfragt für wahr genommenen Dinge des Alltags, eben weil er sie von außen *als Fremder* sieht. Man mag geneigt sein, von dieser theoretischen und methodologischen Eigenart aus nicht nur Bezüge zu Simmel herzustellen, sondern auch einen Zusammenhang mit Kracauers persönlichem Schicksal (vor allem in der Kindheit): klein gewachsen zu sein und sehr unter einem Sprachfehler, einem unattraktiven Aussehen und der jüdischen Herkunft leidend. Auch wenn man daher noch nicht behaupten kann, dass ihm das Außenseitertum in die Wiege gelegt worden sei,[11] so hat es ihn dennoch in besonderer Weise geprägt.

Kracauer zog sich deshalb aber nicht in seine Welt der Philosophie und Literatur zurück. Er war interessiert am Zeitgeschehen. Vor allem in der Zeit des Umbruchs während des Ersten Weltkriegs und danach drängte es ihn an die Öffentlichkeit, nimmt man eine Passage aus dem autobiografischen Roman *Georg* für wahr.[12] Mit den ersten philosophischen Abhandlungen, in denen er sich mit moralphilosophischen und erkenntnistheoretischen Problemen, mit der

und rechts als kulturzerstörend und sozialschädlich ab und bekennt sich zur Demokratie, die der Heterogenität der gesellschaftlichen Teile gerecht wird; zu Spengler: »Untergang?« (1923); »Katholizismus und Relativismus. Zu Max Schelers Werk ›Vom Ewigen im Menschen‹« (1921); zu Buber und Rosenzweig: »Die Bibel auf Deutsch« (1926); zu Blochs *Thomas Münzer*: »Prophetentum« (1922) – alle in genannter Reihenfolge in: *Schriften*, Bd. 5.1, S. 55 ff., 243 ff., 123 ff., 355 ff., 196 ff.

10 Hans Georg Helms, »Der wunderliche Kracauer. Zu seinen Schriften I«, in: *Neues Forum* Juni/Juli 1971, S. 27.

11 Momme Brodersen: *Siegfried Kracauer*, Reinbek bei Hamburg 2001, S. 15.

12 Siegfried Kracauer: *Werke*, hg. v. Inka Mülder-Bach und Ingrid Belke, Frankfurt am Main 2004 ff., hier: Bd. 7, S. 263.

künstlerischen Strömung des Expressionismus sowie mit sozialen und politischen Fragen der Zeit auseinander setzte, versuchte er noch vergeblich als Schriftsteller wahrgenommen zu werden. Der Durchbruch kam erst infolge seiner Tätigkeit als Feuilleton-Redakteur der *Frankfurter Zeitung* in den Jahren 1921 bis 1933. In dieser Zeit entstanden neben einer großen Zahl hervorragender Essays zur Kultur- und Filmkritik die wichtigen Arbeiten seines Frühwerks: *Der Detektiv-Roman* (1925), die Entwicklungs- und Gesellschaftsromane *Ginster* (1928) und *Georg* (1934 fertiggestellt) sowie die soziologische Milieustudie *Die Angestellten* (1929).

II. Ein Kulturphilosoph – seiner Zeit voraus

In Kracauer ist nicht nur ein moderner Universalgelehrter zu sehen – er ist auch ein Kulturwissenschaftler *par excellence*: Selbst wenn er sich das eine Mal den Hut des Soziologen oder des Filmkritikers und -theoretikers aufsetzte und das andere Mal zur Feder des Journalisten oder Romanciers griff, war er am Ende »Kulturphilosoph«[13] – einer, der sein Handwerk als Transdisziplin betrieb, der ungewohnte Perspektiven nicht scheute und Neuland betrat.

Das Motiv, das den meisten seiner auf den ersten Blick höchst divergenten Schriften einen inneren Zusammenhang gibt, war vor allem sein stetes Bemühen darum, ein Bild der kulturellen und gesellschaftlichen – oder wie es im *›Marseiller Entwurf‹ zu einer Theorie des Films* heißt: der *materialen – Wirklichkeit* zu gewinnen,[14] das seinem Gegenstand gerecht wird, ohne dabei den eindimensionalen Möglichkeiten rein kognitiven Denkens wie auch den fehlerhaften Annahmen und begrenzten Verfahren wissenschaftlicher Erkenntnisweisen auf den Leim zu gehen. Denn Kracauer war eines klar – so sein vielleicht berühmtestes Diktum: »Die Wirklichkeit«, wie wir sie wahrnehmen, »ist eine Konstruktion.«[15]

Wenn Kracauer daran lag, »die Bedeutung von Bereichen herauszuschälen, deren Anspruch, um ihretwillen anerkannt zu werden, noch nicht genüge geschah«, und »jene Ziele und Verhaltens-

13 So auch sein Selbstverständnis: Zit. nach Ingrid Belke, Irina Renz: *Siegfried Kracauer. 1889-1966*, Marbach 1988 (Marbacher Magazin 47), S. 118.

14 Kracauer: *Werke*, Bd. 3, S. 852 f.

15 Kracauer: *Schriften*, Bd. 1, S. 216.

weisen zu rehabilitieren, die eines Namens noch ermangeln und folglich übersehen oder falsch beurteilt werden«, so stellte er fest, dass die materiale Wirklichkeit über weite Strecken immer noch »terra incognita« war.[16] Der Grund für die bislang unzureichende Kenntnis liegt für ihn einerseits in bestimmten erkenntnistheoretischen Aprioris des wissenschaftlichen Denkens: Wissenschaftliche Anschauungsweisen gründen in der allzu *modernen Vorstellung*, der fragmentarischen und antagonistischen Phänomenalität unserer Wirklichkeit sei Homogenität und Transparenz abzugewinnen, die Wirklichkeit lasse sich vollständig und rational erklären und dazu technisch beherrschen. Dabei erscheinen nur bestimmte Phänomene im Licht der logisch-systematischen Modelle, andere wiederum fallen durchs methodologische Raster und bleiben unentdeckt. Andererseits ist bereits das dem wissenschaftlichen Denken zugrunde liegende Konzept von Rationalität eindimensional und greift zu kurz: Bloß kognitive Vernunft ermöglicht weder die »Totalität der Erfahrung«(sweisen) (Benjamin) noch die Totalität, zu erfahren, d. h. die mannigfaltige Wirklichkeit zu entdecken.

Kracauers skeptische Haltung gegenüber diesen Grundprämissen modernen Denkens wird u. a. durch die »Einsicht in die nicht-homogene Struktur des intellektuellen Universums« getragen. Die Welt des Zeitlosen und Allgemeinen (abstrakte Begriffe, philosophischen Figuren, Ideen und Mythen) und die des Zeitlichen und Besonderen (der konkreten Erscheinungen der Wirklichkeit) lassen sich nicht notwendigerweise verbinden. Kracauer erklärt dies als »Seite-an-Seite-Prinzip«, illustriert durch Kafkas Vorstellung von Sancho Pansa, der von den Don-Quichotterien seines Meisters ›begeistert‹, genarrt und getrieben wird. Daher sucht Kracauer nach der »theoretischen Bestätigung« jener »namenlosen Möglichkeiten« und potenziellen Wahrheiten, »von denen anzunehmen ist, dass sie in den *Zwischenräumen* der vorhandenen Lehren hoher Allgemeinheit existieren und auf Anerkennung warten«.[17] Und nicht zuletzt geht es Kracauer bei der Suche nach einer Erkenntnisweise, die der Heterogenität und Pluralität ihres Gegenstandes gerecht wird, um die ›Errettung‹ der materialen Wirklichkeit, die nicht nur die ›Erkenntnis‹ des Mannigfaltigen meint, sondern auch das ›Nichtver-

16 Kracauer: *Schriften*, Bd. 4, S. 16.
17 Ebd., S. 197 ff. (meine Hervorhebung).

gessen‹: Denn darin liegt eine Ethik kulturellen Handelns verborgen, die – wie bei Cassirers ›Palingenesie der Kultur‹, bei Freuds ›Unbewusstem in der Kultur‹ oder bei Benjamins ›dialektischem Eingedenken‹ – im jüdischen Gebot der Erinnerung gründet: Alles hat einen Anspruch darauf, erinnert und ›mitgenommen‹ zu werden bis zum letzten aller Tage, an dem die Erlösung wartet.

Die erkenntnistheoretische Motivation Kracauers wirkt für unsere Zeit erstaunlich aktuell: Sie ähnelt den Diskursen, die unter den Stichworten von ›différ*a*nce‹ (Derrida) und ›différend‹ (Lyotard) dem Anderen und den Dingen Gerechtigkeit widerfahren lassen (Lévinas) und damit dasjenige in den Blick nehmen, was als Transzendentes, Anderes oder Heterogenes von den modernen Wissenschaften ignoriert oder übersehen wird.[18] Kracauer liest sich so als Vorreiter postmodernen Denkens – just in einer Zeit, als das moderne Denken seine Hoch-Zeit hatte, als der ›Wille zum Wissen‹ und ›... zur Macht‹ mit ungeahnten technischen Möglichkeiten zusammentraf. Die ›Stahlgewitter‹ im Ersten Weltkrieg (Jünger), der ›Archipel GULag‹ (Solschenizyn) und die Vernichtungsmaschinerie der Nazis sowie die Atombomben im Zweiten Weltkrieg sind die schrecklichsten Beispiele dafür. Nicht von ungefähr wird diese Zeit auch als ›klassische Moderne‹ bezeichnet.[19]

Modernes Denken ist besonders durch den Drang nach wissenschaftlich-technischer Weltbeherrschung und durch die quasitheologische Stabilisierung der wieder offenen Fragen von Geschichte, Staat, Gesellschaft und Lebensführung über das Modell einer eindimensionalen, rationalen Ordnung geprägt.[20] Die ›Modernen‹ gehen davon aus, dass die Vernunft oder, besser: die rationale Anschauung die Wirklichkeit angemessen abbildet, quasi Wirklichkeit ›ist‹. Auch die soziale Wirklichkeit wird mehr oder weniger so betrachtet. – *Postmodern* hingegen ist ein Bewusstsein, das es versteht,

18 Vgl. Emmanuel Lévinas: *Totalität der Unendlichkeit. Versuch über die Exteriorität* (1961), Freiburg i. Br., München, 2. Aufl. 1993 (1987); ders.: *Die Spur des Anderen. Untersuchungen zur Phänomenologie und Sozialphilosophie*, Freiburg i. Br., München 1983; Jacques Derrida: *Die Schrift und die Differenz* (1967), Frankfurt am Main 1972; Jean-François Lyotard: *Der Widerstreit* (1983), München 1987.

19 Detlev Peukert: *Die Weimarer Republik. Krisenjahre der klassischen Moderne*, Frankfurt am Main 1987.

20 Vgl. Willem van Reijen: »Zerreißprobe: die Postmoderne in der Moderne«, in: *Zeitschrift für Kritische Theorie* 3 (1997), H. 5, S. 101-116.

sich der gegebenen geistigen wie politischen Situation gegenüber exzentrisch zu verhalten und dabei so zu tun, »*als ob* es sich um ein endliches Ensemble von hergestellten Wirklichkeiten und Konzepten handelt«.[21]

Durch die hier vertretene Sichtweise, die Kracauers unzeitgemäßes, weil verqueres Denken unter postmodernem Vorzeichen liest, fällt auch etwas mehr Licht auf die eine oder andere Spannung zwischen ihm und seinem intellektuellen Umfeld: Bloch fand Kracauers Rezension seines in *Thomas Münzer* zum Ausdruck kommenden chiliastischen Messianismus nicht gerade amüsant. (Es war ein Verriss!) Und auch die ›Titanen‹ der Kritischen Theorie, Adorno und Horkheimer, hatten für Kritik ›aus den eigenen Reihen‹ – gerade in der Zeit des französischen Exils (1933-1941) – kaum Verständnis. Auch die erst in den 1980er-Jahren spät einsetzende Rezeption von Kracauers Schriften mag in diesem Zusammenhang zu sehen sein: Denn wo in den 1960er- und 1970er-Jahren philosophische Systematizität und ideologische Voreinnahme (›links‹ vs. ›reaktionär‹!) noch die Wegmarken einer hegemonialen ›Diskursgemeinschaft‹ gebildet hatten, dort mussten Kracauers Denkweise und seine Art des episch-bildhaften Schreibens fremd und exzentrisch wirken und ihm den Charakterzug eines ›Außenseiters‹ einbringen.

III. Kulturtheoretische Long-shots

Wenn man Kracauers Werk etappenweise unter die Lupe nimmt, so sind die Schriften der 1920er-Jahre von einer grundsätzlichen Ambivalenz gekennzeichnet: Zum einen liegen die Grundlagen für Kracauers erkenntnistheoretische Einsichten bereits 1920 ausgearbeitet in der Monografie *Soziologie als Wissenschaft* vor. Zum anderen aber strengt Kracauer großformatige kulturtheoretische und zeitdiagnostische Betrachtungen oder, in der Sprache des Films ausgedrückt: *Long-shots* an, die zunächst noch weit hinter seinem erkenntniskritischen Potenzial zurückbleiben und daher eher kurz- als weitsichtig sind: Beispielsweise ist er in seinem Essay »Die Wartenden« (1922)

21 Wolfgang Eßbach: »Radikalismus und Modernität bei Jünger und Bloch, Lukács und Schmitt«, in: Manfred Gangl, Gérard Raulet: *Intellektuellendiskurse in der Weimarer Republik. Zur politischen Kultur einer Gemengelage*, Frankfurt am Main, New York 1994, S. 145-159, hier: S. 158 (meine Hervorhebung).

noch modernen Sehnsüchten nach (verlorener) Einheit und Geborgenheit verhaftet, die Suche nach dem ›Absoluten‹ und der ›Wahrheit‹ kommt zum Ausdruck, Begriffe sind theologisch gefärbt. Allerdings unterliegt die Kulturkritik Kracauers unter dem Einfluss der vorherrschenden Zeiterfahrung einer Entwicklung. Diese lässt sich anhand von idealtypischen Begriffen nachzeichnen, wie sie Wolfgang Eßbach entworfen hat, um die dominierenden theoretischen Antworten auf die Probleme der Moderne zu Diskursen zu bündeln: Es sind die Diskurse der ›unvollendeten Moderne‹ (Karl Marx), der ›schwierigen Moderne‹ (Max Weber und Sigmund Freud) und der ›ungeliebten Moderne‹ mit den radikal finalistischen Konzepten von Ernst Jünger, Ernst Bloch, Carl Schmitt und Georg Lukács.[22]

Soziologie als Wissenschaft ist die wohl am häufigsten missverstandene Arbeit Kracauers. Dennoch ist sie für seine Erkenntniskritik eine der wichtigsten. Vor dem Hintergrund der Wissenschaftskrisis beschäftigt ihn – ähnlich wie damals auch Max Weber – der theoretische Ort von Soziologie und Geschichte. Und ähnlich wie Weber entscheidet er sich für die Konzeption einer *materialen Wirklichkeitswissenschaft* und kritisiert die Meinungen, die beide Disziplinen gerne an den streng-formalen Naturwissenschaften orientieren wollen.[23] Dabei geht Kracauer allerdings äußerst eigenwillig vor: Er begründet zunächst eine formale Soziologie in Anlehnung an den Neukantianismus und an Husserls Transzendentalphänomenologie, um sie hernach an ihrer praktischen Unanwendbarkeit scheitern zu lassen. Die Ironie Kracauers dabei ist leider oft verkannt worden und wird auch erst ganz am Schluss dieser ›erkenntnistheoretischen Untersuchung‹ deutlich: Allgemeingültigkeit und logische Notwendigkeit wissenschaftlicher Aussagen könne es nur im idealen ›Leerraum‹ des abstrakten wissenschaftlichen Denkens geben. Denn nur hier liege ein geschlossenes System mit Anfang und Ende vor, ein Raum reiner Immanenz, der sich als transparent, homogen und beherrschbar erweise. Der lebensweltliche Gegenstandsbereich der Wirklichkeitswissenschaften Soziologie und Geschichte hingegen bleibe für die theoretischen und methodologischen Begriffe

22 Eßbach: »Radikalismus und Modernität ...«, S. 145-159.

23 Vgl. hierzu insbesondere den Essay »Die Wissenschaftskrisis. Zu den grundsätzlichen Schriften Max Webers und Ernst Troeltschs« (1923), in: Kracauer: *Schriften*, Bd. 5.1, S. 212 ff.

und Kategorien einer hoch abstrakten gedanklichen Ordnung nicht hinreichend fassbar. Insofern sei Skepsis angebracht, wenn man Ansprüche an eine Wirklichkeitswissenschaft stellt, »die sie prinzipiell nicht befriedigen kann«, so Kracauers Fazit.[24] Kracauer plädiert also für eine materiale Soziologie und entwirft überdies eine rudimentäre Geschichte der Episteme: Er vergleicht die *heutige Ordnung* der Wirklichkeit, die durch Heterogenität und Diskontinuität gekennzeichnet ist, mit der vormodernen ›sinnerfüllten Epoche‹, in der Ich und Welt noch eins sind, in der die Dinge noch waren, was sie bedeuteten, und deshalb objektive und schlüssige Aussagen über die Lebenswirklichkeit möglich waren. Eine vergleichbare Objektivität von Aussagen über die materiale Wirklichkeit sei in der heutigen ›Epoche des verlorenen Sinns‹ nicht mehr zu gewinnen.[25]

Wie in dieser kulturphilosophischen Fernaufnahme beschreibt Kracauer auch in dem Essay »Die Wartenden« (1922) die geistige Situation, wie sie für weite Teile der gebildeten, konservativ-bürgerlichen Schichten Deutschlands in den Jahren seit Ende des Ersten Weltkriegs zutraf: »Horror vakui – der Schrecken vor der *Leere* beherrscht diese Menschen.«[26] Sie leiden kulturell und politisch unter dem Eindruck der Relativität der Werte und Anschauungen und empfinden Unbehagen, Chaos und Orientierungslosigkeit: Die Formfragen in geschichtlicher, politischer und gesellschaftlicher Hinsicht wie auch in Bezug auf die Lebensführung sind offen. Reine Vernunft und Zweckrationalität treten als die dominierenden Prinzipien auf. Wertrationale Maßstäbe ermangeln der Verbindlichkeit. Kracauer rät seinen Zeitgenossen aber, weder bereits aus einer grundsätzlichen Skepsis heraus an Veränderungen zu verzweifeln noch das Heil in religiösen Erneuerungsbewegungen zu suchen. Typisch für seine Erkenntniskritik plädiert er dafür, sich nicht dem Diktum von *Entweder/oder*-Lösungen zu unterwerfen, sondern erst einmal abzuwarten, bis sich der richtige Weg aus der Misere herauskristallisiert.

So sind diese frühen 1920er-Jahre für Kracauer noch eine ›Zeit des Wartens‹, in der er sich trotz aller Einsicht in die Struktur der Wirklichkeit noch eine Korrektur der problematischen Entwicklung erhofft. Diese Beschreibung weist ihn – in jenen Jahren – neben We-

24 Kracauer: »Soziologie als Wissenschaft«, in: *Schriften*, Bd. 1, S. 100.
25 Ebd., S. 11 ff.
26 Kracauer: *Schriften*, Bd. 5.1, S. 162.

ber und Freud als einen Vertreter der *schwierigen Moderne* aus. Der Begriff verdeutlicht, wie problematisch die modernen Konzeptionen von Rationalität empfunden, wie ›zweifelhaft‹ sie werden. Die Entfernung »vom Ursprünglichen« werde daher nur ausgehalten, »wenn wir nicht aufhören, an das verlorengegangene höchst Irrationale und niedrigst Irrationale, an das radikal Göttliche [vgl. Webers *Protestantische Ethik*] und an das radikal Tierische [Freud] uns zu erinnern«.[27] Den Theoretikern der *schwierigen Moderne* geht es also vor allem um das Orientierungsproblem des Individuums. Aber trotz des bloßen Zurücksehnens nach dem ›sinnerfüllten Kosmos‹ der »katholische[n] Welt des reifen *Mittelalters*«[28] hatte Kracauer die reale Hoffnung auf die Selbstheilungskräfte der Kultur noch nicht verloren. Dabei macht er den »Wandel der Zustände unweigerlich von dem der Menschen abhängig«, also nicht von den Verhältnissen, womit der Weg »allein durch die schmale Pforte der Innerlichkeit führte«.[29]

Da sich dieser für die *schwierige Moderne* heilsame Wandel nicht einstellte, kam es über die ›Brücke‹ der »Wartenden« hinweg zu einem Wandel in Kracauers Anschauung, die ab 1925 in eine zweite Phase seines Denkens mündet und durch eine materialistische Wendung zur Wirklichkeit und zum Kollektiv gekennzeichnet ist. Kracauer begann einzusehen, »daß, zum mindesten heute, die Form unserer Wirtschaft die Form unseres Daseins bestimmt« und dass »die Verhältnisse der Außenwelt (...) despotisch in das Innere« eingreifen: »Die Verfassung der Gesellschaft bedingt die des Einzelnen.«[30] Zu den maßgeblichen Schriften, in denen sich diese Einsicht entwickelt, gehört der Aufsatz »Gestalt und Zerfall« (1925) mit der Kernthese: Man habe die »Faktizität des entleerten Daseins« überhaupt erst ernst zu nehmen, um die Wirklichkeit verändern zu können. Aber auch »Bibel auf Deutsch« (1926) ist in diesem Zusammenhang zu nennen, die Aufsehen erregende Rezension der Bibelübersetzung von Martin Buber und Franz Rosenzweig. Dort versetzt Kracauer dem Vorhaben der Neuübersetzung der Bibel ins

27 Ebd., »Radikalismus und Modernität ...«, S. 147 und S. 158 (meine Hervorhebung).

28 Kracauer: »Deutscher Geist und deutsche Wirklichkeit«, in: *Schriften*, Bd. 5.1, S. 152.

29 Kracauer: »Zwei Arten der Mitteilung«, in: *Schriften*, Bd. 5.2, S. 167.

30 Ebd.

Deutsche einen vernichtenden Schlag. Denn ›Wahrheit‹ ist für Kracauer nicht mehr in ›geistigen Sphären‹ zu finden. Der Ort der Wahrheit habe sich verschoben und liege jetzt im Profanen.[31] Damit enttheologisiert Kracauer vollständig sein Denken und wendet sich offenherzig der materialen Wirklichkeit zu.

In der Aufsatzfolge »Ornament der Masse« (1927) holt Kracauer zu seinem wohl bekanntesten geschichtsphilosophischen *Long-shot* aus.[32] Kracauer ist hierbei an der Feststellung der ›Gesamtverfassung der Zeit‹ im Zuge der allgemeinen Entwicklung von Entmythologisierung und Rationalisierung gelegen. Die geschichtliche Entwicklung ist vor allem ein Widerstreit von Mythos und Vernunft; der Rationalisierungsprozess aber stockt: Die Menschen leiden unter der Hegemonie der einseitigen, vornehmlich ökonomisch orientierten Zweckrationalität, die sie normiert, funktionalisiert und entindividualisiert – eine Betrachtungsweise, die in Adornos und Horkheimers wie auch in Marcuses und Habermas' Arbeiten zu einer kritischen Theorie eine weitere Ausformung findet.[33] Für den Kracauer des »Ornaments der Masse« ist die Moderne nur durch »Umgestaltung der herrschenden Gesellschaftsordnung« heilbar, und das – wie bei Lukács – durch Radikalisierung und Finalisierung seines Konzepts. Denn die Lösung liege als Keim inmitten des Problems: Es sei bislang nicht zu viel, sondern zu wenig rationalisiert worden. Wir müssten *durch* das Massenornament, *durch* die halbe Rationalität *hindurch*, um ans Ziel zu gelangen und die Krise der Moderne zu beenden. Kracauer sieht in seiner Zeit den Zustand, in dem – mit Benjamins Worten – die Ausnahme zur Regel geworden ist,[34] und ist damit einem Typus von Modernediskurs zuzuordnen, in dem versucht wird, durch Radikalisierung bekannter Konzepte einen Ausweg aus der als verfahren geglaubten Lage, einer ›*ungeliebten Moderne*‹, zu finden.[35] Die Arbeiten Jüngers, Blochs, Schmitts

31 Kracauer: »Die Bibel auf Deutsch. Zur Übersetzung von Martin Buber und Franz Rosenzweig« (1926), in: *Schriften*, Bd. 5.1, S. 365.

32 Kracauer, »Ornament der Masse«, in: *Schriften*, Bd. 5.2, S. 57-67.

33 Theodor W. Adorno, Max Horkheimer: *Dialektik der Aufklärung. Philosophische Fragmente* (1944), Frankfurt am Main 1988; Herbert Marcuse: *Der eindimensionale Mensch* (1964), Darmstadt, Neuwied 1967; Jürgen Habermas: *Theorie des kommunikativen Handelns*, 2 Bde., Frankfurt am Main 1981.

34 Walter Benjamin: *Gesammelte Schriften*, Bd. 1, Frankfurt am Main 1981, S. 697.

35 Eßbach: »Radikalismus und Modernität ...«, S. 148.

und Lukács' stehen für diesen Diskurs der Radikalisierung und Finalisierung der Moderne.

Obwohl Kracauer 1927 noch Kind einer *›ungeliebten Moderne‹* ist, muss man ernsthaft bezweifeln, ob daraus auf eine Totalisierung seines Ansatzes geschlossen werden kann. Denn paradoxerweise gibt es für Kracauer ›Schlupflöcher‹![36] Sie zeigen die reelle Anarchie der Wirklichkeit auf, die sich hermetischen Konstruktionen nicht fügt: Getreu seinem bisherigen *logos*-kritischen Ansatz warnt er im Aufsatz »Zwei Arten der Mitteilung« (1929) vor dem Zwangscharakter problemlösender (Theorie-)Sprachen bei ihrer potenzierten Anwendung und plädiert für den Ambivalenzen überbrückenden poetischen Gebrauch der Sprache.[37] Später, in *Geschichte – Vor den letzten Dingen*, wird aus Kracauers ›Schlupflöchern‹ eine »Botschaft des Humanen«: Denn es gebe »immer Löcher in der Wand, durch die wir entweichen können und das Unwahrscheinliche sich einschleichen kann«. Sie ist die Konsequenz nicht nur seiner schon frühen epistemologischen Einsicht in die Unzulänglichkeit rein logozentrischer Wirklichkeitsbetrachtung, sondern wohl auch aus der Beobachtung wettstreitender totalisierender Ideologeme, deren dogmatisch-existenzielle ›Sorge‹ am Wohl des Menschen vorbeiziele![38] Damit vollzieht Kracauer eine Entideologisierung und geht einen Weg, der ins »Vakuum der Exterritorialität, dem wahren Niemandsland«, führt.[39] Kracauers Aussage, dass die »wahre Existenzweise des Exilierten« die »eines Fremden« sei, ist jedenfalls der schon begonnene Ausgang aus der selbst verschuldeten, doktrinären Moderne.[40] Nach dem geschichtsphilosophischen Großwurf in »Ornament der Masse« widmete sich Kracauer noch im selben Jahr verstärkt der

36 Vgl. Inka Mülder-Bach: »Schlupflöcher. Die Diskontinuität des Kontinuierlichen im Werk Siegfried Kracauers«, in: Michael Kessler, Thomas Y. Levin (Hg.): *Siegfried Kracauer. Neue Interpretationen*, Tübingen 1990, S. 249-266, hier: S. 249, 261.

37 Kracauer: »Zwei Arten der Mitteilung« (1929), in: *Schriften*, Bd. 5.2, S. 165-171.

38 Vermutlich dürften Kracauer die schlimmen Ereignisse in der noch jungen Sowjetunion durch die Berichte Benjamins vom dortigen Besuch im Winter 1926/27 bekannt gewesen sein. Was den einen zur radikalen politisch-theologischen Kritik greifen lässt, mag den anderen in einen ›abgrundtiefen Realismus‹ stürzen!

39 Kracauer: *Geschichte – Vor den letzten Dingen. Schriften*, Bd. 4, Frankfurt am Main 1971, S. 85.

40 Ebd.

Erforschung und Konstruktion von Wirklichkeit abseits der politischen Großwetterlage – *Les extrêmes se touchent!* –, Zeichen beginnenden Exils.

Nach »Ornament der Masse« wechselte Kracauer seine Perspektive. Er nahm grundsätzlich Abschied von den geschichtsphilosophischen Rundflügen über den gesellschaftlichen Kämpfen von Mythos und Vernunft. Vielmehr arbeitete er zunehmend nur noch in seinem soziologischen Labor. Im Vordergrund standen die in mikrologischer Arbeit entstandenen Detailaufnahmen, *Close-ups*, der materialen Wirklichkeit. Er führte dabei die in »Ornament der Masse« angewandte Methodik fort, aus unbeachteten, »unscheinbaren Oberflächenäußerungen« auf den »Grundgehalt des Bestehenden« zu schließen, zu dem er »ihrer Unbewußtheit wegen« eher einen unmittelbareren Zugang erhält »als aus den Urteilen der Epoche über sich selbst«.[41] In diese dritte Phase von Kracauers Denken, der *Zeit der Exterritorialität und des Exils*, fallen die wichtigen Arbeiten über die »Photographie« (1927) und *Die Angestellten* (1929). Gerade in der distanzierten fotografischen Herangehensweise an die physische Wirklichkeit wird die Perspektivität und Konstruktivität unserer Betrachtung der Dinge offenbar. Der fotografische Blick dient Kracauer als Exempel für die Milieustudie über die Angestelltenwelt und für die nachfolgenden Arbeiten: von der Gesellschaftsbiografie *Jacques Offenbach und das Paris seiner Zeit* (1937) bis hin zur *Theorie des Films* (1959) und *Geschichte – Vor den letzten Dingen* (1966). Damit ist eine zusammenhängende Linie ersichtlich, die Kracauer selbst in seinem Geschichtsbuch beschreibt.[42]

IV. Close-ups der materialen Wirklichkeit

An so genannten *Close-ups*, mikrologischen Nahaufnahmen der gesellschaftlichen und kulturellen Wirklichkeit, arbeitete Kracauer nicht erst seit seinem Abschied von kulturtheoretischen Großaufnahmen nach dem »Ornament der Masse«. Die Konkretion seines soziologischen Blicks begann mit der Aufnahme seiner Tätigkeit als Redakteur im Feuilleton der *Frankfurter Zeitung* im Jahre 1921. Mit dieser ersten Festanstellung verband sich für den schon 32-Jährigen

41 Kracauer: »Ornament der Masse«, S. 57.
42 Kracauer: *Schriften*, Bd. 4, S. 16.

das lang ersehnte gesicherte Einkommen. Aber Kracauer verstand diesen Job nicht als Brotberuf: Es war die willkommene Gelegenheit, seine philosophischen und kulturkritischen Ambitionen zu verwirklichen. Dabei erfuhr Kracauers intellektueller Werdegang besonders durch die journalistischen Anforderungen nach Konkretheit und Wirklichkeitsnähe eine entscheidende Korrektur.[43] Denn so, wie er »kritische Öffentlichkeit als Erkenntnisprozeß« verstand,[44] wurde seine Arbeit für die Zeitung mehr und mehr zu einem Experimentierfeld in doppelter Hinsicht: zum einen für eine *konkrete Erfahrung* von Kultur und Gesellschaft und den sie tragenden sozialen und geistigen Strömungen – zum anderen auch für neue literarische Formensprachen, z. B. von philosophischen Miniaturen oder Grotesken wie im Roman *Ginster*, die dem Gegenstand der Betrachtung angemessen sind und in denen die gesellschaftskritischen Befunde so zum Ausdruck gebracht werden, dass ihr Wahrheitsgehalt und ihre Aktualität »mit dem Tag nicht verloren« gehen.[45]

Ginster ist ein zeit- und gesellschaftskritischer Roman, der – 1928 anonym veröffentlicht – einen autobiografisch gefärbten Blick von ganz unten auf die Welt richtet. Ginster ist quasi ichlos, ortlos, ein Außenseiter, ein Held des »Dazwischen«, eine moderne Figur der Dezentralisierung, ein literarischer Chaplin oder, wie Gertrud Koch schreibt: »ein kafkaesker kleiner Bruder des Mannes ohne Eigenschaften«.[46] In Ginster zerbricht die Konstruktion des neuzeitlichen Subjektes, souverän ist alles – nur nicht er selbst; er wird getrieben, ein Objekt der Dingwelt. Wie die »europäische Welt (…) ihre Geschlossenheit längst eingebüßt« habe, so verfügt auch der Roman über kein geschlossenes Schema mehr.[47] Die Ereignisse der moder-

43 Henri Band: *Mittelschichten und Massenkultur. Siegfried Kracauers publizistische Auseinandersetzung mit der populären Kultur und der Kultur der Mittelschichten in der Weimarer Republik*, Berlin 1999, S. 9 ff.

44 Michael Hofmann: »Kritische Öffentlichkeit als Erkenntnisprozeß. Zu Siegfried Kracauers Essays über die Angestellten in der Frankfurter Zeitung«, in: M. Kessler, Th. Y. Levin (Hg.): *Siegfried Kracauer. Neue Interpretationen*, Tübingen 1990, S. 94.

45 Aus einem Brief an Adorno vom 1. August 1930, zit. nach Mülder: »Nachwort der Herausgeberin«, S. 361.

46 Gertrud Koch: *Kracauer zur Einführung*, Hamburg 1996, S. 71.

47 Kracauer: »Sibirien – Paris. Mit Zwischenstationen. Zu Joseph Roths neuem Roman«, in: *Schriften*, Bd. 5.2, S. 101.

nen Wirklichkeit liegen nebeneinander, quasi filmisch schließt eine Episode an die andere an. Erzählt wird auf groteske oder sarkastische Art und Weise, wie die Geschehnisse im Krieg und danach an Ginster sinnleer vorbeiziehen. Der Roman ist ein Anwendungsfeld für Kracauers Oberflächenanalyse der Gesellschaft, wobei die Oberflächen Ausdruck weniger der lebendigen Vielfalt alltäglicher Phänomene sind als vielmehr der Negativität, eine Bezeichnung der leeren Hülle, um über diesen Umweg am unerwarteten Ort des Entwirklichten, also: an der stummen Außenseite der Welt für Aufklärung zu sorgen.

Die weitere Konkretion seines Denkens vollzog sich auch unter zunehmendem Einfluss eines Materialismus, wie Kracauer ihn in Marx' Frühschriften, insbesondere in Lukács'scher Lesart fand. In zahllosen mikrologischen Studien tastete sich der Journalist und Soziologe an meist unbeachtete Phänomene der Alltagswelt und der Massenkultur heran. Anschauungsobjekte waren beispielsweise Arbeits- und Vergnügungsstätten sowie Tempel des Warenkonsums ebenso wie die Straßen der Großstadt, durch die Kracauer streifte. Einen besonderen Zugang zur Massenkultur fand er im Film, weil dieser – so auch eine zentrale These der späteren *Theorie des Films* – die Fähigkeit hat, die sozialen und kulturellen Verhältnisse unbedacht oder unmittelbar widerzuspiegeln. Kracauers Analysen ruhten dabei stets auf einem fundierten Wissen über das philosophische, wissenschaftliche und literarische Geschehen der Zeit, das er in zahllosen Rezensionen verfolgte. Besonders intensiv nutzte er die Metropole Berlin, die Hauptstadt der Angestellten, als Labor für seine soziologischen und kulturkritischen Studien, wo Kracauer in der Zeit von 1930 bis 1933 die Kulturredaktion der *Frankfurter Zeitung* leitete.

Die soziologische Milieustudie *Die Angestellten. Aus dem neuesten Deutschland* ist eine Expedition in unbekanntes Gebiet: »Hunderttausende von Angestellten bevölkern täglich die Straßen Berlins, und doch ist ihr Leben unbekannter als das der primitiven Völkerstämme, deren Sitten die Angestellten in den Filmen bewundern.«[48] In zwölf Kapiteln dichter Beschreibung durchstreift Kracauer Berlins Welt der Angestellten: Er besucht sie als Reporter und teilnehmender Beobachter im Büro, zu Hause, auf den Arbeitsämtern und

48 Kracauer: *Schriften*, Bd. 1, S. 212.

Gerichten und dort, wo sie ihre Freizeit verbringen. Die Studie ist mit Zitaten, Gesprächen und mit Beobachtungen unterfüttert, die Kracauer nicht zu einer Reportage aneinander reiht, sondern zu einem Mosaik zusammenfügt, »das aus den einzelnen Beobachtungen auf Grund der Erkenntnis ihres Gehalts zusammengestiftet ist«. Denn »[h]undert Berichte aus einer Fabrik lassen sich nicht zur Wirklichkeit addieren, sondern bleiben bis in alle Ewigkeit hundert Fabrikansichten.«[49] Nach Kracauers Gesellschaftsdiagnose ist die ökonomische Situation vieler Angestellten 1929 so schlecht, dass eher von Proletarisierung als von einer neuen Mittelschicht gesprochen werden kann. Allerdings haben die Angestellten kein Bewusstsein für ihre Lage ausgebildet. Im Gegensatz zur Arbeiterschaft und zum Bürgertum sind sie ›ideologisch obdachlos‹ und daher besonders anfällig »für die Normierungstendenz des kapitalistisch-rationalisierten Produktionsprozesses im modernen Wirtschaftsleben«,[50] für die Zerstreuungsangebote der neuen Kulturindustrie wie auch – in Kracauers Studie nur latent angesprochen – empfänglich für Weltanschauungen aller Art, nach dem Börsenkrach von 1929 insbesondere für den Nationalsozialismus.

Nach der Machtergreifung Hitlers verließ Kracauer Deutschland in Richtung Paris. Sein Verleger wollte ihn mit der Versetzung ins Pariser Korrespondentenbüro wohl schützen, aber angesichts der veränderten politischen Lage entschloss er sich bald, sich von dem kritischen Redakteur zu trennen. In dieser Zeit des Pariser Exils arbeitete Kracauer am Genre des autobiografischen Entwicklungs- und Gesellschaftsromans weiter. *Georg* entstand, für den Kracauer allerdings – trotz der Hilfe, die ihm André Malraux, Gabriel Marcel und Thomas Mann angeboten hatten – keinen Verleger fand. Von 1934 bis 1937 schrieb Kracauer den gesellschaftsbiografischen Roman *Jacques Offenbach und das Paris seiner Zeit*, in dem er sich zutiefst mit Frankreich in der Zeit des Zweiten Kaiserreichs auseinander setzte und der einen Versuch darstellt, durch die offensichtlichen Parallelitäten zwischen dem Aufstieg Napoleons III. und Hitlers die zeitgenössische Entwicklung in Deutschland und Euro-

49 Ebd., S. 216.

50 Martin Ludwig Hofmann: »›… sich die Massenseele dienstbar machen‹. Über Siegfried Kracauers Diagnose der Normierungstendenz in der kapitalistischen Moderne«, in: ders., Tobias F. Korta: *Siegfried Kracauer – Fragmente einer Archäologie der Moderne*, Sinzheim 1997, S. 11-51, hier: S. 25.

pa nach dem Ersten Weltkrieg zu erklären. Diese Epoche, aus der Benjamin die »Urgeschichte der Moderne« rekonstruierte,[51] war auch für Kracauer in besonderer Weise prägnant. Die Gesellschaft war in einen mythischen Traumschlaf gewiegt, »operettenhaft« nannte sie Kracauer.[52] Und die Operetten Offenbachs aus der Zeit von 1855 bis 1867 seien der »repräsentativste Ausdruck der kaiserlichen Ära«, die sie sowohl »spiegeln« als auch »helfen zu sprengen«.[53] Für den physiognomischen Versuch, eine Epoche an der Person und am Werk eines Komponisten zu spiegeln, hat Kracauer viel Kritik erfahren – insbesondere von Adorno, dem missfiel, dass Kracauer seine Auseinandersetzung mit der Epoche zu sehr an der äußerlichen Analogie von Zeit und Person festgemacht und die immanente Kritik fast völlig hat missen lassen und der die fehlende musiksoziologische Fundierung der ›Musikbiografie‹ kritisierte. Das hätte fast zu einem vollständigen Zerwürfnis zwischen den beiden Freunden geführt. Mehr als das Musikalische an Offenbachs Operetten interessierten Kracauer hingegen »Oberflächenäußerungen« wie der visuelle Eindruck der Aufführung sowie die Verbreitung und die Wirkung der Musik; er erkannte Parallelen zu Chaplins Filmen, wies auf Zusammenhänge zwischen Populärmusik (dem Erfolgswalzer »Rebecca«) und ernster Musik (in der synagogalen liturgischen Musik) hin und entdeckte im Operettenbetrieb den Beginn der modernen Vergnügungsindustrie mit Zeitung und Zeitschrift als deren Promotoren. Zwar war das Buch mit einer deutschen, englischen und französischen Ausgabe ein verlegerischer Erfolg, es löste jedoch die finanziellen Probleme Kracauers, der mit seiner Frau in Paris zeitweilig am Rande des Existenzminimums lebte, in keiner Weise.

Die großen Arbeiten zum Film, *Von Caligari zu Hitler. Eine psychologische Geschichte des deutschen Films* (1947) und die *Theorie des Films. Die Errettung der äußeren Wirklichkeit* (1960), entstanden nach Ankunft in den Staaten, wohin Kracauer 1941 noch gelangen konnte. Die erste der beiden Arbeiten entstand im Rahmen eines Stipendiums des Museum of Modern Art, auf dessen riesiges Filmarchiv Kracauer zurückgreifen konnte. Es ging zunächst um den Zusammenhang von Propaganda und Nazi-Film. Kracauer wollte

51 Frisby: *Fragmente der Moderne*, S. 191 ff., 211.

52 Kracauer: *Werke*, Bd. 8, S. 192.

53 Ebd., S. 12.

mehr als eine Geschichte des deutschen Films schreiben: Er wollte die zur Machtergreifung Hitlers führende »inneren Dispositionen« der Deutschen im Medium des Films mentalitätsgeschichtlich aufdecken. Dabei griff er auf die Erkenntnis aus der Studie über die Angestellten zurück, dass diese aufstiegs- und prestigeorientierte, jedoch sozial deklassierte Mittelschicht geistig ›verloren‹, ressentimentgeladen und daher offen für die Versprechungen der Nazis war:[54]

Rettungslos der Regression verfallen, mußte die Mehrheit des deutschen Volkes sich einfach Hitler ergeben. Da Deutschland so verwirklichte, was in seinem Film von Anfang an bereits angelegt war, nahmen die Leinwandgestalten tatsächlich Leben an. Als personifizierte Tagträume (...) füllten diese Figuren die Arena im Deutschland der Nazis. Der leibhaftige Homunculus ging um. Selbsternannte Caligaris hypnotisierten zahllosen Cesares Mordbefehle ein. Rasende Mabuses begingen wahnsinnige Verbrechen und gingen straffrei aus, und irre Iwans erdachten unerhörte Folterungen. Viele von der Leinwand her bekannte Motive wurden in dieser unheiligen Prozession zu lebendigen Ereignissen. In Nürnberg erschien das Ornament der Masse aus den ›Nibelungen‹ in gigantischen Ausmaßen: ein Meer von Flaggen und Menschen, die kunstvoll ausgerichtet waren. Seelen wurden durch und durch manipuliert, wie um den Eindruck zu schaffen, das Herz vermittle zwischen Hirn und Hand. Tag und Nacht zogen Millionen in Stadt und Land über die Straßen. Unaufhörlich erklang das Schmettern der Militärfanfaren, und den Spießern in Plüsch und guter Stube schwoll die Brust. Schlachten dröhnten, und ein Sieg jagte den anderen. Alles war so wie im Film. Und die dunklen Vorahnungen von einer Götterdämmerung sollten sich erfüllen.[55]

Insofern begreift Kracauer in dieser international viel beachteten Mentalitätsgeschichte Filme weniger unter ästhetischen Gesichtspunkten als unter dem Aspekt der Verkörperung von kulturellen Symbolbildungen, als sichtbare Manifestationen einer bislang nicht wahrgenommenen Dynamik in menschlichen Beziehungen.

Je mehr und je länger sich Kracauer von seinem soziologischen Labor, dem Deutschland der Weimarer Zeit, entfernte, desto mehr nahmen seine Arbeiten wieder einen abstrakteren und theoretischen Charakter an. In dem mit Helmut Lethen so bezeichneten »Alterswerk«[56] ist jedoch keine Rückkehr zu den *Long-shots* der

54 Kracauer: *Schriften*, Bd. 2, S. 17 f.

55 Ebd., S. 287.

56 Helmuth Lethen: »Sichtbarkeit. Kracauers Liebeslehre«, in: Michael Kessler,

Frühschriften und der Arbeiten aus den 1920er-Jahren zu erkennen. Vielmehr sind die *Theorie des Films* wie *Geschichte – Vor den letzten Dingen* sowohl intellektuelles Kondensat seines bisherigen Denkens als auch dessen konsequente Weiterentwicklung. Sie haben, was Paul Oskar Kristeller für das Geschichtsbuch schreibt, nicht den Charakter von systematischen Darlegungen, sondern vielmehr von »Meditationen«.[57] Kracauer schreibt über diesen Zusammenhang selbst: »die Ästhetik des Film ist einer Epoche zugeordnet, in der die alte ›long-shot‹ Perspektive, die in irgendeiner Weise das Absolute zu treffen meint, durch die ›close-up‹ Perspektive ersetzt wird, die das mit dem Vereinzelten, dem Fragment, vielleicht Gemeinte anstrahlt«.[58] In beiden Büchern drückt sich Kracauers Vorliebe für das Mikrologische ebenso aus wie sein Interesse an neuen philosophischen Gedanken zur Fundierung seines Materialismus.

Filme spiegeln aber nicht nur die zur zweiten Natur gewordene soziale Welt, wie Kracauer im Caligari-Buch betont, sondern auch die physisch vorhandene Wirklichkeit, d. h. die uns umgebende Welt der faktischen Dinge, so wie sie sie uns *jenseits* aller Erinnerung, aller Geschichte und aller Vorannahmen zeigen. So lautet eine zentrale These in der *Theorie des Films.* Die dadurch entstehenden neuen Sichtweisen wirken auf eine Veränderung des Wirklichkeitsbildes in unseren Köpfen hin. Es geht Kracauer also um die Sichtbarmachung im Wege vereinzelter Nahaufnahmen, so wie er bereits in »Ornament der Masse« und den *Angestellten* unscheinbaren Oberflächenäußerungen wesentliche Aussagen entnahm. Die spezifische fotografische Kompetenz des Films, sein ästhetisches Grundprinzip, ist, »Aspekte der physischen Realität einzuverleiben, um sie uns erfahren zu lassen«.[59] Hier liegt auch eine zentrale Gemeinsamkeit mit der Fotografie und darin unterscheiden sich die beiden ›fotografischen Medien‹ von anderen, wie z. B. der Kunst. Die Sichtbarmachung ermöglicht wiederum Errettung und eine Erkenntnis der materialen Wirklichkeit. Sie geschieht natürlich nicht von selbst, sondern setzt einen Apparat und einen Prozess der Wahrnehmung voraus, der auf beiden Seiten, der technischen und der personalen,

Thomas Y. Levin (Hg.): *Siegfried Kracauer. Neue Interpretationen*, Tübingen 1990, S. 195-228.

57 Paul Oskar Kristeller: »Vorwort«, in: Kracauer, *Schriften*, Bd. 4, S. 9.

58 Brief an Adorno, 1949, zit. nach Belke, Renz: *Siegfried Kracauer*, S. 101.

59 Kracauer: *Werke*, Bd. 3, S. 83.

liegt. Und beiden Modi wohnt wiederum eine wirklichkeitserschließende (Realismus) und eine formgebende Tendenz (Kunst) inne. Zu Unrecht wurde Kracauer ein naiver Realismus vorgeworfen. Oft hat man übersehen, dass es ihm bei den Überlegungen zum Film vorwiegend um einen rezeptionstheoretischen Ansatz geht.

Über die Parallelität von historischer Realität und Kamera-Realität hinaus ist Kracauers *Geschichte – Vor den letzten Dingen* eine Wiederaufnahme und Fortführung von Erkenntnissen aus der Filmtheorie. Vor allem aber Kracauers ›abgrundtiefer Realismus‹ strahlt in besonderer Weise auf seine erkenntnistheoretische Konzeption von Geschichte aus: Sie ermöglicht es, ein Bild der Vergangenheit zu zeichnen, das diese als vergangene soziale Wirklichkeit in ihrer irreduziblen und antagonistischen Fülle und Vielgestaltigkeit und mit ihren Brüchen und Fugen vollauf widerscheinen lässt. Das ›historische Universum‹ als der von der Geschichte betrachtete Wirklichkeitsausschnitt ist in seinem Wesen offen, inhomogen und diskontinuierlich. Es ist unendlich in seinem Ausmaß und als Ganzes nicht zu erfassen, was bedeutet, dass über ›geformte‹ serielle Sequenzen hinaus keine abschließenden Gesamtbetrachtungen und schon gar keine Generalisierungen naturgesetzlicher Art möglich sind. Kracauer verstellt damit allen noch so schönen ideologischen oder theologischen, letztlich aber insgesamt spekulativen Meta-Erzählungen den Weg und zeigt sich als jener ›abgrundtiefe Realist‹, der sich der grundsätzlichen Pluralität möglicher Weltbedeutungen bewusst ist: Geschichte offenbart sich ihm als ›Vor-Raum-Denken‹ von vorläufiger Natur, das zu *vermitteln* hat zwischen der noch unverstandenen lebensweltlichen Empirie und den theoretischen Fragen um die letzten Dinge – seien sie wissenschaftlicher Art oder metaphysisch, theologisch oder ästhetisch in einem absoluten Anspruch. Kracauer konnte dieses für ihn wichtige Buch nicht vollständig abschließen, hat jedoch fast fertige Manuskripte oder detaillierte Exposés zu den noch nicht ausgearbeiteten Abschnitten hinterlassen, sodass es drei Jahre nach seinem Tod im Jahre 1966 veröffentlicht werden konnte.

Werke von Siegfried Kracauer (Auswahl)

Kracauers Œuvre wird derzeit unter Berücksichtigung des Nachlasses in der Ausgabe *Werke in neun Bänden* bei Suhrkamp neu editiert. Darüber hinaus ist ein Großteil des Werks über die im Suhrkamp Verlag 1971 bis 1990 herausgegebenen *Schriften* (8 Bde.) zugänglich sowie über Einzelausgaben, wie z. B. dem Band *Ornament der Masse*, der eine von Kracauer noch selbst zusammengestellte Zahl wichtiger Essays der Weimarer Zeit versammelt. Zum bisher nur spärlich dokumentierten Schriftverkehr von und mit Kracauer liegen u. a. der Briefwechsel »Siegfried Kracauer – Ernst Bloch 1921-1966« (Ernst Bloch, *Briefe 1903-1975*, Bd. 1, Frankfurt am Main 1985, S. 257-406), die Briefe Panofsky/Kracauer aus den Jahren 1941 bis 1966 (hg. v. Volker Breidecker, Berlin 1996) sowie Walter Benjamins *Briefe an Siegfried Kracauer* (hg. vom Theodor W. Adorno Archiv, Stuttgart 1988) vor.

Literatur zu Siegfried Kracauer (Auswahl)

Arnold, Heinz Ludwig (Hg.): *Siegfried Kracauer*, München 1980 (*Text+Kritik*, Heft 68).

Band, Henri: *Mittelschichten und Massenkultur. Siegfried Kracauers publizistische Auseinandersetzung mit der populären Kultur und der Kultur der Mittelschichten in der Weimarer Republik*, Berlin 1999.

Brodersen, Momme: *Siegfried Kracauer*, Reinbek 2001.

Frisby, David: *Fragmente der Moderne. Georg Simmel, Siegfried Kracauer, Walter Benjamin*, Rheda-Wiedenbrück 1989.

Koch, Gertrud: *Kracauer zur Einführung*, Hamburg 1996.

Korta, Tobias: *Geschichte als Projekt und Projektion. Walter Benjamin und Siegfried Kracauer zur Krise des modernen Denkens*, Frankfurt am Main 2001.

Mülder[-Bach], Inka: *Siegfried Kracauer – Grenzgänger zwischen Theorie und Literatur. Seine frühen Schriften 1913-1933*, Stuttgart 1985.

Schlüpmann, Heide: *Ein Detektiv des Kinos. Studien zu Siegfried Kracauers Filmtheorie*, Basel, Frankfurt am Main 1998 (nexus 38).

Willem van Reijen

Martin Heidegger (1889-1976) Revolution der Philosophie und der Politik

Am Anfang eines Aristoteles-Seminars, das Heidegger 1924 abhielt, bat ein Student ihn, etwas über das Leben des Aristoteles zu sagen. Heidegger erwiderte: »Bei der Persönlichkeit eines Philosophen hat Interesse: Er war dann und dann geboren, er arbeitete und starb« (GA 18, 5).[1]

Kann Heidegger eine solche Zurückhaltung seiner Person gegenüber auch für sich in Anspruch nehmen? Wer, wie Heidegger, die Ablehnung eines Rufes an eine andere Universität ablehnt und darüber öffentlich Rechenschaft ablegt mit einem Text, der überschrieben ist: »Schöpferische Landschaft: Warum bleiben wir in der Provinz?«, provoziert, dass etwas mehr gesagt wird. Umso mehr als Heidegger in der Ansprache zur Immatrikulation vom 6. Mai 1933 sagt, dass der Schwarzwald dem deutschen Studenten »künftig zuerst und vor allem: Heimatberge, Heimatwälder und Heimattäler des Albert Leo Schlageter sind« (GA 16, 97).[2] Vor allem nach seinem Engagement für den Nationalsozialismus ist es unmöglich, nichts zum Zusammenhang von Werk und Leben zu sagen. Für das Verständnis seines Ziels, die überkommene Philosophie zu revolutionieren, ist es sogar unerlässlich. Das heißt natürlich nicht, dass man sich mit einer nur psychologischen Erklärung begnügen kann, wenn man sich einen Zugang zu dem außerordentlich komplizierten Denken Heideggers verschaffen will. Tut man es doch, läuft man Gefahr, alle Texte Heideggers auf ein Motiv hin zu reduzieren, wie Emmanuel Faye es tut, wenn er behauptet, dass Heidegger nie einen Text geschrieben habe, der nicht der Legitima-

1 Martin Heidegger: *Gesamtausgabe*, Frankfurt am Main 1975 ff., im Folgenden zitiert als GA mit Band und Seitenzahl.

2 Albert Leo Schlageter (1894-1923) verübte Sabotageakte gegen französische Militäranlagen während der Ruhrbesetzung; er wurde deswegen zum Tode verurteilt und hingerichtet. Die Nationalsozialisten haben ihn zum Helden stilisiert. Siehe dazu: Heideggers Rede am 26. Mai 1933, in: G. Schneeberger: *Nachlese zu Heidegger*, Bonn 1962, S. 47 f.

tion und der Propaganda des radikalsten Antisemitismus gedient hätte.[3]

Selbstverständlich stehen Leben und Werk eines Philosophen (und von Autoren und anderen Künstlern) nicht separat nebeneinander, aber es gilt auch, dass das Werk einen eigenen Einsatz und eine eigene Dynamik hat und auf objektive Weise der gesellschaftlichen und politischen Realität sowie den Erwartungen und Befürchtungen der Epoche gerecht wird.

I. Revolution statt Kritik

Ich werde im Folgenden in chronologischer Ordnung einige zentrale Texte Heideggers erörtern, um zu zeigen, dass Heidegger sein Denken in einem näher zu spezifizierenden Sinne vorrangig als ursprünglich und geschichtlich gestaltet hat. Zugleich verstand er es nicht bloß als Kritik an der philosophischen Tradition und den kulturellen Verhältnissen, sondern entfesselte eine Revolution gegen die traditionelle Philosophie und Kultur und zeitweise gegen die Politik. Es wird sich zeigen, dass diese Revolution sich anfänglich nur gegen die Philosophie seiner Vorgänger richtete, dass er aber mit der »Kehre« sein Denken auch in sich – und zwar dauerhaft – revolutionierte. Das Denken kreist ab 1936 in sich selber, wie es die esoterischen Texte *Beiträge zur Philosophie. Vom Ereignis* und *Besinnung* sowie die exoterische Vorlesung *Grundfragen der Philosophie* zeigen. Die »Kehre« ist kein einmaliger Vorgang, sondern die permanente Bewegung eines Denkens, in dem das Gedachte und das Denken zusammen und je für sich ein Spiel antagonistischer Kräfte sind. Schon *Sein und Zeit* war, nach den akademischen Studien des frühen Heidegger, als radikaler Bruch mit der damals dominanten Philosophie seiner Lehrers Edmund Husserl angelegt.

Anfang 1934, neun Monate nachdem Heidegger das Rektorat der Universität Freiburg übernommen hatte und diese im Sinne des Nationalsozialismus zu führen beabsichtigte, heißt es in der Vorlesung *Vom Wesen der Wahrheit*: »Ich sage, die Frage nach dem Menschen muß *revolutioniert* werden … Aus dieser Frage nach dem Wesen des Menschen revolutioniert sich sein *Sein*, revolutioniert

3 E. Faye: *L'introduction du nazisme dans la Philosophie*, Paris 2005.

sich die Art und Weise, wie er zu geschichtlicher Überlieferung und geschichtlicher Sendung steht« (GA 36/37, 215, kursiv i. O.). Heidegger beabsichtigte, seine philosophische Revolution (auf die politische Intention komme ich noch zurück) gegen das philosophische Selbstverständnis der vergangenen 2500 Jahre anhand von drei Thesen durchzuführen.

Die erste These lautet, dass »Wahrheit« nicht als »*adaequatio rei et intellectus*«, als die seit Jahrhunderten akzeptierte Definition von Wahrheit als Übereinstimmung von Aussagesatz und Sachverhalt verstanden werden kann. Eine solche Übereinstimmung erlaubt es nach Heidegger allenfalls, von »Richtigkeit« zu sprechen. Wenn wir eine bestimmte Übereinstimmung zwischen kausalen, gesetzmäßigen Abläufen und unseren Urteilen festgestellt haben, können wir die Wirklichkeit manipulieren. In der modernen, technischen Welt beschränkt sich die Reichweite und Begründung des Wahrheitsanspruchs auf diese Manipulierbarkeit – Wahrheit wird auf Richtigkeit reduziert. Das führt nach Heidegger konsequent zu dem unaufhaltsamen Siegeszug der Technik, der jede Frage nach dem Sinn unseres Seins zerstört. Diese Dynamik könne nicht durch eine Reform angehalten werden, nur durch eine Revolution könnten wir wahrhaft verstehen, was Wahrheit sei.

Diese Revolution bringt uns zur zweiten These, die besagt, dass nicht das Beständige, nicht das, was sich selbst gleich bleibt, sondern nur das, was ständig in Bewegung ist, wahrheitsfähig sei. Die Tradition hatte immer versucht, zu begründen, dass nur das Ewige, Unveränderliche (Gott, die Ideen, das Sein) wahrheitsfähig seien.[4] Wahrheit und Unveränderlichkeit galten als synonym, denn wie sollte man etwas Wahres sagen können über etwas, das sich mittlerweile vielleicht wieder verändert hatte? In einem revolutionären Akt liquidiert Heidegger nun alle Festigkeit und Ewigkeitsansprüche der traditionellen Wahrheitsauffassungen, indem er das Urteilen durch »Erblicken« und Tatsachen durch »Geschehen« ersetzt. Es heißt: »Wahrheit ist demnach nicht ein Vorkommnis, sondern ein *Geschehen* ... Dieses Geschehen ... wird jetzt aufgelöst in ein *Geschehen des schöpferischen Erblickens der Dinge*« (GA 36/37, 174-175, kursiv i. O.).

4 Als Ausnahmen lässt Heidegger nur Heraklit und (mit Einschränkung) Nietzsche gelten.

Erst recht revolutionär ist die dritte These, mit der Heidegger sich seinem Selbstverständnis nach gegen das fundamentale Selbstverständnis der philosophischen Tradition absetzt, dass die Logik der Maßstab für Wahrheit sei. Alle traditionellen Wahrheitsauffassungen gehen vom Widerspruchsverbot aus. Es ist nicht erlaubt, zugleich und in derselben Hinsicht, zu sagen, dass etwas eine bestimmte Qualität hat und sie nicht hat. Das ist simpelste Logik. Mit dieser Logik bricht Heidegger ab 1929. Es heißt: »Wir wollen die Logik als solche von ihrem Anfang an aus ihrem Grund erschüttern … Solange wir uns nur streiten, ob die bisherige Logik überflüssig sei oder nicht, bewegen wir uns, indem wir sie so oder so bejahen, in derselben Ebene mit ihr« (GA 38, 8). Auch das Verbot der zirkelhaften Begründung negiert Heidegger genüsslich: »Wie sollen wir aus dem Kreis herausfinden? Gar nicht! Nicht herausfinden sollen wir, sondern im Kreise *bleiben* und diese Wirbelbewegung in Gang bringen« (GA 38, 31 f., kursiv i. O.). Mehr noch: »So müssen wir den Kreisgang vollziehen … Diesen Weg zu betreten, ist die Stärke, und auf diesem Weg zu bleiben, ist das Fest des Denkens.«[5] Und es sollte noch schlimmer kommen. Heidegger vertritt die Ansicht, dass auch die grundsätzlichste Trennung, die die Philosophie macht, die zwischen Wahrheit und Unwahrheit, hinfällig sei: »*Zum Wesen der Wahrheit gehört die Unwahrheit*« (GA 36/37, 187, kursiv i. O.). Auf diese provozierende These ist noch ausführlich zurückzukommen.

Bei Heideggers Option für eine Revolution spielt, nicht als Motivation, aber doch als Begleitmusik, die Herkunft aus der kleinen Schwarzwaldstadt Meßkirch und vor allem den bescheidenen Verhältnissen des Elternhauses eine wichtige Rolle. Die »Sehnsucht nach Härte und Schwere«, wie Frantzen das genannt hat, wurzelt zweifellos in diesen Umständen.[6] Aber zusammen mit der Askese bildet der Wunsch nach revolutionärer Veränderung der Lebensbedingungen, wie wir ihn auch in der Jugendbewegung und den romantischen Programmen jener Zeit finden, ein explosives Gemisch. Heidegger war, wenn man seinen Selbstzeugnissen glauben möchte (und warum sollten wir das nicht tun?), als Kind nicht unglücklich,

5 Martin Heidegger: »Der Ursprung des Kunstwerkes«, in: *Holzwege*, Frankfurt am Main 1950, S. 8.

6 W. Frantzen: »Die Sehnsucht nach Härte und Schwere«, in: A. Gethmann-Siefert, O. Pöggeler (Hg.): *Heidegger und die praktische Philosophie*, Frankfurt am Main 1988.

aber das Glück, so dürfen wir mutmaßen, war unlöslich mit einer gewissen Schwermut und Bedrückung verknüpft. Das kann fast nicht anders sein, wenn man bedenkt, dass das hochbegabte Kind von Anfang an erfahren musste, dass die Eltern die Kosten für seine weitere Ausbildung nach der Volksschule nicht tragen konnten und dass es außerdem schon früh das elterliche Haus verlassen musste. Die Bedingungen, unter denen Heidegger Gymnasium und Universität zu absolvieren hatte, waren alles andere als luxuriös. Er hat darauf nicht mit einer hedonistischen (Über-)Kompensation, sondern mit Verinnerlichung reagiert. Das zeigt sich in seinem Lebensstil und in abfälligen Bemerkungen z. B. über »die Welt der großen Hotels und Pferderennen«. Auch in der skurrilen Erhebung der Alemannen zu einem ›unverbrauchten‹ Volk[7] kann man nur ein Übermaß an Loyalität mit der Herkunft, die nach Heideggers Wort Zukunft bleibt, sehen. Dazu passt, dass Heidegger, wenn er sich abgewiesen fühlt, radikal reagiert. Als die Jesuiten in Feldberg ihn aus gesundheitlichen Gründen nach zwei Wochen Noviziat von der weiteren Priesterausbildung ausschlossen und ihn dadurch in eine finanziell und beruflich ungewisse Zukunft entließen, setzte sich bei ihm ein Hass gegen die Kirche fest, der sich während seines Rektorats der Freiburger Universität manifestierte. Anlässlich der Aufhebung des Verbots der katholischen Verbindung Ripuaria schreibt Heidegger an den Reichsführer der Deutschen Studentenschaft: »Man kennt katholische Taktik immer noch nicht. Und eines Tages wird sich das schwer rächen. Heil Hitler! Ihr Heidegger.«[8]

Es ist die Konvergenz von individuell als unbefriedigend und ungerecht erfahrenen Bedingungen und objektiven, historischen, politischen und kulturellen Entwicklungen, die Heideggers Denken zu einem revolutionären Denken werden lässt. Zu den objektiven Bedingungen gehören die wirtschaftlichen und politischen Krisen in der Weimarer Republik – und für Heidegger, wie für viele andere (gleich ob links oder rechts), die Krise der Republik selbst. Für Heidegger war aber auch der kulturelle Verfall Grund, umzudenken. Mit vielen Intellektuellen teilte Heidegger damals die Überzeugung, dass Reformen den Krisen in Politik und Wirtschaft und dem Niedergang der Kultur nicht mehr abhelfen könnten – es musste

7 Martin Heidegger: »Das unverbrauchte Alemannentum«, in: GA 16, 240.
8 G. Schneeberger: *Nachlese zu Heidegger*, Bonn 1962, S. 206.

eine Revolution her. Diese Idee war Heidegger natürlich auch bestens aus den vielen Schattierungen der Jugendbewegung bekannt. Ihm zufolge sollte sich diese Revolution gegen den Kommunismus und die Sowjetunion, gegen Kirche, Demokratie, Liberalismus, gegen rechtsstaatliche Institutionen überhaupt und nicht zuletzt gegen die zunehmende Dominanz der Technik richten.[9]

Von einer Revolutionierung der Verhältnisse an den deutschen Universitäten konnte Heidegger sich auch persönlich etwas erhoffen. Bis zur Ernennung zum außerplanmäßigen Professor in Marburg lebte er in unsicheren finanziellen Verhältnissen. Jahrelang war er abhängig von Stipendien, Hoffnungen auf eine Anstellung zerschlugen sich, was Heidegger den verknöcherten Machtverhältnissen in der Universität und dem Einfluss der Kirche zuschrieb. Es war also höchste Zeit, klar Schiff zu machen und den jungen Dozenten gesicherte und einflussreiche Plätze zumindest neben, am besten aber anstelle der alten Ordinarien zu schaffen. Eine feste Stelle brauchte Heidegger umso mehr, als er 1917 Elfride Petri geheiratet hatte. 1919 kam der erste Sohn, Jörg, zur Welt, 1920 dann Hermann, ein Kind Elfrides und ihres Jugendfreundes Friedel Caesar.

Inzwischen arbeitete Heidegger an einem Werk, das ihm Weltruhm eintragen sollte, obwohl es ein Torso geblieben ist. Es wurden lediglich zwei Teile (von dreien) des ersten Abschnitts (von dreien) veröffentlicht. Außerdem war der Text unterschiedlich dicht geschrieben. Aber Heidegger stand unter Druck, er wollte sich einen Lehrstuhl in Freiburg sichern, und so entstand sein Hauptwerk.

II. Sein und Zeit

Sein und Zeit, 1927 erschienen, war der erste Versuch, die herkömmliche Philosophie zu revolutionieren. Das hieß zunächst, sie aus der gesellschaftlichen und wissenschaftlichen Isolierung, in die sie durch übermäßige Abstraktion und Akademisierung ihrer Themen und Auseinandersetzungen geraten war, zu befreien. Philosophie sollte wieder die Wissenschaften anleiten, d. h. ihnen Themen und Methoden vorgeben. Um das zu erreichen, musste die Philosophie

9 Siehe Gerhart Schmidt: »Heideggers philosophische Politik«, in: B. Martin (Hg.): *Martin Heidegger und das ›Dritte Reich‹*, Darmstadt 1989.

sich radikal umorientieren, sie musste anschließen bei jenen vorphilosophischen Erfahrungen, die wir alle machen, wenn wir uns auf das besinnen, was für uns wesentlich ist. Das Wesentliche ist allerdings im Alltag überdeckt und verdrängt von allen möglichen Aktivitäten, die, im Lichte des Wesentlichen gesehen, nur als Ablenkungsmanöver gewertet werden können. Wir müssen also zunächst durch den Nebel der historisch gewachsenen Verstellungen hindurch wieder einen angemessenen Blick auf unser Dasein gewinnen. Die Überzeugung, dass wir verblendet sind, gehört zu den grundlegenden Voraussetzungen, unter denen Heidegger sein Denken von Anfang an entwickelte. Neben persönlichen Erfahrungen spielte hier sicher auch die Bekanntschaft mit Hans Jonas, einem Marburger Schüler Heideggers, der sich intensiv mit der Gnosis beschäftigte, eine wichtige Rolle. Außerdem ist es nicht schwer, eine gewisse Nähe zur Entfremdungstheorie von Karl Marx festzustellen. Auch Marx ging davon aus, dass es unter den Bedingungen des Kapitalismus eine totale Verblendung unseres Denkens und unserer Erfahrung gibt.

Wenn wir versuchen, uns von den erstarrten Lebensformen und Vorurteilen zu befreien, stellt sich heraus, dass wir im Leben und Denken die Bedeutung des Seins nicht richtig gewürdigt haben. Wir haben nicht wirklich nach der Bedeutung des Seins – besser: nach dem Sinn von Sein – gefragt. Diesen Sinn sieht Heidegger darin, dass wir den Tod als konstitutiv für unser Dasein denken. Wir sind »Sein zum Tode«. Dabei ist der Tod nicht als Tor zum Jenseits oder im Zusammenhang mit Transzendenz zu verstehen. Der Tod steht für das Nichts. Wir sind also ›wesentlich‹ dann, wenn wir uns vergegenwärtigen, dass wir Nichts sind. Auch in anderen, nachgeordneten Beziehungen versucht Heidegger, eine revolutionär andere Sicht auf unser Leben zu gewinnen. Das gilt für unsere Beziehung zu den Dingen in der Welt, wie sie eben, ohne dass wir direkt mit ihnen etwas zu tun haben, »vorhanden« sind, und für die, mit denen wir hantieren, die »zuhanden« sind. Es gilt für uns, sofern wir uns zumeist nicht auf den Tod beziehen und das mit unseren Mitmenschen gemeinsam haben – wir und sie sind dann ein »Man«.

Zentral steht aber immer jene Perspektive, die wir als konstitutiv für Heideggers Denken von *Sein und Zeit* bis zu den letzten Texten betrachten können, die Geschichtlichkeit bzw. Zeitlichkeit. Wir müssen, wie Heidegger sagt, das Sein im Horizont der Zeit denken.

Heidegger wird immer wieder darauf hinweisen, dass Denken vor allem geschichtliches Denken ist. Geschichtliches Denken ist kein historisches Denken. Dieses beschäftigt sich nur mit Daten und Erklärungen gesetzmäßiger Art. Diese können richtig sein – sind aber niemals wahr. Im geschichtlichen Denken entwerfen wir uns auf die Zukunft (in *Sein und Zeit* auf den Tod) hin. Wir halten uns, wie Heidegger sagt, in das Nichts hinein. Das ist nicht als Einschränkung zu sehen. »Das Dasein ist die Möglichkeit des Freiseins für das eigenste Seinkönnen.«[10] Dieser Möglichkeit werden wir nur dann gerecht, wenn wir uns dazu entschließen, dieses eigenste Seinkönnen als Nichtseinkönnen auf uns zu nehmen. Zumeist tun wir das eben nicht und sind, wie Heidegger sagt, »verfallen«. Dann sehen wir auch nicht, wie die Zeitdimensionen ineinander spielen und wie unser Dasein, wenn es denn eigentlich ist, sie vergegenwärtigt. Wenn das gelingt, zeigt sich, dass, neben der Erfahrung der Angst, Sorge das wesentliche Sein des Daseins ist.

Hier zeigt sich aber auch, dass sich Heideggers Begrifflichkeit weit von den uns aus dem Alltag vertrauten Bedeutungen entfernt. Heidegger mag noch so sehr beteuern, dass Begriffe wie »Verfallen«, »Man« und viele andere nicht abwertend gemeint sind – *de facto* ist das schwer zu akzeptieren. Das hängt auch damit zusammen, dass Heidegger selber die Beschreibung des Daseins als »formale Anzeige« und eben nicht als »think description« bezeichnet. Mit der Intention der »formalen Anzeige« erreicht Heidegger zwar die grundsätzliche Ebene, auf der er das Dasein phänomenologisch analysiert, aber er geht auch die Gefahr ein, dass er Konkretisierung suggeriert, wo sie nicht gegeben ist. Es ist denn auch nicht erstaunlich, dass Herbert Marcuse und mit ihm viele andere sich nach anfänglicher Begeisterung enttäuscht von *Sein und Zeit* abwandten, weil sie darin nicht jene Zuwendung der Philosophie zu praktischen Problemen fanden, die sie zu finden gehofft hatten. Der Begriff der Sorge dokumentiert das deutlich, weil »Sorge« bei Heidegger eben nichts zu tun hat mit dem, was wir darunter im Alltag verstehen, Sorge für Kranke, Kinder, ältere Menschen oder auch für Dinge, die uns lieb sind. »Sorge« bezeichnet in *Sein und Zeit* die Einheit von Vergangenheit, Gegenwart und Zukunft, wie sie durch das Dasein bei der Entschlossenheit, sich Sein und Nichts zu vergegenwärtigen, ver-

10 Martin Heidegger: *Sein und Zeit*, Tübingen 1927, S. 144.

wirklicht wird. Vorrangig dabei ist die Zukunft, weil sie mit dem Sein zum Tode ihre ausgezeichnete Bedeutung hat. »Gewesen« sind wir »eigentlich« auch nur dann, wenn wir wahrhaft zukünftig sind. Es handelt sich bei diesen Bestimmungen um eine fundamentalontologische Analyse, die *per definitionem* nicht in eine Handlungsanweisung (Praxis) umgesetzt werden kann. Fundamentalontologisch heißt aber auch, dass diese Analyse des Daseins die Grundlage für alle Regionalontologien und mithin auch für die Wissenschaften ist. Es heißt außerdem, dass das Dasein, dem es in seinem Sein um dieses Sein selbst geht, die Analyse durchführt, indem es sich selbst thematisiert. Der revolutionäre Anspruch Heideggers artikuliert sich hier in der Forderung, dass die bisherigen Ontologien »destruiert« werden müssen. Damit meint Heidegger, dass wir uns nicht den versteinerten Kategorien, die die philosophische Tradition hervorgebracht hat, ausliefern sollten. Diese traditionelle Begrifflichkeit soll buchstäblich liquidiert, verflüssigt werden, um die eigenste Möglichkeit des Daseins zu verwirklichen. Die Parallele dazu haben wir schon gesehen, als es darum ging, dass sich das Dasein von den verdinglichenden Beziehungen zu den Dingen und den Menschen befreien sollte.

Sein und Zeit formuliert, wie Heidegger sagt, die Leitfrage der Philosophie: die Frage nach dem Sein als Frage nach dem Unterschied von Sein und Seiendem; genauer: von jedem Sein, dem es um sein Sein geht, dem Dasein, und dem Seienden, mit dem es in der Welt zu tun hat. Diese Leitfrage muss, so fordert Heidegger später, in die Grundfrage überführt werden. Die Grundfrage fragt nach der Wahrheit des Seins, jenes Seins, das Heidegger ab 1936 als »Seyn« bezeichnet. Wir werden noch sehen, was es damit auf sich hat. *Sein und Zeit* jedenfalls bezeichnete Heidegger im Nachhinein als »Verunglückung«. Das hatte auch damit zu tun, dass es nicht gelungen war, der Gegenwart eine angemessene Bedeutung zu geben. Nur Zukunft, das Sein zum Tode, und das Gewesene konnten den Sinn des Seins anzeigen.

Bei der Antrittsvorlesung, die Heidegger am 24. Juli 1929 unter dem Titel »Was ist Metaphysik?« anlässlich seiner Berufung auf das durch die Emeritierung Husserls vakant gewordene Freiburger Ordinariat hielt, wagte er sich bei seinem Versuch, die akademische Philosophie zu revolutionieren, noch etwas weiter vor. Heidegger stellte fest, dass die traditionelle Philosophie, die er insgesamt als

Metaphysik bezeichnet, Sein und Seiendes miteinander verwechselt habe. Sie habe immer gemeint, etwas über das Sein zu sagen, aber *de facto* nur über Seiendes geredet; oder aber sie habe etwas über das Seiende gesagt und gemeint, etwas über das Sein zu sagen. Sie habe, mit anderen Worten, immerzu das Sein verfehlt. Das habe nicht zuletzt daran gelegen, dass die Metaphysik von der Voraussetzung ausging, dass der Aussagesatz, das Urteil, der Ort der Wahrheit sei. Dies könne aber nicht so sein, denn die Wahrheit des Urteils sei dadurch begründet, dass es eine überprüfbare Übereinstimmung gebe zwischen dem, was im Urteil festgestellt werde, und dem Sachverhalt. Diese Übereinstimmung (*adequatio rei et intellectus*) könnten wir aber nicht überprüfen, weil sie einen Standpunkt außerhalb von Sprache und materieller Wirklichkeit voraussetze, den wir nicht einnehmen könnten. Außerdem gelte, dass die Logik der einzige Maßstab für die Wahrheit eines Urteils sei. Das könne aber nicht der Fall sein, wenn Logik und Aussagesatz ihrerseits Teil der Verwechslung von Sein und Seiendem seien. Diesen Jahrtausende dauernden Irrtum (wir kommen noch auf dessen Anfang bei den Vorsokratikern zurück) gelte es einzusehen und zu korrigieren. Das ginge aber nicht mittels einer leichten Kurskorrektur. Der Irrtum sei so grundsätzlich, dass wir ihm nur mit einer radikalen Wendung des Denkens begegnen könnten. Wir müssten das Sein selber denken – etwas, was noch nie gelungen sei. Wir müssten Sein und Wahrheit als eines denken. Heidegger entwickelte in dieser Antrittsvorlesung zum ersten Mal einen Gedanken, der ihn bis zum Ende seines Werkes begleiten sollte. Wahrheit sei als Unverborgenheit zu denken – eine Unverborgenheit, die immer unlöslich mit dem Gegenteil, Verborgenheit, verknüpft sei. Das Spannungsverhältnis von Verborgenheit und Unverborgenheit ist nun nicht etwas, was außerhalb des Daseins anzutreffen wäre. Es liege vielmehr im Dasein, das, wie wir gesehen haben, sich als einziges Seiendes zu sich selbst verhält. Dasein ist Sein-zum-Tode, es hält sich in das Nichts hinein. Was hat es mit diesem Nichts auf sich? Gibt es, so fragt Heidegger, das Nichts nur als »Verselbständigung« des Verneinens, des Sagens, dass etwas nicht ist? Diese Frage stellt Heidegger im Anschluss an Leibniz' berühmte Frage: Warum gibt es überhaupt etwas und nicht vielmehr nichts? Wer so wie Heidegger fragt, wird unweigerlich dazu kommen zu behaupten, dass es so etwas wie Verneinen nur geben kann, wenn es ein ursprüngliches Nichts gibt. Und tatsächlich sagt

Heidegger: »Wir behaupten: das Nichts ist ursprünglicher als das Nicht und die Verneinung.«[11]

Offenbart wird das Nichts in der Angst – in jener Angst, die sich im Sein-zum-Tode einstellt. In dieser Angst wird das Seiende im Ganzen hinfällig.[12] Diese Hinfälligkeit des Seienden im Ganzen, seine Destruktion, ermöglicht nun, dass das Sein als Wahrheit gedacht wird, denn das Dasein, das in das Nichts hinaussteht, »transzendiert« das Seiende im Ganzen. Das heißt, dass für das Dasein Sein und Nichts so zusammengehören, dass Heidegger sagen kann: »Aber dieses Nichts west als das Sein.«[13] Auch wenn das Dasein der Ort dieses Zugleich und Ineins von Sein und Nichts ist, heißt das nicht, dass das Dasein der Urheber dieses Spannungsverhältnisses von Sein und Nichts, von Wahrheit und Unwahrheit, von Entborgenheit und Verborgenheit wäre. »... das wesentliche Denken ist ein Ereignis des Seins«.[14]

In *Sein und Zeit* schrieb Heidegger dem Dasein noch eine bescheidene Autonomie zu, selbst dann, wenn er es nicht als Bewusstsein oder Subjekt auffasste, sondern es als objektive Beschreibung einer Selbstbeziehung einführte. Das war allein schon deswegen notwendig, weil das Dasein sich entschlossen zum Tode verhalten sollte. Diese Autonomie wird nun, wie wir sehen, stark reduziert und verschwindet definitiv nach dem misslungenen Engagement für die Nationalsozialisten.

Mit der Frage nach der Bedeutung des Nichts hatte Heidegger nun eine Einsicht gewonnen, die ihn in seinem nächsten Text, dem Beitrag zur Festschrift für Husserl, »Vom Wesen des Grundes«, in jene Richtung weiter denken ließ, die ihn zu seinem »zweiten Hauptwerk«, den *Beiträgen zur Philosophie. Vom Ereignis* und zu *Besinnung* führen wird. Es geht Heidegger in »Vom Wesen des Grundes« um die Transzendenz, d. h. um den Überstieg vom Seienden zum Sein. Dasein oder Subjekt bestimmt Heidegger nun als dasjenige, was »in und als Transzendenz« existiert. Rückblickend bemerkt Heidegger 1949 im Vorwort zur dritten Auflage von »Vom Wesen des Grundes«: »Diese [»Vom Wesen des Grundes«] bedenkt das Nichts, jene [»Was ist Metaphysik?«] nennt die ontologische Differenz« (GA 9, 123).

11 Martin Heidegger: *Was ist Metaphysik?*, Tübingen 1929/1960, S. 28.

12 Ebd., S. 32 f.

13 Ebd., S. 45.

14 Ebd., S. 47.

Der mit vielen gelehrten Hinweisen auf Aristoteles, Platon, Augustinus und andere Philosophen gespickte Text »Vom Wesen des Grundes« zeigt aber allenfalls im Ansatz, was Heidegger nach 1933 mit dem Konzept der ontologischen Differenz an revolutionärem Potenzial entwickelte.[15] Im Vorwort von 1949, das also lange nach dem Haupttext geschrieben wurde, benennt Heidegger nun klar die ontologische Differenz als das »Nicht zwischen Seiendem und Sein« (GA 9, 123).

Was hat es damit auf sich? Die Frage nach dem Sinn von Sein in *Sein und Zeit* galt nicht der Klärung der Unterschiede im Bereich des Seienden (den Qualitäten der Dinge, wie die empirischen Wissenschaften sie erforschen), sondern dem Unterschied von Seiendem und Sein – mehr noch: Sie *ist* dieser Unterschied. Was unser Verständnis dieser Frage erschwert, ist die Tatsache, dass der Unterschied, nach dem gefragt wird und der zugleich die Frage selbst ist, gleichzeitig »außerhalb« des Daseins und »im« Dasein ist. Dabei sind »außerhalb« und »in« nicht räumlich zu verstehen, denn der Unterschied zwischen Sein und Seiendem ist weder räumlicher noch zeitlicher Art.

In *Sein und Zeit* hatte Heidegger noch die Möglichkeit eines zeitlich zu verstehenden Unterschieds offen gehalten. Zeitlich deshalb, weil das Dasein, wenn es »eigentlich« ist, »Sein zum Tode«, also »zeitlich« ist (»vorläuft«)[16] und das Sein (wie das »und« im Titel *Sein und Zeit* anzeigt) selber Zeit »ist«. Der Unterschied ist hier also noch insofern als zeitlicher zu denken, weil er der Unterschied zwischen »in« der Zeit und »außerhalb« der Zeit ist.

III. Heideggers Engagement für den Nationalsozialismus

Zunächst muss man sehen, dass Heidegger sich zu einer Zeit mit dem Nationalsozialismus identifiziert hat, von der aus es noch ein langer Weg zur Diskriminierung, Entrechtung, Verfolgung von Juden und ethnischen Minderheiten und schließlich zu Auschwitz war. Wie unklar diese Entwicklung am Anfang war, kann man sich

15 Siehe dazu: Willem van Reijen: »Heideggers ontologische Differenz. Der fremde Unterschied in uns und die Inständigkeit im Nichts«, in: *Deutsche Zeitschrift für Philosophie* 52 (2004), H. 4, S. 519-539.

16 Siehe zum ›Vorlaufen‹ u. a. Heidegger: *Sein und Zeit*, S. 307.

vergegenwärtigen, wenn man die Tagebücher Klemperers und die Briefe von Horkheimer und Adorno aus jener Zeit liest. Konnte Heidegger diese Entwicklung voraussehen? Tatsache ist, dass er den Nationalsozialismus mit Hitler identifizierte und er Hitler bewunderte,[17] ihn als den Ausnahmemenschen sah, von dem man die Errettung aus dem Verfall der Kultur und der wirtschaftlichen und politischen Krisen der Weimarer Republik erwarten durfte. Tatsache ist auch, dass Heidegger selber, Karl Löwith gegenüber, die Zugehörigkeit seines Denkens zum Nationalsozialismus betont hat. Tatsache ist weiter, dass Heidegger, nachdem er mit dem Rektorat und seinen politischen Ambitionen gescheitert war, nicht länger mit der Partei sympathisierte – wohl aber meinte, einen Unterschied zwischen Partei und »Bewegung« ausmachen zu können, und daran festhielt, dass die »Bewegung« nach wie vor revolutionäre Ziele verfolgte.

Heidegger beabsichtigte ja, wie wir gesehen haben, die überkommene Philosophie zu revolutionieren. Es ist offenkundig, dass es eine Parallele zwischen seinen philosophischen revolutionären Ansprüchen und der nationalsozialistischen »Bewegung«, wie er sie wahrnahm, gibt. Die nationalsozialistische Partei bot, nicht zuletzt wegen ihrer Zielsetzungen, mit denen sie sämtliche frei schwebenden Sehnsüchte zu bündeln suchte, eine gute Projektionsfläche für revolutionäre Fantasien. Heidegger bot sich damit die verlockende Perspektive, nicht nur, wie er noch in *Sein und Zeit* beabsichtigt hatte, die Wissenschaften, sondern auch die Politik dem Primat seiner Philosophie zu unterwerfen. Dass er dieses Ziel ernsthaft verfolgte, ergibt sich auch aus seiner Ambition, in Berlin eine Akademie zu gründen und zu leiten, an der alle Universitätsdozenten regelmäßig parteipolitisch/philosophisch geschult werden sollten.[18] Heidegger hatte bei diesen Plänen, naiv wie er es bei aller Gerissenheit auch war, den Neid und Widerstand von Kollegen mit ähnlichen Ansprüchen, wie Krieck und Bäumler, gründlich unterschätzt. Schon bald war – und nicht zu Unrecht – die Rede von Heideggers Privat-

17 Kritisch auf Hitler angesprochen, erwiderte Heidegger: »Sehen Sie sich nur seine wunderbaren Hände an« (O. Pöggeler: »Heideggers politisches Selbstverständnis«, in: A. Gethmann-Siefert, O. Pöggeler (Hg.): *Heidegger und die politische Philosophie*, Frankfurt am Main 1988, S. 62).

18 B. Martin (Hg.): *Martin Heidegger und das ›Dritte Reich‹*, Darmstadt 1989, S. 38 ff.

nationalsozialismus. Sein Anspruch, »den Führer zu führen«, musste ebenso großartig scheitern, wie er gedacht war.

Aber es gab mehr Übereinstimmung zwischen Heideggers Philosophie und der nationalsozialistischen »Bewegung« als die bloß formale Parallele zwischen den jeweiligen revolutionären Ansprüchen (oder was dafür gehalten wurde). Um das zu sehen, müssen wir uns vergegenwärtigen, was Heidegger genau unter Revolution verstand. Revolution ist nach Heidegger kein einmaliger Vorgang, sondern etwas, was auf Dauer gestellt werden muss. Wir erinnern uns, dass Heidegger die politischen und kulturellen Verhältnisse in der Weimarer Republik für versteinert hielt. Die Eliten aus Bourgeoisie und Adel hielten alle Schlüsselpositionen in Politik, Wirtschaft und Armee besetzt, so wie die Ordinarien die Macht in den Universitäten monopolisierten. Heidegger war der Ansicht, dass die bestehenden Machtblöcke – wozu auch die katholische Kirche gehörte – gesprengt werden müssten, um die Aristokratie und Kleptokratie durch eine Meritokratie zu ersetzen. Mit Heidegger waren damals viele, und nicht nur Kommunisten, dieser Überzeugung.

Als die NSDAP mit revolutionärem Anspruch auftrat, konnte Heidegger in ihr eine mögliche Verkörperung seiner Sympathien für eine Umwälzung der kulturellen Situation sehen. Weil er bis dahin politisch naiv gewesen war, nahm er die gesellschaftlichen und politischen Ziele als Zugabe obendrein. Was er unterschätzte, war nicht nur die Tatsache, dass der Nationalsozialismus ein höchst vielschichtiges Gebilde aus linkssozialistischen Kräften, wie die Brüder Strasser, und extrem rechtskonservativen Gruppen war.[19] Außerdem übersah Heidegger, dass jene Kräfte in der Partei, die revolutionär gesinnt waren, die Revolution nur bis zu dem Punkt vorantreiben wollten, an dem sie an der Macht sein würden, um dann ihre Machtposition zu sichern. Heidegger stand aber eine permanente Revolution vor Augen. Das lässt sich aus seiner philosophischen Option ableiten, die er unter Betonung der Bedeutung des Geschichtlichen für das Denken des Seyns artikulierte. Nach Heidegger hatten Heraklit und Parmenides den ersten Anfang des Denkens des Seins und der Wahrheit verfehlt, weil sie zwar meinten, das Sein zu denken, in Wirklichkeit aber das Seiende dachten.

19 Die Unentschiedenheit der NS-Hochschulpolitik thematisiert Bernd Martin in: ders. (Hg.): *Martin Heidegger und das ›Dritte Reich‹*, S. 18.

Sie erfuhren zwar das Sein, aber dachten es nicht. Die Folgen waren verheerend, denn dieser Irrtum wurde durch Platon und Aristoteles kodifiziert und damit für die nächsten Jahrtausende bestimmend.

Heidegger sah es nun als seine Aufgabe an, die verkehrte Tradition zu revolutionieren. Der »erste Anfang« konnte natürlich nicht wiederholt oder, im Sinne einer Korrektur, nachgeholt werden, aber Heidegger konnte zumindest einen »anderen Anfang« wagen. Das Entscheidende ist nun aber, dass dieser »andere Anfang« nicht ein und für allemal gemacht werden kann. Dann würde wieder jene Erstarrung eintreten, die es zu bekämpfen gilt. Der Anfang muss, so widersprüchlich es auch ist, der Anfang bleiben. Heidegger war davon überzeugt, dass nur das, was in Bewegung ist, wahrhaft ist und wahrhaft erkannt werden kann. Und dieses Erkennen artikuliert sich nicht in Antworten, sondern nur im Fragen. Das Erstarrte kann man manipulieren, was wir darüber sagen können, mag richtig sein, wahr ist es nicht. Wenn Erstarrung das Hauptübel in der Geschichte der Philosophie, in der Kultur und in der Gesellschaft ist, dann kann es nur so sein, dass dieser Anfang immer wieder neu begonnen werden muss. Philosophisch vollbringt Heidegger das, indem er die ontologische Differenz selbstreferenziell denkt. Im Denken des Unterschieds von Sein und Seiendem, im Denken des Seyns, ist das »des« ein *Genitivus subjectivus* und *objectivus*.[20] Wir denken das Seyn – das Seyn denkt uns. Wir denken die Unverborgenheit des Verbergens und das Verbergen der Unverborgenheit – und sie denken uns. Das ist kein Denken, das ein Ende findet. Es kreist in sich.[21] Was für die Logik ein selbstdestruktiver Verstoß ist, ist für das Denken des Seyns der Index des Wahren. Es kommt nach Heidegger darauf an, in den Kreis hineinzugeraten. Dann kommt das Denken buchstäblich in die permanente Umwälzung hinein. Das hatte Heidegger sich auch von der nationalsozialistischen »Bewegung« erhofft, der er noch 1953 »innere Wahrheit und Größe« bescheinigte.[22] Gleichwohl meinte Heidegger, dass der Nationalsozialismus erstarrt sei. Er habe nicht das Pendant zu seinem philoso-

20 Martin Heidegger: *Über den Humanismus*, Frankfurt am Main 1947, S. 7.

21 Siehe GA 38, 26.

22 Heidegger: *Einführung in die Metaphysik* (GA 40, 208). Siehe R. Marten: »Heideggers Geist«, in: J. Altwegg (Hg.): *Die Heidegger Kontroverse*, Frankfurt am Main 1988.

phischen permanenten Anfang geschafft, sondern sei in einem »Aufbruch« stecken geblieben.

Heidegger wollte die revolutionären Ansprüche der Partei mit seinen philosophischen vereinbaren. Im »Bekenntnis zu Adolf Hitler und dem nationalsozialistischen Staat« heißt es: »Die nationalsozialistische Revolution ist nicht bloß die Übernahme einer vorhandenen Macht im Staat durch eine andere dazu hinreichend angewachsene Partei, sondern diese Revolution bringt die *völlige Umwälzung unseres deutschen Daseins.*«[23] Die Verknüpfung von Revolution und Geschichte artikuliert Heidegger am 15./16. August in »Die deutsche Universität«: »Unsere deutsche Gegenwart aber ist erfüllt von einer großen Umwälzung, die durch das ganze geschichtliche Dasein unseres Volkes hindurchgreift. Den Beginn dieser Umwälzung sehen wir in der nationalsozialistischen Revolution« (GA 16, 285 f.).

IV. Heidegger als Rektor

Am 22. April 1933 übernimmt Heidegger das Amt des Rektors[24] an der Albert-Ludwigs-Universität, am 23. April 1934 legt er die Amtsgeschäfte nieder, nachdem er feststellen musste, dass er jeglichen Rückhalt des Lehrkörpers und der Karlsruher Hochschulverwaltung verloren hatte.

In Heideggers Antrittsvorlesung als Rektor, »Die Selbstbehauptung der deutschen Universität«, kommt die Identifikation der revolutionären Heidegger'schen philosophischen und politischen Ziele mit denen der von ihm unterstellten nationalsozialistischen Revolution klar zum Ausdruck. Zum Teil schöpft die Rektoratsrede ihre Inspiration aus Platons *Politeia.* Heidegger unterscheidet, wie Platon, drei Gruppen im Staat. Es gibt jene, die »Wehrdienst«, solche, die »Arbeitsdienst«, und andere, die »Wissensdienst« leisten. Diese drei sollten »ursprünglich zu *einer* prägenden Kraft sich zu-

23 Schneeberger: *Nachlese zu Heidegger*, S. 150 (kursiv i. O.).

24 Heideggers eigene Einschätzung seines Rektorats findet sich in: »Das Rektorat 1933/34 – Tatsachen und Gedanken« (1945), in: GA 16, 372-394. Siehe zur Kritik an dieser Selbstdarstellung und zur Frage, wie Heidegger Rektor wurde: H. Ott: *Martin Heidegger. Unterwegs zu seiner Biographie*, Frankfurt am Main 1988.

sammenfinden«.[25] Unmissverständlich ist aber, dass diejenigen, die »Wissensdienst« leisten, an der Spitze stehen, wobei es nicht so ist, dass Philosophen die Regierenden sein müssten – ihre Führung sei nicht unmittelbar, sie sei geistiger Art. Das »Geistige« ist nach Heidegger (und nicht nur an dieser Stelle) nichts Ruhendes, Abstraktes oder Abgehobenes, im Gegenteil, es ist gewalttätig. Es ist ersichtlich, dass Heidegger in der Rektoratsrede mehr an Kultur denkt als ans politische Tagesgeschäft. In diesem Sinne ist auch die naive Vorstellung Heideggers, er könne »den Führer führen«, zu verstehen.[26] In seinem Kommentar zu Platons Höhlengleichnis versichert Heidegger, dass ein solcher Führungsanspruch nicht heiße, »dass die Philosophieprofessoren Reichskanzler werden sollen, das wäre von vorneherein ein Unglück. Aber es bedeutet, dass die Menschen, die die Herrschaft des Staates in sich tragen, philosophierende Menschen sein müssen« (GA 36/37, 194).

Die Rückgriffe auf Platon und die Geschichte der Philosophie zeigen, welche Bedeutung Heidegger dem »Geschichtlichen« überhaupt zusprach. Das »Geschichtliche« bot ihm hier die Möglichkeit, vor einer erweiterten Öffentlichkeit die These vom verfehlten »Anfang«, dem die »christlich-theologische Weltdeutung« und das »mathematisch-technische Denken« ihre Erfolge zu verdanken haben, vorzutragen. Wir müssten also diesen verfehlten Anfang neu versuchen, »uns unter die Macht des *Anfangs* unseres geistig-geschichtlichen stellen«.[27] Als solcher liege der Anfang nicht hinter, sondern vor uns. Zu diesem Versuch setzte Heidegger nun, und das ist der zweite Aspekt der Rektoratsrede, eine starke und teilweise doppeldeutige Rhetorik des Wollens, des Kampfes, der Notwendigkeit, des Schicksals und des Sich-Fügens ein. »Nur wenn wir dieser fernen Verfügung entschlossen uns fügen, um die Größe des Anfangs zurückzugewinnen, nur dann wird uns die Wissenschaft zur innersten Notwendigkeit des Daseins.«[28] Den inzwischen berühmten Schluss bildet die deutsche Übersetzung eines Passus aus Platons *Politeia*: »Alles Große steht im Sturm« (497 d, 9).[29] Eine fragwürdige

25 Martin Heidegger: *Die Selbstbehauptung der deutschen Universität*, Frankfurt am Main 1933/1983, S. 18 (kursiv i. O.).
26 Siehe: O. Pöggeler: *Den Führer führen? Heidegger und kein Ende*, Freiburg 1992.
27 Heidegger: *Die Selbstbehauptung der deutschen Universität*, S. 11 (kursiv i. O.).
28 Ebd., S. 13.
29 Die NPD hat sich Heideggers Übersetzung zu Eigen gemacht. Das Parteihand-

Übersetzung, denn es sollte heißen: Alles Große ist bedenklich. Diese Einschätzung hätte den Nazis wohl nicht gefallen, und die Beschwörung des Sturmes passte besser zu der heroischen Atmosphäre, die Heidegger evozieren wollte.[30]

Mit dem Rückgriff auf die Griechen und mit der Hervorhebung der Bedeutung des Geschichtlichen und des Anfangs wollte Heidegger der nationalsozialistischen Partei bekunden, dass sein Denken ihre revolutionäre Intention unterstützte und anleiten könnte, was diese wohl eher befremdet haben mag. Unmissverständlich waren dagegen die vielen Äußerungen Heideggers während des Rektorats im tagespolitischen Kontext zwischen April 1933 und April 1934. So heißt es in der Ansprache zum Semesterbeginn des Wintersemesters 1933/34: »Nicht Lehrsätze und ›Ideen‹ seien die Regeln Eures Seins. Der Führer selbst und allein *ist* die heutige und künftige deutsche Wirklichkeit und ihr Gesetz« (GA 16, 184, kursiv i. O.). Und auch nach dem Scheitern des Rektorats und der Enttäuschung, die ihm die nationalsozialistische Partei bereitet hatte, hielt Heidegger an seinem revolutionären Anspruch fest. In der Vorlesung »Logik als die Frage nach dem Wesen der Sprache« aus dem Sommersemester 1934 heißt es:

> Es ist ein Irrtum zu meinen, an der deutschen Universität gäbe es eine Reaktion. Es gibt keine Reaktion, weil keine Umwälzung (Revolution) da ist, und diese ist nicht, weil man nicht begriffen hat, wo man anfangen soll. Gewisse Leute wollen eine Revolution auch gar nicht; es könnte sich nämlich herausstellen, dass sie dabei sich als höchst überflüssig erweisen. (GA 38, 76)

Mit den »gewisse(n) Leute(n)« sind die Parteikader und jene Kollegen gemeint, die Heideggers radikale Gleichschaltungspläne ablehnten – sie könnten sich als »überflüssig« erweisen, wenn dann doch noch die wahre nationalsozialistische Revolution, an deren Spitze Heidegger sich offenbar nach wie vor wähnt, kommen sollte. Auch die Rede vom »Anfangen« zeigt Heideggers Engführung von

buch der Nationalen heißt: *»Alles Große steht im Sturm«: Tradition und Zukunft einer nationalen Partei*, hg. v. Holger Apfel, DS-Verlag. Diesen Hinweis verdanke ich Herrn Tobias Keiling.

30 Es bleibt allerdings ein Gefühl der Ambiguität, das Löwith knapp in Worte fasste: Der Zuhörer wusste nach der Rektoratsrede nicht, was er tun sollte, nach Hause gehen, um die Vorsokratiker zu lesen, oder sich der marschierenden SA anschließen.

politischer und philosophischer Revolution. Im Zusammenhang mit seiner Interpretation des Fragments 53 von Heraklit, in dem gesagt wird, dass der Kampf der Vater aller Dinge ist, heißt es:

Es ist *nicht Willkür* oder gar irgendein gelehrter Brauch, sondern *tiefste Notwendigkeit* unseres deutschen Daseins, wenn wir in diesem griechischen Anfang *zurückhören*. Es bedeutet begreifen lernen, dass jener große Anfang unseres Daseins über uns hinweg uns vorausgeworfen ist als jenes, was wir einzuholen haben, – wiederum nicht, um ein Griechentum zu vollenden, sondern um die Grundmöglichkeiten des urgermanischen Stammeswesens auszuschöpfen und zur Herrschaft zu bringen. (GA 36/37, 89, kursiv i. O.)

Nach dem Scheitern des Rektorats übte Heidegger, nicht ohne Chuzpe, Kritik an nationalsozialistischen Ideen. In Vorlesungen über Hölderlin und Nietzsche, die sich die Nazis als Bugbilder konstruiert hatten, zeigte er, wie haltlos diese ideologischen Verdrehungen waren. Was Hölderlin anlangt, ging es allerdings nicht ohne Selbstmystifikation ab. Heidegger stellte eine besondere Beziehung zwischen sich und Hölderlin her, indem er darauf hinwies, dass sein (Heideggers) Großvater um die Zeit der Entstehung der Hölderlin'schen »Isterhymne«[31] und des Gedichts »Andenken« in einem Donautal geboren wurde.[32] Im Rückblick auf das Rektorat kam er zur bitteren Einsicht: »... und sonst sind mir auch zwei Pfähle, die Auseinandersetzung mit dem Glauben der Herkunft und das Mißlingen des Rektorats – gerade genug an solchem, was wirklich überwunden sein möchte«.[33]

V. Der Ursprung des Kunstwerkes

Die Deutungshoheit der Philosophie über die Künste nimmt Heidegger mit seinem Vortrag »Der Ursprung des Kunstwerkes«, den er im November 1935 in Freiburg hielt, in Anspruch. Der später mehrfach wiederholte und überarbeitete Vortrag hat den Charakter eines Manifests, in dem die Bedeutung und der Zusammenhang von Kunst, Künstler, Kunstwerk, Anfang und Ursprung im Hinblick auf »Wahrheit« erörtert werden. Für alle Künste, Architektur, Malerei, Musik, Bildhauerei und Dichtung macht Heidegger geltend,

31 ›Ister‹ ist der altertümliche Name für die Donau.
32 Pöggeler: »Heideggers politisches Selbstverständnis«, S. 41.
33 Brief an Jaspers vom 1. Juli 1935.

dass sie nicht nur einen Bezug zur Schönheit, sondern auch und vor allem zur Wahrheit haben. Zunächst haben alle Kunstwerke einen bestimmten Dingcharakter, weil sie auch stofflich sind, und Heidegger fragt, ob es nicht sein könnte, dass dieser Bezug zur Wahrheit sich bloß darin erschöpft, dass es eine Analogie zwischen dem Urteil gibt, in dem Subjekt und Prädikat miteinander verknüpft werden, und dem Ding, das man als die Einheit von Stoff und Form betrachten kann. Eine solche statische Sicht lehnt Heidegger ab, weil wir uns dann mit dem herkömmlichen Wahrheitsbegriff zufrieden geben würden. »Wahrheit« ist für Heidegger keine Frage der Vergleichbarkeit und Analogien, sondern eine hochdramatische Dynamik. Das sehen wir, wenn wir das Wesen der Kunst als das »Sich-ins-Werk-Setzen der Wahrheit des Seienden«[34] betrachten.

Das »Wesen« der Kunst ist verbal zu verstehen. Es handelt sich hier nicht um eine Idee oder eine Substanz, die in höchster Abgeschiedenheit, ewig und unveränderlich wäre. Es geht um ein »Geschehnis«, d. h. darum, dass das Werk »in einen Bereich gehört, der durch es selbst eröffnet wird«.[35] Dieses Eröffnen ist kein sanftes, behutsames Öffnen etwa der Augen oder sonstiger Sinne des Kunstbetrachters – es ist, wie Heidegger sagt, das Stiften eines Kampfes oder Streites. Paradigmatisch zeigt das, nach Heidegger, der griechische Tempel. Er ist ein Zugleich von Gegensätzen, von Offenheit und Geschlossenheit. »Das Bauwerk umschließt die Gestalt des Gottes und läßt sie in dieser Verbergung durch die offene Säulenhalle hinausstehen in den heiligen Bezirk … Dastehend ruht das Bauwerk auf dem Felsgrund. Dieses Aufruhen des Werkes holt aus dem Fels das Dunkle … und eröffnet [zugleich] eine Welt.«[36] Das Werk bewirkt also gleichzeitig zweierlei, es stellt eine Welt auf und verwirklicht das »Wesen« als das Offenhalten des Offenen der Welt (34), und es stellt die Erde her und verwirklicht damit das Verschließen der Erde (36). Nur: dieses Verschließen muss als »das Sichverschließende« ins Offene gebracht werden.

Beide Kräfte sind sich nicht gleichgültig: »Das Gegeneinander von Welt und Erde ist ein Streit.«[37] Wahrheit, so zeigt sich jetzt, ist nichts anderes als dieser Streit zwischen antagonistischen Kräften,

34 Heidegger: »Der Ursprung des Kunstwerkes«, S. 25.

35 Ebd., S. 30.

36 Ebd., S. 31 f.

37 Ebd., S. 37.

zwischen einem Öffnen, das sich verbirgt, und einem Verbergen, das sich als solches zeigen muss – zwischen Verbergen und Entbergen.

Das Wesen der Wahrheit, d. h. der Unverborgenheit, wird von einer Verweigerung durchwaltet.[38] In dem *alpha privativum* in *A-letheia* sieht Heidegger einen Hinweis darauf, dass die Griechen zum ersten Mal Wahrheit als Kampf zwischen dem Verbergen und Entbergen gesehen haben. »Wahrheit ist in ihrem Wesen Un-wahrheit.«[39] *Diese Wahrheit kann nicht festgestellt werden – das ist der grundsätzliche Irrtum der Tradition. Wahrheit geschieht – als Werksein des Werkes.*

VI. Die »Kehre«

In der zweiten Phase seines Denkens, die der Arbeit an den *Beiträgen zur Philosophie. Vom Ereignis*, den Notizen *Besinnung*, der Vorlesung *Grundfragen der Philosophie. Ausgewählte ›Probleme‹ der ›Logik‹* und der Abhandlung *Die Geschichte des Seyns* gewidmet ist, versucht Heidegger das Sein, das nunmehr »Seyn« geschrieben wird, Wahrheit und Geschichte neu zu denken. Das hat selbstverständlich Konsequenzen für das Konzept der ontologischen Differenz.[40]

Ein kurzer Blick lehrt uns, wie Heidegger die ontologische Differenz, die in *Sein und Zeit* als »statischer« Unterschied von Sein und Seiendem gedacht wurde, dynamisiert. Zunächst interpretiert er, spätestens nach 1936, die fundamentalontologische Frage von *Sein und Zeit* als »Übergangsfrage« (GA 69, 131). Der Ausdruck »Übergang« soll nicht darüber hinwegtäuschen, dass es sich hier um eine radikal andere Weise des Fragens handelt. Heidegger fragt nun in den zunächst nicht für eine Veröffentlichung vorgesehenen *Beiträgen* nicht mehr, wie in *Sein und Zeit*, nach dem »Sinn von Sein« son-

38 Ebd., S. 43.

39 Ebd., S. 43 (Trennungsstrich i. O.).

40 Das Denken Heideggers wird im Allgemeinen in zwei Phasen eingeteilt: ›vor der Kehre‹ – ›nach der Kehre‹. Heidegger selber hat drei Perioden unterschieden (Pöggeler: *Den Führer führen? Heidegger und kein Ende*, S. 16 und S. 57, Fn. 37). Eine ausführliche Erörterung der ontologischen Differenz findet sich in: van Reijen: »Heideggers ontologische Differenz«.

dern nach dem Seyn selbst.[41] Vom Seyn her fragen heißt nun, dass das Seyn sich selber befragt – es kehrt sich in sich. Dem entspricht eine Kehre im Dasein. Wir erinnern uns: Am ›ersten Anfang‹ haben die Philosophen nach dem Seienden gefragt. Das Ergebnis war, dass sie nicht die Wahrheit fanden, sondern Richtigkeit. Nun, in der von Heidegger erdachten Kehre, gilt: »Jetzt aber ist not die *große Umkehrung*, die jenseits ist aller ›Umwertung aller Werte‹, jene Umkehrung, in der nicht das Seiende vom Menschen her, sondern das Menschsein aus dem Seyn gegründet wird« (GA 65, 184, kursiv i. O.).

Diese Kehre ist, wie alles bei Heidegger, geschichtlich zu verstehen, denn wir müssen wissen, dass im ›ersten Anfang‹ die Wahrheit verfehlt wurde, um einen neuen, anderen Anfang anfangen zu können. Im *anderen Anfang* wird die Wahrheit erkannt und gegründet als Wahrheit des Seyns und das Seyn selbst als Seyn der Wahrheit, d. h. als das *in sich kehrige Ereignis*, zu dem die innere Ausfälligkeit der Zerklüftung und somit der *Ab-grund* gehört (GA 65, 185). Und in Bezug auf das Dasein wird die Entsprechung von Seyn und Dasein hervorgehoben. Was hier als eigenste Verborgenheit in das Da hereinsteht, der Wechselbezug des Da zu dem ihm zugekehrten Weg, ist der Widerschein der Kehre im Wesen des Seins selbst (GA 65, 325). Sein/Seyn und Seiendes, die in *Sein und Zeit* mehr als getrennt denn als Einheit vorgestellt wurden, werden nur mehr als Gegensätze in einer Einheit gedacht. Entsprechend werden Wahrheit, Seyn und Geschichte als identisch betrachtet. »Diese Wahrheit des Seyns ist gar nichts vom Seyn Verschiedenes, sondern sein eigenstes Wesen, und deshalb liegt es an der Geschichte des Seyns, ob es diese Wahrheit und sich selbst verschenkt oder verweigert und so erst eigentlich in seine Geschichte das Abgründige bringt« (GA 65, 93).

In den *Beiträgen* geht es also, wie in der Vorlesung vom WS 1937/38, nachdrücklich um das Problem der Wahrheit und deren Geschichtlichkeit. Zu unterscheiden ist dabei selbstverständlich zwi-

41 Von ›Sein‹ ist bei Heidegger vor der ›Kehre‹ die Rede. Mit der ›Kehre‹, d. h. mit dem Verlassen der Geschichte des verfehlten Anfangs und der Besinnung auf den ›anderen Anfang‹ kann das Seyn nun wieder beim Namen genannt werden. Es heißt in der *Geschichte des Seins*: »Das Sein des Seienden und das Seyende des Seyns. Dazwischen durch sie selbst der Ab-grund der Anfänge« (GA 69, 157, Trennungsstrich i. O.).

schen dem, was man gängig für Geschichte, die aber in Wirklichkeit Un-Geschichte, Zerfall ist (Heidegger nennt sie »Historie«), hält und der wahren Seynsgeschichte. »Es ist ein ›Übergang‹ vom traditionellen Denken der Un-Wahrheit und der Un-Geschichte in die wahre Wahrheit und Geschichte vonnöten; ein Übergang von der Metaphysik in das seynsgeschichtliche Denken …, [durch den] der bisher überhaupt verborgene Bereich der Wesung des Seyns durchgangen und so erst gelichtet … wird« (GA 65, 3). Die überkommene Geschichte ist – wie eine These, die auch im späteren Werk ihre Stelle behauptet – von den frühen Griechen bis heute Verfallsgeschichte, denn in der Tradition wurden Sein und Seiendes immerzu miteinander verwechselt.[42]

Diese These stellt Heidegger vor ein Dilemma: Wenn die Geschichte eine Verfallsgeschichte ist, wie kann er dann sein eigenes Denken in einer gewissen Kontinuität mit dieser Tradition sehen? Ist es dann auch nicht immer noch Teil dieses Verfalls? Oder verhält es sich so, dass sein Denken radikal anders ist? Dann gibt es keine Beziehung zur Tradition mehr; damit wäre dann aber das grundlegende Konzept der Geschichtlichkeit obsolet. Den Ausweg findet Heidegger in der Idee der Revolution, die sich destruktiv und konstruktiv (modern: dekonstruktiv) zur Tradition verhält. Nur Heideggers Denken kann die absolute Entfremdung durchstoßen und damit die wahrhafte Frage nach der Wahrheit stellen. Das kann selbstverständlich nicht mit den Mitteln der gängigen Logik, die ja Teil des Verblendungszusammenhangs ist, geschehen. »Wir wollen die Logik als solche von ihrem Anfang an aus ihrem Grund erschüttern« (GA 38, 8). Es muss eine »andere« Sprache, ein »anderes« Denken, besser: ein »anderes« Fragen gefunden werden – oder, um es anders zu sagen: Das »andere« Fragen muss uns finden. So heißt es in *Besinnung*: »Das *seynsgeschichtliche Fragen* als Fragen ›des‹ Seyns fragt das Seyn als das Antwortende *und* das Fragen ist *des Seyns*, jetzt entspringend der Wesung seiner Wahrheit; aus dieser wird gefragt« (GA 66, 357, kursiv i. O.).

In der verglichen mit den *Beiträgen* exoterischen Vorlesung *Grundfragen der Philosophie* präzisiert Heidegger seine Kritik an der geschichtlich korrumpierten Wahrheitsauffassung. Er fordert uns

42 Es gilt allerdings auch zu sehen, dass die Verfallsgeschichte die Gründung des »anderen Anfangs« ermöglicht (GA 69, 161).

dazu auf, die traditionelle Frage nach dem Wesen der Wahrheit (d. h. nach der einseitigen, erstarrten Beziehung zwischen Vorstellen und Vorstellung/Gegenstand) zu »kehren« in die Frage nach der Wahrheit des Wesens (GA 45, 46). »Die Frage nach dem *Wesen der Wahrheit* ist *zugleich und in sich* die Frage nach der *Wahrheit des Wesens*. Die Wahrheitsfrage – als Grundfrage gefragt – kehrt sich in sich selbst gegen sich selbst« (GA, 45, 47, kursiv i. O.). Die Metapher der »Kehre« können wir leicht als Beispiel für die Heidegger'sche Vorliebe für die Übersetzung landschaftlicher Phänomene, wie Holzwege und Gipfel, in Denkfiguren anführen, aber wir sollten sehen, dass die Bedeutung der »Kehre« sich weder bloß räumlich noch zeitlich erschöpfend fassen lässt.[43] Das verbietet alleine schon die selbstreferenzielle Formel des »In sich selbst gegen sich selbst«. Die Kehre fordert zu nichts weniger auf als dazu, jene Not zu sehen, welche uns mit der Notwendigkeit eines »anderen Fragens und Anfangens« konfrontiert. Es ist nach Heidegger das Verhängnis unserer Zeit, dass wir diese Not nicht erfahren – wir leben in der Notlosigkeit, die allerdings ihrerseits wieder als Not zu bezeichnen ist. Heidegger versucht nun zu klären, dass die Not, von der hier die Rede ist, nicht »Elend und Jammer« bedeutet. Es geht hier um ein »*Nicht*, ein Nichthaftes« (GA 45, 151). Dieses Nicht entspringt nicht einem Mangel, sondern einem »Übermaß des Überflusses« (GA 45, 152).

Heidegger verabschiedet sich hier von seinem Ansatz in *Sein und Zeit*. Selbstkritisch stellt er fest, dass hier noch: »[d]er Begriff der ›ontologischen Differenz‹ nur vorbereitend als Übergang von der Leitfrage zur Grundfrage [verstanden werden kann]« (GA 65, 258). Dieser Vorschlag ist als Versuch zu verstehen, jegliche begriffliche und praktische Erstarrung zu bekämpfen. Erstarrung ist nämlich Ausdruck und Effekt aller Versuche, Herrschaft auszuüben. Der Sinn des Gedankens der Kehre ist aber gerade, ein andauerndes Gleichgewicht von gegensätzlichen Kräften als das wahre Wesen des Seyns und des Daseins herauszustellen. Dieses Gleichgewicht von Ruhe und antagonistischen Kräften zu verwirklichen ist das, was Heidegger später »Gelassenheit« nennt. Die Tragik unserer Geschichte ist es aber, dass wir fortwährend alles feststellen wollen,

43 Ein besonders gutes Beispiel für die Darstellung der Vorlesung (WS 1937/38, GA 45) als Besteigung eines Gipfels findet sich dort auf S. 22 f.

denn nur so ist die Ausübung von Herrschaft und die Unmöglichkeit, sie kritisch zu hinterfragen, möglich. Herrschaft und deren Selbstverständlichkeit können aber nicht innerhalb der geltenden Formen von Kritik wahrhaft kritisiert werden. Die formale Logik und die darauf gegründeten Verfahren der Wissenschaften schließen das Geltenlassen von Ambivalenzen und Widersprüchen grundsätzlich aus. Für wesentliche Kritik muss also eine Perspektive, die die gängigen, also argumentativ gewonnenen und empirisch nachprüfbaren Erkenntnisse übersteigt, gefunden werden. Diese Perspektive meint Heidegger in der besonderen Art der oben erläuterten Selbstreferenzialität, die zugleich Widerspruch und Einheit, das Selbe und das Andere einschließt, gefunden zu haben. Die ultimative Erprobung dieser Perspektive ergibt sich im Denken des entschiedensten Gegensatzes, dem von Sein und Nichts. Heidegger versteht denn auch den »Ursprung des Streits aus der Innigkeit des Nicht im Seyn!« (GA 65, 264). Und es heißt weiter: »Nur weil das Seyn nichthaft west, hat es zu seinem Anderen das Nichtsein. Denn dieses Andere ist das Andere seiner selbst« (GA 65, 267).

Mit dem Denken der Kehre setzt in Heideggers Denken eine radikale und konsequente Änderung ein. Die Kehre wird von Heidegger nicht als ein fest umrissenes Ereignis gedacht, sondern als etwas, das sich fortwährend, und zwar selbstreferenziell und selbstwidersprüchlich, neu gestaltet. Zudem gilt, dass die Kehre sich zugleich von uns gedacht an uns selber vollzieht, dass sie aber auch etwas ist, »worin« wir sind und wohinein wir (»als Heimatlose in der eigensten Heimat«, GA 51, 89) gerufen werden, ohne dass dieses »Worin« nur räumlich zu verstehen wäre. Das »widerwendische Wesen« des Seyns und des Daseins ist Voraussetzung und Ergebnis eines Denkens, das alle existierenden Bestimmungen der traditionellen Philosophie, und namentlich die des Denkens und der Wahrheit, *in toto* für falsch hält und den Versuch wagt, inmitten dieser totalen Verblendung zu zeigen, was als »wahr« gedacht werden kann. Wahrheit ist demnach nie als etwas fest Umrissenes, Festgestelltes, sondern nur als permanente Verflüssigung unseres fälschlicherweise für stabil gehaltenen Denkens und dessen, worauf es sich bezieht, zu verstehen.

Wir können also sehen, dass Heidegger nach dem Scheitern des Rektorats die Einsicht aus *Was ist Metaphysik?*, dass das Sein das Nichts ist, weiter radikalisiert, indem er »Sein« und »Nichts« nicht als Pole auffasst, die ihre Identität und Differenz jeweils im »Anderen« haben, sondern als Pole, die ständig ineinander umschlagen, ihre Identität in der Differenz, ihre Differenz in der Identität haben. Es ist nicht zu verneinen, dass das Seynsdenken Heideggers, mit dem besonderen Einsatz der Selbstreferenzialität und Selbstwidersprüchlichkeit, nicht nur gegen die gängige Logik verstößt, sondern sich auch gegen Kritik zu immunisieren sucht.

VII. Über den Humanismus (hinaus) – der spätere Heidegger

Nicht mit den esoterischen Texten *Beiträge zur Philosophie. Vom Ereignis* und *Besinnung*, die beide 1936/1938 verfasst, aber erst posthum veröffentlicht wurden, sondern mit einem größeren Traktat meldete Heidegger, dem die Universität 1946 die Lehrbefugnis entzogen hatte, seine revolutionären Ansprüche erneut an. Diese Arbeit, die den Titel »Über den Humanismus« (1946/1947) trug, hätte besser »Über den Humanismus hinaus« heißen können, denn Heidegger greift hier die überkommene philosophische Tradition an, den Menschen als »*animal rationale*« zu verstehen. Es waren in Freiburg stationierte französische Besatzungsoffiziere, die Heidegger kurz nach dem Ende des Zweiten Weltkrieges aufsuchten und sich dafür einsetzten, ihm in Frankreich eine Bühne für seine Philosophie zu bereiten. Heidegger schrieb einem von ihnen, Jean Beaufret, der später in Verbindung mit Rechtsextremisten stand,[44] einen Brief, der bald darauf veröffentlicht wurde. Teilweise ist der Brief eine Kritik am französischen Existenzialismus, wie er von Sartre entworfen wurde.

Heidegger bestreitet darin den Vorrang, den französische Existenzialisten dem Subjekt zusprechen. »Der Mensch ist vielmehr vom Sein selbst in die Wahrheit des Seins ›geworfen‹«.[45] Der Mensch muss sich hier nicht entscheiden, hat hier keine Autonomie mehr, denn es gibt keine Parameter für ein Handeln, das mit dem, was wir im Alltag darunter verstehen, etwas zu tun hätte. »Doch näher als

44 Siehe Hugo Ott: *Martin Heidegger. Unterwegs zu seiner Biographie*, Frankfurt am Main 1988, 14 f.

45 Martin Heidegger: *Über den Humanismus*, Frankfurt am Main 1947, S. 19.

das Nächste und zugleich für das gewöhnliche Denken ferner als sein Fernstes ist die Nähe selbst: die Wahrheit des Seins.«[46] Wenn wir das nicht sehen, dann »kreist der Mensch überall, ausgestoßen aus der Wahrheit des Seins, um sich selber als das *animal rationale*«.[47] Das bedeutet nichts weniger, als dass wir Gott, die Normen und Werte der Tradition, Humanismus, Menschenwürde, Logik, Wissenschaft, Kultur usw. für »positiv« halten. Dann erscheinen Atheismus, Nihilismus usw. als etwas Negatives. Nur: Nach Heidegger sind die positiven Wertungen nichts anderes als Hinweise darauf, dass hier bloß subjektivistisch gewertet wird. Die Verkündigung, Gott sei der höchste Wert, ist tatsächlich eine ungeheuere Abwertung Gottes. Vergleichbares gilt für die anderen Wertungen, die nur bezeugen, dass der Mensch sich zum Herrscher über die Dinge aufwirft. Das ist aber der radikalste und verheerendste Irrtum, dem wir uns ausliefern können. Unterwerfung der Dinge unter unser Denken bedeutet Verdinglichung des Denkens. Der Mensch ist nicht der »Herr des Seienden«, sondern der »Hirte des Seins«.[48] Der wahre Humanismus destruiert den gängigen Humanismus und geht über ihn hinaus – orientiert sich an jener Transzendenz, die bedeutet, dass wir uns in die Wahrheit des Seins hinaushalten. Damit greift Heidegger auf seine Antrittsvorlesung »Was ist Metaphysik?« zurück: »Darum, weil es das Sein denkt, denkt das Denken das Nichts.«[49]

In den späteren Texten Heideggers, etwa ab 1951, dem Jahr, in dem Heidegger wieder lehren durfte, werden nun für ein breiteres Publikum (Heidegger wechselt von dem Wissenschaftsverlag Niemeyer zu Neske) teils die Anfänge der Philosophie, teils Themen wie »Bauen Wohnen Denken« erörtert. Besonders hervorzuheben ist »Die Frage nach der Technik«, weil Heidegger hier seine radikale Kritik an der Übermacht der Technik artikuliert. Die Technik reduziert die Welt auf ihre Manipulierbarkeit, sie instrumentalisiert radikal den Menschen und seine Umwelt. »Hierdurch verschließt sich die andere Möglichkeit, daß der Mensch eher und mehr und stets anfänglicher auf das Wesen des Unverborgenen und seine Unverbor-

46 Ebd., S. 21.
47 Ebd., S. 28.
48 Ebd., S. 19.
49 Ebd., S. 44.

genheit sich einläßt, um die gebrauchte Zugehörigkeit zum Entbergen als sein Wesen zu erfahren.«[50]

»Hinter« der Technik wirkt aber das Wesen der Technik, das selber nichts Technisches ist. Auch hier ist das »Wesen« verbal zu verstehen. Es wirkt als »Ge-stell« (Trennungsstrich i. O.), als Geschick. Die Technik entbirgt, indem sie die Natur dazu zwingt, sich durch uns manipulieren zu lassen. Das ›Ge-stell‹ nun »verbirgt das Entbergen als solches und mit ihm jenes, worin sich Unverborgenheit, d. h. Wahrheit ereignet«.[51] Hier droht nach Heidegger Gefahr – die Gefahr, dass wir nie wieder in ein »ursprünglicheres Entbergen« finden und nie wieder eine »anfänglichere Wahrheit« erfahren werden.[52] Da bleibt uns nichts anderes, als auf die Erfüllung des Wortes Hölderlins zu hoffen: »Wo aber Gefahr ist, wächst das Rettende auch.«[53] Nicht durch Eingreifen, sondern nur durch »Gelassenheit« begegnen wir dieser Gefahr angemessen – und, darin bleibt Heidegger dem revolutionären Anspruch an sich und sein Denken treu, nicht durch Antworten, sondern nur durch Fragen, denn: »Das Fragen ist die Frömmigkeit des Denkens.«[54]

Noch 1953 allerdings hielt Heidegger an seiner Vorstellung der »inneren Wahrheit und Größe dieser [der nationalsozialistischen] Bewegung« fest. Er setzte, wie Marten glaubhaft versichert, diese Wertung, die sich nicht im ursprünglichen Manuskript fand, in den neu zu veröffentlichenden Text ein. Heidegger sah nach wie vor, dass es, wie er auch schon Löwith gegenüber bekundet hatte,[55] eine tiefe Affinität zwischen den revolutionären Ansprüchen seines Denkens und der »Bewegung« gab. Er meinte offenbar, dass er seine politische Wertung nicht aufgeben könnte, ohne sein philosophisches Werk zu opfern, und umgekehrt.[56]

50 Martin Heidegger: *Vorträge und Aufsätze*, Pfullingen 1954, S. 33 f.

51 Ebd., S. 35.

52 Ebd., S. 36.

53 Ebd.

54 Ebd., S. 44.

55 Karl Löwith: *Mein Leben in Deutschland vor und nach 1933*, Stuttgart 1940/1986, S. 57.

56 Marcus Düwell und Wolfgang Eßbach danke ich für ihre Kritik an diesem Beitrag.

Werke von Martin Heidegger (Auswahl)

Heideggers Werk wird als *Gesamtausgabe* in vier Abteilungen bei Vittorio Klostermann herausgegeben (Frankfurt am Main 1975 ff.). Es handelt sich dabei um eine ›Ausgabe letzter Hand‹ in der Gestalt, wie der Verfasser selbst seine Schriften der Öffentlichkeit zugänglich gemacht hat, u. a.:

Beiträge zur Philosophie. (Vom Ereignis), 1936/38, 1989 (GA 65).
Besinnung, 1938/39, 1997 (GA 66).
Die Geschichte des Seyns, 1938/40, 1998 (GA 69).
Grundfragen der Philosophie. Ausgewählte ›Probleme‹ der ›Logik‹, 1938/39, 1997 (GA 45).

Darüber hinaus sind Heideggers Schriften als Einzelausgaben bei Niemeyer und Klostermann erhältlich, u. a.:

Holzwege (1949/1950), Frankfurt am Main 1957.
Über den Humanismus (1947), Frankfurt am Main 2000.
Sein und Zeit (1927), Tübingen 2001.
Die Selbstbehauptung der deutschen Universität (1933), Frankfurt am Main 1990.
Was ist Metaphysik? (1929), Frankfurt am Main 1998.

Literatur zu Martin Heidegger (Auswahl)

Figal, Günter: *Martin Heidegger zur Einführung*, Hamburg 2003.
Geier, Manfred: *Martin Heidegger*, Reinbek bei Hamburg 2005.
Jahraus, Oliver: *Martin Heidegger. Eine Einführung*, Leipzig 2004.
Ott, Hugo: *Martin Heidegger. Unterwegs zu seiner Biographie*, Frankfurt am Main 1988.
Reijen, Willem van: *Der Schwarzwald und Paris. Heidegger und Benjamin*, München 1989.
– »Heideggers ontologische Differenz. Der fremde Unterschied in uns und die Inständigkeit im Nichts«, in: *Deutsche Zeitschrift für Philosophie* 52/4, 2004, S. 519-539.

Helmuth Berking

Helmuth Plessner (1892-1985) Exzentrische Positionalität

Grundlegung der philosophischen Anthropologie

I.

Life Sciences, Gentechnologie, Biopolitik und Ethikkommissionen markieren die Signatur einer Gegenwart, für die der Konstruktionsplan des Lebens zunehmend sein Geheimnis verliert, das Unverfügbare verfügbar und technisch gestaltbar geworden ist. Der Aufstieg der Biowissenschaften zur vermeintlichen Leitwährung des 21. Jahrhunderts geht mit radikalen Grenzverschiebungen einher. Orientierende Unterscheidungen – von »Natur und Kultur«, »Mensch und Tier«, »Mensch und Technik«, aber auch die eingespielten Formen der wissenschaftlichen Arbeitsteilung zwischen Natur- und Kulturwissenschaften – geraten ins Wanken. Wenn der menschliche Organismus selbst zur Gestaltung freigegeben ist, wenn »die Grenze zwischen der Natur, die wir ›sind‹, und der organischen Ausstattung, die wir uns selber ›geben‹, verschwimmt«,[1] tritt die Grundfrage der Anthropologie erneut in ihr Recht ein. Menschenbilder stehen im Hintergrund noch jeder menschlichen Praxis, die wissenschaftliche Erforschung der Grundzüge des Menschseins freilich erfolgt relativ spät und gewinnt in Deutschland unter dem Titel »philosophische Anthropologie«[2] eigensinnige Konturen.

1 Jürgen Habermas: *Die Zukunft der menschlichen Natur. Auf dem Weg zu einer liberalen Eugenik?*, Frankfurt am Main 2001, S. 27.

2 Als Hauptwerke dieser deutschen Tradition gelten: Max Scheler: *Die Stellung des Menschen im Kosmos*, Darmstadt 1928; Helmuth Plessner: *Die Stufen des Organischen und der Mensch* (1928), *Gesammelte Schriften* (GS), Bd. IV, hg. von Günter Dux, Odo Marquard und Elisabeth Ströker, Frankfurt am Main 1981; und, in den 1940er-Jahren, Arnold Gehlen: *Der Mensch. Seine Natur und seine Stellung in der Welt* (1940), *Gesamtausgabe*, Bde. 3.1 und 3.2, hg. von Karl-Siegbert Rehberg, Frankfurt am Main 1993.

Der historische Ort, an dem sich das »Bild vom Menschen« systematisch verschiebt, ist die kurze, ebenso krisengeschüttelte wie erkenntnisaufschließende Phase der Weimarer Republik. Eingesponnen in ein tiefes Bewusstsein von Krise und Bruch, von entzauberter Welt und der »Tragödie der Kultur« ist die wissenschaftsgeschichtliche Konstellation, in der die philosophische Anthropologie aussichtsreich wird, durch drei einander bedingende Problemlagen geprägt. Zum einen schien der philosophische Diskurs, insbesondere in seiner neukantianischen Version, sich in erkenntnistheoretischen Reflexionen zu verflüchtigen. Ihm war mit der Pathosformel des *elan vital* und mit der Lebensphilosophie ein wirkungsmächtiges Gegenüber entstanden. Zum Zweiten hatte die erfolgreiche Ausdifferenzierung der Einzelwissenschaften zwar den Fundus verfügbaren Wissens anschwellen, das grundierende Fundament der Humanwissenschaften aber weit gehend verschwinden lassen. Drittens schließlich stellte die Biologie Forschungsergebnisse zur Disposition, die den spekulativen Zugriff auf das Wesen des Menschen einschränkten. »Leben«, »Synthese« und damit die Überwindung der rationalistischen Einseitigkeiten einzelwissenschaftlicher Forschung bildeten so ein Motivbündel, das auf die erkenntnisleitende Frage nicht nach Anthropogenese, Geschichte oder Kultur, sondern nach der »Natur des Menschen« zusammenschnurrte. Und es ist der Philosoph und Biologe Helmuth Plessner, der diese Frage nach der Natur des Menschen aufnimmt und auf kongeniale Weise zu beantworten sucht. Dass sein Werk heute mehr als nur wissenschaftsgeschichtlich motivierte Aufmerksamkeit auf sich zieht, veranschaulicht den unabgegoltenen Bedeutungsgehalt seiner »Entdeckungen«.

Die intellektuellen Voraussetzungen für dieses kühne Unternehmen einer philosophischen Anthropologie in systematischer Absicht werden früh geschaffen. Helmuth Plessner wird 1892 in Wiesbaden als Sohn eines Arztes und Leiters eines Privatsanatoriums geboren. Er wächst in einer durch und durch großbürgerlichen Atmosphäre heran, in der der tägliche, auch private Verkehr mit den großbürgerlichen Patienten seines Vaters einen auf Distanz, Würde und Komment ausgerichteten Lebensstil ebenso fordert wie fördert. Nach dem Abitur, das Plessner mit der selbstironischen Anmerkung kommentiert, seine damaligen Leistungen hätten nach heutigen Maßstäben allenfalls zur Zulassung an einer pädagogischen Hochschule gereicht,[3] beginnt er, mit kurzem Zwischenstopp in Freiburg und angeregt durch Hans Driesch, sein Doppelstudium der Zoologie und Philosophie zunächst in Heidelberg, wo er über seinen Mentor und Lehrer Driesch sowie über Windelband nicht nur mit dem Neukantianismus vertraut wurde, sondern auch Zugang zu den berühmten *Jours fixes* der Webers erhielt. Tagsüber mit Experimenten über den Lichtsinn der Seesterne beschäftigt und nachts über *Die wissenschaftliche Idee*[4] als Prozess der Logifizierung der Welt philosophierend, hält Plessner an der Grundproblematik, Biologie und Philosophie zusammenzuführen, unnachsichtig fest.[5] Ist es zunächst die kantische Philosophie, in die sich sein anthropologisches Interesse einzubetten versucht, so kommt mit dem Wechsel nach Göttingen die Phänomenologie Edmund Husserls als zweiter Problemhorizont hinzu. In der 1920 bei Hans Driesch eingereichten Habilitationsschrift *Untersuchungen zu einer Kritik der philosophischen Urteilskraft*[6] legt Plessner die für sein weiteres Lebenswerk bedeutsamen Grundlagen der Verbindung beider philosophischer Traditionen, die in dem anthropologischen Frühwerk über *Die Einheit der Sinne*[7] erste Konturen gewonnen hatte, um schließlich in seinem Hauptwerk über *Die Stufen des Organischen und der Mensch*[8] zur vollen Entfaltung gebracht zu werden. In welchen Maße die anthropologische Grundintention gesellschaftstheoretisch fruchtbar gemacht werden konnte, dokumentieren nicht nur die 1924 veröffentlichten *Grenzen der Gemeinschaft*,[9] sondern auch die *Macht*-Studien der späteren Jahre.

Helmuth Plessner, bis 1933 an der Kölner Universität als Privatdozent tätig, fällt aufgrund der jüdischen Abstammung seines Vaters dem nationalsozialistischen Terrorsystem zum Opfer, wird aus dem Amt vertrieben und gelangt über die Türkei ins niederländische Exil. Auf Vermittlung des befreundeten Direktors des physiologischen Instituts in Groningen, F. J. J. Buytendijk, kann Plessner un-

3 Helmuth Plessner: *Selbstdarstellung*, in: GS X, S. 303.

4 GS I.

5 Zur Werkgeschichte vgl. Karl-Siegbert Rehberg: »Das Werk Helmuth Plessners«, in: *Kölner Zeitschrift für Soziologie und Sozialpsychologie*, Jg. 36, 1994, S. 799-811.

6 GS II.

7 GS III.

8 GS IV.

9 GS V.

ter schwierigen Bedingungen seine Arbeit fortsetzen. In diese Zeit fallen die Untersuchungen über *Lachen und Weinen* sowie das aus Vorlesungen hervorgegangene Buch *Das Schicksal deutschen Geistes im Ausgang seiner bürgerlichen Epoche*, das erst 1957 unter dem Titel *Die verspätete Nation*[10] eine deutsche Leserschaft erreichte. Die nationalsozialistische Okkupation der Niederlande spitzte die existenzielle Gefährdung des Emigranten dramatisch zu. Plessner überlebt im Untergrund und erhält nach der Befreiung eine Professur für Philosophie in Groningen. 1952 kehrt der nun 60-Jährige auf den neu geschaffenen Lehrstuhl für Soziologie an die Universität Göttingen zurück. Unter seiner Leitung entstehen die ersten umfassenden empirischen Studien zur Lage der deutschen Hochschullehrer, zur Gemeinde- und Bildungssoziologie. Seine Arbeiten über den Rollenbegriff, über Entfremdung und Macht geben der soziologischen Diskussion wichtige Impulse. Helmuth Plessner wird Präsident der deutschen Gesellschaften für Soziologie und Philosophie, er übernimmt das Rektorat der Universität Göttingen und wird zu einer zentralen intellektuellen Figur im nachkriegsdeutschen Selbstverständigungsdiskurs, deren kritischer Einfluss kaum zu überschätzen ist. Seinem großen Thema freilich bleibt er auch als Soziologe treu. Helmuth Plessner stirbt 1985 in Göttingen.

II.

Das 1928 unter dem Titel *Die Stufen des Organischen und der Mensch* erscheinende anthropologische Hauptwerk markiert einen radikalen Einschnitt und einen Neubeginn in der Lehre vom Menschen. Nichts weniger als die »Neuschöpfung der Philosophie unter dem Aspekt einer Begründung der Lebenserfahrung in Kulturwissenschaft und Weltgeschichte« steht auf dem Spiel. Der Arbeitsplan verweist auf den systematischen Anspruch: »Grundlegung der Geisteswissenschaften durch Hermeneutik, Konstituierung der Hermeneutik als philosophische Anthropologie, Durchführung der Anthropologie auf Grund einer Philosophie des lebendigen Daseins und seiner natürlichen Horizonte«,[11] unter Zuhilfenahme der phä-

10 GS VI.

11 Helmuth Plessner: *Die Stufen des Organischen und der Mensch*, in: GS IV, S. 68 f.

nomenologischen Deskription. Damit ist das Koordinatensystem der kritischen Abzweigungen präzise bezeichnet. Plessner knüpft an die geisteswissenschaftliche Theorie des Ausdrucksverstehens Wilhelm Diltheys an; er nutzt die von jeder transzendentalphilosophischen Implikation befreite phänomenologische Methode, um den direkten Zugang zu den der Anschauung verfügbaren Gegebenheiten menschlicher Lebensäußerungen zu sichern; und er bindet diese Anschlüsse in einen strikt lebensphilosophisch gefassten Problemhorizont ein, in dem die »Philosophie des lebendigen Daseins« den Menschen »als Objekt und Subjekt seines Lebens«[12] zu situieren vermag. Gesucht wird eine organisierende Grundposition, die das Ganze des menschlichen Lebenszusammenhangs erschließt. Nicht jene für die Philosophie des Menschen ebenso charakteristischen wie spekulativen Unterscheidungen von Leib und Seele, Körper und Bewusstsein, sondern die in der Biologie debattierten Konzeptualisierungen des »Lebens« bildeten das Fundament, auf dem die philosophische Anthropologie aufbauen sollte.

Ausgehend von den Wissensbeständen der Biologie, rückte Plessner das Verhältnis des Organismus zu seiner Umwelt ins Zentrum der analytischen Aufmerksamkeit. Die Entdeckung, die *Die Stufen des Organischen und der Mensch* einem weit gehend ignoranten zeitgenössischen Publikum zumutete, ist eine systematisch entfaltete Theorie des Lebendigen, deren materiale Pointe darin besteht, Leben als »Grenzleistung« des Organismus zu begreifen.

Welche Bedingungen müssen gegeben sein, damit wir ein Ding als lebend, als organisch, von unbelebten Naturgebilden unterscheiden? Die Antwort ist ebenso einfach wie selbstevident. Während der anorganische Körper einen Rand hat, an dem er endet – »er ist, soweit er reicht«[13] –, verfügen lebendige Körper über eine Grenze, die dem Körper selbst angehört.[14] Lebende Organismen sind keine in sich geschlossenen Systeme. Ihre Lebensfunktionen nötigen sie zum aktiven Austausch mit der sie umgebenden Umwelt. Und es ist dieser »Doppelaspekt«, der den Körper als »Einheit von Innen und Außen«[15] erscheinen lässt, eine Erkenntnis, die Plessner über die spezifische Grenzleistung des Organismus erschließt. Denn die Ei-

12 Ebd., GS IV, S. 70.
13 Ebd., S. 184.
14 Ebd., S. 181.
15 Ebd., S. 155.

genschaft der Grenze besteht genau darin, den Organismus zugleich nach innen abzuschließen und nach außen zu öffnen, mit dem paradoxen Effekt, dass erst der Einschluss den Organismus für die ihm eigene Umwelt zu öffnen vermag. »Ein Lebewesen erscheint gegen seine Umgebung gestellt. Von ihm aus geht die Beziehung *auf* das Feld, *in* dem es ist, und im Gegensinne die Beziehung zu ihm zurück.«[16] Die Position des Organismus, sein doppeltes Verhältnis zur Umwelt und zu sich selbst, fasst Plessner mit dem Begriff der »Positionalität«,[17] der ihm zum Leitfaden wird, um die organische Sonderstellung verschiedener Lebewesen zu explizieren.

Vor diesem Hintergrund unterscheidet Plessner drei Stufen des Organischen, die keiner evolutionstheoretischen Logik, sondern einzig dem positionalen Charakter der lebendigen Körper ihrer je spezifischen Umweltbeziehung geschuldet sind. Anders als die Positionalität der offenen Form der Pflanze, die »den Organismus in allen seinen Lebensäußerungen unmittelbar seiner Umgebung eingliedert und ihn zum unselbständigen Abschnitt des ihm entsprechenden Lebenskreises macht«,[18] ist die dem Tier eigene Positionalität der geschlossenen Form dadurch gekennzeichnet, dass der tierische Organismus, auf eine Mitte hin zentriert, aus sich heraus zu einem umweltbezogenen Verhalten fähig ist, ohne sich freilich als diese positionale Mitte selbst zu erleben.

> Insoweit das Tier selbst ist, geht es im Hier-Jetzt auf. Dies wird ihm nicht gegenständlich, hebt sich nicht von ihm ab, bleibt Zustand, vermittelndes Hindurch konkret lebendigen Vollzugs. Das Tier lebt aus seiner Mitte heraus, in seine Mitte hinein, aber es lebt nicht als Mitte. Es erlebt Inhalte im Umfeld, Fremdes und Eigenes, es vermag auch über den eigenen Leib Herrschaft zu gewinnen, es bildet ein auf es selbst rückbezügliches System, ein Sich, aber es erlebt nicht – sich.[19]

16 Ebd., S. 186.

17 Karl-Siegbert Rehberg hat auf die raumbezogene Begrifflichkeit der philosophischen Anthropologie aufmerksam gemacht. Rehberg: »Positionalität und Figuration gegen jede Gemeinschafts-Verschmelzung«, in: Wolfgang Eßbach, Joachim Fischer, Helmuth Lethen (Hg.): *Plessners ›Grenzen der Gemeinschaft‹*, Frankfurt am Main 2002, S. 229. Nicht nur die raumbegriffliche Architektur der Theorie, sondern vor allem die Unterscheidung zwischen »raumbehauptenden« und »raumbezogenen« Körpern (GS IV, S. 186) wäre für eine »Soziologie des Raumes« erst noch fruchtbar zu machen.

18 GS IV, S. 284.

19 Ebd., S. 360.

Ist die zentrische Organisationsform des Tieres auch unaufhebbar, so ist das Lebewesen, das sich selbst zum Gegenstand wird, doch zugleich jenseits dieser Zentrierung, ohne sie freilich durchbrechen zu können. Die biologischen Eigentümlichkeiten des menschlichen Organismus, seine Instinktschwäche und Organprimitivität, die ihn im Vergleich zum Tier als Mängelwesen erscheinen lassen, öffnen den Horizont für eine sehr spezifische Umweltbeziehung. Gegenüber dem zentrischen Leben des Tieres ist das Leben des Menschen »exzentrisch«. »Er lebt und erlebt nicht nur, sondern er erlebt sein Erleben«,[20] und es ist dieser kleine Unterschied, der die Differenz ums Ganze markiert. Dass der Mensch »körperlich Tier bleiben muß«, steht außer Frage, doch es ist der konstitutive Bruch, den er zugleich zwischen seinem Leib-Sein und seinem Körper-Haben erfährt, der die Sonderstellung des Menschen begründet.

Ihm ist der Umschlag vom Sein innerhalb des eigenen Leibes zum Sein außerhalb des Leibes ein unaufhebbarer Doppelaspekt der Existenz, ein wirklicher Bruch seiner Natur. Er lebt diesseits und jenseits des Bruches, als Seele und als Körper *und* als die psychophysisch neutrale Einheit dieser Sphären. Die Einheit überdeckt jedoch nicht den Doppelaspekt. Sie läßt ihn nicht aus sich hervorgehen, sie ist nicht das den Gegensatz versöhnende Dritte (...). Sie ist der Bruch, der Hiatus, das leere Hindurch der Vermittlung, die für den Lebendigen selbst dem absoluten Doppelcharakter und Doppelaspekt von Körperleib und Seele gleichkommt, in der er ihn erlebt.[21]

Helmuth Plessner hat diese an die organische Ausgangslage gebundene psychophysische Doppelexistenz des Menschen in der überaus einprägsamen Formel von der »exzentrischen Positionalität« zu fassen versucht.[22] Alle menschlichen Lebensvollzüge wie alle humanspezifischen Fähigkeiten finden ihr *fundamentum in re* in der Positionsform eines Organismus, der als organischer Leib nur darin und dadurch überlebt, dass er seinen Körper zu beherrschen lernt, oder wie Plessner lapidar festhält: »Der Mensch lebt nur, indem er ein Leben führt.«[23] Seine leibliche Verfassung zwingt ihn dauerhaft in eine Distanz zu sich selbst und zur Welt, begründet seine Weltoffen-

20 Ebd., S. 364.

21 Ebd., S. 365.

22 Vgl. Joachim Fischer: »Exzentrische Positionalität. Plessners Grundkategorie der Philosophischen Anthropologie«, in: *Deutsche Zeitschrift für Philosophie* 48, 2000, H. 2, S. 265-288.

23 GS IV, S. 384.

heit ebenso wie die Notwendigkeit, »künstlich« Grenzen zu sichern und so die prekäre Balance zwischen Leibsein und Körperhaben immer aufs Neue zu realisieren. Sprechen, Handeln, Symbolisieren, Verkörpern und Entäußern, jene typischen humanspezifischen Kompetenzen, das Leben zu leben, sind deshalb beides zugleich: erlernte, an die sukzessive Beherrschung und instrumentelle Nutzung des Körpers gebundene Verhaltensweisen und Antworten auf sie, wie in der exzentrischen Position.

Als *summa* seiner Analyse der Natur des Menschen formuliert Plessner drei »anthropologische Grundgesetze«. Das »Gesetz der natürlichen Künstlichkeit«[24] hält den Zusammenhang zwischen exzentrischer Lebensform und Ergänzungsbedürftigkeit fest. Da der Mensch von Natur aus »künstlich« und als exzentrisches Wesen gleichsam »ortlos, zeitlos im Nichts stehend, konstitutiv heimatlos« sei, müsse er durch entäußernde und objektivierende Tätigkeiten sein Gleichgewicht zuallererst – und immer wieder – schaffen. Aus dieser natürlichen Grundsituation der Bedürftigkeit erklärt sich Plessner die Entstehung von »Kultur«. Das »Gesetz der vermittelten Unmittelbarkeit«[25] zielt über Expressivität und sprachlichen Ausdruck auf die Feststellung der Immanenz als jenes Modus der »indirekten Direktheit«, in dem alle menschliche Erfahrung begründet zu sein scheint. Das »Gesetz des utopischen Standortes«[26] schließlich buchstabiert die unmögliche Möglichkeit aus, die gegebene Haltlosigkeit irgendwie stillzustellen. Die Exzentrizität seiner Lebensform hält dem Menschen nicht nur die Nichtigkeit seiner Existenz sowie der Wirklichkeit bewusst, sie ist auch die Bedingung dafür, ihr durch die Idee des Weltgrundes, des Absoluten, Grenzen zu setzen. Dass Plessner Religion als ein charakteristisches Wesensmerkmal menschlichen Lebens auszeichnet, heißt freilich nicht, es dabei zu belassen. Denn jener der exzentrischen Positionsform eingeschriebene Reflexionsprozess zieht notwendigerweise auch die Religion in ihren Bann und die Idee des Absoluten systematisch in Zweifel.

Mit der kategorialen Bestimmung der exzentrischen Positionalität ist im buchstäblichen Sinne ein Standort gefunden, von dem aus sich ebenso weit reichende wie folgenreiche, anthropologisch be-

24 Ebd., S. 383 f.
25 Ebd., S. 396 f.
26 Ebd., S. 419 f.

gründete Einsprüche gegen die Anthropologie der Zeit ergeben. Gegenüber der variantenreichen Ausformulierung des cartesianischen Dualismus von Körper und Geist, Bewusstsein, Seele etc. hält der Begriff der exzentrischen Positionalität als Erkenntnis fest, dass die organische Ausgangslage des Menschen in der gebrochenen und unaufhebbaren Doppelstruktur gründet, die der Mensch zu seinem Körper hat. Gegenüber dem kritischen Fundamentaleinwand, dass der Mensch ein geschichtliches Wesen und deshalb zwangsläufig bar jeder anthropologischen Feststellung sei, bietet die exzentrische Positionsform eine *Erklärung* für die Nichtfeststellbarkeit des Menschen, ohne die biologischen Grundlagen seiner leiblichen Existenz preisgeben zu müssen. Im Gegenteil. Den Begriff des Menschen zu öffnen und ihn gegen alle ideologische Verführbarkeit menschlicher Selbstthematisierung offen zu halten ist eine der erkenntnisleitenden Grundintentionen des Unternehmens. Plessners Anthropologie ist negative Anthropologie. Sie antwortet nicht auf die Frage: »Was ist der Mensch?« Ihre Frage lautet vielmehr »Wie ist der Mensch?« – in seiner Leiblichkeit, die er als seinen Körper hat und doch nie ganz hat.

Die öffentliche Resonanz auf die *Stufen des Organischen und der Mensch* war bescheiden. Den intellektuellen Paukenschlag hatten andere gesetzt. Martin Heideggers *Sein und Zeit* erschien 1927; im April 1928 folgte Max Schelers *Die Stellung des Menschen im Kosmos* – zwei philosophische Ereignisse, die den Zeitgeist bestimmten und das nur wenig später publizierte Opus magnum des 36-jährigen Helmuth Plessner ins Abseits drängten. Mehr noch. Max Scheler nahm das Recht für sich in Anspruch, als Begründer der Philosophischen Anthropologie zu gelten, was nicht nur dazu führte, dass in dem zunächst vorgesehenen Untertitel der *Stufen* die »Grundlegung der« durch die »Einleitung in die philosophische Anthropologie« ersetzt werden musste. Plessner sah sich darüber hinaus ungerechtfertigten Plagiatsvorwürfen und einem »akademischen Ballgeflüster« ausgesetzt, das mit Vorliebe davon erzählte, die *Stufen* seien nichts weiter als die Fortführung des Scheler'schen Entwurfes.[27] Pikanterweise aber hatte er die *Stufen* bereits 1924 unter dem Titel: *Pflanze Tier Mensch* angekündigt. Helmuth Plessner blieb ein legi-

27 Helmuth Plessner: *Die Stufen des Organischen und der Mensch*, Vorwort zur 2. Auflage, in: GS IV, S. 18.

timer, aber wenig beachteter Außenseiter. Exil und erzwungene Unterbrechungen seiner akademischen Tätigkeiten trugen das Ihrige dazu bei, öffentliche Aufmerksamkeit und Rezeption zu begrenzen.

III.

Mit der als konstitutionell ausgewiesenen Differenz zwischen Leib-Sein und Körper-Haben, öffnet Plessner den Blick auf jenes weite Feld der Ausgleichshandlungen und Balancierungsakte, die der Mensch in seiner Doppelexistenz als Bewohner zweier unterscheidbarer und doch eigentümlich ineinander verschränkter Ordnungen zu erbringen hat. »Denn er geht in keiner von beiden Ordnungen auf. Er ist weder allein Leib noch *hat* er allein Leib (Körper). Jede Beanspruchung der physischen Existenz verlangt einen Ausgleich zwischen Sein und Haben, Draußen und Drinnen.«[28] Dieser Ausgleich selbst bleibt doppelsinnig. Denn die Balance im Leib-Körper-Verhältnis lässt sich über die Seite des Körpers ebenso herstellen, wie sie sich ihrerseits über die leibgebundenen Reaktionen herstellt. Mein Leib, der ich bin, ist nicht nur die passive Hülle, die ein Innen umschließt. Er ist zugleich nach außen gewandter Ausdruck innerer ›Zustände‹. Um meiner leiblichen Existenz willen lerne ich meinen Körper zu beherrschen, ihn zu kontrollieren und instrumentell zu nutzen. Gleichzeitig aber nehme ich ihn immer wieder als sich der Kontrolle Entziehendes, von der Natur Auferlegtes wahr. Kein noch so raffiniert geplantes Arrangement des Selbst, das nicht Gefahr liefe, durch ungewollte Körperreaktionen karikiert, durch den eigenen Leib bloßgestellt und als Verlegenheit oder Schüchternheit durch die Blicke der Anderen vergegenständlicht zu werden. Man fühlt sich erröten und weiß, dass die Anderen wissen, dass man nicht konnte, wie man wollte. Auch für den Leib, der ich bin, gilt, dass ich nicht Herr im eigenen Haus bin. Oder wie der Volksmund sagt: Es gibt keine zweite Chance für den ersten Eindruck.

Plessner hat das Zusammenspiel von instrumenteller Verfügung über den Körper und expressiver Eigenlogik des Leibes ins-

28 Helmuth Plessner: *Lachen und Weinen. Eine Untersuchung der Grenzen menschlichen Verhaltens*, in: GS VII, S. 241.

besondere im Hinblick auf die verschiedenen Modi des Leib-Körper-Ausgleichs systematisch erschlossen. Dient die Unterscheidung zwischen der Instrumentalität und der Expressivität des Leibes kategorial zunächst dazu, den der exzentrischen Position eigenen Grundzug der vermittelten Unmittelbarkeit deutlich zu machen, so verfolgen die weiteren Analysen das Ziel, die Leibhaftigkeit des menschlichen Ausdrucksverhaltens im Sinne einer »naturalistisch radikalisierten Hermeneutik«[29] zu entschlüsseln. »Leibesfläche und Stimme, die ursprünglichen Resonanzböden des Ausdrucks«,[30] verweisen einmal mehr auf den spannungsgeladenen Doppelaspekt einer leibgebundenen Existenz, deren Expressionsformen Sprache, Geste und Gebärde sind. Während der Mensch in Sprache und Geste über seinen Körper verfügt, um Sachverhalte auszudrücken, steht der mimetische Ausdruck, wie er sich etwa in Gebärden des Errötens oder Erbleichens zeigt, gleichsam auf der anderen, auf der nicht verfügbaren Seite jener leibgebundenen Reaktionen, mittels deren sich weder subjektive Intentionen noch Sachverhalte, sondern Affekte unkontrolliert Ausdruck verschaffen.

> Die Ausdrucksgebärde ist unmittelbar, unwillkürlich und an kein Zusammensein mit anderen gebunden, d. h. ohne meinenden Charakter, auch wenn die Anwesenheit anderer zur Auslösung der Expression notwendig ist. Soweit die Kleidung den Körper verdeckt, konzentrieren sich die Ausdrucksgebärden im wesentlichen auf das Gesicht, doch ziehen sie in vielen Fällen den übrigen Körper in Mitleidenschaft. Es wäre daher verkehrt, die Haltung und das expressive Gebaren des Gesamtkörpers von der Mimik des Gesichts getrennt zu betrachten. Freude und Zorn, Angst und Mut, Trauer und Schrecken, Ausgelassenheit und Trägheit drücken sich im Ganzen pantomimisch aus, wenn auch das feinere Muskelspiel des Gesichts um Auge und Mund die Entwicklung und Schwankung des Ausdrucks in zarteren Nuancen verfolgen läßt.[31]

Die Beherrschung des Körpers zielt auch auf die Kontrolle des Ausdrucks. Doch der Körper erzählt immer zu viel. Bezeichnen Sprache und Gestik menschliche Expressionsformen, die das Subjekt bewusst und verständigungsorientiert einsetzt, so zeigen die mimetischen Ausdrucksgebärden eine Struktur, in der sich nun nicht mehr

29 Axel Honneth, Hans Joas: *Soziales Handeln und menschliche Natur*, Frankfurt am Main 1980, S. 74.

30 GS VII, S. 250.

31 GS VII, S.257 f.

der Mensch des Körpers bedient, sondern der Leib sich selbst körperlich Ausdruck verschafft, um gleichsam als Stellvertreter innere Zustände, Affekte und Emotionen körperlich auszufechten.

In Lachen und Weinen schließlich entziffert Plessner zwei humanspezifische Ausdrucksformen, deren Eigenart darin besteht, dass der Mensch die ihm auferlegte Leib-Körper-Balance nicht mehr zu halten vermag. Lachen und Weinen stehen nicht wie Sprache und Geste als Ausdrucksmittel zur Verfügung. Sie fallen auch nicht in die Kategorie der mimetischen Ausdrucksgebärden, in denen der Körper als Resonanzboden für innere Zustände fungiert. Sie stellen vielmehr Reaktionen dar, in denen der Mensch jedes Verhältnis zu seiner Körperlichkeit verliert. »Körperliche Vorgänge emanzipieren sich. Der Mensch wird von ihnen geschüttelt, gestoßen, außer Atem gebracht. Er hat das Verhältnis zu seiner physischen Existenz verloren, sie entzieht sich ihm und macht gewissermaßen mit ihm, was sie will.«[32]

Obwohl nicht gewollt, kommt der gleichsam naturwüchsigen Zerstörung der inneren Balance, dem »Verlust der Beherrschung im Ganzen«, selbst ein spezifischer Ausdruckswert zu. Lachen und Weinen nämlich deutet Plessner als Ausdrucksformen der persönlichen Krise. In den sprach-, aber nicht lautlosen Äußerungen des Lachens und Weinens reagiert das Subjekt auf die Unbeantwortbarkeit von Handlungssituationen mit der Desorganisation seines Leib-Körper-Verhältnisses.

> Der Mensch kapituliert als Leib-Seele-Einheit, d. h. als Lebewesen, er verliert das Verhältnis zu seiner physischen Existenz, aber er kapituliert nicht als Person. Er verliert nicht den Kopf. Auf die unbeantwortbare Lage findet er gleichwohl – kraft seiner exzentrischen Position, durch die er in keiner Lage aufgeht – die einzig noch mögliche Antwort: von ihr Abstand zu nehmen und sich zu lösen. Der außer Verhältnis zu ihm geratene Körper übernimmt für ihn die Antwort, nicht mehr als Instrument von Handlung, Sprache, Geste, Gebärde, sondern als Körper. Im Verlust der Herrschaft über ihn, im Verzicht auf ein Verhältnis zu ihm bezeugt der Mensch noch sein souveränes Verständnis des Unverstehbaren, noch seine Macht in der Ohnmacht, noch seine Freiheit und Größe im Zwang.[33]

Die entfaltete Hermeneutik der nichtsprachlichen Ausdrucksformen des Körpers gehört zweifellos zu den Glanzleistungen der phi-

32 Ebd., S. 274.
33 Ebd., S. 276.

losophischen Anthropologie Plessners.[34] Zugleich freilich bietet sie auch ein Einfalltor für Kritik. Einwände richten sich vor allem gegen die exklusive und in sich monologisch strukturierte Position der exzentrischen Positionalität. Plessner leite alle humanspezifischen Kompetenzen aus der Leib-Körper-Spannung des Menschen ab und vernachlässige so systematisch die Möglichkeit eines intersubjektivitätstheoretisch zu erschließenden Zugangs zur Körpererfahrung des Menschen.[35]

IV.

Schreckt man nicht überhaupt vor dem konventionellen Ansinnen zurück, die Grenzposten akademischer Disziplinen zu achten und ihre Departementalisierung als Autonomie- und Erkenntnisgewinn zu verteidigen, lässt sich ganz unaufgeregt nach der Grenzleistung fragen, die der anthropologische Entwurf Plessners für andere Disziplinen erbringt. Helmuth Plessner selbst hat nicht nur in seiner Doppelexistenz als Philosoph und Biologe, sondern auch als Soziologe zwanglos Grenzen überschritten, indem er seinerseits anthropologisch begründete Grenzen gesetzt hat. Die bereits 1924 publizierte Untersuchung über die *Grenzen der Gemeinschaft*[36] kann in vierfacher Hinsicht als Ausnahmeerscheinung charakterisiert werden. Thematisch richtet sie sich im Namen der Verteidigung der Gesellschaft gegen das zeitgeistige Pathos, mit dem das Hohelied der Gemeinschaft in der Jugendbewegung, in Kunst und Literatur, in Wissenschaft und Politik erklingt. Sachlich gründen die *Grenzen der Gemeinschaft* nicht in ideologischen Standpunkten, deren Für und Wider politisch-strategisch abzuwägen wäre, sondern in der anthropologischen Grundausstattung des Menschen. Plessner nimmt hier das Motiv der exzentrischen Positionalität in seiner sozialphilosophischen Dimension gleichsam vorweg. Gleichzeitig geben sich in dieser Veröffentlichung erste Umrisse einer politischen

34 So ist die prominente Rolle, die Plessner in den neueren Veröffentlichungen zur Soziologie des Körpers spielt, alles andere als Zufall. Vgl. Markus Schroer (Hg.): *Soziologie des Körpers*, Frankfurt am Main 2005.

35 Vgl. Honneth/Joas: *Soziales Handeln und menschliche Natur*, S. 83.

36 Helmuth Plessner: *Grenzen der Gemeinschaft. Eine Kritik des sozialen Radikalismus*, in: GS V.

Anthropologie zu erkennen. Schließlich aber, und auch das gehört zu den überraschenden Effekten einer Ausnahmeerscheinung, erleben die *Grenzen der Gemeinschaft* seit Ende der 1980er-Jahre eine neue, bis heute andauernde Aufmerksamkeit in der bundesrepublikanischen Öffentlichkeit wie in der akademischen Diskussion.[37]

Auf den ersten Blick präsentieren sich die *Grenzen der Gemeinschaft* als eine politisch motivierte, polemische Intervention gegen das Gemeinschaftspathos rechter wie linker Gesinnungsrevolutionäre. Plessner hat eine gesellschaftliche Situation vor Augen, in der das Bürgertum seine Ideale längst eingezogen und den gesellschaftspolitischen Diskurs sozialistischen und national-völkischen Trägergruppen überlassen hat, die freilich merkwürdig unbenannt bleiben. Es sind noch nicht die Goldenen Zwanzigerjahre, denen mit Vorliebe das Signum der kulturellen Moderne aufgedrängt wird, sondern jene aus dem Zusammenbruch des Kaiserreichs und der militärischen Niederlage sich speisenden antiliberalen und gesellschaftsfeindlichen Selbstthematisierungen, die die Signatur dieser Zeit prägen. Doch Anlass und Umstände sind eines; Intention und Erkenntnisabsicht, die Plessner mit seiner Grenzschrift verfolgt, sind etwas anderes, betont der Autor doch den »rein theoretischen Charakter«[38] seines Unternehmens, das den bezeichnenden Untertitel *Eine Kritik des sozialen Radikalismus* trägt.

Die *Grenzen der Gemeinschaft* als eine ins Grundsätzliche zielende Kritik des sozialen Radikalismus zu konzeptualisieren bedeutet, den Radikalismus selbst in seiner anthropologischen Dimension als lebensgefährdende Grenzüberschreitung zu fassen. »Radikalismus heißt Dualismus« – die vereinseitigende, ins Prinzipielle gesteigerte Haltung zur Welt, die keinen Ausgleich mehr zulässt. Doch »der Feind des Radikalismus ist die Natur (...) sind die Triebe, welche mit den Forderungen, die Sinne, welche mit dem Denken streiten«.[39] Solche Formulierungen verdeutlichen bereits, in welchem Maße sich die Grundfigur der Kritik der in diesem Werk noch intuitiven Einsicht in die psychophysische Doppelexistenz des Men-

37 Die Motive und Hoffnungen, die Grenzen und Abstoßungen, die dieses *revival* evoziert, sind anschaulich dokumentiert in: Wolfgang Eßbach, Joachim Fischer, Helmut Lethen (Hg.): *Plessners ›Grenzen der Gemeinschaft‹. Eine Debatte*, Frankfurt am Main 2002.

38 Plessner: *Die Stufen des Organischen*, in: GS IV, S. 423.

39 Plessner: *Grenzen der Gemeinschaft*, in: GS V, S. 14.

schen verdankt, seinem Leib-Sein und Körper-Haben, wie Plessner später sagen wird. Dies ist die Maßeinheit für die Bestimmung der Grenzen der Gemeinschaft. Nicht, dass es Gemeinschaft überhaupt gibt, sondern die radikale Überdehnung des Gemeinschaftsethos, die unablässige Suche nach und das Versprechen von Nähe und Gewissheit auf Kosten jener als kalt typisierten Formen der Vergesellschaftung bildet den Ausgangspunkt für die Sondierung des anthropologischen Möglichkeitssinns.

Plessner unterscheidet nun zwei Möglichkeiten der Gemeinschaft: Die Bluts- oder Liebesgemeinschaft und die Sachgemeinschaft. Während Erstere ihren Vertretern als »Inbegriff lebendiger, unmittelbarer vom Sein und Wollen der Personen her gerechtfertigter Beziehungen zwischen Menschen« erscheint, die, auf »blutsmäßige Verbundenheit« beruhend, eine spezifische gegen andere abgegrenzte »Sphäre der Vertrautheit«[40] schafft, realisiert sich Letztere über die rationalistische Verbundenheit in der Sache. Ihre wesentlichen Eigenschaften sind »Unpersönlichkeit«, weil nur an dem sachbezogenen Anteil des Menschen interessiert, »Ausdehnungsfähigkeit«, weil einzig an den Formalismus der Überzeugbarkeit gebunden, und »Arbeitscharakter«, weil lediglich der Lösung von Problemen wegen existent.[41] Jenseits der nicht immer glücklichen politisch-ideologischen Verortung beider Gemeinschaftstypen gibt sich eine Komplementarität in der Sache zu erkennen, um die allein es hier geht. Denn bezogen auf den anthropologischen Nullpunkt jener psychophysischen Doppelexistenz spalten beide Versionen des Gemeinschaftsethos diese Einheit in ihre widerstreitenden Pole auf. Die Gemeinschaft des Blutes richtet sich allein auf die physische Existenz, die Gemeinschaft der Sache allein auf die geistige Dimension des menschlichen Lebens aus. Auf der einen Seite Liebe und Vertrauen zwischen konkreten Personen, auf der anderen Seite die rücksichtslose, einzig der Sache verpflichtete Überzeugung. Aus anthropologischer Sicht aber entstehen in beiden Fällen erhebliche Kosten, bezahlt der Mensch doch mit seiner individuellen Persönlichkeit, mit dem Verzicht auf die Behauptung des eigenen Selbst. »Die Sache verlangt von ihm Gleichgültigkeit gegen seine einzigartige Lebensnatur, das Blut ihre letzte Entschleierung.«[42]

40 Ebd., S. 44 f.
41 Ebd., S. 50 f.
42 Ebd., S. 58.

Noch einmal: Die Existenz von Gemeinschaft steht für Plessner ganz außer Frage. Der theoretische Einwand zielt vielmehr auf die Grenzen einer Lebensform, die, was die Natur des Menschen angeht, halbseitig lähmt. Sozialer Radikalismus, sei es im Zeichen des Blutes, sei es im Zeichen der Vernunft, liegt immer dort vor, wo sich die in der leiblichen Existenz des Menschen eingeschriebene Offenheit und Nichtfeststellbarkeit verschließt. »Soziale Radikalismen«, kommentiert Joachim Fischer treffend, »sind Verfallserscheinungen der fragilen exzentrischen Positionalität.«[43]

Plessners spezifisches Interesse an den Grenzen der Gemeinschaft erschließt sich freilich vollends erst über das Gegenbild der Gesellschaft als dem Fluchtpunkt, dem seine ungeteilte Aufmerksamkeit gilt. Das Register von ›Gemeinschaft und Gesellschaft‹ gehört spätestens seit der gleichnamigen Veröffentlichung von Ferdinand Tönnies[44] zum zeitgeistigen Inventar intellektueller Debatten um Tradition und Moderne. Doch Plessner besteht auch hier auf Abstand zu allen Spielarten modernitätsverneinender Kulturkritik. Wieder geht es ums Prinzipielle. »Vom Wesenskomplex der Gesellschaft ist die Rede, nicht von ihrer heutigen oder gestrigen Daseinsform.«[45]

Finden Gemeinschaft des Blutes und Gemeinschaft der Sache, finden Körper und Geist in Familiarität und Objektivität gleichsam ihren formadäquaten Ausdruck wie ihre anthropologische Grenze, so schiebt sich nun ein drittes, der organischen Ausgangslage des Menschen korrespondierendes Handlungssystem ins Zentrum der Aufmerksamkeit. Dieses der prinzipiellen Ambivalenz der Seele Rechnung tragende Reich der Alltäglichkeit ist »die Gesellschaft im Sinne der Einheit des Verkehrs unbestimmt vieler einander unbekannter und durch Mangel an Gelegenheit, Zeit und geistigem Interesse höchstens zur Bekanntschaft gelangender Menschen«.[46] Sie ist im emphatischen Sinne des Wortes »Öffentlichkeit«, und sie »be-

43 Joachim Fischer: »Panzer oder Maske. ›Verhaltenslehre der Kälte‹ oder Sozialtheorie der ›Grenze‹«, in: Eßbach, Fischer, Lethen (Hg.): *Plessners Grenzen der Gemeinschaft*, S. 102.

44 Ferdinand Tönnies: *Gemeinschaft und Gesellschaft*, Leipzig 1887. Die Schrift selbst erlebte vielfältige Neuauflagen und avancierte schließlich zum Lesebuch der sozialwissenschaftlichen Intelligenz der Weimarer Republik.

45 Plessner: *Grenzen der Gemeinschaft*, GS V.

46 Ebd., S. 80.

ginnt da, wo Liebe und blutsmäßige Verbundenheit aufhören. Sie ist der Inbegriff von Möglichkeitsbeziehungen zwischen einer unbestimmten Zahl und Art von Personen als ewig unausschreitbarer, offener Horizont, der eine Gemeinschaft umgibt«.[47] Und es ist dieses Zwischenreich, von dem Plessner später sagen wird, seine Unternehmung einer Kritik des sozialen Radikalismus habe im Prinzip darauf gezielt, »›Öffentlichkeit‹ als Realisierungsmodus des Menschen«[48] nachweisen zu wollen.

Warum Gesellschaft als Öffentlichkeit? Weil sie für Plessner die ausgezeichnete Zone des menschlichen Verkehrs repräsentiert, in der der Mensch die Potenzialität seines leiblichen Daseins zu realisieren vermag. Weil Öffentlichkeit immer das Risiko der Lächerlichkeit birgt, weil sie Würde und Distanz fördert und eine Dialektik des Verbergens und Enthüllens in Gang hält, die das Individuum dazu veranlasst, »sich eine Form zu geben, in der es unangreifbar wird«.[49] Zwischen dem Drang nach Offenbarung und dem Drang nach Verhaltenheit hin und her gerissen, muss der Mensch spielen, in einer »Rolle« erscheinen, sich eine »Maske« geben, »hinter der er bis zu einem gewissen Grade unsichtbar wird, ohne doch völlig als Person zu verschwinden«.[50] Dieser »Irrealisierungszwang« im künstlichen Ausdruck bezeichnet für Plessner die »Rechtfertigung aller gesellschaftlichen Struktur«.[51] In den Grenzen der Gemeinschaft verpönt, wird das Prinzip des »als ob«, werden die »künstlichen« Interaktionsformen von »Zeremoniell« und »Prestige«, von »Diplomatie« und »Takt« im Raum der Gesellschaft zu Verhaltensdispositionen, die die Balance zwischen Drinnen und Draußen, zwischen Leib und Körper erlauben und so der Selbstbehauptung des Menschen zu dienen versprechen. Es ist das »Ethos der Grazie«, das Plessner hervorhebt:

Das gesellschaftliche Benehmen, die Beherrschung nicht nur der geschriebenen und gesatzten Konvention, die virtuose Handhabung der Spielformen, mit denen sich die Menschen nahekommen, ohne sich zu treffen, mit denen sie sich voneinander entfernen, ohne sich durch Gleichgültigkeit zu verletzen. Die Liebenswürdigkeit ist ihre Atmosphäre, nicht die Eindring-

47 Ebd., S. 55

48 Plessner: *Die Stufen des Organischen*, GS IV, S. 423.

49 Plessner: *Grenzen der Gemeinschaft*, GS V, S. 82.

50 Ebd.

51 Ebd., S. 83.

lichkeit; das Spiel und die Beobachtung seiner Regeln, nicht der Ernst ist ihr Sittengesetz. Die erzwungene Ferne von Mensch zu Mensch wird zur Distanz geadelt, die beleidigende Indifferenz, Kälte und Rohheit des Aneinandervorbeilebens durch die Formen der Höflichkeit, Ehrerbietung und Aufmerksamkeit unwirksam gemacht und einer zu großen Nähe durch Reserviertheit entgegengewirkt.[52]

V.

Man mag diese optimistische, für die gegenwärtige Situation allenfalls noch als euphemistisch zu typisierende Beschreibung des Gesellschaftsethos auf die persönliche Haltung des Autors verbuchen, auf seinen »aristokratisch geprägten Liberalismus«,[53] der dem Bürgertum die Bewahrung und Verstetigung eines solchen Vergesellschaftungsmodus der ›guten Gesellschaft‹ noch glaubt zutrauen zu können. An dem systematischen Argument freilich, Öffentlichkeit als Realisierungsmodus des Menschen in seiner anthropologischen Dimension auszuweisen, ändert eine solche gesellschaftspolitisch motivierte Zurechtweisung wenig. Die These, dass der Mensch von Natur aus künstlich sei,[54] impliziert eben beides: die prinzipielle Offenheit wie die vermittelte Unmittelbarkeit in der Ausgestaltung seiner Umweltbeziehung. Die Grenze ist anthropologisch gezogen, in der Struktur einer Lebensform, die sich zwischen Exzentrizität und Positionalität immer wieder auszubalancieren hat. Diesen Möglichkeitsraum in seiner konkreten Gestalt zu erforschen ist die Aufgabe, in der sich die Geschichts- und Kulturwissenschaften treffen.

Die Wiederentdeckung der *Grenzen der Gemeinschaft* in der letzten Dekade des 20. Jahrhunderts erfolgte aus widerstrebenden Motiven. Hin und her gerissen zwischen Historisierung und Reaktualisierung, zwischen Kritik und Affirmation entbirgt sich gleichwohl der theoriestrategische Kern, Öffentlichkeit als distanzschaffende wie distanzgewährende Sphäre gegen jede »Tyrannei der Intimität«

52 Ebd., S. 80.

53 Axel Honneth: »Plessner und Schmitt. Ein Kommentar zur Entdeckung ihrer Affinität«, in: Eßbach, Fischer, Lethen (Hg.): *Plessners Grenzen der Gemeinschaft*, S. 22.

54 Helmuth Plessner: *Macht und menschliche Natur*, in: GS IV, S. 199.

in Stellung zu bringen. Die in der Grenzschrift entfaltete Systematik einer Neufassung des Verhältnisses von Gemeinschaft und Gesellschaft ließe sich nicht nur als klärender Beitrag zur fortlaufenden Individualisierungs- und Identitätsdebatte denken. Sie würde auch interessante Perspektivverschiebungen in jenem Streit evozieren, der im Zeichen des »Kommunitarismus«[55] ausgefochten wird.

Insgesamt aber gilt, dass Helmuth Plessner mit dem Entwurf seiner philosophischen Anthropologie eine Positionsbestimmung des Menschen vorgelegt hat, hinter die sozial- und kulturtheoretische Entwürfe nur schwer zurück können. Denn der Geltungsanspruch dessen, was Plessner als »exzentrische Positionalität« aus der biologischen Grundausstattung des Menschen herausgearbeitet hat, lässt sich auch erkenntniskritisch wenden und so interpretieren, dass die vornehmste wie vordringlichste Aufgabe der Sozial- und Kulturwissenschaften darin besteht, die Gefährdung des menschlichen Lebens im Vollzug dieses Lebens selbst zu erforschen. Angesichts der aktuellen Herausforderungen durch *Life Sciences* und Biotechnologien ist das keine gering zu schätzende Messlatte, gerade wenn es um die normativen Implikationen einer »dritten« Natur des Menschen geht.

Werke von Helmuth Plessner

Gesammelte Schriften, Bd. 1-10, herausgegeben von Günter Dux, Odo Marquard und Elisabeth Ströker unter Mitwirkung von Richard W. Schmidt, Angelika Wetterer und Michael-Joachim Zemlin, Frankfurt am Main 1981-1985. Insbesondere zu erwähnen sind:

Die Stufen des Organischen und der Mensch. Gesammelte Schriften, Band IV.

Grenzen der Gemeinschaft. Eine Kritik des sozialen Radikalismus. Gesammelte Schriften, Band V.

Die verspätete Nation. Gesammelte Schriften, Band VI.

Lachen und Weinen. Eine Untersuchung der Grenzen menschlichen Verhaltens. Gesammelte Schriften, Band VII.

55 Karl Otto Hondrich hat aus der Perspektive eines aufgeklärten Kommunitarismus die Plessner'sche Grenzschrift gegen den Strich gelesen und so die Grenzen der Gesellschaft soziologisch erkundet. Karl Otto Hondrich: »›Grenzen der Gemeinschaft‹, Grenzen der Gesellschaft – heute«, in: Eßbach/Fischer/Lethen (Hg.): *Plessners Grenzen der Gemeinschaft*, S. 294-321.

Literatur zu Helmuth Plessner (Auswahl)

Claessens, Dieter: *Das Konkrete und das Abstrakte. Soziologische Skizzen zur Anthropologie*, Frankfurt am Main 1980.

Eßbach, Wolfgang, Joachim Fischer, Helmut Lethen (Hg.): *Plessners ›Grenzen der Gemeinschaft‹. Eine Debatte*, Frankfurt am Main 2002.

Hauke, Kai: *Plessner zur Einführung*, Hamburg 2000.

Honneth, Axel, Hans Joas: *Soziales Handeln und menschliche Natur. Anthropologische Grundlagen der Sozialwissenschaften*, Frankfurt am Main 1980.

Krüger, Hans-Peter: *Zwischen Lachen und Weinen I. Das Spektrum menschlicher Phänomene*, Berlin 1999.

Lindemann, Gesa: »Reflexive Anthropologie und die Analyse des Grenzregimes. Zur Aktualität Helmuth Plessners«, in: Bröckling, Ulrich u. a. (Hg.): *Disziplinen des Lebens. Zwischen Anthropologie, Literatur und Politik*, Tübingen 2004.

Sibylle Niekisch

Margaret Mead (1901-1978)
Auf der Suche nach dem Paradies

Margaret Mead gilt als eine der bedeutendsten amerikanischen Anthropologinnen des 20. Jahrhunderts. Auf vielen Gebieten kommt ihr eine wichtige und einflussreiche Rolle zu, so im Bereich der Entwicklungspsychologie, der kognitiven Anthropologie, der Emanzipations-, der Umweltschutz- und der Friedensbewegung. Gastvorlesungen führten sie auch häufig nach Europa. Mit ihren Büchern, die zum Teil Bestseller wurden, erlangte sie auch außerhalb des wissenschaftlichen Fachpublikums einen großen Bekanntheitsgrad. Insgesamt verfasste Mead 44 Bücher, 18 davon als Mitautorin, sowie hunderte von Artikeln.

I.

Margaret Mead wurde am 16. Dezember 1901 in Philadelphia als erstes von fünf Kindern geboren. Ihr Vater war Professor für Finanzwissenschaften an der Universität von Pennsylvania. Ihre Mutter war zur Zeit der Geburt ihrer ersten Tochter gerade mit der Abfassung ihrer Dissertation in Soziologie befasst. Mead studierte zunächst Psychologie am Barnard College in New York und promovierte anschließend in Ethnologie über die Frage der kulturellen Stabilität in Polynesien. Zahlreiche Feldforschungen führten sie u. a. 1925 nach Samoa, 1928 auf die Admiralitätsinseln, 1931 nach Neuguinea und 1936 nach Bali und wieder nach Neuguinea. Seit 1926 war Mead am *American Museum of Natural History* in New York angestellt. Sie war dort zuerst als Assistentin, später als Konservatorin für die Pazifik-Abteilung zuständig. 1941 leitete Mead das *US Committee on Food Habits.*

Ihr Forschungsaufenthalt in Bali und bei den Iatmul 1936-1939 sollte ihre letzte große Feldforschung sein. Von ihren Forschungen erhoffte sich Mead Erkenntnisgewinne, die der Entwicklung der gesamten Menschheit zum Besseren hin zukommen könnten.

Durch die Zufälle der Geschichte hatten sich diese Kulturen so anders als unsere eigenen entwickelt, daß die Kenntnis von ihnen ein einzigartiges Licht auf uns werfen konnte, auf unsere Möglichkeiten und unsere Grenzen. [...] Aber wie viele Sozialwissenschaftler gibt es heute, die auf Wege sinnen, wie primitive Völker, soweit sie noch existieren, zu unseren Partnern und Mitarbeitern auf der Suche nach dem Wissen werden können, das letzten Endes ihre Kinder ebenso wie unsere retten könnte?[1]

Mead wollte mit ihrer Forschung einen Beitrag leisten zu einer besseren, humaneren Welt. Mit dem Abwurf der Atombombe über Hiroshima stellte sie die Möglichkeit einer solchen Entwicklung in Frage. »Im Sommer 1945 explodierte die Atombombe über Hiroshima. Ich zerriss jede Seite eines Buches, das ich fast fertiggeschrieben hatte. Kein Satz stimmte mehr. Ein neues Zeitalter hatte begonnen. Meine Jahre als arbeitende Ehefrau, die versuchte, intensive Forschungsarbeit mit einem intensiven persönlichen Leben zu verbinden, waren ebenfalls zu Ende.«[2] Zu Rhoda Metraux, ihrer engsten Freundin und Mitarbeiterin der letzten Jahre, sagte sie: »Ich dachte, daß wir eine fünfzig-fünfzig Chance haben, eine sehr gute Welt zu schaffen, aber jetzt glaube ich, daß wir vielleicht eine zehnprozentige Chance haben, zu überleben.«[3] Aber an diese zehn Prozent glaubte sie. 1953 legte sie der *Unesco* einen Bericht über die technische Hilfe für unterentwickelte Gebiete vor, der weltweit große Beachtung fand.[4] 1956/57 war Mead Präsidentin der *World Federation for Mental Health*, 1972/73 Präsidentin der »Forschungsgesellschaft für Genetische Systeme«.

Am 15. November 1978 starb Margaret Mead. Im Laufe ihres Lebens wurden ihr 28 Ehrendoktortitel verliehen. Im Januar 1979 verlieh ihr Präsident Jimmy Carter posthum die Friedensmedaille.

1 Margaret Mead: *Brombeerblüten im Winter. Ein befreites Leben*, Reinbek bei Hamburg 1978, S. 238 f. Die Originalausgabe erschien 1972 unter dem Titel *Blackberry Winter.*

2 Ebd., S. 223.

3 Noa Vera Zanolli: »Margaret Mead (1901-1978)«, in: Wolfgang Marschall (Hg.): *Klassiker der Kulturanthropologie. Von Montaigne bis Margaret Mead*, S. 295-314, München 1990, hier S. 309.

4 Margaret Mead (Hg.): *Cultural Patterns and Technical Change: A Manual prepared by The World Federation for Menthal Health*, Paris, Unesco, 1953.

II.

Meads ethnologische Karriere begann 1924 in Toronto. Dort nahm sie an der Tagung der *British Association for the Advancement of Science* teil. »Jedermann dort hatte ein eigenes Feld, jeder hatte ein ›Volk‹, auf das er sich während der Diskussionen bezog. (…) Auch ich wollte ein ›Volk‹ haben, eine Basis für mein intellektuelles Leben.«[5] Dieses ›Volk‹ fand sie in Amerikanisch-Samoa, auf der Inselgruppe Manu'a. Mit ihrem Wunsch, den kulturellen Wandel bei einem Südsee-Volk zu erforschen, wandte sie sich an Franz Boas.

Boas (1858-1942) gilt als der Gründungsvater der amerikanischen Ethnologie. Er hatte ursprünglich Geografie und Physik studiert und habilitierte sich 1886 in Berlin bei dem Begründer der Ethnologie in Deutschland, Adolf Bastian. Boas emigrierte anschließend in die USA und lehrte ab 1899 in New York. Er forschte u. a. 1883/84 bei den Eskimos und 1886 bei den Kwakmtl (Nordwest-Küste Amerikas). 1902 gründete er die *American Anthropological Association.* Die Boas-Schule sollte sich für Meads weitere intellektuelle Laufbahn als sehr prägend erweisen. Zu Boas' bekanntesten Schülern zählen neben Margaret Mead Edward Sapir (1884-1939), Clark Wissler (1870-1947), Alfred L. Kroeber (1876-1960), Melville Jean Herskovitz (1895-1963) und Ruth Benedict (1887-1948).

Boas setzte sich in Reaktion auf die damals vorherrschenden Vorstellungen eines unilinearen Evolutionismus für einen historischen Partikularismus und Kulturrelativismus ein, der jede Kultur in ihrer Ganzheit zu erfassen suchte und als besonderes Phänomen auffasste. Kulturelle Faktoren bestimmten bei Boas den Menschen ebenso wie seine ererbte Veranlagung. Mit diesem Kulturdeterminismus wendete sich Boas gegen die Vertreter der Eugenik-Bewegung, die in den 1920er-Jahren in den USA viele Anhänger fand und die den Vorrang ererbter Anlagen vor Umwelteinflüssen und kulturellen Einflüssen proklamierte. Die Frage »Kultur oder Gene? Was macht den Menschen zu dem, was er ist?« beschäftigte die Wissenschaftler und Nichtwissenschaftler zu dieser Zeit enorm (»Anlage-Umwelt-Kontroverse«).[6]

5 Mead: *Brombeerblüten im Winter*, S. 101.

6 Die Eugeniker, die über eine starke Lobby in der Regierung verfügten, setzten sich u. a. für Sterilisationsgesetze ein und setzten 1924 den diskriminierenden *Immigration Restrictive Act* durch. Ihr Ziel war es, durch selektive Fortpflanzungspolitik

Ruth Benedict und Margaret Mead verband eine sehr enge Freundschaft, sie standen in regem intellektuellen Austausch. Beide fühlten sich eng an Boas gebunden, liebevoll sprachen sie von ihm als »Papa Franz«.[7] Benedict war *assistant professor* bei Boas und promovierte 1927 über die Schutzgeister in Nordamerika. Ihr 1934 erschienenes Buch *Patterns of Culture*[8] wurde in 24 Sprachen übersetzt und machte ihren Namen auch außerhalb der Ethnologie berühmt. »Patterns« sind die Grundmuster der Anordnung der Kulturelemente. Benedict begreift jede Kultur als eine einmalige Selektion aus Verhaltensmustern und als Ganzheit. Sie hat – unter Rückgriff auf Nietzsches Begriffspaar »apollinisch« und »dionysisch« – zwei »Kulturtypen« einander gegenübergestellt: Während sie die Pueblo und Zuni als »apollinisch« klassifizierte, bei denen Maß und Ordnung, Introvertiertheit, Konsens und Aggressionslosigkeit vorherrschend seien, stufte sie die Kwate und alle Nachbarn der Pueblo (Navajo, Appaché, Plaims) als »dionysisch« ein. Bei ihnen seien Exzesse und Raserei, Extrovertiertheit, Individualität und Aggression die Regel. Mead stützte sich bei ihrer dritten Forschungsreise, bei der sie geschlechtsbedingte Temperamentsunterschiede untersuchte, auf dieses Klassifizierungsmodell.

III.

Mead hatte sich entschlossen, ihre erste Feldforschung in Amerikanisch-Samoa durchzuführen. Boas hielt die Südsee zunächst für zu gefährlich, er wünschte, dass Mead bei amerikanischen Indianern über deren Verhalten während der Adoleszenzzeit forschen sollte. Schließlich einigten sie sich auf einen Kompromiss: Mead würde in die Südsee fahren, aber über Adoleszenz forschen. Boas interessierten die Unterschiede zwischen dem Verhalten junger Mädchen in Samoa und in den USA, mit dem diese auf die ihnen auferlegten Einschränkungen während der Adoleszenzperiode reagierten. Da

ihrer Meinung nach minderwertiges Erbgut am Fortbestehen zu hindern und so die Entwicklung des Menschen zu kontrollieren und zu lenken. Boas hingegen betonte das Zusammenspiel zwischen Vererbung und Umwelteinflüssen und setzte sich für ein »Sowohl-als-auch« ein.

7 Mead: *Brombeerblüten im Winter*, S. 104.

8 Deutsch: Ruth Benedict: *Urformen der Kultur*, Reinbek bei Hamburg 1960.

diese Phase in den Industrienationen in den meisten Fällen Rebellion, psychische Probleme und einen großen Drang nach Unabhängigkeit mit sich bringt, sollte Mead auf Wunsch von Boas untersuchen, ob es in Samoa ähnliche Entwicklungen gäbe. Falls dem nicht so wäre, könne das als Beleg gewertet werden, dass das Adoleszenzverhalten nicht auf biologische Veranlagungen zurückzuführen sei, sondern auf kulturelle Faktoren.

Den starken Einfluss, den Boas bei der Wahl ihres Forschungsvorhabens auf Mead ausübte, beschreibt sie selbst folgendermaßen:

> Erstens verschwand das Material, von dem die neue Wissenschaft abhängig war, sehr schnell, und zwar für immer. (...) Die Arbeit musste *jetzt* geleistet werden. Und zweitens gab es nur spärliche Geldquellen und sehr wenige Leute, die diese Arbeit tun konnten. 1924 studierten an der Columbia University vier Studenten im Hauptfach Ethnologie (...) Er [Boas] musste strategisch planen – ganz ähnlich wie ein General, der nur eine Handvoll Truppen zur Verfügung hat, um ein ganzes Land zu retten. Um überhaupt Feldforschung betreiben zu können, brauchte man seine Zustimmung, weil man unbedingt eines der neu geschaffenen Stipendien bekommen mußte.[9]

Mead reiste 1925 also nach Samoa, um das Adoleszenzverhalten samoanischer Mädchen im Gegensatz zu amerikanischen zu erforschen. Auf Manu'a, einer kleinen Inselgruppe in Amerikanisch-Samoa, hielt sie sich insgesamt neun Monate auf und befragte dabei 67 Mädchen. Ihre bahnbrechenden Ergebnisse veröffentlichte sie 1928 in *Coming of Age in Samoa.*[10] Mead hatte herausgefunden, dass die Adoleszenzentwicklung in den Vereinigten Staaten der in Samoa völlig entgegengesetzt zu sein schien. Ihre Kernthese lautete: Wachsen Kinder ohne die Zwänge und Repressalien der modernen, westlichen Gesellschaften auf, dann erleben sie die Zeit des Erwachsenwerdens als harmonisch, friedvoll und beglückend. *Coming of Age in Samoa* wurde innerhalb kürzester Zeit zum Bestseller, eine Entwicklung, die Mead selbst überraschte.

Es war fast so, als hätte die Nation nur auf dieses Buch gewartet, welches ihr den Spiegel der Zivilisationskritik vor Augen hielt und das Träumen von einer besseren, repressionsfreien Welt ermöglichte. »Wer die amerikanische Gesellschaft der zwanziger Jahre als raubgieriges, gefräßiges Ungeheuer empfand, begrüßte mein Buch

9 Mead: *Brombeerblüten im Winter*, S. 102 ff. (kursiv i. O.).

10 Deutsch: Margaret Mead: *Jugend und Sexualität in primitiven Gesellschaften*, Band 1: *Kindheit und Jugend in Samoa*, München 1970.

als Zuflucht: als geistige Zuflucht, die einer körperlichen Flucht auf eine Südseeinsel, wo Liebe und Behagen auf der Tagesordnung stehen, gleichkommt.«[11] Außerdem schien mit *Coming of Age in Samoa* endlich der Beweis erbracht zu sein, dass nicht die Veranlagung, sondern die Umwelt das menschliche Verhalten entscheidend bestimmte, daher spielte sein Erscheinen auch in der Anlage-Umwelt-Kontroverse eine entscheidende Rolle.

1928 reiste Mead mit ihrem zweiten Mann Reo Fortune, den sie an Bord des Schiffes kennen gelernt hatte, das sie von Samoa zurück in die USA brachte, auf die Admiralitätsinseln, um sechs Monate bei den Manus gemeinsam zu forschen. Ihr Forschungsvorhaben beschreibt sie wie folgt: »Beim Lesen von Freud, Lévy-Bruhl und Piaget, die alle annahmen, dass Primitive und Kinder sehr viel gemeinsam hätten (...), hatte ich angefangen, mich für das Problem zu interessieren, wie wohl primitive *Kinder* wären, wenn primitive *Erwachsene* in ihrem Denken unseren Kindern ähnelten.«[12] Mead entwickelte während ihrer Arbeit mit den Manus-Kindern die Ereignis-Analyse, bei der sie eine klar definierte soziale Situation intensiv beobachtete und auswertete.

Sie fand heraus, dass das Denken der Manus-Kinder keineswegs von dem »verspielten Animismus unserer eigenen Kinder [geprägt war], die den Mann im Mond zeichnen und Häuser mit Gesichtern«.[13] Mead sammelte zum Beleg ihrer Ergebnisse 35 000 Kinderzeichnungen. Dass die Erwachsenen der Manus ein sehr viel animistischeres Denken an den Tag legten als ihre Kinder, führte sie darauf zurück, dass die Erwachsenen die mit Ahnen und Geistern bevölkerte mythisch-religiöse Welt ihren Kindern vorenthielten. Dieses Wissen sei geheim und den Mitgliedern der Gemeinschaft erst ab ihrer Initiation in die Erwachsenenwelt zugänglich. In der westlichen Gesellschaft hingegen bestünde das Erziehungsmuster darin, die Rationalität zu fördern, weshalb den Erwachsenen animistisches Denken fremd sei. Ihre Ergebnisse veröffentlichte Mead in dem Buch *Growing up in New Guinea*,[14] das 1930 erschien.

Ihre dritte große Forschungsreise unternahm Mead 1931 ebenfalls

11 Ebd., Vorwort zur Neuauflage von 1961, S. 26.

12 Mead: *Brombeerblüten im Winter*, S. 135 (kursiv i. O.).

13 Ebd., S. 142.

14 Deutsch: Margaret Mead: *Jugend und Sexualität in primitiven Gesellschaften*, Band 2: *Kindheit und Jugend in Neu Guinea*, München 1970.

mit Reo Fortune. Sie forschten wie zuvor auch in Neuguinea, diesmal hielten sie sich sieben Monate bei den Arapesh und drei Monate bei den Mundugumor auf. Mead untersuchte die kulturelle Bedingtheit von Geschlechterrollen und die Art und Weise, wie angeborene Temperamentsunterschiede und das kulturelle Umfeld miteinander zusammenhängen. Sie kam zu dem Ergebnis, dass die Temperamente bei den Arapesh denen der Mundugumor genau entgegengesetzt seien, und benutzte bei der Beschreibung dieser unterschiedlichen Temperamente die Kategorien, die Benedict in ihrem Buch *Patterns of Culture* herausgearbeitet hatte; Mead hatte es kurz zuvor in einer frühen Manuskriptfassung gelesen. So seien die Arapesh warmherzig und liebevoll, während die Mundugumor wild, aggressiv und besitzergreifend seien. Mead folgerte daraus, dass die Kultur das individuelle Temperament bestimme. Bezüglich der Geschlechterrollen machte sie die folgende, nicht ihren Erwartungen entsprechende Entdeckung: »Hier in Mundugumor fand ich wieder eine sehr starke kulturelle Prägung der Persönlichkeit, aber wie in Arapesh wurde von den Männern und Frauen erwartet, daß sie einem einzigen Typ entsprachen: die Vorstellung von Verhaltensunterschieden, durch die sich Männer und Frauen voneinander absetzten, war hier ganz unbekannt.«[15]

Im Anschluss an ihren Forschungsaufenthalt bei den Arapesh und Mundugumor reisten Mead und Fortune zu den Tchambuli. Auf dem Weg dorthin trafen sie Gregory Bateson, der gerade mit einer Feldforschung bei den Iatmul befasst war und den Mead später heiraten sollte. Gemeinsam mit Bateson hatte Mead auch ihr einziges Kind, eine Tochter. Mary Catherine Bateson wurde am 8. Dezember 1939 in New York geboren. Sie wurde später ebenfalls Anthropologin.

Mead, Fortune und Bateson entschlossen sich, gemeinsam bei den Tchambuli zu forschen. In der dortigen Kultur fand Mead

> eine Art Muster – genauer, genau das fehlende Bindeglied –, das eine neue Interpretation dessen, was wir bereits wußten, möglich machte. [...] Unter den Tchambuli waren die erwarteten Beziehungen zwischen Männern und Frauen denen entgegengesetzt, die für unsere eigene Kultur charakteristisch sind. Denn bei den Tchambuli waren die Frauen die lebhaften und kräftigen, erledigten die geschäftliche Seite des Lebens und arbeiteten gern in großen Gruppen zusammen. [...] In Tchambuli waren die Mädchen klug

15 Mead: *Brombeerblüten im Winter*, S. 168.

und frei, während die kleinen Jungen schon in das rivalitätsreiche, kleinliche und von individuellem Wettbewerb geprägte Leben der Männer verwickelt waren.[16]

Des Weiteren identifizierte Mead als typisch männliche Tchambuli-Eigenschaften Passivität, Falschheit, Eifersucht und Launenhaftigkeit.

Sie schloss aus ihren Beobachtungen, dass Geschlechterrollen kulturell bedingt sein müssten, da diese einer Erwartungshaltung folgten, die die Gesellschaft an sie stellt. Ihrer Ansicht nach gab es aber in jeder Gesellschaft Individuen, die sich nicht an die erwarteten Rollen anpassen konnten, da ihr angeborenes Temperament verschieden sei von dem für ihr Geschlecht innerhalb dieser Gesellschaft standardisiertem Temperament. *Sex and Temperament in Three Primitive Societies*,[17] das Buch, das ihre Thesen zu diesem Thema zusammenfasst, erschien 1935. Die durch Kultur und Temperament bedingten Geschlechtsunterschiede beschäftigten Mead auch noch in späteren Werken, so z. B. in *Male and Female* (1949).[18] Die Reaktionen der Öffentlichkeit auf dieses Buch, in dem sie wieder mehr Gewicht auf die geschlechtsspezifisch-biologische Veranlagung legte, waren sehr unterschiedlich: »Von Frauen [wurde mir] Anti-Feminismus vorgeworfen, von Männern zügelloser Feminismus und von Individuen beiderlei Geschlechts vollständige Leugnung der schönen Erfahrung, eine Frau zu sein.«[19]

Gemeinsam mit Bateson unternahm Mead von 1936 bis 1938 ihre vierte und letzte Forschungsreise, diesmal nach Bali. Gemeinsam wollten sie eine neue Methodik entwickeln, um die Entwicklung zu verfolgen, die Säuglinge nahmen, welche ihrer Ansicht nach zunächst mit denselben Möglichkeiten geboren wurden, um dann im Erwachsenenalter so völlig unterschiedlich zu werden. Um diese Entwicklungen zu dokumentieren, machten Mead und Bateson 25 000 Fotografien und drehten sechs Filme. *Balinese Character: A Photographic Analysis* erschien 1942 und zeigt 759 ausgewählte Fotografien. Die temperamentbedingten Merkmale der balinesischen Kultur stellten Mead und Bateson denen der Iatmul-Kultur gegen-

16 Ebd., S. 176.

17 Deutsch: Margaret Mead: *Jugend und Sexualität in primitiven Gesellschaften*, Band 3: *Geschlecht und Temperament in drei primitiven Gesellschaften*, München 1970.

18 Deutsch: Margaret Mead: *Mann und Weib*, Hamburg 1958.

19 Mead: *Brombeerblüten im Winter*, S. 184.

über, bei der sie im Anschluss an ihren Bali-Aufenthalt acht Monate lang forschten. »Wir konnten herausarbeiten, wie die Balinesen Drama und Aktion ins Theater verbannten, sich im Alltagsleben dagegen gelassen und gleichmäßig verhielten (...), während die Iatmul, die im wirklichen Leben kämpften und schrien und sich herumstritten, ihre künstlerischen Vorführungen dazu benutzten, Augenblicke bewegungsloser Schönheit in ihr eher gewalttätiges Leben zu bringen.«[20]

Nach ihrem Forschungsaufenthalt in Bali und bei den Iatmul unternahm Mead keine Feldforschungen mehr, sondern widmete sich ganz der Lehrtätigkeit und dem öffentlichen Leben. Sie unternahm noch mehrere kurze Reisen, u. a. reiste sie sechs Mal zu den Manus. In ihrem Buch *New Lives For Old, Cultural Transformation – Manus 1928-1953*, das 1956 erschien, stellte sie den kulturellen Wandel dar, den die Manus innerhalb nur einer Generation durchlaufen hatten. Sie unternahm außerdem den Versuch, gemeinsam mit einem Team von Mitarbeitern Kulturen mittels Sekundärmaterial wie Filmen, Literatur und Interviews auch aus der Distanz heraus zu untersuchen, so führte sie z. B. Studien über den Charakter der kriegführenden Nationen durch, die 1942 unter dem Titel *And keep your Powder dry!* sowie 1951 unter dem Titel *Soviet Attitudes toward Authority* erschienen sind.

IV.

Über die »Krise der ethnografischen Repräsentation« ist viel geschrieben worden.[21] In den Vereinigten Staaten löste das Erscheinen von Derek Freemans Buch *Margaret Mead and Samoa. The Making and Unmaking of an Anthropological Myth*[22] im Jahre 1983 eine Welle der Diskussionen und eine Flut von Publikationen aus. Denn eine der berühmtesten Anthropologinnen und Personen des öffent-

20 Ebd., S. 196.

21 Siehe dazu u. a.: Eberhard Berg, Martin Fuchs (Hg.): *Kultur, Soziale Praxis, Text. Die Krise der ethnografischen Repräsentation*, Frankfurt am Main 1993, sowie Sibylle Niekisch: *Kolonisation und Konsum. Kulturkonzepte in Ethnologie und Cultural Studies*, Bielefeld 2002.

22 Deutsch: Derek Freeman: *Liebe ohne Aggression. Margaret Meads Legende von der Friedfertigkeit der Naturvölker*, München 1983.

lichen Lebens wurde darin von Freeman angegriffen und in Frage gestellt. Die Ergebnisse von Meads Erstlingswerk *Coming of Age in Samoa*, auf das sich ihr Ruhm als Forscherin stützte und aufbaute und das sich im Laufe der Jahre weltweit zum wissenschaftlichen Klassiker entwickelt hatte, wurden von Freeman durch ein Konvolut an Fakten, die er im Laufe von mehr als 30 Jahren Forschungsarbeit zusammengetragen hatte, in Frage gestellt. Darüber hinaus reihte sich das Erscheinen von Freemans Buch in die bereits existierende Grundsatzdiskussion über die Wissenschaftlichkeit ethnografischer Fakten und ihren Wahrheitsstatus ein, die ein ganzes Fach in Unsicherheit versetzt hat und deren Nachbeben bis heute anhalten.

Die Forschungsbedingungen von Mead und Freeman in Samoa waren sehr unterschiedlich: Mead war 1925 neun Monate lang in Amerikanisch-Samoa, in erster Linie auf Ta'u, Teil der kleinen Inselgruppe Manu'a. Freeman hat während der 1940er-Jahre und später insgesamt sechs Jahre auf Upolu in West-Samoa verbracht. Freeman hat seine Forschungen also unter einer Bevölkerung durchgeführt, die mindestens eine Generation älter war als die von Mead untersuchte. Die beiden untersuchten Inselkulturen liegen 256 Kilometer voneinander entfernt. Upolu ist 1040 Quadratkilometer groß und hat die höchste Population aller Samoanischen Inseln, während Ta'u nur 44 Quadratkilometer groß ist und eine entsprechend geringe Population aufweist. Historisch bedingt und aufgrund seiner abgelegenen Lage hat Ta'u außerdem im Gegensatz zum restlichen Samoa eine andere koloniale Beeinflussung erfahren.[23]

Mead hat als junge 24-jährige Frau ihre erste Feldforschung allein auf Ta'u durchgeführt, Freeman forschte zum Teil gemeinsam mit seiner Frau, wodurch ihm gewisse Bereiche der untersuchten Kultur besser zugänglich gewesen sein dürften. Ihre späteren Feldforschungen hat Mead ausschließlich gemeinsam mit ihren Männern durchgeführt, da sich ihr auf diese Weise auch die Bereiche der untersuchten Kultur erschließen konnten, die ihr als Frau nicht zugänglich gewesen wären. Mead wies zudem später selbst darauf hin, dass es zu der Zeit, als sie auf Ta'u geforscht hat, innerhalb der Ethnologie üb-

23 Annette B. Weiner: »Ethnographic Determinism: Samoa and the Margaret Mead Controversy«, in: *American Anthropologist* 85/4, 1983, S. 909-919, hier S. 913.

lich war, generalisierende Terminologien zu benutzen. So kam es, dass ihre Studie über das Dorf Ta'u auf der Insel Ta'u synonym für ganz Samoa verwendet wurde.[24]

Dieser Aufsatz kann und möchte keine Aussage darüber machen, wer von beiden – Mead oder Freeman – Recht hat, wessen Forschungsergebnisse wahr sind und wessen nicht. Literatur zu dieser Debatte ist in großem Umfang vorhanden.[25] Ich möchte mich im Folgenden darauf beschränken, einige von Freemans Kritikpunkten an Mead in Kürze zusammenzufassen. Sie selbst hatte keine Gelegenheit, öffentlich Stellung zu beziehen, da sie vier Jahre vor Erscheinen des Buches gestorben war.

Zentrales Ergebnis von Freemans Forschungsarbeit war die Feststellung, dass die Samoaner entgegen Meads Darstellungen puritanisch, aggressiv, eifersüchtig und wettbewerbsorientiert seien. Er stützt seine Aussagen auf eigene Feldforschungen, Polizeiberichte, historische Quellenanalysen sowie die Auswertung historischer und zeitgenössischer Publikationen über Samoa. Er stellte fest, dass Rangordnung, Machtausübung und Gehorsam zentrale Prinzipien in der samoanischen Gesellschaftsordnung seien. Dank der hierarchischen Ordnung würde der Wettbewerbsgeist zwar meistens wirksam reguliert, es herrsche aber dennoch oder gerade deswegen ein hohes Konkurrenzverhalten, das sich von Zeit zu Zeit in Eifersucht, Gewalttätigkeiten und Rivalitäten ausdrücke.[26] Neben dem Gerangel um Sozialprestige zeichneten sich die Samoaner durch ein sehr kriegerisches Verhalten aus. Moralische Grundsätze verhinderten sexuelle Freizügigkeit, so sei vorehelicher Geschlechtsverkehr ausdrücklich untersagt.[27] Disziplinierung und Bestrafung stünden auf der Tagesordnung, denn die Erziehung sei sehr autoritär und darauf angelegt, den Kindern schon früh Gehorsam beizubrin-

24 Ebd., S. 914.

25 Siehe dazu z. B. Lowell D. Holmes: *Quest for the Real Samoa. The Mead/Freeman Controversy and Beyond*, Massachusetts 1987; Mac Marshall: »The Wizard from Oz meets the Wicked Witch of the East: Freeman, Mead, and ethnographic authority«, in: *American Ethnologist* 20/3, 1993, S. 604-617; Richard Feinberg: »Margaret Mead and Samoa: *Coming of Age* in Fact and Fiction«, in: *American Anthropologist*, Vol. 90, 1988, S. 656-663, und Paul Shankman: »The History of Samoan Sexual Conduct and the Mead-Freeman Controversy«, in: *American Anthropologist* 98/3, 1996, S. 555-567.

26 Freeman: *Liebe ohne Aggression*, S. 151 ff.

27 Ebd., S. 208.

gen.[28] Auch die Adoleszenzzeit verlaufe keineswegs problemlos und stressfrei, vielmehr nehme beispielsweise die Rate an Gewaltdelikten in der Adoleszenzperiode rapide zu.

Freeman vermutet als Ursache für Meads Ergebnisse, die so stark von seinen eigenen abweichen, dass Mead von ihren Informantinnen »hinters Licht geführt« worden sei. Sie hätte nicht lange genug in Samoa und auch nicht richtig inmitten des von ihr untersuchten Volkes gelebt – Mead hatte bei einer amerikanischen Familie im medizinischen Außenposten gewohnt –, um umfassenden Zugang zur untersuchten Kultur zu gewinnen und sich über diese Irreführung klar werden zu können. Hinzu käme, dass Mead ihre Informantinnen über ein sehr sensibles Thema befragt hätte, über Sexualität.[29]

Zwei Kritikpunkte an Freemans Arbeit werden neben anderen immer wieder hervorgehoben: So weist Mac Marshall in seinem Aufsatz »The Wizard from Oz meets the Wicked Witch of the East«[30] darauf hin, dass Freeman in seinem Buch eine aggressive Rhetorik benutzt, um seinen Argumenten Gewicht zu geben und sie als »wahr« zu kennzeichnen, während er Meads Position dadurch unterminiert, dass er die Resultate ihrer Arbeit ausschließlich in negativ gefärbten Formulierungen referiert. Freeman gibt sich den Anschein, als ginge es lediglich darum, »objektive« Fakten zu berichten, die für sich sprechen. Dass aber genau das nicht der Fall ist und dass Ethnologen Autorität erst durch ihre Art, über die »Fakten« zu berichten, herstellen, war und ist zentraler Bestandteil der *Writing-culture*-Debatte.[31]

Paul Shankman arbeitet in seinem Artikel »The History of Samoan Sexual Conduct and the Mead-Freeman Controversy«[32] einen weiteren Kritikpunkt an Freemans Arbeit heraus: Freeman habe in seinem Buch Quellen sehr selektiv genutzt, um seine Thesen zu stützen. So hat er bei Autoren, die von ihm zitiert wurden, relevante Passagen ausgelassen, um eine Wahrheit zu erzeugen, die sein Sa-

28 Ebd., S. 222 ff.

29 Ebd., S. 314 ff.

30 Mac Marshall: »The Wizard from Oz meets the Wicked Witch of the East«, S. 604-617.

31 Siehe dazu z. B. Clifford Geertz: *Die künstlichen Wilden. Der Anthropologe als Schriftsteller*, Frankfurt am Main 1993.

32 Paul Shankman: »The History of Samoan Sexual Conduct«, S. 555-567.

moa-Bild stützt und die das Gegenteil von Meads Ergebnissen zu beweisen scheint. So schrieb Mead beispielsweise, dass das jungfräuliche Blut, das bei der Entjungferungszeremonie der Zeremonialjungfrau (*taupou*) eine entscheidende Rolle spielte, durch Hühnerblut ersetzt werden könne, falls die betreffende Frau keine Jungfrau mehr sei.[33] Diesen Punkt bestritt Freeman.[34] Shankman zeigt aber, dass auch andere Autoren, die in Samoa geforscht haben, die substitutionelle Verwendung von tierischem Blut bei der Entjungferungszeremonie belegen und dass Freeman diese Autoren in anderen Punkten zitiert, die hierfür einschlägigen Passagen aber weglässt.[35]

Zu Freemans Bild eines prüden, puritanischen Samoa passt auch nicht, wie Shankman feststellt, dass gerade zur Zeit des Zweiten Weltkriegs, als Freeman in Samoa geforscht hat, samoanische Frauen häufig geschlechtliche, nichteheliche Beziehungen zu Amerikanern eingegangen sind, die gesellschaftlich toleriert wurden. Bradd Shore, ein Autor, den Freeman nutzt, um zu belegen, dass Keuschheit vor der Ehe das Ideal aller Frauen in Samoa gewesen sei, schreibt an anderer Stelle auch, dass das Jungfräulichkeitsideal oft nicht der Realität standhalten konnte und dass vorehelicher Geschlechtsverkehr nicht unüblich sei.[36] Diese Passagen ließ Freeman aber unerwähnt. Jungfräulichkeit und Monogamie spielten demnach in Samoa keine so übergeordnete Rolle, wie Freeman es die Leser glauben machen möchte.

V.

Da es unmöglich ist, sich selbst als Forscherperson aus den Untersuchungen herauszuhalten, und der eigene Bedeutungshorizont immer mit interpretiert wird, stellt der Forscher selbst eine nicht zu umgehende Fehlerquelle bei der Datenaufnahme dar. Wie Mead 1931 selbst feststellte, beeinflusste ihre Wahrnehmungsweise nicht unerheblich ihre Forschungsergebnisse: »Uns war noch nicht aufgegangen, daß die Unterschiede unserer Erfahrungen – die von Reo mit Dobu und meine mit Samoa – beinahe ebensoviel mit uns als

33 Mead: *Mann und Weib*, S. 91.

34 Freeman: *Liebe ohne Aggression*, S. 278.

35 Shankman: »The History of Samoan Sexual Conduct«, S. 562 f.

36 Ebd., S. 557.

Individuen zu tun hatten wie mit der Art der von uns studierten Kulturen.«[37] Wenn bestimmte Voraussetzungen nicht erfüllt werden, können sich in der Feldforschungssituation Erkenntnisprobleme ergeben. Eine dieser Voraussetzungen, und vielleicht die am schwierigsten einzuhaltende, ist die Vorbehaltlosigkeit. Mead schreibt dazu: »Der Zweck der Feldforschung ist es, das Wissen zu erweitern, und es ist nicht viel wert, wenn man nur neue Spielarten von schon Bekanntem beschreibt, während man etwas vollkommen Neues finden könnte. Aber seinen Geist von Voraussetzungen freizuhalten ist sehr schwer und ohne jahrelange Übung so gut wie unmöglich.«[38]

Diese Aussage beinhaltet einen häufig, wenn auch unbewusst begangenen Fehler bei der Datenaufnahme: Der Forscher geht ins Feld, weil er völlig andere kulturelle Entwicklungen beobachten möchte, als er sie zu Hause vorfindet. Er möchte etwas Neues, Einzigartiges finden. Dieser Kontrastblick kann blind machen für die vorbehaltlose Betrachtung der untersuchten Kultur, denn es geht zwar darum, Unterschiede herauszustellen, aber ebenso darum, Gemeinsamkeiten aufzuzeigen, falls diese vorhanden sind, selbst wenn damit keine sensationellen Ergebnisse zu erzielen sind. Eine Nachuntersuchung durchzuführen verstellt ebenso den unvoreingenommenen Blick auf die untersuchte Kultur, denn dann wird versucht, die bereits vorhandenen Untersuchungsergebnisse entweder zu bestätigen oder zu widerlegen.

Werke von Margaret Mead (Auswahl)

Jugend und Sexualität in primitiven Gesellschaften, München 1970 (Band 1: *Kindheit und Jugend in Samoa*; Band 2: *Kindheit und Jugend in Neu Guinea*; Band 3: *Geschlecht und Temperament in drei primitiven Gesellschaften*)

And Keep Your Powder Dry! An Anthropologist Looks at America, New York, Oxford 1942.

Mann und Weib. Das Verhältnis der Geschlechter in einer sich wandelnden Welt, Reinbek bei Hamburg 1958.

Soviet Attitudes toward Authority: An interdisciplinary Approach to Problems of Soviet Character, New York 1951.

37 Mead: *Brombeerblüten im Winter*, S. 160.

38 Ebd., S. 116.

Continuities in Cultural Evolution, New Haven 1964.
Der Konflikt der Generationen: Jugend ohne Vorbild, Stuttgart 1970.
Brombeerblüten im Winter. Ein befreites Leben, Reinbek bei Hamburg 1978.

Literatur zu Margaret Mead (Auswahl)

Bateson, Mary Catherine: »Continuities in Insight and Innovation: Toward a Biography of Margaret Mead«, in: *American Anthropologist* 82/2, 1980, S. 270-277.
Freeman, Derek: *Liebe ohne Aggression. Margaret Meads Legende von der Friedfertigkeit der Naturvölker*, München 1983.
Lévi-Strauss, Claude: »Zur Erinnerung an Margaret Mead«, in: *Unesco-Kurier* 20/6, 1979, S. 39-42.
Marshall, Mac: »The Wizard from Oz meets the Wicked Witch of the East: Freeman, Mead, and Ethnographic Authority«, in: *American Ethnologist*, 20/3, 1993, S. 604-617.
Weiner, Annette B.: »Ethnographic Determinism: Samoa and the Margaret Mead Controversy«, in: *American Anthropologist* 85/4, 1983, S. 909-919.
Shankman, Paul: »The History of Samoan Sexual Conduct and the Mead-Freeman Controversy«, in: *American Anthropologist* 98/3, 1996, S. 555-567.

Ingeborg Nordmann

Hannah Arendt (1906-1975)
Wege ins politische Denken

War der Totalitarismus tatsächlich ein noch nie da gewesenes Herrschaftssystem, wie Hannah Arendt in ihrem ersten Buch *Elemente und Ursprünge totaler Herrschaft* behauptete, das noch dazu alle Kategorien »in die Luft gesprengt« hat? Aufgrund der Ungeheuerlichkeit des Ereignisses, für die es in der Geschichte kein Beispiel gab, war sich Arendt bewusst, dass diese Frage nicht eindeutig zu beantworten war. Es konnte sich nur um den Versuch vielschichtiger Annäherungen handeln, welche die Beunruhigung durch die Frage, »wie das geschehen konnte«, offen hielt. Wie war die politische Denkerin, wie sie sich später nannte, um nicht von den Klassifikationen der akademischen Disziplinen eingemeindet zu werden, auf diese Aufgabe vorbereitet, die das Zentrum ihres Denkens bilden sollte?

Hannah Arendt wurde 1906 in Hannover geboren und wuchs in Königsberg auf. Sie schildert ihr Elternhaus als liberal und säkular. In ihrer Familie habe es ein selbstverständliches Bekenntnis zum Judentum gegeben, eine Selbstverständlichkeit, die mit Vorurteilslosigkeit und Selbstbewusstsein Hand in Hand ging.[1] Die Besonderheit dieses Selbstbewusstseins, auf das Hannah Arendt in ihrem Essay über Rosa Luxemburg näher eingeht, wird in einem Außerhalb der Gesellschaft situiert, das von der Zugehörigkeit zu einer Nation entlastet ist, eine bewegliche Heimat also, die, weil sie in »erster Linie jüdisch« war, »mit keinem bestimmten Vaterland« zusammenfiel.[2] Sie begann Philosophie bei Heidegger zu studieren, angezogen durch ein neues Philosophieren, das nicht die Geschichte der philosophischen Schule lehrte, sondern einen Dialog mit den Texten selbst eröffnete, »bis es keine tausendjährige Lehre mehr gab,

1 Fernsehgespräch mit Günter Gaus (Oktober 1964), in: Hannah Arendt: *Ich will verstehen. Selbstauskünfte zu Leben und Werk*, hg. v. Ursula Ludz, München 1996, S. 51 f.

2 Hannah Arendt: »Rosa Luxemburg«, in: dies.: *Menschen in finsteren Zeiten*, hg. v. Ursula Ludz, München, Zürich 1989, S. 51 f.

sondern nur eine höchst gegenwärtige Problematik«.[3] Hier taucht zum ersten Mal eine Vorstellung auf, die für ihr Denken von großer Tragweite werden sollte: die Gegenwärtigkeit, die quer zu jeder Art von evolutionärer oder kausaler Geschichtsbetrachtung steht. Als Motto finden wir sie am Eingang zu ihrem Totalitarismus-Buch in einem Zitat von Karl Jaspers wieder, bei dem sie ihr Studium mit einer Arbeit über den Liebesbegriff bei Augustinus beendet hatte: »Weder dem Vergangenen anheimfallen noch dem Zukünftigen. Es kommt darauf an, ganz gegenwärtig zu sein.« Bereits ihre Biografie über Rahel Varnhagen, die Arendt 1933 mit ins Exil nach Paris nahm und die erst 1958 (deutsch: 1959) veröffentlicht wurde, erstaunt durch eine ungewöhnliche methodische Einführung, die sowohl die sozialgeschichtliche als auch die psychologische Interpretation als unzulässige historistische Aneignungsverfahren ablehnt. Dagegen will die Autorin weitgehend zurücktreten, jede hermeneutische Enthüllung vermeiden, sie will nicht mehr wissen, als Rahel gewusst hat, und sogar ihre Kritik als Selbstkritik Rahels verstanden wissen. Damit ist jedoch keineswegs eine einfühlende Interpretation gemeint, bei der die beschriebene und die schreibende Person miteinander verschmelzen. Vielmehr wird jene Gegenwärtigkeit angesprochen, durch die vergangene Gedanken auf unerklärliche Weise zu unseren Zeitgenossen werden und gerade durch ihre unmittelbare Präsenz eine Dimension eröffnen, die den herrschenden Denkmustern widerspricht.

Arendt traf in Paris mehrmals mit Walter Benjamin zusammen. Mit ihm diskutierte sie die letzten beiden Kapitel ihres Rahel-Buches, in denen sie die Figur des individuellen jüdischen Paria entwickelt, eine Existenz zwischen allen Übereinstimmungen. Auch der Paria, der in keine Tradition zurückwill, sich aber auch nicht als Repräsentant einer neuen Zeit versteht, kämpft um seinen Standort in der Gegenwart, der identisch ist mit seiner Unabhängigkeit gegenüber dem Anpassungszwang und den Versprechen der Gesellschaft. Und schließlich ist diese Gegenwärtigkeit als Zeitlosigkeit des denkenden Ich Thema in ihrem letzten, nach ihrem Tod veröffentlichten Werk *Vom Leben des Geistes* (1978; deutsch: 1979). Der Fähigkeit zu urteilen wird ein Heraustreten aus der Geschichte vorausgesetzt

3 Arendt: »Martin Heidegger ist achtzig Jahre alt«, in: dies.: *Menschen in finsteren Zeiten*, S. 174.

oder wie Benjamin sagen würde: Das Kontinuum der Geschichte wird aufgesprengt, um jenen Raum zwischen Vergangenheit und Zukunft zu gewinnen, in dem allein sich ein unabhängiges, in ungebrochener Spontaneität urteilendes Vermögen zu entwickeln vermag. Die Affinität zu Benjamin ist hier offensichtlich. Walter Benjamin hatte Hannah Arendt seine geschichtsphilosophischen Thesen anvertraut, die sie 1941 mit in die USA nahm. Diese Geste war für Arendt umso verpflichtender, als sie ihren Freund, der auf seiner Flucht an der spanischen Grenze Selbstmord beging, nie wiedersehen sollte. Sie kümmerte sich nicht nur um die Publikation seiner Schriften, sondern widmete ihm einen Essay, der zu ihren persönlichsten und sprachlich dichtesten zählt und der davon handelt, wie Freundschaft den Blick zu öffnen vermag für die Einzigartigkeit eines anderen Menschen. Darüber hinaus enthielt das Vermächtnis der Geschichtsthesen eine Botschaft, die das »Hauptproblem« bei der Darstellung des Totalitarismus lösen half: »Mein wichtigstes Problem war, wie ich historisch über etwas – den Totalitarismus – schreiben sollte, das ich nicht bewahren wollte, sondern bei dem ich mich im Gegenteil dazu aufgerufen fühlte, es zu zerstören.«[4] Das Zusammentreffen der Geschichtsthesen mit dem Totalitarismus-Projekt ergab eine explosive Mischung, die das Gerüst der akademischen Disziplinen auseinander sprengte und die Autorin, welche die zerstreuten Gedankenbruchstücke aufsammelte, neu durchdachte und zusammensetzte, in endlose Debatten über mangelnde theoretische und moralische »correctness« verstrickte. Denn sie hatte sich mit ihrem Thema in die Höhle des Löwen begeben. Sie näherte sich einer Grenze des Denkbaren, nicht als philosophische Vorstellung oder literarisches Bild, sondern als Realität eines Gemeinwesens. Sie stellte sich der entscheidenden Herausforderung ihres Jahrhunderts, aber sie tat es nicht wie Hegel, indem sie das Wesentliche ihrer Zeit in Gedanken zusammenfasste und auf den Begriff brachte, sondern indem sie irreversible Brüche aufspürte und an die Stelle der dialektischen Vermittlung oder folgerichtigen Systematik ein Denken der paradoxen Gleichzeitigkeit von Destruktion und Bewahrung, der Begrenzung und der Übergänge setzte. Sie versuchte den histori-

4 Hannah Arendt: »Eine Antwort. Der Disput zwischen Hannah Arendt und Eric Voegelin über das Totalitarismusbuch«, in: *Über den Totalitarismus. Texte Hannah Arendts aus den Jahren 1951 und 1953*, hg. vom Hannah-Arendt-Institut Dresden, Berichte und Studien Nr. 17, Dresden 1998, S. 43.

schen Einschnitt totaler Herrschaft und seine Auswirkungen auf Philosophie und Politik zu denken und zugleich die Schätze der metaphysischen Vergangenheit als Fragmente zu retten, bevor sie hinter den sich auftürmenden Rändern des Abgrunds, den die Shoah aufgerissen hatte, für immer im Vergessen verschwanden. Die Metaphern, die dieses Vorhaben umschreiben, heißen *Traditionsbruch* und *Denken ohne Geländer*.

Die Anerkennung des Verlustes eines festen Geländers als unhintergehbare Zäsur ruft in ihrem Schreiben eine doppelte Bewegung hervor: Durch den Traditionsbruch ergibt sich die Chance, den hegemonialen Anspruch eines Diskurses nach außen und innen außer Kraft zu setzen. Kein theoretischer Bereich kann mehr für sich beanspruchen, die alle anderen Bereiche überdachende Synthese zu denken; aber auch die immanente Geschlossenheit des Fachs ist nicht zu akzeptieren. Arendt konstruiert komplexe Montagen verschiedener Diskurse und Gedankenbruchstücke, deren Möglichkeiten und Grenzen, eine Problematik zu vergegenwärtigen, ausgeschritten werden, während die Unterbrechung und der Übergang Gelegenheit bieten, den Gedanken auf einer anderen Ebene erneut zu prüfen. So ergibt sich ein Netzwerk in sich beweglicher Gedankenkonstellationen, die offen für Präzisierungen, Veränderungen und neue Perspektiven bleiben. Das bisherige Verständnis der verschiedenen Tätigkeiten, die den kulturellen Kosmos konstituieren, wird kritisiert, aber nicht vollständig verworfen: weder der Rückzug der Philosophie in die Gefilde der Metaphysik noch die normativen Setzungen von Moral und Recht. Arendt folgt nicht Nietzsches apodiktischer Verneinung der Moral. Sie grenzt deren Wirkungsbereich ein, indem sie eine Trennungslinie zum Handeln zieht: »Alle Moral versagt, sobald wir anfangen zu *handeln,* einen Anfang zu setzen. Diesen Anfang hat die Moral nicht vorgesehen.«[5] Dennoch kommt der Moral im öffentlichen Raum eine Aufgabe zu. Sie besteht darin, den Unwägbarkeiten des Handelns die Verlässlichkeit des Versprechens entgegenzusetzen. Ebenso wenig sind für sie die Aporien des Rechts, die sie am Beispiel der Menschenrechte erörtert, Anlass für eine radikale Infragestellung, wie wir sie in Giorgio Agambens Reflexionen über die römische Rechtsfigur des *Homo sa-*

5 Hannah Arendt: *Denktagebuch 1950-1973*, Bd. 1, hg. v. Ursula Ludz und Ingeborg Nordmann, München, Zürich 2002, S. 520 f.

cer finden. Dessen absolute Rechtlosigkeit ist für ihn in die Grundstruktur der abendländischen Rechtsetzung überhaupt eingelassen. Für Arendt sind die Ambivalenzen und Aporien der verschiedenen menschlichen Tätigkeiten und ihrer institutionellen Vergegenständlichung nicht aufhebbar. Sie können nur in ihren Tendenzen, sich zu verselbstständigen und absolut zu setzen, begrenzt werden. Ihre Methode ist nicht die der Negation, sondern die der Differenzierung. Eine Topografie von Unterschieden wird entworfen, die sich immer weiter teilt. Jeder dieser Unterschiede versetzt uns an einen anderen Ort, dessen Räumlichkeit zu ermessen ist. Dass Hannah Arendt ihre Methode der Fragmentierung und Verknüpfung, welche die historische Abfolge der Zeiten außer Kraft setzt und somit eine unmittelbare Begegnung verschiedener Epochen ermöglicht, nicht wie Benjamin als kulturwissenschaftliches, sondern als politisches Denken begriffen hat, bedeutet nicht, dass sie die Politik als eine alle kulturellen Bereiche durchdringende Energie angesehen hat. Für sie ist Politik das Gravitationszentrum, von dem aus sie die anderen Bereiche betreten hat.

I. Die überflüssige Menschheit

Hannah Arendt gehörte keiner philosophischen oder historischen Schule an, und obwohl viele ihrer akademischen Leser den Mangel an fachlicher Kompetenz beklagten, entkam sie dennoch nicht einer Etikettierung. Sie wurde zur Theoretikerin des Themas stilisiert, das sie 1951 von heute auf morgen berühmt gemacht hatte: des Totalitarismus. Von der klassischen Theorie des Totalitarismus der Autoren Carl J. Friedrich und Zbigniw Brzeszinski (1957), in deren Mittelpunkt die ideologische und bürokratische Diktatur vornehmlich des Stalinismus steht, unterscheidet sich Arendts Projekt jedoch in so grundlegender Weise, dass die Frage unabweisbar erscheint, ob sie unter dem Begriff *totalitär* dasselbe verstanden hat. Denn Arendt war in ihrer Analyse auf etwas gestoßen, was die Unangemessenheit des Begriffs *Diktatur* und darüber hinaus aller Kategorien deutlich machte, die dem bisherigen politischen und historischen Verständnis Orientierung gegeben hatten. Das spezifisch Neue totaler Herrschaft – und darin besteht Arendts Differenz gegenüber allen anderen Ansätzen der Totalitarismus-Analyse – lässt sich weder allein auf der Ebene der Ideologie (Antisemitismus, Rassismus), der historischen Genese (Fortführung extremer Strömungen der Vergangenheit) oder der Psychopathologie der Täter fokussieren noch als deren Summe rekonstruieren. Das heißt nicht, dass diese Elemente keinen analytischen Stellenwert hätten. Aber sie werden durch das Beispiellose totalitärer Herrschaft neu konfiguriert. Was beispiellos am Totalitarismus ist, ist die Ersetzung einer realen, gemeinsam erfahrbaren Welt durch die totalitäre Fiktion, in der Menschen überflüssig geworden sind. Arendt zeigt, wie der Totalitarismus die Erfahrung moderner Massen, »auf einer übervölkerten Erde überflüssig zu sein«, aufgreift und zum Prinzip seiner Herrschaftsform macht, deren »Wesen« und nicht Mittel zum Zweck der Terror ist. Nicht Willkür und Machthunger sind entscheidend, sondern die Übereinstimmung des Terrors mit den Gesetzen von Natur oder Geschichte, deren »ständig benötigte Exekution« er vollzieht. Er selbst konstituiert sich als Bewegungsgesetz, das den Prozess der Definition und Eliminierung des überflüssigen Lebens organisiert: »Würde das Bewegungsgesetz in positives Recht übersetzt, so könnte sein Gebot nur heißen: Du sollst töten.«[6] Diese in der »Geschichte noch unbekannte Staatsform« kann als alles durchwaltendes Gesetz erst erkannt und analysiert werden, wenn die Bedingungen ihrer uneingeschränkten Herrschaft hergestellt worden sind: »Was im Totalitarismus noch nie da gewesen ist, ist nicht in erster Linie sein ideologischer Inhalt, sondern das *Ereignis* totalitärer Herrschaft selbst.«[7] Um totalitäre Herrschaft in ihrer uneingeschränkten Tatsächlichkeit analysieren zu können, trennt Arendt einen Bereich aus dem gesellschaftlichen Ganzen heraus, an dem exemplarisch, und zwar nicht im Sinne eines Modells, sondern als existierende Faktizität, das Wesen totalitärer Herrschaft gezeigt werden kann: die Konzentrations- und Vernichtungslager. In den Vernichtungslagern, die gegen die Welt aller Anderen hermetisch abgedichtet waren, waren alle Hindernisse beseitigt, die dem reibungslosen Funktionieren totalitärer Herrschaft entgegenstehen konnten. Sie sind daher die Laboratorien totalitärer Herrschaft. Arendt begreift

6 Hannah Arendt: *Elemente und Ursprünge totaler Herrschaft*, München 1986, S. 208.

7 Arendt: »Eine Antwort«, S. 46.

die Vernichtungslager nicht als einen Teilbereich, dessen Stellenwert erst durch seine Einordnung in das Ganze erarbeitet werden kann, sondern umgekehrt: Sie werden als ein Beispiel verstanden, an dem das Ganze entschlüsselbar ist. Karl Jaspers hat Arendts Sichtweise mit der Metapher des großen und vergrößernden Auges umschrieben und damit auf ihre Neigung zu Übertreibungen angespielt.[8] In Wirklichkeit ist das vergrößernde Auge Arendts ein mikroskopischer Blick, in dem sich ein neues Paradigma ankündigt, das sich kritisch gegen jeden Begriff evolutionärer Geschichtsbetrachtung richtet. Das mikroskopische Auge, das den fokussierten Gegenstand in eine größtmögliche Nähe holt, wird verknüpft mit der archäologischen Methode der Freilegung verschiedener Schichten des Phänomens, die für ein Verständnis des Ereignisses als Ausdruck von Gesetzen und Entwicklungen nicht sichtbar sind. In einer Anmerkung im *Denktagebuch* macht sie darauf aufmerksam, dass dieser Begriff von Geschichte der »dem organischen Leben widerstreitenden Erd-Geschichte, die aus Schichtungen besteht«, entstammt.[9] Die zwei Ebenen, die Geschichte der Entstehung totaler Herrschaft und ihre Essenz, die in der Realität miteinander verschränkt sind, werden getrennt und unter dem Gesichtspunkt der Funktionsweise totaler Herrschaft einander neu zugeordnet: Das Buch »gibt eine historische Darstellung der Elemente, die sich im Totalitarismus kristallisierten, und auf diese Darstellung folgt eine Analyse der elementaren Struktur der totalitären Bewegungen und der totalitären Herrschaft«.[10] Der Totalitarismus bricht mit allen Traditionen, er gibt ihnen wechselnde Plätze und Rollen, um seine Herrschaft zu etablieren. Sein eigentliches Element ist jedoch die Leere, in der auf nichts und niemanden mehr Verlass ist. Die politische Grunderfahrung in der Diktatur ist die Ohnmacht, nicht handeln zu können. Im Totalitarismus ist es die Verlassenheit, in der beides zugrunde geht: »Selbst und Welt«, »echte Denkfähigkeit und echte Erfahrungsfähigkeit«. An deren Stelle tritt das ganze in sich stimmige Netz der Ideologie, deren totalitären Charakter Arendt nicht so sehr an ihrem ursprüng-

8 Brief Karl Jaspers an Hannah Arendt vom 7. Januar 1951, vgl. Hannah Arendt/Karl Jaspers: *Briefwechsel 1926-1969*, hg. v. Lotte Köhler und Hans Saner, München, Zürich 1985, S. 199.

9 Arendt: *Denktagebuch 1950-1973*, Bd. 1, S. 494.

10 Arendt: »Eine Antwort«, S. 44.

lichen Inhalt festmacht, sondern an der »zwangsläufigen Folgerichtigkeit«, mit der sie in die Praxis umgesetzt wird, welche die isolierten Individuen in eine »entfesselte Bewegung reißt«, wo ihnen niemals »jene Ruhe gegönnt ist, in der sie allein der Wirklichkeit einer erfahrbaren Welt begegnen können«.[11]

Überflüssigkeit und Verlassenheit, Folgerichtigkeit und Bewegungsgesetz, Grenzenlosigkeit – die Kategorien, die Arendt zu einer komplexen politischen Gedankenfigur zusammenstellt, um das Spezifische totaler Herrschaft zu begreifen, spielen im Mainstream historischer Arbeiten über den Totalitarismus nur eine marginale Rolle. Die gegenwärtige historische Wissenschaft rückt zudem immer mehr vom Begriff des Totalitarismus ab, der verantwortlich gemacht wird für eine »Überzeichnung der inneren Geschlossenheit des Regimes«, die im Unterschied zum Stalinismus auf den Nationalsozialismus nicht zutraf, der vielmehr durch eine wilde Konkurrenz und »Rivalität der Machthaber auf allen Stufen von Staat und Partei« geprägt war, die aber keineswegs ins Chaos geführt habe.[12] »Eine vergleichende Theorie der Diktaturen des 20. Jahrhunderts« soll eine realistischere Darstellung ermöglichen, die neben dem durch Ideologie und Terror bewirkten Zwang auch die freiwilligen sozialen Bindungen umfasst (von Götz Aly auf den Begriff der »Zustimmungsdiktatur« gebracht).[13] Auch Arendt ist der Meinung, dass »mit dem Wort totalitär sparsam und vorsichtig umzugehen« sei. Ihre Methode der Begrenzung ist jedoch eine andere. Durch die Fokussierung totaler Herrschaft auf den Teil der Gesellschaft, in dem sie tatsächlich uneingeschränkt existiert, entgeht sie der Gefahr, das Totalitäre als analytische Kategorie zu verabsolutieren, und zugleich kann sie in ihrer Darstellung die Auswirkungen der Uneingeschränktheit totaler Macht auf den Bereich des Zwischenmenschlichen in ihren verschiedenen zerstörerischen Aspekten genau und eindringlich herausarbeiten: der Zerstörung der juristischen, der moralischen Person und schließlich der unverwechselbaren Indivi-

11 Arendt: *Elemente und Ursprünge totaler Herrschaft*, S. 729, 723.

12 Hans Mommsen: »Leistungen und Grenzen des Totalitarismus-Theorems: die Anwendung auf die nationalsozialistische Diktatur«, in: *Totalitarismus und Politische Religion. Konzepte des Diktaturvergleichs*, hg. v. Hans Maier, Paderborn 1996, S. 292.

13 Götz Aly: *Hitlers Volksstaat. Raub, Rassenkrieg und nationaler Sozialismus*, Frankfurt am Main 2005.

dualität eines jeden Menschen. Das von ihr in den Mittelpunkt gestellte Problem ist aber nicht die monolithische Geschlossenheit des Systems, sondern die Organisierung der Überflüssigkeit, die über das bürokratische Element hinaus von ihr als ein Herrschaftsprinzip analysiert wird, das eine permanente Ent-Ortung von Unschuld und Schuld, von Recht und Unrecht, von Leben und Tod durchsetzt, die in immer weitere soziale und kulturelle Bereiche eindringt und die Grenze verschiebt, hinter der das Überflüssige und Schädliche definiert und »gleichsam automatisch« eliminiert werden kann. Wird dieses Herrschaftsprinzip durch nichts mehr aufgehalten, zerstört es alles. Deshalb ist die totale Herrschaftsform die einzige »Staatsform, mit der es keine Koexistenz geben« darf. Arendt setzt mit ihrer Totalitarismus-Analyse einen Akzent, der von der Forschung weit gehend ignoriert wird, sodass man mit Claude Léfort von einer Weigerung sprechen kann, das Totalitäre zu denken.[14] Dagegen lassen sich interessante Zusammenhänge zu Michel Foucaults Thesen zur Biomacht und Giorgio Agambens Projekt *Homo sacer* herstellen. Beide Autoren analysieren die strukturelle Verkettung von totalitärer Souveränität und Biopolitik, und insbesondere Agamben weist auf gegenwärtige Situationen hin, in denen das Leben wiederum in den uneingeschränkten Zuständigkeitsbereich der Definitions- und Ausgrenzungsmacht von Recht, Politik und Biowissenschaft zu geraten droht: die Genforschung, die Transitzonen der Flüchtlinge, Lager wie Guantánamo.[15]

Die von Arendt thematisierte neue Souveränität, welche die Regelung und Transformation der menschlichen Natur durch Terror erzwingt, hat die Frage, wie das geschehen konnte, nur teilweise beantwortet, und diese Vorläufigkeit ist für das Verstehen des Totalitären, das ohne Beispiel ist, konstitutiv. Deshalb erweist sie allen Versuchen, es im Horizont traditioneller Erklärungsmodelle in den Griff zu bekommen, eine Absage: »Wenn wir sagen: *Dies hätte nicht geschehen dürfen,* so meinen wir, daß wir dieser Ereignisse mit den großen und durch große Traditionen geheiligten Mitteln unse-

14 Claude Léfort: »Le refus de penser de totalitarisme«, in: *Hannah Arendt Newsletter,* Nr. 5, 2001, S. 5 ff.

15 Michel Foucault: »Leben machen und sterben lassen. Zur Genealogie des Rassismus«, in: *Lettre International,* H. 1, 1953, S. 62-66; Giorgio Agamben: *Homo sacer. Die souveräne Macht und das nackte Leben,* Frankfurt am Main 2002.

rer Vergangenheit nicht Herr werden können.«[16] Diese Haltung motivierte sie ebenso in ihrem umstrittensten Buch *Eichmann in Jerusalem. Ein Bericht von der Banalität des Bösen* (1963; deutsch: 1964), alle Mythologisierungen des Bösen zu verwerfen.[17]

II. Die Banalität des Bösen

Als 1961 der Prozess gegen Adolf Eichmann in Jerusalem eröffnet wurde, erklärte sich Hannah Arendt bereit, für die amerikanische Zeitschrift *The New Yorker* über den Prozess zu berichten. Sie wollte in Erfahrung bringen, was für eine Person der Vollstrecker des »radikal Bösen« war und wie das Gericht über ein Verbrechen urteilen würde, für das es keine entsprechenden Rechtsgrundsätze gab. Was Arendt überraschte und sie zu der Formulierung von der »Banalität des Bösen« führte, war jedoch nicht allein die »offenbare Seichtheit des Täters«, der »ganz gewöhnlich und durchschnittlich, weder dämonisch noch ungeheuerlich« war.[18] Vielmehr entdeckte Arendt in der Art und Weise, wie Eichmann sich während des Prozesses verhielt, jenen Mechanismus wieder, dessen Funktionsweise sie in ihrem Buch *Elemente und Ursprünge totaler Herrschaft* noch mit Kants Begriff des »radikal Bösen« bezeichnet hatte. Bereits vor dem Eichmann-Prozess hatte Arendt begonnen, sich mit Kants Bestimmung des Bösen als Willensphänomen auseinander zu setzen. Die Grenze von Kants Konzeption lag ihrer Meinung nach darin, dass nicht die Menschen in ihren wechselseitigen Beziehungen, sondern *der* Mensch, nämlich die Stimme der Menschheit in jedem Einzelnen, im Zentrum seiner Überlegungen stand:

Recht und Unrecht, das Menschen einander antun, haben ihre Maßstäbe im Zwischen, richten sich nach dem, was zwischen Menschen beschlossen wurde – Vertrag, Kontrakt, agreement. Das Zwischen ist das eigentlich Historisch-Politische (...) Unabhängig von diesem Zwischen gibt es nicht Recht und Unrecht. Sobald es schwindet, verschwinden mit ihm die

16 Arendt: *Elemente und Ursprünge totaler Herrschaft*, S. 705

17 Zur Kontroverse um das Eichmannbuch vgl. F. A. Krummacher (Hg.): *Die Kontroverse. Hannah Arendt, Eichmann und die Juden*, Frankfurt am Main 1964; Amos Elon: »Hannah Arendts Exkommunizierung«, in: *Hannah Arendt Revisited: Eichmann in Jerusalem und die Folgen*, hg. v. Gary Smith, Frankfurt am Main 2000, S. 17-33.

18 Arendt: *Vom Leben des Geistes*, Bd. 1: *Das Denken*, München 1997, S. 14.

Maßstäbe im buchstäblichsten Sinne. Es gibt kein Gewissen, das diesen Schwund, gleichsam im leeren Raum, überleben könnte.[19]

Der Weg, den Arendt einschlug, folgte nicht mehr der Methode Kants, der Verankerung des »radikal Bösen« in einer nur der Metaphysik zugänglichen inneren Tiefe, sondern der Nietzsches, der Methode des Gedankenexperiments und der erzählenden Beschreibung der allernächsten Dinge der Oberfläche: »Ich bin in der Tat der Meinung, dass das Böse immer nur extrem ist, aber niemals radikal, es hat keine Tiefe, auch keine Dämonie. Es kann die ganze Welt verwüsten, gerade weil es wie ein Pilz an der Oberfläche weiterwächst.«[20] In ihrem Bericht über den Eichmann-Prozess gibt sie eine aufmerksame und genaue Beschreibung dieses Oberflächenphänomens, indem sie die Verhaltens- und Redeweisen Eichmanns Baustein für Baustein zu einem Mosaik zusammensetzt. Auf diese Weise kann sie eine Vorstellung von der Banalität des Bösen geben, ohne vortäuschen zu müssen, sie habe eine endgültige Definition zur Hand. Die Maßstäbe eines selbstverständlichen Wissens über das, was gerecht und was ungerecht ist, waren überlagert von zwanghaften Vorstellungen und Handlungsweisen, deren Gewalt man sich nur entziehen konnte, wenn man bewusst aus diesem System heraustrat. Eichmann war kein aus Dummheit gefügiger Massenmörder. Er war vielmehr unfähig, auch nur einen Moment seine Vorstellungswelt zu verlassen, die mit der des Systems identisch war. Das Paradoxe seines Verhaltens bestand darin, dass diese Unfähigkeit mit einer ungeheuren Mobilisierung seiner organisatorischen Intelligenz einherging. Harald Welzer hat in einer neueren Untersuchung Arendts Kritik an der Unzulänglichkeit von Erklärungen, die sich allein auf die Persönlichkeit des Täters beziehen, bestätigt. Die rassistische und ethnische Ausgrenzung in der Shoah und anderen Genoziden funktionierte wie eine soziale Tatsache: »Die Ausgrenzung, Verfolgung und Beraubung der Anderen wurde kategorial gar nicht als solche erlebt, weil diese per definitionem nicht mehr dazugehörten und ihre antisoziale Behandlung den Binnenbereich nationalsozialistischer Moralität und Sozialität überhaupt nicht mehr berührte.«[21]

19 Hannah Arendt: »Brief an Gershom Scholem« (1963), in: dies.: *Ich will verstehen. Selbstauskünfte zu Leben und Werk*, hg v. Ursula Ludz, München 1996, S. 36.

20 Arendt: *Denktagebuch 1950-1973*, Bd. 1, S. 180.

21 Harald Welzer: *Täter. Wie aus ganz normalen Männern Mörder werden*, Frankfurt

In der Anziehungskraft totaler Systeme auf moderne Massen, die sich in dieser Welt nicht mehr zu Hause fühlen, und ihrer ungeheuren Funktionsfähigkeit in zerstörten zwischenmenschlichen Verhältnissen hatte Arendt eine äußerst bedrohliche Folge des Traditionsbruchs gesehen, dem in keiner Weise durch eine einfache Rückkehr zu den guten alten Werten der Tradition entgegengewirkt werden konnte. Sie stellte sich darüber hinaus die Frage, ob es überhaupt eine Möglichkeit geben könne: »Da ist irgend etwas passiert, womit wir alle nicht mehr fertig werden.«[22] Doch ist dies nicht ihr letztes Wort. In ihrer Totalitarismus-Analyse beruft sie sich am Schluss auf Augustinus' Satz »Initium ut esset, creatus est homo« – damit ein Anfang sei, wurde der Mensch geboren. Die *Gebürtlichkeit* der Menschen stiftet eine Kontinuität, die nicht unterbrochen werden kann. Paul Ricœur hat die offenen Enden von Arendts Totalitarismus-Analyse als eine »Hohlform« bezeichnet, in die sie ihre Ideen, wie eine nichttotalitäre Welt zu denken sei, hineingießt. Bereits ihr Totalitarismus-Buch ist durchzogen von Passagen, die diesen Entwurf andenken. Er bewegt sich weg von Kants Konzept des inneren moralischen Gesetzes, das auf Autonomie und Vernunft aufbaut, ohne es ganz preiszugeben, zu einer Vervielfältigung von Möglichkeiten, das *Zwischen* den Menschen neu einzurichten. Ihr Gedankenexperiment versucht sich an einer Vernetzung von Sokratischem Denkstil, jede gesellschaftliche Anpassung zu verweigern, mit Kants Vermögen der Urteilskraft, den Anderen zu vergegenwärtigen.[23] Während sich Sokrates' innerer Dialog: »Da ich einer bin, ist es besser für mich, mit der ganzen Welt in Widerspruch zu gera-

am Main 2005, S. 252. Arendts Gedanke, dass die Stimme des Gewissens in Eichmann »genauso sprach wie die Stimme der Gesellschaft, die ihn umgab«, wird von den meisten Interpreten, von Gershom Scholem bis Daniel Goldhagen, als Votum für die Theorie des Rädchens und Schräubchens im Getriebe der Bürokratie und als Bagatellisierung des Antisemitismus missverstanden. Dagegen versucht Dana Villa an Arendts Intention anzuknüpfen, wie man sich »dem Problem des Bösen auf einem völlig weltlichen Hintergrund« annähern kann: »Das Gewissen, die Banalität des Bösen und der Gedanke eines repräsentativen Täters«, in: Gary Smith (Hg.): *Hannah Arendt Revisited: Eichmann in Jerusalem und die Folgen*, Frankfurt am Main 2000, S. 231-264.

22 Arendt: »Fernsehgespräch mit Günter Gaus«, S. 60.

23 Vgl. dazu Hannah Arendt: *Vom Leben des Geistes*, Bd. 1: *Das Denken*, München 1979; dies.: *Über das Böse. Eine Vorlesung zu Fragen der Ethik*, hg. v. Ursula Ludz, erscheint 2006 im Piper-Verlag.

ten als mit mir selbst«, rein negativ auswirkt – das heißt, er verhindert, dass Böses getan wird, aber er sagt nicht, was zu tun ist –, leitet Kants Urteilskraft dazu an, die Urteile anderer zu berücksichtigen und zu durchdenken. Arendt verlässt das Terrain der Auseinandersetzung zwischen Vernunft und Willen, auf dem sich Kant bewegt hatte. Die *Banalität des Bösen* ist weder ein Phänomen der Moral noch des Willens, sondern der fehlenden Urteilskraft, der Unfähigkeit, die Differenz zu denken, das heißt »die anderen, die man repräsentieren muß, vor den eigenen Augen präsent zu haben und zu berücksichtigen«.[24] Diese Unfähigkeit lässt sich mit einem weiteren Gedanken Arendts verbinden, den sie in dem Kapitel über die »Aporien der Menschenrechte« in ihrem Totalitarismus-Buch entwickelt hat. Dort macht sie auf die Ambivalenz individueller Verantwortung aufmerksam, die heute wieder in den Blickpunkt soziologischer Forschung rückt. Diese besteht darin, dass der Einzelne nicht mehr fähig und bereit ist, die Bürde individueller Verantwortung zu übernehmen, und dass er zugleich durch den Verlust traditioneller sozialer Bindungen und die Aufhebung der Distanz zwischen den verschiedenen Völkern zu einer weit umfassenderen Verantwortung aufgerufen ist. Was Arendts Orientierung an Kants Urteilskraft überzeugend macht, ist, dass sie Wege in die Pluralität bahnt, während das Zwingende des moralischen »Du sollst« das isolierte Individuum wiederum auf sich selbst zurückwirft.

Nach der Fertigstellung des Totalitarismus-Buches hatte Arendt begonnen, Einträge in ein *Denktagebuch* zu machen, das sie bis zum Ende ihres Lebens begleitete. Ausgehend von der Frage, warum die große Tradition versagt habe, sollte es die kritischen Lektüren und Befragungen der philosophischen Tradition, die sie sich vorgenommen hatte, dokumentieren, die Gedankenbruchstücke und Zitate sammeln, die in eine direkte Entsprechung zu den Fragen der Gegenwart gebracht werden konnten. Das *Denktagebuch* war eine Form, die es ihr ermöglichte, die Fragen, die offen geblieben waren, unter anderen Gesichtspunkten wieder aufzugreifen. Aber vor allem war es ein Ort, der dem Denken den größten Spielraum einräumte: Raum für die Ausbreitung des Materials, für die Umwege des Denkens und seine Anfänge, von denen man nicht immer wusste, ob sie eine Fortsetzung erfahren würden.

24 Hannah Arendt: »Basic Moral Propositions«, zit. nach Ronald Beiner: *Hannah*

Die Analyse des totalitären Prinzips hatte gezeigt, was Politik niemals sein durfte: ein grenzenloser Prozess, in dem alles möglich ist. Gegenüber dieser zerstörerischen Hybris konnte die Philosophie, die in ihrer Geschichte alles getan hatte, den »Ort der Politik nicht zu finden«, und daher der Gefahr der Selbstermächtigung nur allzu oft erlegen war, nicht die Quelle eines anderen Politikverständnisses sein. Es ist kein Zufall, dass Arendt auf der Suche nach wahlverwandten Elementen in der Tradition nicht zu Platon und Aristoteles zurückging, sondern die Polis aufsuchte, einen umgrenzten Ort, an dem sich politisches Handeln im ursprünglichen Sinn zeigt. Alle Daseinsweisen des Politischen haben Phänomencharakter. Das ist die entscheidende Botschaft ihrer Theorie des politischen Handelns, die sie in der *Vita activa* (1958; deutsch: 1960) entwickelt. Die *Vita activa* wird zumeist als philosophischer Text verstanden. Arendt arbeitet zwar mit philosophischen Begriffen, aber nicht um alte Denkhaltungen wiederzubeleben, sondern um sie zu demontieren und durch ungewöhnliche Begegnungen zwischen Philosophie und Politik der Freiheit neue Perspektiven zu erschließen. Am Anfang der modernen Philosophie steht Descartes' »Cogito, ergo sum«. Wenn ich denke, so Arendt, bin ich jedoch gerade nicht; in der Einsamkeit des Denkens kann ich meiner niemals sicher sein. Deshalb führt der Satz von Descartes in einen unendlichen Regress des Zweifelns und der Verzweiflung. Arendt versucht sich an einer anderen Konzeption und findet sie in der Neubewertung des Handelns, die sich der philosophischen Begründung widersetzt. Um zu erfahren, wer einer ist, dazu bedarf es der Anderen. Arendt konstruiert keine neue Begriffshierarchie mit dem Handeln an der Spitze. Sie argumentiert phänomenologisch, wenn auch nicht im fachspezifischen Sinn. Arendts Ausgangspunkt ist die Pluralität der Welt, eine Wirklichkeit, die sich der Anschauung von selbst darbietet. Die äußere Sichtweise der Phänomene ermöglicht es, den Raum des Politischen als einen rein weltlichen zu konstruieren, der ohne transzendente Begründungen auskommen muss. Im Zeitalter der Ideologien, wo fiktive Substitutionen die faktische Leere zwischen-

Arendt. Über das Urteilen. Texte zu Kants politischer Philosophie, München 1985, S. 144.

menschlicher Beziehungen durch übermenschliche Gesetze zu kaschieren versuchen, wird die Hervorhebung des materiell Vorfindlichen zur einzig adäquaten Entgegnung. An der Tatsächlichkeit der Pluralität der Menschen scheitert das Ideologische, das Moralische und das Metaphysische. Nur das Handeln setzt die Pluralität der Menschen voraus. Ohne die Teilnahme Anderer ist es nicht vorstellbar. Die anderen Tätigkeiten, das Herstellen und die schöpferische künstlerische Tätigkeit, vor allem aber das Denken, können prinzipiell in der Einsamkeit stattfinden. Wird das Handeln nicht mehr als philosophische Eigenschaft des Menschen begriffen, sondern als In-der-Welt-Sein, dann eröffnen sich neue Horizonte. Diese ermisst Arendt durch ein Konzept der Teilungen und des Brückenschlagens. Sie differenziert zwischen den verschiedenen Phänomenen des Handelns, Herstellens, Arbeitens und innerhalb der Phänomene selbst. So wird der Sinn des Politischen in Abgrenzung zur Natur als Freiheit bestimmt, aber die Natur bleibt der dunkle Hintergrund und begrenzt wiederum die Maßlosigkeit des Handelns. Die Politik begrenzt sich darüber hinaus selbst, indem sie sich in verschiedene Machtzentren teilt, denn Freiheit ist eine Gabe, die »nur unter der Bedingung der Nicht-Souveränität geschenkt« ist.[25]

Dieses Beziehungsgeflecht der sich entgegensetzenden, verbindenden und begrenzenden Konstellationen, die in sich beweglich sind und je nach historischer Situation verschiedene Seiten einander zukehren, setzt Arendt allen Konzeptionen entgegen, die das Politische mit philosophischen Augen gesehen haben, und das ist seit Platon fast durchgängig der Fall. Erschreckt durch die Verurteilung des Sokrates, hatte sich Platon von der Politik abgewandt, indem er vor den Unwägbarkeiten der vielen Meinungen in die Sicherheit der einen philosophischen Wahrheit flüchtete. Damit trat das Absolute in eine Sphäre ein, die wesentlich pluralistisch und daher relativ ist. Seitdem hat sich diese Usurpation in wechselnden Konstellationen und Denkmustern wiederholt: die Wahrheit, der Mensch, die Menschheit, das Volk, Rousseaus *volonté générale*, die Geschichte, das Klasseninteresse, die Rasse – immer handelte es sich darum, dass ein in sich stimmiger und durch keine Erfahrungen irritierbarer »Supra-Sinn« an die Stelle der Vielfalt der Meinungen

25 Hannah Arendt: »Freiheit und Politik« (1953), in: dies.: *Zwischen Vergangenheit und Zukunft. Übungen im politischen Denken I*, hg. v. Ursula Ludz, München 1994, S. 214.

und Urteile trat. Die vielfältigen Substitutionen und Verengungen des Politischen kulminieren schließlich in seiner rein negativen Bestimmung: Freiheit scheint nur noch in den gesellschaftlichen Bereichen jenseits der Politik möglich zu sein, während in die Politik die Gesetze der Professionalisierung, Instrumentalisierung und Gewalt einziehen. Gegen die Sinnlosigkeit, in die Politik durch Gewalt, Zwangsgesetze und Uniformierung geraten ist, erhebt Arendt jedoch nicht den dezisionistischen Entschluss, zurück zu den Quellen des Politischen zu gehen, zur Alternative. Arendts Methode ist auch hier nicht historisch, sondern konstruktiv. Die Polis kann weder Modell noch regulative Idee sein. Arendts Projekt arbeitet nicht an einer neuen Grundlegung von Politik, sondern gegen das herrschende Verständnis von Politik. In ihrem Essay über Walter Benjamin und in ihrem philosophischen Werk *Vom Leben des Geistes* zeigt sie, wie sie ihre Methode der Vergegenwärtigung verstanden wissen will. Der Ort der Vergegenwärtigung ist jene merkwürdige Lücke zwischen Vergangenheit und Zukunft, die einer Zäsur gegen das unaufhaltsame und sinnlose Weiter gleichkommt. In diesem Zwischenraum ist das Denken zu Hause, und es steht quer zur Zeit. Im gewöhnlichen Leben ist die Gegenwart die »zweifelhafteste und schlüpfrigste der grammatischen Zeiten – wenn ich jetzt sage und darauf zeige, so ist es schon vergangen«.[26] Anders die Erfahrungen des denkenden Ich. Die Reflexion holt die nicht gegenwärtigen Regionen der Zeit, die Vergangenheit und die Zukunft, in die Gegenwart. Inmitten der sich ständig wandelnden Flüchtigkeit der Welt entsteht durch das Denken ein Reich »fortdauernder Gegenwart«, sodass man sagen kann: »Ohne Denken gibt es keine Gegenwart.« Dass das Denken die Zeit zum Stillstand bringt, zeigt seine politische Qualität und Unabhängigkeit von der Geschichte, die besonders in den Zeiten, wo der öffentliche Raum versperrt ist, wirksam werden kann. Sieht man die Polis in diesem Kontext, so verliert sie jede normative Bedeutung. Ihre Vergegenwärtigung wiederholt nicht die Vergangenheit, so wie sie gewesen ist, sondern sie konstituiert sich, in einen neuen fremden Text versetzt, zu einer zweiten Gegenwart, die doppelt irritiert: durch die überraschende Aktualität des Vergessenen und die Distanzierung des Gegenwärtigen.

26 Arendt: *Vom Leben des Geistes*, Bd. 1: *Das Denken*, S. 201.

Was Arendt an Gedankenbruchstücken aus vergangenen Zusammenhängen herausbricht und in die Gegenwart hebt, ist das, was den Verheerungen durch Geschichte widerstanden hat. Die politische Denkerin begibt sich somit auf den Weg einer Erkundung, welche die dauerhaftesten Züge des menschlichen Daseins ausmacht. Gegenüber dem rasanten Wandel ökonomischer und sozialer Verhältnisse zeigt das Politische Züge, die man transhistorisch nennen könnte. Ein weiteres Element ist das Motiv der Gebürtlichkeit: der Möglichkeit eines jeden Menschen, in der Welt einen neuen Anfang zu setzen, der unverfügbar ist und in dieser Unverfügbarkeit dem Handeln Grenzen setzt. Dieser Blickpunkt eröffnet sich aber nur dann, wenn das Politische und das Gebürtliche nicht anthropologisch verstanden werden. Der Mensch wird nicht in der Folge von Aristoteles als *zoon politikon* begriffen, sondern bezogen auf die gemeinsame Welt zwischen den Menschen. Von hier aus wird auch verständlich, warum Arendt die politische Freiheit als eine Freiheit des »Ich kann« von der philosophischen Willensfreiheit ebenso abgrenzt wie das politische Handeln (»to act in concert«) von der Souveränität, die sie zu den gefährlichsten Verfälschungen des Politischen zählt. Auch die Gebürtlichkeit ist keine Eigenschaft, sondern eine Gabe, die der Mensch von anderen empfangen hat.

IV. Phänomenologin und Erzählerin

Es ist auffallend, dass Hannah Arendt immer dann, wenn sie gegenüber der Tradition des philosophischen und politischen Denkens die Notwendigkeit eines Einschnitts und Neubeginns betont, die Evidenz der Anschauung ins Spiel bringt. So betont sie in ihrer Auseinandersetzung mit dem Totalitarismus den analytischen Stellenwert der existierenden Tatsächlichkeit uneingeschränkter totaler Herrschaft in den Lagern gegen die Methode der historischen Darstellung ihrer Entstehung. Ebenso wird die Bedeutung des Handelns in seiner einzigartigen Beziehung zur Pluralität als Mannigfaltigkeit in der Anschauung sichtbar gemacht. Arendt konstruiert Räume der Verkörperung, die bereits auf der anschaulichen Ebene reflexiv sind.

Hierin besteht ihr ganz eigener Zugang zur Phänomenologie.

Anders als Heidegger, dessen *Sein und Zeit* die *Vita activa* »in jeder Hinsicht so ziemlich alles« verdankte, löst sich Arendt vom Primat des Denkens, indem sie das Prinzip der Hierarchisierung aufgibt und die Phänomene an den verschiedenen Orten ihrer Verkörperung als das begreift, was sie von sich aus sind. Die Richtung, die sie dabei einschlägt, läuft auf eine schärfere Konturierung und Erweiterung der Rolle der Anschauung gegenüber Verstand und Vernunft hinaus. Man findet in ihrem Werk vielfache und mehrdimensionale Verweisungen zwischen dem Denken und der Anschauung, zwischen Philosophie und Literatur: in ihren Essays zur Literatur und in den literarischen Zitaten, die an exponierten Punkten ihrer Darstellung die Sprache zum Stehen bringen, indem sie offen halten, was eine diskursive Fortführung des Gedankengangs zu einem falschen Abschluss bringen würde; in den Reflexionen zu einem dichterischen Denken am Beispiel von Walter Benjamin und Martin Heidegger; in Goethes Urphänomen, dem konkret und materiell Auffindbaren, in dem bereits Wort und Ding, Idee und Erfahrung zusammenfallen; in der Metapher, die zwischen den Erscheinungen und dem Denken eine Brücke schlägt und auf diese Weise die Einheit der Welt herstellt; in der Lektüre von Kants Urteilskraft, die zwischen Denken und Sinnlichkeit oszilliert. Wenn die Krise der modernen Kultur in der Gefahr des Vergessens liegt, dann ist es Aufgabe des Denkens, in die Tiefen der Vergangenheit zu tauchen und die nach dem Traditionsbruch hinabgesunkenen Fragmente, die der Zerstörung widerstanden haben, an die Oberfläche zu holen. Die Erinnerung ist »die Dimension des Denkens. Es aus der Tiefe in die Höhe zu heben, ist die Aufgabe der Dichtung«.[27] Die Kunst und insbesondere die Dichtung nehmen in Arendts Denkraum eine exponierte Stelle ein, um die Flüchtigkeit menschlichen Daseins aufzufangen. Sie verkörpert das Überdauernde der Welt und setzt zugleich, weil sie von der Funktion als Kommunikationsmittel befreit ist, den instrumentellen und verzehrenden Tendenzen des gesellschaftlichen Lebensprozesses den größten Widerstand entgegen. Nicht in einem diskursiven Sinne, sondern als Offenheit für das Unvermutete und Vieldeutige ist es die Dichtung, der Arendt die Wahrheit anvertraut. Es »sind die Dichter, von denen wir Wahrheit erwarten, und nicht die Philosophen, von denen wir

27 Hannah Arendt: *Denktagebuch 1950-1973*, Bd. 2, München, Zürich 2002, S. 740.

Gedachtes erwarten«.[28] Die verdichteten und am wenigsten dinglichen Gedankenfragmente, Zitate und Gedichte bilden in Arendts Darstellungen gleichsam Knotenpunkte, denen die Aufgabe zukommt, die fragmentarisch gebliebenen Argumentationslinien zu verknüpfen, weil sie nicht beweisen müssen, sondern einfach zeigen, was sie in ihren kritischen Lektüren und Befragungen der Tradition in dieser Unmittelbarkeit nicht sagen kann: Die geteilte und mitgeteilte Welt der Menschen ist erneuerbar.

Nach der *Vita activa* mehren sich die Anzeichen dafür, dass sie die Politik mehr noch als die Philosophie in eine Sackgasse geraten sah – trotz der 1958 erschienenen Schrift über die ungarische Revolution, in der sie den Rätegedanken als ein weiteres Zentrum der politischen Partizipation und Macht neben dem Parlament stark machte. Und trotz des Buches über die Revolution (1963), in dem sie den nationalen und sozialen Mythen der Französischen Revolution das Beispiel der Selbstkonstituierung der verfassunggebenden Versammlung in der amerikanischen Unabhängigkeitsbewegung entgegensetzte. Bereits die *Vita activa* ist von einer merkwürdigen melancholischen Stimmung durchzogen. Denn die unaufhaltsame Enteignung des politischen Raums durch einen sich selbst entgrenzenden wissenschaftlichen und technischen Fortschritt und die Überlagerung der Politik durch eine Gesellschaft von *job-holders* – von ihr Weltlosigkeit genannt –, die als besorgniserregende Tendenz das Buch durchzieht, ereignet sich gerade auch in den demokratisch verfassten Ländern, ohne auf nennenswerten Widerstand zu treffen. Ihre Essays über »Macht und Gewalt« (1970), über »Die Lüge in der Politik« (1971, deutsch 1972) und ihre Rede zum 200. Jahrestag der amerikanischen Unabhängigkeitserklärung (1975, deutsch 1986) sprechen von der Gefahr, dass das Politische überhaupt aus der Welt verschwinden könnte. Der »rasche Machtverfall der USA«, deren politische Gründung Arendt zu den Glücksfällen der Geschichte zählte, manifestierte sich für sie am deutlichsten in der Unfähigkeit, sich der Niederlage im Vietnamkrieg zu stellen. Arendts Resümee ist alarmierend:

> Eine der Entdeckungen totalitärer Regierungssysteme war die Methode, riesige Erdlöcher auszuheben, um darin unliebsame Tatsachen und Ereignisse zu vergraben (...) Die Vergangenheit wurde dazu verurteilt, dem Ver-

28 Arendt: *Denktagebuch 1950-1973*, Bd. 1, S. 496.

gessen anheimzufallen, als hätte es sie nie gegeben. (...) Bei uns sollen nicht Terror, sondern Überredung, der mit Druck nachgeholfen wird, und Manipulation der öffentlichen Meinung das zuwegebringen, was der Terror nicht geschafft hat.[29]

Sie sieht in der organisierten Überblendung der Wirklichkeit durch manipulierte Bilder bis zur Amnesie unangenehmer Tatsachen ein beunruhigendes Signal für einen möglicherweise entscheidenden Wendepunkt in der Geschichte,

welcher ganze Epochen voneinander trennt. Für uns Zeitgenossen, die wir in die unerbittlichen Anforderungen des täglichen Lebens verstrickt sind, ist die Trennungslinie zwischen einem Zeitalter und dem nächsten beim Überschreiten wahrscheinlich kaum sichtbar; erst nachdem die Menschen darüber hinweggestolpert sind, wachsen die Linien zu Mauern empor, hinter denen unwiederbringlich die Vergangenheit zurückbleibt.[30]

Dennoch wäre es ein Missverständnis, wenn man Arendts letztes Werk *Vom Leben des Geistes* als einen Rückzug aus der Welt des Handelns in die der Kontemplation werten würde. Am Anfang des ersten Bandes über das *Denken* steht eine Reflexion über Eichmann und die Einführung eines neuen Begriffs, den der Gedankenlosigkeit, der ihre Überlegungen über die Banalität des Bösen aufgreift und zur Disposition stellt. Sie beginnt an einem anderen Punkt ihres Denkraums die Frage, was der Fabrikation des verlassenen und überflüssigen Massenmenschen widerstehen könnte, wieder aufzurollen, indem sie die individuellen Ressourcen des Menschen als eines denkenden und urteilenden Wesens neu durchdenkt. Ihre Gewissheit, dass das »Reiche und Merkwürdige«, das, was von der Tradition nicht preisgegeben werden darf, seinen Weg zu den gegenwärtigen Menschen findet, besteht in nichts anderem als in der Annahme, dass das Denken eine ursprüngliche Leidenschaft und unerschöpfliche Quelle von Fragen ist. Mit Kant besteht sie darauf, dass dieses Vermögen kein Vorrecht von Eliten ist. In ihrer Rekonstruktion der Frage, was das Denken den verschiedenen Philosophen bedeutet hat, werden die Gefahren zwar benannt: die Einsamkeit und Losgelöstheit vom gemeinsamen Leben mit Anderen und vor allem das Tyrannische des Denkens. Aber ihr Gedankengang hält

29 Hannah Arendt: »200 Jahre Amerikanische Revolution«, in: dies.: *Zur Zeit. Politische Essays*, hg. v. Marie-Lousie Knott, Berlin 1999, S. 172 f.
30 Ebd., S. 163.

sich nicht lange dabei auf. Wie in allen ihren Arbeiten ist die Erinnerung an die Trugschlüsse der Vergangenheit zugleich ein Entwurf für die Zukunft. Die herausgearbeiteten Aporien des Denkens zeigen an, dass weitere Differenzierungen getroffen werden müssen, und erst im Zusammenspiel der verschiedenen geistigen Vermögen kann ermessen werden, worin das dem Konformismus, der Verdinglichung und der Selbstüberhebung widerstreitende Potenzial besteht: in einem Denken, das von Vorurteilen und Stereotypen befreit und durch seine Fähigkeit, den endlos dahinziehenden Alltag zu unterbrechen, Gegenwart herstellt; in dem Willen, der für die Spontaneität und Unverfügbarkeit des Anfangens steht; in der Urteilskraft, die Konkretes zu erfassen vermag, ohne es unter allgemeine Regeln zu subsumieren. Auch ihr philosophischer Entwurf ist wie das »doppelte Geschenk der Freiheit und des Handelns« ein Appell an die Fähigkeit der Menschen, »eine Wirklichkeit einzurichten, die ihre eigene ist« – ein Appell, der keine unumstößliche Wahrheit verkündet, sondern in der Sprache das Reich des Denkens zu erweitern sucht. Sprache ermöglicht Weltoffenheit, der sie durch eine unabschließbare Differenzierung der Phänomene Raum gibt, zwischen denen Brücken gebaut werden müssen. An die Stelle des Begriffs tritt die Erzählung davon, wie das Mannigfaltige Welt wird. Während die Differenzierung durch eine Vervielfältigung von Orten der Freiheit des Einmaligen und Individuellen die größtmögliche Präsenz und Beweglichkeit einräumt, bilden die Brücken ein überschaubares Muster an Figuren und Motiven: Die Metapher verbindet das Denken mit der Wirklichkeit der Erscheinungen; das Versprechen und das Verzeihen bewirken, dass die gemeinsame Welt nicht an den Unwägbarkeiten des Handelns zugrunde geht; das Herstellen überwindet die Flüchtigkeit des Handelns und Sprechens, indem es dauerhafte Gegenstände und Orte schafft; der Dialog des Zwei-in-Einem verhindert, dass das Alleinsein des Philosophen in Einsamkeit und Verlassenheit versinkt. Die Erzählung ist eine Brücke, über welche auch das Unabschließbare und Kontingente in die Welt gelangen kann. Arendt baut an einer Welt, die Freiheit und Dauerhaftigkeit in ein Gleichgewicht zu bringen versucht. Die Frage des Gelingens vertraute sie weder der politischen Utopie noch dem Rationalismus an. Arendt nimmt die Zufälligkeit und Unberechenbarkeit menschlichen Handelns an. Was selbstverständlich funktioniert, ist immer nur der Automatismus, durch den sich die Menschen von ihrer Begabung zur Freiheit des Handelns und Denkens selbst enteignen. Um ihn zu unterbrechen, dazu bedarf es der Unverfügbarkeit des Ereignisses, das sie mit der naturwissenschaftlichen Metapher der »unendlichen Unwahrscheinlichkeit« umschreibt. Zu diesen unendlichen Unwahrscheinlichkeiten zählt sie das philosophische Staunen, die Dichtung und das Anfangen.

Werke von Hannah Arendt (Auswahl)

Das Denktagebuch, 2 Bde., hg v. Ursula Ludz und Ingeborg Nordmann, München 2002.

Elemente und Ursprünge totaler Herrschaft, München 1986.

Eichmann in Jerusalem: Ein Bericht von der Banalität des Bösen, München 1995.

Menschen in finsteren Zeiten, hg. v. Ursula Ludz, München 1989 (enthält die Essays über Walter Benjamin und Rosa Luxemburg).

Rahel Varnhagen: Lebensgeschichte einer deutschen Jüdin aus der Romantik, München 1995.

Über die Revolution, München 1994.

Das Urteilen. Texte zu Kants Politischer Philosophie, hg. v. Ronald Beiner, München 1985.

Vita activa oder vom tätigen Leben, München 1996.

Vom Leben des Geistes, 2 Bde., München 1993.

Was ist Politik? Fragmente aus dem Nachlass, hg. v. Ursula Ludz, München, Zürich 1993.

Zwischen Vergangenheit und Zukunft. Übungen im politischen Denken I, hg. v. Ursula Ludz, München 1994.

Literatur zu Hannah Arendt (Auswahl)

Benhabib, Seyla: *Hannah Arendt. Die melancholische Denkerin der Moderne*, Hamburg 1998.

Canovan, Margaret: *Hannah Arendt. A Reinterpretation of her Political Thought*, Cambridge 1992.

Hahn, Barbara: *Hannah Arendt – Leidenschaften, Menschen und Bücher*, Berlin 2005.

Heuer, Wolfgang: *Hannah Arendt*, Reinbek 1987.

Kristeva, Julia: *Das weibliche Genie I. Hannah Arendt*, Berlin 2001.
Nordmann, Ingeborg: *Hannah Arendt. Eine Einführung*, Frankfurt am Main 1994.
Smith, Gary (Hg.): *Hannah Arendt Revisited. »Eichmann in Jerusalem« und die Folgen*, Frankfurt am Main 2000.

Martin Baltes

Marshall McLuhan (1911-1980) Sex and Technology

Fußnoten zum Stromphilosophen

Als Herbert Marshall McLuhan im kanadischen Edmonton die ersten Töne der Welt vernimmt, befindet diese sich gerade mal wieder im Umbruch. Es ist der 21. Juli 1911. Einen Monat zuvor wird in New York eine »Computing-Tabulating-Recording Company« namens IBM gegründet, in Monte Carlo findet das erste Autorennen statt, und auch der erste mit Hilfe eines Fluchtwagens verübte Bankraub der Geschichte datiert auf dieses Jahr, der Ort Paris, das Auto ein Delaunay-Belleville, die Bankrobber Bonot und seine Anarchistengang. Der erste Weltfrauentag wird abgehalten, und einen Monat nach McLuhans Geburt wird die Mona Lisa aus dem Louvre gestohlen (doch bevor McLuhan eingeschult wird, ist sie wieder da). 1911 erreicht Amundsens Team den Südpol, die hoch gerühmte 1911er-Ausgabe der *Encyclopedia Britannica* erscheint, und geboren werden in diesem Jahr weitere interessante Gestalten, die ganz unterschiedlich auf die Geschichte einwirken: der spätere österreichische Kanzler Kreisky, Jean Harlow, ein Herr Siemens, ein Herr Reagan, ein Herr Mengele, L. Ron Hubbard und Tennessee Williams, Max Frisch und Ginger Rogers, während ein Publisher namens Pulitzer schon einmal symbolisch den Tod seines Mediums vorwegstirbt. Graf Maurice Polydore Marie Bernard Maeterlinck erhält den Nobelpreis für Literatur, und Maria Sklodowska-Curie den für Chemie, den für Physik hatte sie ja schon.

Die makroskopische Entdeckung der Welt ist abgeschlossen, die mikroskopische mit Madame Curies Kernspaltung in eine neue Dimension vorgedrungen, und mit IBM hat die Computerrevolution begonnen, wenn auch noch ganz im Verborgenen. Dabei sind so ›physikalische‹ Transport- und damit Kommunikationsmittel wie Automobil und Flugzeug selbst noch dabei, sich ihr Terrain zu erobern. Die Themen, die McLuhan berühmt machen und die er in seinen Werken miteinander verbinden wird, liegen hier bereits alle, eines neben dem anderen vor.

Es dauert aber noch vierzig Jahre, bevor er das erste Mal als Autor von sich reden macht. Zunächst einmal wird er 1936 mit 25 Jahren katholisch, und wie alle Konvertiten machte er seine Sache besonders gut. Sein Biograf Philip Marchand, heute Literaturkritiker beim *Toronto Star*, berichtet, dass er mitunter alle sechs Kinder nachts aus dem Bett holte und zum Familiengebet versammelte. Marchand ist davon überzeugt, dass der Glaube McLuhan einen »unschätzbaren emotionalen Rückhalt« gegeben hat. Wahrscheinlicher scheint es angesichts seiner weiteren Entwicklung, dass die Beschäftigung mit dem katholischen Mystizismus und den Scholastikern McLuhan gedanklich in die Zeit vor Gutenberg, in die Vorbuchdruckzeiten der europäischen Kultur, versetzt und es ihm so, partiell aus den Fängen der herrschenden Medienumwelten befreit, ermöglicht hat, in medialen Fragen eine exzentrische Position einzunehmen.
Nach dem Studium in Cambridge – die Ruderblätter hängen noch heute an der Wand des Wohnzimmers von McLuhans Gattin Corinne –, der Begegnung mit dem New Criticism und der Rückkehr nach Nordamerika macht McLuhan Karriere an katholischen Colleges. Bereits in St. Louis lernt er Bernard J. Muller-Thym kennen, einen Mediävisten, der die Uni verlassen hatte, um Wirtschaftsberater zu werden – laut McLuhan der Erste, der den Wirtschaftsbossen bereits in den 1930er- und 1940er-Jahren klar zu machen versuchte, dass das Produkt von nun an Information sei – und das basierend auf den Lehren der Scholastiker! McLuhan faszinierte die Tatkraft Muller-Thyms, auch wenn er sich erst sehr viel später in die Medien*praxis* einschaltete. Überzeugt von der Unterlegenheit der klassischen Bildungs- und Erziehungsinstitutionen Schule und Familie gegenüber Fernsehen und Werbung, plant er Ende der 1960er-Jahre gemeinsam mit dem Unternehmer Eugene Schwartz eine Reihe von Wirtschaftsunternehmungen, von denen aber nur ein Teil realisiert wurde: die Herausgabe eines exklusiven Newsletters für Führungskräfte der Wirtschaft, des *»DEW-Line«-Newsletter*, benannt nach dem amerikanischen Raketenfrühwarnsystem »Distant Early Warning«, eine McLuhan-Bibliothek mit allen für das Verständnis der Gegenwart notwendigen Büchern, eine McLuhan-Talkshow und sogar McLuhan-Umschulungszentren für die Sinnesorgane, in denen sich Menschen, deren sinnliche Wahrnehmung völlig verzerrt war, wieder auf Vordermann bringen lassen konnten.

Doch zurück in die 1940er: Angeregt von F. R. Leavis' Buch *Culture and Environment* beginnt McLuhan sehr früh, die Methoden der Literaturwissenschaft auf die Erzeugnisse von Radio und Zeitung anzuwenden. Er sammelt Anzeigen aus Magazinen und Zeitschriften, die 1951 die Grundlage zu seinem ersten bedeutenden Buch bilden: *Die Mechanische Braut*, im Untertitel *Volkskultur des industriellen Menschen.* Ursprünglich hatte er es *Sex and Technology* nennen wollen, aber das wird ihm sein Verleger ausgeredet haben. Jahrelang hatte der sich mit dem umfangreichen Manuskript geplagt, in der Hoffnung auf eine im Grunde konservative Kritik an den betrügerischen Machenschaften der kapitalistischen Warenwelt und ihrer Kommunikation. Abgeliefert aber hatte McLuhan, mittlerweile an der University of Toronto angestellt, ein Buch, das Werbetexte als Zugänge zum Innenleben unserer Kultur verstand, weil er Werbung für *die* Kunstform des 20. Jahrhunderts hielt und ihr mit derselben Aufmerksamkeit und Genauigkeit zu Leibe rücken wollte, die ansonsten der Literatur vorbehalten war. In der *Mechanischen Braut* finden sich erste Ansätze seiner Medienanalyse. Über die reproduzierte Titelseite der *New York Times* vom 20. April 1950 schreibt er beispielsweise: Die Tageszeitung sei eigentlich gar kein Printmedium mehr, das könne man gelegentlich schon an Namen wie *Daily Telegraph* erkennen. Unzusammenhängend und nicht, wie es den Medien Schrift und Buchdruck eigne, linear stünden hier die Meldungen nebeneinander. Ihre einzige Gemeinsamkeit bestehe im zeitgleichen oder rechtzeitigen Eintickern über den Telegrafen in den Redaktionsstuben vor dem Anfahren der Druckmaschinen. Auch die Präsentation ist richtungsweisend für viele seiner nachfolgenden Arbeiten: Die Verbindung aus Bildern, Reproduktionen von Zeitschriftenwerbung und Plakaten und mit McLuhans eigenen Texten erzeugt einen multimedialen Effekt. Er präsentiert hunderte von Anzeigen und Comics, lässt sie für sich wirken und schreibt seine Gedanken daneben. Das Verfahren wird er später in Zusammenarbeit mit verschiedenen Grafikern wiederholen.

McLuhan geht seinen Kollegen an der University of Toronto auf die Nerven. Sie beklagen sich über seinen mangelnden Respekt vor der akademischen Zunft, stören sich an den Themen, mit denen er sich beschäftigt, und neiden ihm bereits das erste öffentliche Interesse, das ihm zuteil wird. Selbst die Studenten sind bisweilen unzufrieden, auch wenn er viele Jahre lang der Einzige ist, bei dem man etwas über die Literatur des 20. Jahrhunderts erfährt: In McLuhans Seminaren könne man sich nicht auf Prüfungen vorbereiten, klagen sie, stünden Shakespeare und Milton auf dem Programm, rede er über Batman und Johnny Ray.

Dem Mann fehlt es aber nicht an Ernst, er will einfach nur die Gegenwart erforschen, und die ist von Werbung, Comics und elektronischen Medien geprägt. Immer weiter entfernt er sich von den klassischen Themen der Literaturwissenschaft. Da er mit den Fachkollegen zum Teil über Jahre hinweg ausgeprägte Feindschaften pflegt, hält er sich mehr an die Professoren aus den Naturwissenschaften. Von ihnen übernimmt er Begriffe wie Resonanz und Rückkopplung. So vergehen die Jahre, in denen sich McLuhan immer mehr zu einem naturwissenschaftlich ausgerichteten Medienspezialisten entwickelt und zu seinem großen Doppelschlag ausholt. 1962 erscheint *The Gutenberg Galaxy – The Making of Typographic Man* und 1964 *Understanding Media – The Extensions of Man*, seine beiden wichtigsten Bücher.

1962 ist noch kein Mai '68, aber die Welt ist schon um einiges mehr aus den Fugen als 1951. Mit der Detonation von »Little Feller« endet die 1951 gestartete Atomtestserie in Nevada, und mit *Silent Spring* von Rachel Carson erscheint das erste Buch der noch gar nicht erfundenen Umweltschutzbewegung. Kennedy verspricht, einen Mann auf den Mond zu schicken, weitet den Vietnam-Einsatz aus und setzt das »Bacardi Law« in Kraft, das Wirtschaftsembargo gegen Kuba. Seine Frau Jacqueline führt die Fernsehzuschauer durch die Privaträume des Weißen Hauses, der schwarze Student James Meredith wird von der Polizei sicher in die University of Mississippi geleitet – und Nelson Mandela wird in eine Zelle gesteckt. AT&T bringt den ersten kommerziellen Satelliten in Position, der Livesignale über den Atlantik schickt. Livesignale. Lebenszeichen. Wer jetzt nicht in den Medien ist, ist nirgends mehr, und langsam nimmt die Welt Kurs auf Marshall McLuhan.

In *Gutenberg Galaxy* und in *Understanding Media* konfrontiert McLuhan eine unvorbereitete Öffentlichkeit mit seiner Definition von Medien: Medien sind nicht bloß Radio und Fernsehen, sondern auch Telefon, Rad und Steigbügel. Und: Medien sind Körpererweiterungen. Sie sind unmittelbar mit dem Körper verbunden, sie sind nicht außen. Wir benutzen sie nicht. Sie sind ein Teil von uns. Wenn wir eine Axt schwingen, dann wird sie zu einer Verlängerung des Arms, und ein Rad ist eine Erweiterung des Fußes. Mit der Erweiterung einher geht immer eine Betäubung. Wie bei zu großem Schmerz reagiert der Körper bei einseitiger Belastung mit Schock, schaltet den betroffenen Sinn, die betroffenen Bereiche ab und richtet sich in einem neuen Gleichgewicht ein, in einer neuen Identität, wenn man so will. Mit den Inhalten der Medien hat ihre Wirkung rein gar nichts zu tun, und wer über Gewalt im Fernsehen redet, redet am Thema vorbei. Will man Medien verstehen, muss man verstehen lernen, wie sie funktionieren. Ein Beispiel: Schriftliche Information schneidet gegenüber der mündlichen zahlreiche Informationen weg, vor allem Emotionen: Timbre, Lautstärke, Ähs und Ohs, Wiederholungen, Digressionen, aber selbstverständlich auch Mimik und Gestik, Kleidung und erst recht den Geruch des Gegenübers, der Umgebung, der gesamten Situation. Zwar ist das alles beschreibbar – nur weder zeitgleich noch identisch, weil die Situation in sprachlogische Einzelteile übertragen werden muss und diese dann auf einer Zeitachse angeordnet und in einen Satz untergebracht werden müssen. Syntax erzeugt Linearität, egal wie das Darzustellende sich dagegen sperrt. Wer schreibt, muss es in diese Konvention zwängen. Dadurch erscheint es nun aber selbst als linear. Wer liest, ist auf die Kulturtechnik Lesen vorprogrammiert. Er nimmt nicht aufmerksam das Medium auf, sondern will den Inhalt erfahren. Wir achten nicht auf die Form der Buchstaben, auf ihre Linien. Der Körper des Textes verschwindet bei der Umsetzung des Gelesenen in Bedeutung und dann in Sinn. Es ist eine gigantische Betäubung gegenüber demjenigen, was uns die Inhalte überhaupt erst erfahrbar macht. Das Medium, die Schrift, die Syntax, all das, was uns die Geschichte einzig zu vermitteln vermag, wird tendenziell unsichtbar. Oder in den Begriffen der Gestalttheorie, auf die McLuhan immer wieder zurückgreift: Die Figur, also der Inhalt, verdeckt den Grund, also das Medium Schrift. Gemeinhin hat man es eilig beim Lesen und erst dann Ruhe, wenn man den letzten Punkt des letzten Absatzes eines Textes erreicht hat. Das Ende. Es ist eine syntaktische Eschatologie, eine Konditionierung, die im Lauf einer jahrhundertelangen Anwendung zum unsichtbaren Gerüst unserer Kultur geworden und uns gleichsam ins Knochenmark übergegangen ist. Eine Ausnahme bildet durch alle Zeiten einzig die Kunst: Sie hält immer einen Spalt offen zum Nichtanästhesierten, also zum Ästhetisierten, und äußert sich so pausenlos zu ihrem Medium.

Die scheinbar paradoxen Begriffspaare »Gutenberg Galaxy« und »Global Village« setzt McLuhan bewusst gegeneinander. Während sich die Gutenberg Galaxy, zeitlich gesprochen die Ära des Buchdrucks, vom Zentrum des menschlichen Körpers kontinuierlich ausdehnt und zu immer neuen mechanischen Erweiterungen führt, schreitet auch die Erschließung und Beherrschung der Welt voran: Die Welt wird größer, bis Amundsen als letzten Punkt den Südpol erreicht. Durch die Nutzbarmachung der Elektrizität kehrt sich dieser Prozess um: Mit dem geschlossenen Stromkreis, in dem sich Information in Lichtgeschwindigkeit bewegt, implodiert die Welt. Sie wird zu einem »Global Village«. Ab jetzt ist alles gleich weit voneinander entfernt.

McLuhan-Headlines stehen schon bald hoch im Kurs. »Das Medium ist die Botschaft«, »globales Dorf« und seine Unterscheidung in »heiße« und »kalte« Medien sind in aller Munde, und für einen gebildeten Menschen in Nordamerika ist es 1967, als McLuhan als Gastprofessor nach New York geht, unmöglich, seinen Namen nicht zu kennen. Die Aufnahmebereitschaft für das, was er zu sagen hat, ist auf dem Höhepunkt angelangt, denn das amerikanische Welt- und Selbstbild hat mächtig Schlagseite: Mit der Eroberung des näheren Weltraums ist die Erde nicht mehr länger die räumliche Grenze für die Ausdehnung unseres Denkens, und das, was man jahrtausendelang als feindselig empfunden hat und sich untertan machen sollte, Natur und Erde, gilt nun schlagartig als verletzlich und schutzbedürftig. Die Proteste gegen den Vietnam-Krieg und für die Bürgerrechte der schwarzen US-Amerikaner nehmen kein Ende, Hippies prägen das Erscheinungsbild der Städte, und das Bürgertum sieht die Welt bereits im Chaos versinken. Jetzt ist McLuhan *on top*, also auf dem Cover von *Newsweek* und als Karikatur im *New Yorker*. Er bietet als Einziger anscheinend vernünftige Erklärungen an, für ihn sind die Entwicklungen in der zweiten Hälfte des 20. Jahrhunderts die logische Konsequenz einer medialen Zäsur, die sich nun mit dem *coming of age* der ersten mit dem Fernsehen aufgewachsenen Generation nicht mehr ignorieren lässt.

Die Einheit der Linearität, räumliche Ordnungen und Vorstellungen von Grenzen brechen zusammen. Wenn die ganze Welt dank eines Netzwerks von Kabeln und Satelliten miteinander verbunden ist und lärmend am Wohnzimmerfenster vorbeizieht, wird der gesamte Erdball zu unserer Nachbarschaft und die Welt zum »globalen Dorf«. Damit meint McLuhan nicht, dass nun alles besser wird, sondern dass es noch schlimmer wird, wenn man sich nur ans Alte klammert.

Dass die elektr(on)ischen Medien den in Jahrtausenden der Schrift und Jahrhunderten des Buchdrucks und der Mechanik geformten Körper offenbar umbauen und uns vom starren Korsett dieser Medien befreien, das analysiert er, begrüßt es sogar, jedoch behauptet er nicht, wie ihm immer wieder vorgeworfen wird, dass damit ein neuer Zustand der »Nähe und Herzlichkeit« unter den Menschen erreicht würde. McLuhan ist kein Utopist, er bewertet Entwicklung nicht, er versucht, sie einzuschätzen. Und bereits Ende der 1960er sagt er voraus, dass die neuen Stammeskulturen zu einem neuen und nicht endenden Weltkrieg führen würden, dass der dritte Weltkrieg ein Bürgerkrieg sein würde und längst begonnen hat.

Auch den eigenen Prozess dieses Erkennens legt er damit offen, denn das Erkennen ist natürlich nicht frei von seinen medialen Voreinstellungen: Erst in dem Moment, in dem ein anderes Medium die Herrschaft übernimmt, werden die Folgen des alten Mediums erkennbar, dann lässt ihre durch täglichen Gebrauch betäubende Wirkung nach. Wir können das Medium und seine Auswirkungen zum Thema machen und nach vorne holen, in die Position der Figur, die sich vor einem neuen Grund, dem neuen Medium, abhebt, bevor sie wieder tendenziell unsichtbar wird. Das ist die Bedeutung von »Das Medium ist die Botschaft«. Und es ist der seltene Moment eines offenkundigen medialen Großumbruchs, an dem McLuhans Denken einsetzt und der ihn diesen Umbruch überhaupt erst erkennen lässt.

1969 soll McLuhan in einem für den *Playboy* geführten Gespräch mit Eric Norden endlich klarstellen, was er damit meint, dass die Menschen die Geschlechtsorgane der Maschinen sind. Es wurde das beste von allen McLuhan-Interviews, weil Norden mehr aus McLuhan herausholte als all seine Kollegen vor und nach ihm. Doch dieses Interview steht bereits am Ende des großen McLuhan-Booms in den USA. In dasselbe Jahr 1969 fällt eine schwere gesundheitliche Krise. McLuhan muss sich in New York einen tennisballgroßen Tumor aus dem Kopf schneiden lassen. Aber er hat Glück: Der Tumor ist gutartig. Dennoch hat er fortan Beschwerden, seine Sinne reagieren überempfindlich auf Geräusche und Gerüche. Wieder zurück in Toronto, wird es still um ihn, seine letzten Jahre verbringt er im Kreis der Familie. Er forscht zwar weiter, unterstützt von seinem Sohn Eric, aber der große Rummel um ihn ist vorbei. Es erscheinen kaum noch Bücher, die Fernsehteams fahren nicht mehr nach Kanada, und die große Theoriekarawane scheint endgültig weitergezogen zu sein.

Wenn man heute das »Center for Culture and Technology« an der University of Toronto besucht, staunt man darüber, wie wenig standesgemäß sein Institut untergebracht ist. Das Center befindet sich noch wie zu Beginn im Jahre 1963 in einem alten Coach House, einem winzigen Hinterhaus im Schatten größerer Gebäude, am Ende eines verwinkelten Parkplatzes. Heute residiert dort der McLuhan-Student Derrick de Kerckhove, und auch McLuhans Sohn Eric hat hier bis vor wenigen Jahren die nachgelassenen Schriften seines Vaters sortiert. McLuhans Büro befand sich in der Dachschräge, und die Seminare hielt er im Raum darunter, wo früher Kutschen untergestellt waren. Standesgemäß war das nicht, aber seinem Biografen Philip Marchand zufolge war ihm das völlig egal. Im Gegenteil: So konnte er den Austausch mit den ungeliebten Kollegen auf ein Minimum beschränken. Und das war ihm sehr recht.

Gewohnt haben die McLuhans freilich anders. Mit ihren sechs Kindern lebten sie in einem Haus in Wychwood Park, einer ausgedehnten Grünfläche mitten im Stadtzentrum von Toronto. Nur durch eine Privatstraße sind die eine Hand voll Villen zu erreichen, und McLuhan konnte zu Fuß zum Campus laufen. Andy Warhol, der kanadische Premier Trudeau und John Lennon sollen ihn hier besucht haben, um zu erfahren, was sie eigentlich tun. Da konnte es dem Professor wohl ziemlich egal sein, was man sich auf den Gängen der Colleges erzählte.

1977, als Marshall McLuhan in Woody Allens *Annie Hall*, auf Deutsch *Der Stadtneurotiker*, einen kleinen Auftritt hat, ist er längst kein Popstar mehr. Alvy – Erzähler, Hauptfigur und Alter Ego von Woody Allen – zerrt den echten Marshall McLuhan hinter einem Werbeaufsteller im Foyer eines Broadway-Kinos hervor, um einen vorlauten Dozenten der Columbia University zum Schweigen zu bringen, der seiner Begleiterin am Beispiel Fellini lautstark den Einfluss des Fernsehens auf das Kino erläutert – und dabei alles durcheinander bringt.

McLuhan tut Alvy den Gefallen und weist den Repräsentanten der renommierten Hochschule zurecht, allerdings auf seine Art: »I heard what you were saying. You know nothing of my work. You mean my whole fallacy is wrong. How you ever got to teach a course in anything is totally amazing.« McLuhans Agentin Matie Molinaro erzählt die Geschichte von den Dreharbeiten so, als habe McLuhan um seinen Satz kämpfen müssen, denn in einem Allen-Film dürfe niemand witziger sein als Allen selbst. Ob die Bemerkung: »Sie halten also meine ganze Irrlehre für einen Fehler?« wirklich der beste Joke des ganzen Films ist, kann man wohl anzweifeln, unstrittig ist, dass Allen McLuhan in seiner Paraderolle vorführt, so, wie er der Welt dargeboten wurde, und so, wie er sich für sie in Szene setzte: als Akademikerschreck. Er verabscheute Konventionen, akademische Aufsätze samt Fußnoten, abgewogene Aussagen und ausführlich dargelegte Argumente.

Neben dem simplen begrifflichen Missverstehen, dem wir bei Woody Allens Columbia-Dozenten begegnen, gibt es auch eine Form der ideologischen Ablehnung von McLuhan, die vorrangig aus den europäischen Universitäten heraus vorgetragen wird und sich an seiner, zumindest dem klassischen Verständnis nach, unpolitischen Haltung stört. McLuhan wollte die Menschen wachrütteln. Sein Mantra lautete: Sieh nicht ins Zentrum, schiel dran vorbei. Dann erkennst du mehr und verstehst, wo die wirklichen Veränderungen passieren. Nicht in der Politik, nicht auf der Bühne. Für ihn war das Zentrum immer schon leer. Und wenn sich dort etwas abspielte, lohnte es die Aufmerksamkeit nicht. Mit dieser Haltung war McLuhan besonders in den ›politisch‹ bewegten späten 1960er-Jahren ein Außenseiter. Zur Tagespolitik äußerte er sich genauso wenig wie zu möglichen zukünftigen Gesellschaftsformen oder philosophischen Moden wie dem Existenzialismus. Kein Wunder also, dass McLuhan in Europa nicht richtig ankam. 1970, auf dem bereits erwähnten Höhepunkt seiner Popularität – auch in Deutschland sind bereits vier Bücher erschienen –, schreibt beispielsweise ein vom Revoluzzer-Fieber gepackter Hans-Magnus Enzensberger: »Unfähig zu jeder Theoriebildung, bringt McLuhan sein Material nicht auf den Begriff, sondern auf den generalen Nenner einer reaktionären Heilslehre (...) Ihre Verheißung ist die Erlösung der Menschheit durch die Technologie des Fernsehens (...) Er verkündet das Evangelium der neuen Primitiven, die, natürlich auf höherer Ebene, zum prähistorischen Stammesdasein zurückkehren sollen in das ›globale Dorf‹.« McLuhans wohl berühmtesten Satz »The medium is the message« würdigt Enzensberger als »provozierende Idiotie«, die mehr bloßstelle, als McLuhan selber wisse, nämlich den »tautologischen Zug der Medienmystik«. Wer das in aller Breite nachlesen will, findet es in »Baukasten zu einer Theorie der Medien« (in: *Kursbuch* 20, März 1970, S. 177). Aber Vorsicht: In späteren Ausgaben des Textes finden sich diese Passagen nicht mehr. Aus Rücksicht auf ihren Autor vermutlich. Umso erstaunlicher ist es, dass sich diese Haltung auch heute noch finden lässt, etwa bei Christoph Türcke in seinem 2005 erschienenen Buch *Vom Kainszeichen zum genetischen Code*. Wie Enzensberger unterstellt auch er McLuhan ›Medieneuphorie‹, und zwar in der besonders schweren Form der ›Flucht nach vorn‹. Über »Das Medium ist die Botschaft« weiß er, McLuhan zitierend,

> durch Telefon, Radio und Fernsehen werde »das Zentralnervensystem zu einem weltumspannenden Netz« und »der schöpferische Erkenntnisprozess kollektiv und korporativ auf die ganze menschliche Gesellschaft ausgeweitet«, als ob diese technische Ausweitung von sich aus die Menschheit zu neuer Nähe und Herzlichkeit zusammenwachsen ließe. Die den neuen Medien angedichtete Botschaft ist übrigens eine altehrwürdige aus der Blütezeit des Buchdrucks: »Alle Menschen werden Brüder.«

Wer dichtet hier wem was an? McLuhan redet in Zusammenhang mit dem »globalen Dorf« und der Wiederkehr der oralen Gesellschaften und Stammesrituale von einem dritten Weltkrieg, der ein Bürgerkrieg sei, und von Terror. Und dass alle Menschen ›Brüder‹ werden, mögen die Göttinnen verhindern. McLuhan ist für Türcke »der Prototyp des von den elektronischen Medien überwältigten Schriftmenschen (...), am Schriftnerv getroffen«. Sein »Aufstand gegen die autoritäre Form des Buches (...) nur ein Überlaufen zu den stärkeren Bataillonen: von der Sequenz der Buchzeilen zu der weit strengeren des Programms«. So steht's auf Seite 145.

Solange man mit beiden Beinen fest in der Inhaltsanalyse wurzelt und genau weiß, wo der Feind steht, darf man sich weiter sicher fühlen. Aber was tut man, wenn plötzlich die Pole schmelzen und zu reißenden Strömen werden?

Verfeindete Lager gibt es viele, Form und Inhalt, Dialektik und Positivismus, Linke und Rechte, GIs und Vietkong, Wissenschaft und Kunst, Anfang und Ende. McLuhan hat man gleichzeitig Positionslosigkeit und Parteinahme vorgeworfen. Er habe sich nie entschieden, keinen Standpunkt bezogen, und sich nie eindeutig zum Krieg in Indochina, zu Nixon oder der Umweltzerstörung geäußert. Andererseits warf man ihm vor, mit seinen Erklärungen der Drogenkultur, der Verrohung der Sitten, dem Analphabetismus, vielleicht sogar dem Untergang des Abendlandes eine Legitimation zu verschaffen.

Den Vorwurf, sich nicht zu den ›wichtigen‹ Themen der Zeit zu äußern, wird McLuhan mit einem Schulterzucken quittiert haben. Er verstand sich als Forscher, sein Platz war das Labor. Er erforschte Medien und keine Meinungen. Äußerte sich McLuhan dennoch zu Nixon, dann zu seiner Performance im Fernsehduell (gegen Kennedy im September 1960): chancenlos, zu streng, zu aggressiv, zu sehr Schriftmensch. Seit Personalpolitik im Fernsehen entschieden wird, zählen ›weiche‹ Faktoren wie Coolness. Für das coole Medium Fernsehen war Nixon einfach nicht cool genug.

Wie ein Astrophysiker hält sich McLuhan fern von den Inhaltsdebatten seiner Zeit. Wenn er sich äußert, dann immer aus einer Wahrnehmungshaltung heraus, die keinen der bekannten Standpunkte einnimmt. Er versucht, sich zwischen den Polen zu bewegen, so schnell es geht, ohne zum Stillstand zu kommen, die Bilder müssen kippen, das Hören das Sehen ergänzen, wie in einem Strudel, einem Mahlstrom. Nur dann kommt man zu neuen Ergebnissen.

In Edgar Allan Poes Text *A Descent into the Maelstrom* berichtet ein Seemann vom Untergang seines Schiffes in einem enormen Strudel. Im Unterschied zu seinem Bruder, der sich in seiner Verzweiflung an das vermeintlich stabilste Element in seiner Umgebung hält, nämlich das Schiff, an dessen Mast er sich festbindet, lässt sich der erzählende Bruder auf die neuen, instabilen Bedingungen ein und beobachtet die Bewegungen der Objekte in den Wasserwänden. Schließlich wirft er sich in einem günstigen Moment der Gegenbewegung in die tosende Gischt. Er überlebt, der Bruder wird mitsamt dem Schiff in den Tod gerissen.

McLuhan liest Poes Erzählung als Gleichnis über den Menschen zu Beginn des Zeitalters der elektr(on)ischen Kommunikation. Wie die Seefahrer wird auch er in einen Strudel gerissen, in eine sich rasend schnell drehende Kommunikationsumwelt, die die gesamte Welt und damit auch das Fundament unserer Persönlichkeit erfasst hat. Als Poe diesen Text 1841 schreibt, ist die Telegrafie schon erfunden. 1832 hatte Baron Schilling den ersten elektromagnetischen Telegrafen gebaut, und zwei Jahre vor Fertigstellung des Poe'schen Textes hatten Sir Charles Wheatstone und Sir William Fothergill Cooke auf einer Länge von 13 Meilen zwischen der Paddington Station und West Drayton die erste elektrische Telegrafenleitung in Betrieb genommen. Und natürlich hatte Samuel Morse in den USA das passende Übermittlungssystem entwickelt. Mit der Vernetzung war nun alles tendenziell gleich weit voneinander entfernt, Zeit und Raum waren, so real sie auch schienen und sich auch noch beispielsweise in Form des Schienennetzes ausdehnen mochten, schon in der Umkehrbewegung: Die große Implosion hatte bereits begonnen.

Neben Poe sind es die Werke von T. S. Eliot, Wyndham Lewis, Ezra Pound, William S. Burroughs, vor allem aber immer wieder Joyce, auf die McLuhan zurückgreift, die er als Kommentare zu medialen Umbruchsituationen liest und aus denen er seine Erkenntnisse zieht.

Im Schreiben dieser Autoren erkennt McLuhan den Versuch, die Linearität der Aufzeichnung, die stummen Buchstabenformeln zu überwinden. Poe erfindet die Detektivgeschichte, die antilinear ist, weil sie immer nur vom Ende her verstanden werden kann, und Joyce küsst mit *Finnegan's Wake* den Osten wach, die rechte Hirnhälfte und den akustischen Raum. Seine Wortfolgen verwandeln sich zurück in nicht lineare, repetitive Assoziationsketten, seine Buchstaben in Laute. McLuhan nimmt das ernst, was er liest, manche nennen das verächtlich Textimmanenz oder haben noch schlimmere Worte dafür. Literatur bleibt für ihn immer unmittelbar mit dem Leben verbunden. So äußert er wiederholt, all seine medialen Einsichten habe er aus den Texten von Joyce, und in eine seiner völlig zugekritzelten Ausgaben von *Finnegans Wake* klebt er sogar den Ausriss der Zeitungsmeldung anlässlich seiner eigenen Hochzeit aus dem Jahr 1939: »Couple Sail On S. S. Rex On Aug. 12. Corinne Lewis and St. Louis Man Wed in Missouri.«

Auch für seine eigenen Arbeiten erkennt er die Notwendigkeit, das Schreiben als linearen Vorgang aufzubrechen, und sucht nach Möglichkeiten, dem Schreiben etwas hinzuzufügen, das der suggestiven Kraft des medialen Grundes, der gedruckten Schrift, entgegenwirkt. Das führt zu unterschiedlichen Strategien. Zum einen kombiniert McLuhan Bilder und Worte, so schon in seinem ersten

Buch *The Mechanical Bride* von 1951. Er führt dieses Prinzip fort, 1967 in *The Medium is the Massage*, einem reich illustrierten Buch, das in Zusammenarbeit mit dem Grafiker Quentin Fiore entstand. Ebenfalls mit Fiore entsteht 1968 *War and Peace in the Global Village*. *Culture is Our Business* ist die Fortsetzung der *Mechanical Bride* mit neuerer Werbung. 1970 erscheint in Zusammenarbeit mit dem Gestalter Watson *From Cliché to Archetype*, ein Buch, dessen Abschnitte nach ihren Anfangsbuchstaben alphabetisch angeordnet sind: Selbst das Inhaltsverzeichnis befindet sich irgendwo in der Mitte.

McLuhan lieferte außerdem Unmengen an wenig redigiertem Text bei seinen Verlegern ab, was zu einer Verschiebung der Publikationstermine führte, sich aber nur teilweise mit Zeitdruck und seiner Ungeduld erklären lässt. Die gesammelten Ergüsse sperrten sich einfach gegen die Kohärenzvorgabe des Buchmediums und seiner Produktionslogik, er wollte sich deren Diktat nicht beugen und auch nicht den in der Linearität des Buchdrucks und der mechanischen Produktion festsitzenden Lesern entgegenkommen, etwa indem er sich um Verständlichkeit bemühte. Überschriften in seinen Büchern haben nur selten etwas mit den nachfolgenden Ausführungen zu tun, und seitenweise zitiert er aus Texten anderer Autoren. Schließlich zerschnitt er auch seine eigenen Texte und wirbelte sie durcheinander, wenn ihm die Gedankengänge zu geradlinig erschienen. Das großzügige Zitieren empfindet der McLuhan-Forscher Rainer Höltschl nicht nur als Hinweis darauf, dass es keinen allein schaffenden Autor gibt, sondern auch als Versuch, auf das stumme, visuelle Medium Buch eine tönende Vielstimmigkeit zu übertragen.

Urteile zu fällen, Positionen zu beziehen, ›sich zu entscheiden‹ war gewiss nicht sein oberstes Ziel, mit den französischen Existentialisten hätte er sicher nicht mal aufs Foto gewollt. Einen Standpunkt zu beziehen in einer Zeit, in der alles rast und stürzt, wäre seiner Meinung nach einem Todesurteil gleichgekommen wie in Poes Geschichte. Aber McLuhan hat durchaus Position bezogen, nur eben nicht klassisch, nicht links oder rechts, nicht für die Tradition oder für die Moderne, für Demokraten oder Republikaner, sondern für die Beweglichkeit jedes Einzelnen im täglichen Chaos. *Dig deeper*. Um herauszufinden, wo man steht und was mit einem angestellt wird. Zweck. Ethik. Ziel. Alles in einem. Wie bei Aristoteles. Oder wie bei Thomas von Aquin, auf den er immer wieder verwies, wurde er nach der Herkunft seiner Medientheorie befragt. Nicht Parmenides, wie man anhand der Unterscheidung in heiße und kalte Medien annehmen könnte. McLuhan verkündet keinen Wahrheitsanspruch, und selbst das Verhältnis zu seinen eigenen Statements ist, wie etwa in *Annie Hall*, ironisch distanziert. Berühmt wurde seine lapidare Reaktion auf Kritiker: »Sie mögen meine Ideen nicht? Macht nichts, ich hab noch andere.« Mit der Untersuchung dessen, was Theorien, Philosophien, Kulturen, Traditionen hervorbringt, gräbt er eine Schicht tiefer. »Gewalt *im* Fernsehen« interessiert nicht. Fernsehen ist Gewalt, weil es ein Medium ist und weil es unseren Körper und damit die Vorstellung von uns selbst und allen anderen Medien gleich Körperteilen verändert. Auch die Frage, in wessen Hand sich die News Corporations befinden, interessiert nicht. Dem Satelliten ist es egal, ob er dem Arbeiter- und Bauernstaat gehört oder einer ja auch irgendwie vergesellschafteten Aktiengesellschaft. Mit seiner Frage nach der politischen Wirkung des Mediums selbst ist McLuhan allerdings höchst politisch: Es fällt schwer, sich die Stasi beim Durchschnüffeln des Internet vorzustellen. Unter den Bedingungen der Stromkommunikation wird alles unmittelbar gegenwärtig und rückt einem auf den Pelz. Im »globalen Dorf« hilft einem auch keine Mauer mehr. Raum, Zeit, Geschichte, Vernunft, handelnde Subjekte – all diese Hilfsbegriffe, die vor McLuhan zu wenig nach ihrer Herkunft befragt wurden, sind das Konstrukt einer medialen Kultur, meist derjenigen der Schrift und der Mechanik, einer Kultur, die sich immer weiter ausgedehnt hat und damit den Raum erst schuf, den sie zentral zu steuern versuchte. Von Rom aus das gesamte Imperium, mit einem Gehirn den ganzen Körper. Heute wissen wir, dass auch diese Hilfsbegriffe erst im Verlauf der Geschichte den Status der Unantastbarkeit eingenommen haben. Doch wieso ist es dann dennoch möglich, ihre Herkunft zu erkennen? Weil die mediale Zäsur, das Vordringen der elektronischen Medien die Körper veränderte. Nach Jahrhunderten der Ausweitung der Gliedmaßen mittels der Mechanik emigrierte mit dem Telegrafen das zentrale Nervensystem selbst und machte die gesamte Umwelt zum Weltinnenraum. Die Betäubung durch die mechanischen Medien hörte auf und wurde durch eine andere ersetzt. Indem die mechanischen Medien nicht mehr Teil des Organismus waren, rückten sie wieder in den Vordergrund der Wahrnehmung. Mit anderen Worten, erst die Veränderung der medialen Situation ließ uns die Veränderung der medialen Situation erkennen, denn auch hier ist das Medium die Botschaft.

Am 26. September 1979, mit 68 Jahren, ein halbes Jahr vor seinem geplanten Rückzug aus der Universität, erleidet McLuhan einen Schlaganfall, von dem er sich nicht mehr erholt. Er kann nicht mehr lesen oder schreiben und kaum noch sprechen. Die Familie versucht vergeblich den Eindruck zu erwecken, er werde bald wieder hergestellt sein, nicht zuletzt um finanziell über die Runden zu kommen. Die McLuhans waren immer knapp bei Kasse, lebten über ihre Verhältnisse, und McLuhan verscheuerte Bücherrechte in einigen Fällen gleich mit sämtlichen Nebenrechten für einen Pauschalbetrag – auch an den Verlag der University of Toronto, mit der er ein Leben lang in Streit lag.

In der Nacht auf den 31. Dezember 1980 stirbt er zu Hause.

Erst weitere fünfzehn Jahre später, nicht über den Umweg der französischen Antitheoretiker, sondern mit der weltweiten Vernetzung der Home Computer, der Personal Computer, dem Multimedialitätsterror für alle und der totalen Funktionsimplosion der Maschinen beginnen die Fragen erneut, auf die er als Erster Antworten gesucht hat. Heute wundern sich nicht wenige, mit welcher Präzision er die technologische Entwicklung vorhergesagt hat, die zugleich als die große Zäsur im Denken des 20. Jahrhunderts gelten muss.

Dennoch gibt es keine kritische Gesamtausgabe, nicht einmal eine Werkausgabe. Und dabei ist es mittlerweile unstrittig, dass die moderne Beschäftigung mit Medien bei McLuhan ihren Ausgangspunkt hat. McLuhan veröffentlichte die *Gutenberg Galaxy* ein Jahr vor Derridas *Grammatologie* und weist dort bereits die Bedeutung des Vorausliegens und der Omnipräsenz der Sprache nach. Er setzte neue methodische Maßstäbe, indem er Kunst als Metatext medialer Entwicklung liest – und damit die Autopoeisis der Systemtheorie vorwegnimmt, ohne bei ihr stehen zu bleiben. Er entlarvt das Subjekt als ideologisches Konstrukt, als eine Funktion des mit Schrift und Buchdruck zwangsläufig eingenommenen Blickpunkts.

Doch bis zur Erkenntnis, dass uns Marshall McLuhan etwas Wichtiges zu sagen hatte, dauerte es noch bis zur Vernetzung der Einzelrechner weltweit. Erst mit der Aufhebung von Wohnungs- und Länderbarrieren lösten sich die starren Fronten und er konnte neue Leser finden. Seit dem Erfolg des Internet geht es hinter dem Satzschlusszeichen, dem Punkt, klein weiter. Mit ›org‹, ›com‹ oder ›edu‹. Und mit McLuhan. Schluss ist, wenn nichts mehr folgt

Werke von Marshall McLuhan (Auswahl)

Die mechanische Braut. Volkskultur des industriellen Menschen (1951), Amsterdam 1996.

Die Gutenberg-Galaxis. Das Ende des Buchzeitalters (1962), Düsseldorf, Wien 1968.

Understanding Media. Die magischen Kanäle (1964), Düsseldorf, Wien 1968.

Das Medium ist Message (1967), Frankfurt am Main u. a. 1984.

Krieg und Frieden im globalen Dorf (1968), Düsseldorf, Wien 1971.

Wohin steuert die Welt? Massenmedien und Gesellschaftsstruktur (1978), Wien u. a. 1978.

Literatur zu Marshall McLuhan (Auswahl)

Baltes, Martin/Höltschl, Rainer (Hg.): *absolute Marshall McLuhan*, Freiburg 2002.

–, Böhler, Fritz/Höltschl Rainer/Reuß, Jürgen (Hg.): *Das Medium ist die Botschaft – The Medium is the Message. Interviews und Gespräche*, Dresden 2001.

Marchand, Philip: *Marshall McLuhan*, Stuttgart, München 1999.

Miller, Jonathan: *Marshall McLuhan*, München 1972.

Rolf Lindner

Richard Hoggart (*1918) »A shabby cat from the council house«

The Uses of Literacy und das *Centre for Contemporary Cultural Studies*, Birmingham

Für Johannes Moser

Zuweilen stelle ich mir Richard Hoggart vor, wie er am Wohnzimmertisch sitzt, vor sich die Bücher und die Schulhefte, im Hintergrund die Großmutter beim Bügeln. In diesem Moment sind Großmutter und Enkel Komplizen der Bildung in einer Welt ohne Bücher: »Reading, except of comics, was a strange land to which most did not penetrate. If you had gone up the whole length of our street on both sides you would not have found, I guess, more than fifty books in all, and most of those would have been giveaways from *John Bull's* or the newspaper promotions.«[1] Hoggart schildert seine Großmutter als eine Frau, die Achtung vor dem Wissenserwerb hatte, nicht so sehr als ein Weg zum Wohlstand, wie er schreibt, als vielmehr aus der Vorstellung heraus, dass Wissen eine Person frei und unabhängig mache.

Es sind Szenen wie diese, Szenen, die sich in Hoggarts biografisch getöntem Werk immer wieder finden, die ihm das Verdikt der Sentimentalität eingetragen haben, verbunden mit dem Anwurf einer zutiefst nostalgischen Weltsicht. In einer Zeit, in der die *Memoria*-Forschung Hochkonjunktur hat, kommt das Verdikt der Nostalgie und der Sentimentalität überraschend geschwind daher und ungetrübt von Versuchen der Einfühlung. Angesichts dieser Anwürfe sah sich Hoggart zu der traurigen Schlussfolgerung genötigt, »that some intellectuals find it hard to take praise of good feeling, the celebration of where some people have got things emotionally right – and that when they meet this almost instinctively reach for the label

1 Richard Hoggart: *A Local Habitation* (= *Life and Times*, Bd. I: 1918-1940), Oxford 1989, S. 153.

›sentimental‹.«[2] Man kann die Szene in der Küche durchaus als eine Urszene begreifen, in der die *politics* des Richard Hoggart im Kern enthalten sind: die entscheidende Rolle, die er der Bildung für den Aufbau einer gerechteren, wahrhaft demokratischen Gesellschaft beimisst, und die Bedeutung der sozialen Wärme als unmittelbarer Ausdruck gelebter Gemeinschaftlichkeit.

I.

Richard Hoggart ist zweifellos eine Schlüsselfigur in der Geschichte der Kulturwissenschaften. Zwei Momente sind es, die ihm einen Platz im kulturwissenschaftlichen Pantheon garantieren: die Veröffentlichung von *The Uses of Literacy* im Jahre 1957, einer Mischung von *mémoire* und Kulturkritik, und die Gründung des *Centre for Contemporary Cultural Studies* (CCCS) in Birmingham im Jahre 1964.

Mit diesen beiden Leuchttürmen hat er die Landschaft der Kulturwissenschaften auf eine Weise verändert, die bis heute nachklingt; eine Menge für jemanden, der in einem für die englischen Arbeiterdistrikte so typischen Backsteinhäuschen aufgewachsen ist – und doch ohne diesen Hintergrund nicht denkbar. 1918 in Leeds geboren, verlor Hoggart bereits früh seinen Vater und wurde mit sieben Jahren zum Waisen, als seine Mutter an Schwindsucht starb. Die Geschwister Hoggart werden nach dem Tod der Mutter auseinander gerissen und auf die weitere Familie ›verteilt‹, ein Lebensschicksal von Dickens'schem Format. Richard Hoggart wächst bei seiner Großmutter in Hunslet, einem Arbeiterdistrikt von Leeds, auf. Zum Haushalt der Großmutter gehören neben ihm zwei Tanten, ein Onkel und eine Kusine, die, da in Lohn und Brot, ein ›Flüchtling‹ vor den Inspektoren war, die die Bedürftigkeit (*means test*) der Familie mit elf Kindern zu überprüfen hatten – statt ihrer wohnte Richards Bruder Tom im Haushalt des Onkels. Ein solcher Haushalt musste, sollte er funktionieren, auf Ehrbarkeit (*respectability*) ausgerichtet sein – eine prägende Erfahrung und ein zentrales Thema in Hoggarts Leben und Werk. »There are some truths –

2 Richard Hoggart: *A Sort of Clowning* (= *Life and Times*, Bd. II: 1940-1959), Oxford 1991, S. 143.

self-respect above all«, schreibt er später in seiner Autobiografie, »which should matter to miners as to dukes.«[3]

Gerade für eine Familie, die punktuell von der öffentlichen Fürsorge abhängig war, galt es den Stolz zu bewahren, der vor allem darauf ausgerichtet war, bloß nicht in Schäbigkeit abzusinken: »›Shabby‹ to us was a very real, present and material word; it pointed above all to shabby *things*, overwhelmingly to clothing and secondarily to the furnishings of the home.«[4] Trotz der schwierigen Verhältnisse scheint Hoggarts Kindheit und Jugend nicht unglücklich gewesen zu sein – offensichtlich ein Verdienst der Großmutter, »the one person who loves and is loved above others«.[5] Die Art von Frauenhaushalt, in der Hoggart aufwächst, ist nicht ungewöhnlich für das Arbeitermilieu der Zwischenkriegszeit, und auch die Rolle der Großmutter, die den *scholarship boy* Richard in seinen Bildungsbemühungen unterstützt, ist es nicht. Lesen galt in Arbeiterfamilien als ›Frauensache‹, und der Junge, der statt ins Werk zur höheren Schule ging, zählte zur Welt der Frauen. Es sind auch in ›vollständigen‹ Haushalten die Frauen, vor allem die älteren Frauen, die den Wert von Bildung zu schätzen wissen als ein Mittel, um den Zwängen der schweren körperlichen Arbeit zu entgehen, vor allem aber als eine Möglichkeit, gesellschaftliche Anerkennung zu gewinnen. Nicht um ›etwas Besseres‹ sein zu wollen – ›to assume airs‹, die Todsünde im traditionellen Arbeitermilieu –, sondern um jenen Respekt zu erfahren, der dort so wichtig ist, wo Demütigungen, auch und vor allem ungewollter Art, alltägliche Erfahrung sind.

II.

»Thinking the social through my self«: Das, was Elspeth Probyn als Charakteristikum der Cultural Studies bezeichnet hat, gelebte Erfahrung als Ausgangsmaterial für kritische Untersuchungen zu nehmen, »to think the immediacy of theory«,[6] das charakterisiert auch das Werk von Richard Hoggart. Nicht zuletzt durch ihn hat das Er-

3 Hoggart: *A Local Habitation*, S. 110.

4 Ebd., S. 151.

5 Ebd., S. 29.

6 Elspeth Probyn: *Sexing the Self: Gendered Positions in Cultural Studies*, London 1993, S. 2 f.

fahrungswissen im akademischen Feld Legitimität gewonnen, was nicht weniger als einen Paradigmenwechsel in den Kulturwissenschaften und die *differentia specifica* der Cultural Studies gegenüber anderen Disziplinen bedeutet. Schon früh hat Wolf Lepenies im deutschsprachigen Raum darauf aufmerksam gemacht, dass die englische Debatte zum Thema Arbeiterkultur durch einen hohen Authentizitätsgrad gekennzeichnet ist, entstammen doch viele der Autoren, die sich über proletarische Kultur äußern, den Arbeiterschichten.[7] Wissenssoziologisch können wir hier, Robert Merton[8] folgend, von einer Insider-Perspektive sprechen. Ob es um Arbeiterkultur, um jugendliche Subkulturen oder später, wie bei Probyn, um Fragen des Feminismus geht – stets spielt in den Cultural Studies *lived experience* eine zentrale kognitive Rolle.[9]

Den Urtext für diese erfahrungsgesättigte Kulturwissenschaft bildet *The Uses of Literacy*, und wie sehr Richard Hoggart vor allem beim ersten, ›ethnografischen‹ Teil des Buches aus der eigenen Erfahrung geschöpft hat, das wird dem Leser vollends klar, wenn er den Text mit dem ersten Band von Hoggarts Autobiografie *A Local Habitation* gegenliest. Die Geschichte von *The Uses of Literacy* ist oft – und nicht zuletzt immer wieder von Richard Hoggart selbst – erzählt worden: dass es zunächst als eine Art Textbuch über Populärkultur und Massenkultur für Tutoren der Erwachsenenbildung gedacht war; dass anfangs der Titel *The Abuses of Literacy* vorgesehen war, war doch der verarmende Einfluss der kulturindustriellen ›mass publications‹ auf die klassische Popularkultur das eigentliche Thema; und dass das Buch geschrieben wurde »back to front in that I started to write a textbook and then I decided to write a description of the culture and that became the first part of the book«.[10] Bis heute sieht man dem Buch diese Konstruktionsgeschichte förmlich an: »The book is broken-backed, because the first part was written

7 Wolf Lepenies: »Arbeiterkultur. Wissenschaftssoziologische Anmerkungen zur Konjunktur eines Begriffs«, in: *Geschichte und Gesellschaft* 5, 1979, S. 128.

8 Robert K. Merton: »Insiders and Outsiders. A Chapter in the Sociology of Knowledge«, in: *American Journal of Sociology* 78, 1972, S. 9-47.

9 Rolf Lindner: »›Lived Experience‹. Über die kulturale Wende in den Kulturwissenschaften«, in: Lutz Musner u. a. (Hg.): *Cultural Turn. Zur Geschichte der Kulturwissenschaften*, Wien 2001, S. 11-19.

10 John Corner: »Studying culture: reflections and assessments. An interview with Richard Hoggart«, in: *Media, Culture and Society* 13, 1991, S. 140.

after the second part and there's very little attempt specifically to bring them together.«[11] In dieser Konstruktion schlägt sich die Erfahrung nieder, die Hoggart am *Department of Adult Education* an der Universität von Hull, wo er von 1947 bis 1959 lehrte, gemacht hatte: die Diskrepanz zwischen Text und Erfahrungswelt der Leser – »they learned about ›classical‹ literature ... but they lived in another world«.[12] Eine Diskrepanz, die Hoggart als Schüler am eigenen Leib erfahren hatte.

Mit dieser Komposition des Textes, die den engen Kulturbegriff, verstanden als ›body of imaginative and intellectual artefacts‹ in den weiten Begriff von Kultur als ›a whole way of life‹ einbettet, ist jener entscheidende Schritt getan, der zum Paradigmenwechsel der Cultural Studies führt:

> Das heißt, daß die Kultur eher im Hinblick auf ihre Beziehung zwischen einer sozialen Gruppe und den Dingen, die deren Lebensweise ausdrücken, betrachtet werden muß als im Hinblick auf die Dinge selbst – also nicht das Bild, der Roman, das Gedicht, die Oper, sondern die Beziehung zu der sozialen Gruppe, deren Leben sich in diesen Objekten widerspiegelt. Dann kommt die Kultur den historischen und sozialen Verhältnissen sehr viel näher, und ich glaube, daß an diesem Punkt die »anthropologische Definition der Kultur«, wie sie gelegentlich in England bezeichnet wird, einsetzen kann. Dieser Kulturbegriff entspricht dem, was Raymond Williams als ›die gesamte Lebensweise‹ bezeichnet.[13]

Die Forschungsarbeiten des CCCS in den 1970er-Jahren, vor allem die der *Media group* und der *Sub-Cultures group*[14] mit ihren Analysen subkultureller Stile, sind durch diesen Perspektivenwechsel gekennzeichnet. Im Theorem der kulturellen Homologie findet diese Perspektive ihre kulturtheoretische Formulierung: Artefakte, Kunstwerke und Konsumobjekte müssen den Vorstellungs- und

11 Ebd.

12 Ebd., S. 139.

13 Stuart Hall: »Über die Arbeit des Centre for Contemporary Cultural Studies (Birmingham). Ein Gespräch mit H. Gustav Klaus«, in: *Gulliver* 2, 1977, S. 55.

14 Die so genannten Untergruppen (*sub-groups*) bildeten die wesentlichen Organisationseinheiten am CCCS, die entscheidend zur intellektuellen Entwicklung und zum Erfolg der Cultural Studies beitrugen. Mitte der 1970er-Jahre bestanden neben den bereits genannten u. a. die *Cultural History group*, die *Popular Memory group*, die *Women's Studies group* und die *Work group*. In der neunten Ausgabe der institutseigenen Zeitschrift *Working Papers in Cultural Studies* (1976) wird die Arbeit einer Reihe dieser Gruppen vorgestellt.

Handlungsmustern von Personen und Gruppen ›entsprechen‹, sie müssen, wie es Hoggart ausgedrückt hat, »chime with existing cultural assumptions«, um wirksam und attraktiv zu sein.[15] Damit sind auch allzu einfache Vorstellungen von der Manipulation der Konsumenten/Rezipienten in Frage gestellt. »For his [Hoggart's, R. L.] thesis was that mass culture could not gain access to the working class audience unless it recapitulated – albeit in a distorted and manipulative form – themes and values already central to the older patterns of working class life.«[16] Statt umstandslos von ideologischer Vereinnahmung durch Konsum auszugehen – dem ›Verblendungszusammenhang‹ der Frankfurter Schule –, wird Konsum als ein Akt der Aneignung begriffen, durch den ein Objekt adaptiert und, falls sinnvoll oder nötig, modifiziert werden kann; Hoggart hat diesen Ansatz als »modification-with-adaptation approach« bezeichnet.[17] Wir sehen also wie zutreffend die in der Einleitung zur amerikanischen Ausgabe geäußerte Meinung von Andrew Goodwin ist, dass »this book (*The Uses of Literacy*) was central in helping to shape the field of cultural, media, and communications study in Britain«.[18]

An Hoggarts Textsammlung bewahrheitet sich die Behauptung von Raymond Williams, dass »that shift of perspective about the teaching of arts and literature and their relation to history and contemporary society began in Adult Education, it didn't happen anywhere else«.[19] Letzten Endes sind auch die Cultural Studies als akademische Disziplin Resultat von persönlichen, praktischen Erfahrungen.

15 Richard Hoggart: *An Imagined Life* (= *Life and Times*, Bd. III: 1959-1991), Oxford 1993, S. 96.

16 Stuart Hall: »*The Intellectual Development of the Centre*«, Stencilled Paper, Birmingham, Nov. 1972, S. 3.

17 Hoggart: *An Imagined Life*, S. 96.

18 Andrew Goodwin: »The Uses and Abuses of In-Discipline« (Introduction to the Transaction Edition), in: Richard Hoggart: *The Uses of Literacy*, New Brunswick, NJ 1992, S. 15.

19 Raymond Williams: *Resources of Hope*, London, New York 1989, S. 162.

III.

Der ›Broken-backed‹-Charakter des Buches zeigt sich auch auf der Ebene des *close reading*. Während der erste Teil über die klassische Arbeiterkultur einer veritablen ›Dichten Beschreibung‹ *avant la lettre* gleichkommt, wirkt der zweite Teil, der sich mit den neuen ›*mass publications*‹ auseinander setzt, aus heutiger Sicht als konventionelle, wenn auch empirisch angereicherte, d. h.: englische Kulturkritik. Der erste Teil, »An ›older‹ Order«, bildet mit seiner Beschreibung des Schauplatzes und der Protagonisten (»A Landscape with Figures«), der Denk- und Sprachmuster (»›Them‹ and ›Us‹«) sowie des Alltagslebens und Freizeitvergnügens (»The ›Real‹ World of People« und »The Full Rich Life«) die eigentliche zeitgenössische Sensation. Verstanden als authentische Beschreibung der Arbeiterkultur der Zwischenkriegszeit bietet der Text einen Blick ›hinter die Kulissen‹, in die Welt der ›kühnen Tapetenmuster‹, des »good table« und der »debunking art«, die volkstümliche Kunst des »Verarschens«: »Something tasty«, nicht zuletzt für den bürgerlichen Geschmack. Der Text ähnelt einem überaus dichten, reichhaltigen ethnografischen Narrativ. Jean-Claude Passeron hat sogar im Organisationsprinzip des ersten Teils, wie er in seiner Einleitung zur französischen Ausgabe (zeitgerecht »La culture du pauvre« betitelt) hervorhebt, das klassische Inventar der ethnografischen Studie wiederentdeckt, von der Raumorganisation und der Wohnstätte, dem Rhythmus von Arbeit und Freizeit, den Lebensaltern und dem Verhältnis zwischen den Geschlechtern bis hin zur Struktur des Familienlebens und den kulturellen und religiösen Praktiken.[20]

Hoggart erweist sich als ein außerordentlich genauer Beobachter und Zuhörer, der uns zeigt, wie man auf Dinge blicken soll; »even the smells are not forgotten«, wie Passeron in seiner Einleitung weiter schreibt.[21] Wir können Stefan Collini in seiner Ansicht nur beipflichten, dass Hoggart »is not interested in any clever stuff about the commodity as signifier; he is interested in peering into his fellow-shoppers' carts and inferring whole ways of life from their con-

20 Jean-Claude Passeron: »Introduction to the French Edition of Uses of Literacy«, in: *Working Papers in Cultural Studies* 1, 1971, S. 120-131 (hier: S. 122). Dank an Angela McRobbie, die mir die Ausgabe der WPCS zur Verfügung gestellt hat.

21 Ebd. S. 123.

tents. Hoggart can see life in a handful of dusters«.[22] Diese Fähigkeit und eine gewisse Distanz gegenüber geistigen Höhenflügen ohne Bodenhaftung unterscheiden Hoggarts Kulturanalysen auch von vielen seiner Nachfolger. »Vielleicht ist in diesem Fall«, räsoniert Bourdieu, bezogen auf seine eigene Person, »gerade die Tatsache, aus jenen ›Klassen‹ zu kommen, deren Lebensverhältnisse man gerne ›bescheiden‹ nennt, für bestimmte Fähigkeiten verantwortlich, die in Handbüchern der Methodologie nicht gelehrt werden: das Fehlen einer jeden Geringschätzung für empirische Genauigkeit, eine Aufmerksamkeit für die scheinbar nebensächlichsten und ›minderwertigsten‹ Untersuchungsgegenstände, der Widerwille gegen großartige Aufkündigungen des Bestehenden und Aufsehen erregende geistige Glanzleistungen« – besser kann Hoggarts akademische Haltung nicht beschrieben werden.[23]

Eine von Hoggarts bevorzugten Formen der Feldforschung scheint in der Tat, wie von Collins behauptet, das *shopping* zu sein. Sein Favorit war offensichtlich Woolworth, kurz ›Woolies‹ genannt, »a clear favourite with working-class people«.[24] Wie Hoggart beispielsweise über das Bedürfnis nach »a bit of colour« schreibt, das ist so erfahrungsgesättigt, das ist so weit entfernt von aller flachen Konsumkritik oder vom Dünkel, der stets in der Rede vom Kitsch anklingt, dass es seinesgleichen in der ethnografischen Literatur sucht:

Indoors, the basic furnishings of the home are surmounted by articles whose main charm is their high colour and suggestions of splendour. The older forms may often look almost grotesque, and the newer ones debased; but the tradition is unbroken. The wallpaper may have been ticketed at the shop, ›In the latest manner‹, but still it has a bold pattern and colours. The

22 Stefan Collini: »Review of ›Townscape with Figures. Farnham, Portrait of an English Town‹«, in: *Society* 33, 1995, S. 77.

23 Pierre Bourdieu: *Ein soziologischer Selbstversuch*, Frankfurt am Main 2002, S. 116 f.

24 Richard Hoggart: *The Uses of Literacy. Aspects of working-class life with special reference to publications and entertainments*, Harmondsworth 1976, S. 145. In seinem Porträt von Farnham kommt Hoggart auf das Thema Woolworth zurück: »The allure, and that word is not excessive of the old-style Woolies, lay in both its sense of being an Arabian bazaar and in its psychological accessibility. It didn't frighten you; it belonged to your class; you hardly ever had to ask for things since they were all laid out in open troughs, and clearly priced.« (Richard Hoggart: *Townscape with Figures. Farnham: Portrait of an English Town*, London 1994, S. 110).

older-style pots and decorated sea-shells are disappearing from the mantelpieces, and only a minority of the young couples will want a vivid clip-rug; but the replacements are just as vivid. It was not difficult to guess that working-class people would go back, as soon as they no longer had to buy utility furniture, to the highly-polished and elaborate stuff the neon-strip stores sell. Gone, we have already seen, is the lush aspidistra in its equally lush bowl which was fed on aspirins and weak tea when it flagged. But its successors in the window-space speak the same emotional language. And the flowers in the box outside are still those which best provide »a bit of colour«.[25]

Der ethnografische Teil des Buches ist voll von Beispielen des ›bisschen Extra‹, das das Leben lebenswert macht, bloßes »Beiwerk« in den Augen Außenstehender oder Schlimmeres: Ausdruck von Unbedachtheit und der Unfähigkeit Prioritäten zu setzen.[26] Angesichts dieser sinnlichen und mit Empathie geschriebenen Schilderungen wirken noch die besten Ethnografien vom *Outsider*-Standpunkt farblos und wenig einfühlsam. Diese große Beschreibungskunst gilt auch für die Schilderungen der Schattenseiten in der ›Kultur der Armut‹, die nur dann wirklich gelingen können, wenn auch sie erfahrungsgesättigt sind:

I wanted to describe our widowed mother's face in all its sick poverty-stricken greyness. Piling up adjectives is a second-best (...) Then I remembered one thing which seemed at first slightly shocking; but which very quickly was right, what I had been hoping for. It was that the lines on her face were etched with dirt, the residence of years of snatched washes under a cold tap with cheap soap. This was the very image of that kind of poverty.[27]

Im Vergleich zum ethnografischen Narrativ des ersten Teils wirkt der zweite Teil des Buchs »Yielding Place To New«, Hoggarts Lektüre der neuen Erzeugnisse der Massenkultur und ihre Einwirkung auf die alten, in Auflösung befindlichen Formen der Populärkultur, aus heutiger Sicht sowohl im analytischen wie im stilistischen Sinne konventioneller und steifer im Ton. Was über weite Strecken fehlt, ist eben das, was den ersten Teil so faszinierend machte: die Fähigkeit zur Empathie. Der mythischen Welt der *Juke-Box Boys* kann Richard Hoggart offensichtlich nichts abgewinnen; hier tritt

25 Ebd., S. 143 f.

26 Generationen von Fürsorgebeamt(inn)en haben bei ihren Hausvisiten die ›bunten Bilder‹ moniert, die an den Wänden hängen, statt etwas ›Vernünftiges‹ anzuschaffen.

27 Hoggart: *A Sort of Clowning*, S. 216.

wohl auch die Spur an Puritanismus zutage, die ihm eigen ist. Dennoch gilt es festzuhalten, dass auch dieser Teil, in dem die Methoden der Literaturanalyse auf die Erzeugnisse der Massenkultur angewandt werden, gemessen am zeitgenössischen kulturkritischen und kommunikationswissenschaftlichen Diskurs eine neue Perspektive anbietet, die darin besteht, zu behaupten, »that the mind of a reader is not a *tabula rasa* but has been nurtured within a social setting which provides its own forms and filters for judgments and resistances, that one had to know very much more about how people used much of the stuff which to us might seem merely dismissable trash, before one could speak confidently about the effects it might have«.[28] Dadurch wird eine Distanz zu einfachen, von der Kritischen Theorie nahe gelegten manipulationstheoretischen Annahmen gewonnen, eine Distanz, die sich vor allem in der analytischen Unterscheidung zwischen Genuss und Einfluss artikuliert: »Whilst they are enjoying it, people may submit themselves, may identify themselves; but at the back of their minds they know it is not ›real‹; ›real‹ life goes on elsewhere.«[29] Alles in allem herrscht freilich ein kulturpessimistischer Tenor vor, der einer unvoreingenommenen Sicht zuweilen im Wege steht. Schon in den Zwischenüberschriften kommt die grundsätzliche Ablehnung des Autors zur Geltung: »Invitation to a Candy-Floss World: The Newer Mass Arts« oder »The Newer Mass Arts: Sex in Shiny Packets«. Was für ein (vom Autor durchaus beabsichtigter) Unterschied zum »Full Rich Life« des ersten Teils.

Analytisch betont Hoggart im zweiten Teil die Art und Weise, wie die Kulturindustrie Elemente der traditionellen Arbeiterkultur, Denkweisen, Handlungsweisen und Geschmäcker, Werte und Normen, aufgreift und in kommerzielle Formen überführt: die »Modification-with-adaptation«-These ist hier gewissermaßen auf den Kopf gestellt. Auch dies ist analytisch fruchtbarer als die Verblendungsthese der Kritischen Theorie. So tritt beispielsweise an die Stelle des Lokalen und Persönlichen als lebensweltlichen Werten eine medial induzierte *fake intimacy* und an die Stelle der Nachbarschaftlichkeit (*neighbourliness*) der alten Arbeiterquartiere der *phoney sense of belonging*, der durch die Moderatoren der Rundfunkan-

28 Ebd., S. 135.
29 Ebd., S. 238.

stalten vermittelt wird – das, was etwa zur gleichen Zeit in der amerikanischen Massenkommunikationsforschung als »parasoziale Interaktion« verhandelt wird. Hoggarts Fazit freilich ist durch und durch kulturpessimistisch: »The old forms of class culture are in danger of being replaced by a poorer kind of classness, or by what I was led earlier to describe as a ›faceless‹ culture ...«.[30]

Die Ablösung der Arbeiterkultur durch die mediale Massenkultur lässt sich nicht besser und nicht ironischer illustrieren als durch die 1960 ins Leben gerufene TV-Serie *Coronation Street*, eine Soap Opera, die im traditionellen Arbeitermilieu spielt. In »Hoggartsborough«, wie das inszenierte Arbeiterviertel der Serie schon bald in Feuilletonkreisen genannt wird, gerät Arbeiterkultur zum alltäglichen Schauobjekt. In der ersten Folge tritt, um die Ironie perfekt zu machen, ein *scholarship boy* auf, der seine neue Freundin aus besseren Kreisen nach Hause bringt – und der sich seiner Familie und Verwandtschaft schämt. In die Polarisierung von *class culture* und *faceless culture* (mit dem Unterton der *fake culture*) ist der Authentizitätsdiskurs eingelassen, der für ein Verständnis von Kultur als gesamter Lebensweise geradezu zwangsläufig ist.[31] Die Klassenkultur ist eine genuine Kultur, ganz im Sinne des Kulturanthropologen Edward Sapir, der diese Unterscheidung – in »genuine and spurious culture« – bereits 1924 getroffen hatte.[32] In der Homologie-These von Subjekt und Objekt, in der Überlegung, dass äußere Dinge innere Zustände auszudrücken vermögen, sind noch Restbestände der Idee der Authentizität enthalten.

In einem eher beiläufig erscheinenden, für das Verständnis des Werks aber zentralen Abschnitt des Buches geht Hoggart auf die Figur des *scholarship boy* als einer kulturell ›heimatlosen‹ Person ein. Noch in der Eingangspassage dieses kurzen Abschnittes – »This is a difficult chapter to write, though one that should be written« – tritt die ganze Beklommenheit zutage, die diese Gruppe der gefühlsmäßig Entwurzelten, wie Hoggart sie nennt, kennzeichnet.[33] Hoggart gelingt in diesem Abschnitt ein Musterbeispiel erfahrungsgesättig-

30 Ebd., S. 343.

31 Vgl. zu diesem Diskurs: Rolf Lindner: »Die Idee des Authentischen«, in: *Kuckuck. Notizen zu Alltagskultur und Volkskunde* 13, 1998, S. 58-61.

32 Edward Sapir: »Culture, genuine and spurious«, in: *American Journal of Sociology* 29, 1924, S. 401-429.

33 Hoggart: *The Uses of Literacy*, S. 291.

ter Theoriearbeit, die es ermöglicht, historischen Wandel durch das Alltägliche zu denken. Der *scholarship boy* wird hier – ganz ähnlich wie der *marginal man* in der Soziologie von Robert Ezra Park[34] – zu einer kulturellen Figur, in die der kulturelle Wandel gewissermaßen eingeschrieben ist.[35] In kraftvollen Zügen macht Hoggart den Zwiespalt, in dem der *scholarship boy* steckt, deutlich, das Gefühl, aller kultureller Referenzen beraubt zu sein und sich in einem Niemandsland zwischen proletarischer Herkunftskultur und dem bildungsbürgerlichen Milieu zu befinden: »He cannot go back; with one part of himself he does not want to go back to a homeliness which was often narrow: with another part he longs for the membership he has lost, ›he pines for some Nameless Eden where he never was‹.«[36] Das ist ein Traum, dem gegenüber das Patronage-System bis zu Hoggarts Intervention blind gewesen ist, wie Melissa Gregg schreibt.[37] Gegenüber den Vertretern der neuen Kultur, die sich anzueignen und in die überzugehen er im Begriff steht, äußert sich der Zwiespalt in einer ambivalenten Haltung. Der *scholarship boy* schwankt zwischen dem heißen Wunsch, dieser Welt der Bildung und Kultur anzugehören, und der ebenso starken Tendenz, diese aufgrund ihrer kulturellen Anmaßung und ihrer lebenspraktischen Borniertheit abzulehnen. Mit der Skizzierung der inneren Zerrissenheit des *scholarship boy*, die durchaus einer *Double-bind*-Situation ähnelt, muss Hoggart eine Gefühlslage getroffen haben, die von vielen seiner Leser nachempfunden werden konnte. »So others have felt as I have«, so etwa lautete der Tenor der vielen Zuschriften, die er auf dieses Kapitel hin erhielt.[38]

Die akademischen Reaktionen auf *The Uses of Literacy* waren, vorsichtig ausgedrückt, durchwachsen. Eine Historikerin, der Hoggart das Manuskript mit der Bitte um Einschätzung übergeben hatte, warnte ihn vor einer Veröffentlichung, weil diese seine Chancen auf

34 Michael Makropoulos: »Robert Ezra Park (1864-1944). Modernität zwischen Urbanität und Grenzidentität«, in: Martin Ludwig Hofmann, Tobias F. Korta, Sibylle Niekisch (Hg.): *Culture Club. Klassiker der Kulturtheorie*, Frankfurt am Main 2004, S. 48-66.

35 Hoggart: *The Uses of Literacy*, S. 293.

36 Ebd., S. 301.

37 Melissa Gregg: »A Neglected History: Richard Hoggart's discourse of empathy«, in: *Rethinking History* 7, 2003, S. 296.

38 Hoggart: *A Sort of Clowning*, S. 140.

eine Professur für Englische Literatur beeinträchtigen würde. Die meisten Sozialwissenschaftler zeigten sich ›wohlwollend‹, im Unterschied zu den Kollegen an den Departments for English Literature, die vorzogen zu schweigen, »as though a shabby cat from the council house next door had brought an odd – even smelly – object into the house«.[39]

IV.

1964 wird auf Initiative von Richard Hoggart an der Universität Birmingham das *Centre for Contemporary Cultural Studies* (CCCS) gegründet. Hoggart, der 1962 einen Ruf auf den Lehrstuhl für moderne englische Literatur erhalten hatte, machte dessen Annahme davon abhängig, dass dieses Zentrum für postgraduierte Lehre und Forschung eingerichtet wurde. Ihm schwebte dabei ein intellektueller Ort vor, an dem in kleinen Gruppen an gemeinsam formulierten Projekten gearbeitet werden sollte. Aber am Anfang stand dieses Zentrum, finanziert durch einen bescheidenen Fonds von Allen Lane (Penguin Books), mit Hoggart als Direktor, Stuart Hall als wissenschaftlichem Mitarbeiter und einer Sekretärin. Das *Centre* war von Anfang an eher ein *kentron* im griechischen Wortsinne, ein »Stachel« im Fleisch der Akademie, und es hat diese Rolle zeit seiner Existenz glänzend gespielt. In seiner Antrittsvorlesung am English Department spricht Hoggart den Perspektivwechsel an, der mit dem Übergang von den *Literary studies* zu den *Cultural studies* verbunden ist. Der Titel der Vorlesung »Schools of English and Contemporary Society« verweist auf die Problematik, zeitgenössische kulturelle Formen im Kontext des vorgeblich zeitenthobenen Status der Literaturwissenschaften zu behandeln. Wie brisant diese uns heute selbstverständlich erscheinende Objekterweiterung seinerzeit war, beweist uns die Eingangspassage, in der Hoggart alle möglichen Einwände vorwegnimmt:

Can one really say anything worthwhile about Schools of English and contemporary society? Doesn't such a title suggest a failure to recognize the ›timeless‹ nature of the work that should be central to a School of English? Isn't it only another indication that one more teacher has succumbed to the

39 Ebd., S. 143.

cult of contemporaneity? Won't such an interest distract us from our central, our manifestly proper work?[40]

Das Rhetorische an diesen Fragen ist unüberhörbar, und es ist klar, dass Hoggarts Antwort nur ›Ja *und* Nein‹ lauten kann. Er betont durchaus die Bedeutung des klassischen, gewissermaßen zeitlos gültigen literarischen Kanons, dessen Kenntnis und Würdigung die Voraussetzungen für die Hinwendung zu zeitgenössischen kulturellen Formen – »certain social phenomena other than academically respectable literature« – bildet. Diese Argumentation ist nicht nur taktischer Natur. Hoggart ist kein Bilderstürmer, er ist, was Kriterien der literarischen Qualität und des kulturellen Erbes angeht, durchaus ein ›Arnoldian‹, ein Gefolgsmann von Matthew Arnold.

»Das Gebiet der denkbaren Arbeit in den Contemporary Cultural Studies«, fährt Hoggart fort, indem er auf das Programm von zeitgenössisch verstandenen English Studies überleitet, »kann in drei Teilbereiche aufgegliedert werden. Der eine ist, ganz allgemein formuliert, historisch und philosophisch, ein weiterer, auch dies grob skizziert, soziologisch, der dritte schließlich, der der wichtigste sein wird, ist der der literarischen Kritik.«[41] Beim ersten Thema geht es u. a. um die Historiografie der Kulturdebatte, wie sie Raymond Williams mit *Culture and Society, 1780-1950* vorexerziert hatte; beim zweiten um Literatur- und Kultursoziologie im engeren Sinne; beim dritten schließlich um die eigentliche Analyse der zeitgenössischen kulturellen Formen, die bislang in der Literaturwissenschaft unbeachtet geblieben oder zumindest vernachlässigt worden war:

The mass or popular arts about which we know too little and in which there is room for developed critical practice include: film criticism; television and radio criticism; television drama (which tends to be ignored or overrated); popular fiction of many kinds – crime, westerns, romance, science fiction, the academic and academic's detective story; the press and journals of all kinds; strip cartoons; the language of advertising and public relations; popular songs and popular music in all their forms.[42]

Die erste Arbeitsphase des CCCS unter Hoggart ist dementsprechend durch eine Erweiterung und Neuorientierung des literatur-

40 Richard Hoggart: »Schools of English and Contemporary Society«, in: ders.: *Speaking to Each Other*, Bd. II: *About Literature* (1963), London 1971, S. 246.

41 Ebd., S. 255.

42 Ebd., S. 257 f.

wissenschaftlichen Kanons geprägt. Das zeigt sich deutlich an den ersten sieben Projekten des CCCS – gewissermaßen das Ur-Curriculum der Cultural Studies –, die einen Eindruck von der alltagskulturellen Wende in der literaturwissenschaftlichen Perspektive geben: »1 Orwell and the Climate of the Thirties; 2 The Growth and Change in the Local Press; 3 Folk Song and Folk Idioms in Popular Music; 4 Levels of Fiction and Changes in Contemporary Society; 5 Domestic Art and Iconography in the Home; 6 Pop Music and Adolescent Culture; 7 The Meaning of Sport and its Presentations«.[43]

Verblüffend sind aus heutiger Sicht die Übereinstimmungen mit Forschungsfeldern einer erneuerten Volkskunde, wie sie etwa in den Untersuchungen des Ludwig-Uhland-Instituts für Empirische Kulturwissenschaft in Tübingen mit Arbeiten zu Trivialliteratur, Schlager, Sport, Lokalpresse u. a. m. spätestens seit den frühen 1970er-Jahren zum Ausdruck kommen. Das zeigt, dass wir es beim Übergang von den *Literary Studies* zu den *Cultural Studies* auch mit einem Modernisierungsvorgang zu tun haben, durch den auf der philologischen Ebene jener Wandel vollzogen bzw. nachgeholt wird, der sich auf der gesamtkulturellen Ebene als Übergang von der Hochkultur als Leitkultur zur Massenkultur bzw. besser: zur *pop(ular) culture* äußert. Die Reaktionen der etablierten Kollegen waren dementsprechend. Man befürchtete ganz allgemein, dass die Hinwendung zu populäreren Kulturformen einen Niveauverlust der Literaturwissenschaften mit sich bringen würde, der sich vor allem in den Abschlussarbeiten zeige. »A nice line in cheap hats«, so kommentierte ein Kollege den Abschluss in Cultural Studies süffisant. Richard Hoggart und Stuart Hall nahmen das zum Anlass, mit ihren Studierenden besonders hart zu arbeiten; innerhalb von zwei Jahren gewann das Centre zweimal den Fakultätspreis für die beste MA-Arbeit.

43 Zitiert nach Jim McGuigan: *Cultural Populism*, London, New York 1992, S. 51.

V.

»Some of our arguments come back to haunt us«,[44] schreibt Hoggart in seinen Erinnerungen. Dazu gehört auch der weite Kulturbegriff, wenn er dazu genutzt wird, keine qualitative Differenzierungen mehr zuzulassen. »There is no longer art. There is only culture – of all kinds« – es sind Aussagen wie diese eines Vorstandsmitglieds der BBC, gegen die sich Hoggart mit seiner Kritik am Relativismus wendet, das Verfallen in den »Die-Beatles-sind-auf-ihre-Art-genauso-gut-wie-Beethoven«-Unsinn, wie er empört vermerkt.[45] »I think one of the crippling characteristics of the period we are now going through is the kind of relativism which has crept into everything, including literary studies, especially some poststructuralist material where there's really no ›book‹, no ›personality‹, no judgements to be made«, sagte er in einem Interview mit John Corner.[46]

Hoggart hat stets den Begriff der Kultur im klassischen Sinne mit dem weiten Kulturbegriff verbunden und nicht durch Letzteren ersetzt. In dieser Hinsicht ist er, wie er selber immer wieder betont, ein ›Arnoldian‹ geblieben, ein Bildungspolitiker im Sinne von Matthew Arnold, dem es stets um das Beste ging, was je gedacht und gesagt worden ist. Das hat Hoggart bei manchen den Ruf eines Kulturkonservativen eingetragen. Man mag in dieser Haltung den Ausdruck des kulturellen Neophyten sehen, der er ist – ›der Erste seiner Familie‹, wie es im vorigen Jahrhundert hieß. Man kann darin aber auch die Ernsthaftigkeit erkennen, mit der er die ihm gewährte Bildungschance wahrgenommen hat und die allen selbstverständlich sein sollte, eine Ernsthaftigkeit, die es verbietet, sich mit dem Zweitbesten zufrieden zu geben. »That all have a right, a birthright, to the best«, das ist eine seiner Überzeugungen.[47] Hoggart hat sein Privileg als Auftrag verstanden, wie viele andere der ›ersten Generation‹ der Stipendiaten auch. Stets war er davon überzeugt, dass die meisten Menschen das Zeug haben, sich zu bilden, wenn ihnen nur die Möglichkeit dazu gegeben wird. Daher ist er ein Bildungs-, ein Kulturpolitiker geblieben, von seiner Zeit als Lehrer in der Erwachsenenbildung bis zu seinen Jahren als stellver-

44 Hoggart: *A Local Habitation*, S. 242.

45 Hoggart: *A Sort of Clowning*, S. 130; ähnlich Hoggart: *A Local Habitation*, S. 241.

46 Corner: *Studying culture*, S. 146.

47 Hoggart: *A Local Habitation*, S. 278.

tretender Generaldirektor der Unesco in Paris und als Rektor des Goldsmith College.

Auch *The Uses of Literacy* war ja im Grunde genommen ein kulturpolitisches Manifest. Sein Berufsleben ist angefüllt mit Aufgaben, die er in verschiedenen Kommissionen übernommen hat, vom »Pilkington Committee on Broadcasting« (1960-1962) über das »Arts Council of Great Britain« (1976-1981) bis hin zum »Advisory Council for Adult and Continuing Education« (1977-1983), dessen Vorsitzender er war. Immer wieder erhebt er seine Stimme als Advokat für Bildungsreformen und damit letztlich für Chancengleichheit, die eine demokratische Gesellschaft zu gewährleisten hat und die zugleich eine demokratische Gesellschaft gewährleistet. Seine mehr als zwanzig Bücher, im deutschsprachigen Raum kaum bekannt, zeugen davon. Neben seinen autobiografisch geprägten Publikationen herrschen kulturpolitische Schriften vor, über die Zukunft des Rundfunks, der höheren Schulbildung, der Universitäten – stets hat er im Namen von Bildung und Kultur politisch interveniert. Aber dies hat er immer aus der Perspektive des ehemaligen *scholarship boy* und Tutors in der Erwachsenenbildung getan, der in Bildungsfragen sein Lebensthema gefunden hat.

Die existenzielle Bedeutung, die die Bildung im Leben und Werk von Richard Hoggart einnimmt, macht auch seine Aversion gegenüber jeglichem akademischen Jargon verständlich, den er als eine andere Art von Bildungsdünkel zu begreifen scheint. Hoggart ist stets *down to earth* geblieben, hat seine akademischen Interessen an der Alltagswirklichkeit derer orientiert, denen die Welt der Bildung eher fremd ist, und hat, um der politischen Intervention willen, nie die akademische Arbeit vor anderen Arbeitsfeldern privilegiert: »Thirteen years of university extra-mural teaching, eleven years of internal teaching, five and a half years of the international civil service abroad and eight and a half years running a university college«, so lautet Hoggarts Berufsbilanz.[48]

Bis heute ist Richard Hoggart ein *public intellectual* von eigener Statur. Unermüdlich tritt er beispielsweise für ein Rundfunksystem ein, das seinen öffentlichen Auftrag ernst nimmt und sich nicht in der Versorgung mit Unterhaltung erschöpft.[49] *On Education, Cul-*

48 Ebd., S. 269.

49 Richard Hoggart: *Mass Media in a Mass Society: Myth and Reality*, London 2004.

ture and Communications, diese Trinität im Untertitel des Essaybands *An English Temper* umreißt das Werk von Richard Hoggart als Autor, als engagierter öffentlicher Intellektueller und als permanenter Streiter für Bildungsreformen. Wie der Perspektivenwechsel in der Literaturwissenschaft seinen Ausgangspunkt in der Erwachsenenbildung genommen hat, so auch die Karriere von Hoggart. Aber es war keine Karriere weg von der Erwachsenenbildung, sondern eine, die diesen Bildungsauftrag – eine Berufung im besten Sinne des Wortes – in immer weitere gesellschaftliche und kulturelle Kontexte stellte. Darin besteht die kulturpolitische Mission von Richard Hoggart.

VI.

Richard Hoggarts akademische Welt ist nie die der Oxbridge-Exzellenzen, aber auch nicht die der kulturwissenschaftlichen Superstars gewesen, die ihre Schwingen erheben und nach Kalifornien fliegen, wie es Edward P. Thompson formulierte, der in seiner Denkweise Hoggart ähnelte. In der internationalen Gesellschaft der Kulturwissenschaftler muss Hoggart merkwürdig wirken, nicht unbedingt wie die schäbige Katze aus dem sozialen Wohnungsbau, mehr wie ein freundlicher älterer Herr, der eher den Eindruck eines Kneipenwirts als den eines Professors macht, wie seine Haushälterin feststellte. Seine Distanz zu bestimmten Entwicklungen in den Cultural Studies muss größer sein, als er es öffentlich zugestanden hat, aber Polemik ist wohl nicht die Sache dieses höflichen Menschen. Wo es ihm stets um handfeste Dinge ging, haben sich diese im kulturwissenschaftlichen Dialog in luftige Zeichen aufgelöst: *shopping* als Metapher zu begreifen, das wäre dem bekennenden Woolworth-Anhänger doch zu wenig an Materie.[50]

Das heißt nun nicht, dass sich die Welt der Dinge auf die reine Materialität beschränkt, ganz im Gegenteil: Wo gibt es kühnere Muster und Farben als in der Welt von Richard Hoggart? Bei ihm sprechen die Dinge eine emotionale Sprache, von Farbe, von Glanz, vom Glitzerwerk, kurz: von der großen Bedeutung, die allem Deko-

50 Vgl. exemplarisch für das Herangehen von Hoggart an das Thema *Shopping* das Kapitel »Big Shops, Chain-Shops and Little Ones In-Between«, in: Hoggart: *Townscape with Figures*, S. 103-120.

rativen zukommt. Die Fülle der Nippes, jedes für sich Zeichen von guten Zeiten, vom Besuch des Rummelplatzes, von einem Ausflug an die Küste, kündet von dem bisschen Extra, »that really makes ›Life‹«;[51] für Generationen von bürgerlichen Interpreten Ausdruck der ›Gedankenlosigkeit‹ der unteren Klassen. In dieser ›barocken‹, verschwenderischen Pracht verschwindet alle Schäbigkeit aus der Welt der kleinen Leute. Aber in dieser Fülle kommt noch etwas anderes zur Geltung, nämlich die »Grammatik« der Lebensführung, das populäre Ethos, wie Passeron wohl im Anschluss an Pierre Bourdieu schreibt, dessen Prinzipien – Haltungen, Normen und Werte – auch beim kulturellen Wandel am Werk sind.[52]

Es sind die Prinzipien der Selbstachtung, der Geselligkeit, auch der Kumpanei, des »leben und leben lassen«, des »having a go«, »having a good time as long as you can«, die den Bezug zu den Erzeugnissen der Massenkultur und zu den »wirklichen Dingen« – »the human and companionable things« – regulieren.[53] Wie schal wirkt vor diesem Hintergrund die Rede vom Notwendigkeitsgeschmack. Richard Hoggart hat mit *The Uses of Literacy* mehr als eine Korrektur des herkömmliches Bildes von den arbeitenden Klassen geschaffen. In einer Zeit, in der die Rede vom »non-deferred gratification pattern«, vom »restringierten Code«, von der »Verblendung« der Massen den akademischen Diskurs dominierte, hat er ein Bild der Kultur der populären Klasse gezeichnet, die trotz aller ökonomischen Zwänge oder gerade ihretwegen in der Lage ist, ihren Mitgliedern Selbstachtung und Würde zu verleihen. Damit brachte er eine gewisse Bescheidenheit in die akademische Kulturdebatte, ein Hinterfragen der eigenen Position. Die akademische Welt verdankt Hoggart eine ganz eigene Disziplin, eine Disziplin, die nicht zuletzt ebendieser Welt ihre eigene Beschränktheit vor Augen geführt hat. Aber dies hat er ohne Häme getan, mit großer Ernsthaftigkeit, wie sie denen eignet, die um die Bildung als kostbares und eben nicht selbstverständliches Gut wissen.

51 Hoggart: *The Uses of Literacy*, S. 140.
52 Passeron: »Introduction«, S. 130.
53 Hoggart: *The Uses of Literacy*, S. 83.

Werke von Richard Hoggart (Auswahl)

Auden: An Introductory Essay, London 1951.
The Uses of Literacy: Aspects of Working Class Life, London 1957.
Speaking to Each Other, Bd. I: *About Society*, London 1970.
Speaking to Each Other, Bd. II: *About Literature*, London 1970.
An English Temper. Essays on Education, Culture and Communications, London 1982.
A Local Habitation: Life and Times, 1918-1940, London 1988.
A Sort of Clowning: Life and Times, 1940-1959, London 1990.
An Imagined Life: Life and Times, 1959-1991, London 1992.
Townscape with Figures: Farnham-Portrait of an English Town, London 1994.
The Way We Live Now: Dilemmas in Contemporary Culture, London 1995.
Between Two Worlds: Essays, 1978-1999, London 2001.
Everyday Language and Everyday Life, London 2003.
Mass Media in a Mass Society: Myth and Reality, London, New York 2004.

Literatur zu Richard Hoggart (Auswahl)

Die beste Literatur *zu* Richard Hoggart ist *von* Richard Hoggart selbst: seine autobiografische Trilogie *Life and Times 1918-1991* (siehe oben).

Corner, John: »Studying culture: reflections and assessments: An interview with Richard Hoggart«, in: *Media, Culture and Society* 13, 1991, S. 137-151.
Gibson, Mark/Hartley, John: »Forty years of cultural studies. An interview with Richard Hoggart«, Oktober 1997, in: *International Journal of Cultural Studies* 1, 1998, S. 11-23.
Gregg, Melissa: »A Neglected History: Richard Hoggart's discourse of empathy«, in: *Rethinking History* 7, 2003, S. 285-306.
Passeron, Jean Claude: »Introduction to the French Edition of Uses of Literacy«, in: *Working Papers in Cultural Studies* 1, 1971, S. 120-131.

Christa Karpenstein-Eßbach

Vilém Flusser (1920-1991) Kulturphilosophie des Handhabens

Welches Buch unter den zahlreichen Schriften Vilém Flussers der Leser auch aufschlagen mag – er wird schnell bemerken, dass jene supplementären wie absichernden Notate am Fuß der Seite fehlen, die auf die Stimmen der anderen referieren. Ein Blick auf die Inhaltsverzeichnisse zeigt, dass Verben eine bemerkenswerte Rolle für Überschriften zukommt: abstrahieren, imaginieren, konkretisieren, schaffen, bereiten, entscheiden, machen, zerstören, rasieren, rauchen, telefonieren oder suchen sind einige von ihnen.[1] Flussers Denken kommuniziert mit eben der Wortart, die Tätigkeiten, Bewegungen, Sinngebungen durch *Gesten* bezeichnet. Ein Drittes wird der Leser bemerken: Er begegnet einem Stil der abweichenden Semantiken und gedanklichen Volten, der den Wurzeln der Wörter ebenso nachgeht wie den Konnotationen und Assoziationen, bei denen »jedes Wort ohne mein Wissen eine ganze Kette anderer Wörter hervorruft«, sodass sich ein »ganzes Gesindel von Wörtern (erhebt)«.[2] Es gibt bei Flusser keinen beruhigten Denk- und Schreibgestus. Flusser notiert zur Frage des Schreibens in einem Brief: »Das Problem des Schreibens ist der Einfall. Das Auffallende beim Einfall ist, daß es um einen Zufall geht, der gefällt und sich von einem Unfall nur durch Mißfallen unterscheidet.«[3]

Schriften ohne das Erscheinungsbild versichernder Referenzen in Fußnoten, die Grammatik der Bewegung und des Tuns, die sich der Sprache aussetzende Schreibpraxis: Was das Werk Flussers auf den ersten Blick charakterisiert, darf auch als spezifische Antwort auf lebensgeschichtliche Erfahrungen verstanden werden. Geboren in Prag als Sohn jüdischer Eltern, die ebenso wie seine Schwester von den Nationalsozialisten ermordet wurden, wandert der 20-Jährige

1 Vilém Flusser: *Ins Universum der technischen Bilder*, Göttingen 1985, und ders.: *Gesten. Versuch einer Phänomenologie*, Düsseldorf und Bensheim 1993.

2 Flusser: *Gesten*, S. 37.

3 Brief an Felix Philipp Ingold vom 22. 5. 1984, zit. nach: Rainer Guldin: *Philosophieren zwischen den Sprachen. Vilém Flussers Werk*, München 2005, S. 286.

1940 zusammen mit seiner späteren Frau Edith Flusser über London nach Brasilien aus. Was als knapp einjähriges Studium der Philosophie in Prag begonnen hatte, setzt sich autodidaktisch im Austausch mit brasilianischen Intellektuellen und Wissenschaftlern sowie im journalistischen Engagement in São Paulo fort. Ohne formelles Hochschulstudium wird Flusser 1959 Dozent für Wissenschaftsphilosophie und 1963 ordentlicher Professor für Kommunikationsphilosophie. Nach zahlreichen Vortragsreisen in die USA und nach Europa verlässt Flusser Brasilien, vor dessen politisch repressivem Klima nach dem Putsch der brasilianischen Armee auch das extraterritoriale Gebiet der Terrasse hinter Flussers Haus keinen Raum für Intellektuelle mehr bieten konnte,[4] um sich zusammen mit seiner Frau in Südfrankreich anzusiedeln. Entstanden in der Spannung zwischen zwei Kontinenten und publiziert in vier Sprachen: Deutsch, Portugiesisch, Englisch und Französisch, neben den Bahnen akademischer Sozialisationsusancen, ist Flussers Werk von einem ebenso unkonventionellen Denkstil gekennzeichnet wie sein Autor sich definitiven Zuschreibungen widersetzt: Er ist Essayist, Philosoph, Kulturanthropologe, Schriftsteller, Journalist, Medientheoretiker, Sprachphilosoph, Phänomenologe, Visionär, Kulturkritiker und nicht zuletzt auch Fabulierer. Dabei gilt Flussers kulturphilosophisches und -analytisches Denken den Mitteln, Praktiken und Modellen, die es erlauben, Dinge zu erkennen, zu behandeln, zu entwerfen und herzustellen.

»Es gibt, unabhängig vom Menschen, ein Gebiet der Wirklichkeit – ich will es Natur nennen. Es gibt, ebenfalls unabhängig vom Menschen, ein Gebiet der Modelle – ich will es das Übernatürliche nennen. Und es gibt den Menschen, der aus beiden Gebieten ein drittes erarbeitet – ich will dieses dritte Gebiet ›Kultur‹ nennen.«[5] *Tertium datur*: Kultur. Das Gebiet dieses Dritten ist gezeichnet vom In-der-Welt-Sein, während es die Orientierung an ihr zugleich abwirft.[6] Hierbei geht es nicht um bloße Gegenwartsdiagnostik unter den Bedingungen einer Wirklichkeit, die heute vor allem als medienvermittelte verstanden wird. Wenn Flusser insbesondere in

4 Über »Die Terrasse« schreibt Flusser in: *Bodenlos. Eine philosophische Autobiographie*, Bensheim und Düsseldorf 1992, S. 207-214.

5 Vilém Flusser: *Nachgeschichte. Eine korrigierte Geschichtsschreibung. Schriften Bd. 2*, hg. v. Stefan Bollmann und Edith Flusser, Bensheim und Düsseldorf 1993, S. 139.

6 Insofern begleitet der Gnostizismus Flussers Denken.

Deutschland als Theoretiker der neuen Medien – je nach Gusto polarisiert nach apokalyptischen oder technokratischen Neigungen – rezipiert wurde, so handelt es sich dabei um manifeste Ausblendungen von Flussers viel weiter gefasstem kulturphilosophischen Denken, das zwar den Bezug zu Medien hält, aber in ihm nicht aufgeht. Dieses Denken insistiert auf »einer Rekonstruktion der Geste Mensch«.[7] In seinem Zentrum stehen – wie zu zeigen sein wird – die Fragen nach den Implikationen des Werkzeuggebrauchs und des gestaltenden Handelns, nach den Mitteln und Medien, mit deren Hilfe eine Kultur ihre Vorstellungen und Konzepte entwickelt, und nicht zuletzt das Problem, wie eine neue Kultur aussehen könnte, die nicht mehr nach dem agrikulturellen Modell der Sesshaftigkeit, sondern unter den Bedingungen von Migration und Bodenlosigkeit zu verstehen ist. Sprache und Begriffe dieses Denkens haben einen eigenwilligen Charakter, ihre Semantiken sind zugleich verstörend und von einer in sich geschlossenen Systematik. Sie führt selbst das Moment des Handhabens, des Gestischen mit sich, wenn sie die Selbstverständlichkeiten konventioneller Semantiken hin und her wendet wie ein Werkzeug.

I. Werkzeuge – Gesten

»Kann man darüber nachdenken, wie die Welt eines handlosen Lebewesens aussieht?«[8] Mit dem verfremdenden Sprachbewusstsein des Vielsprachigen beginnt Flusser eine kulturanthropologische Reflexion unter dem Titel *Vorderhand*, wonach für Schlangen etwa die Welt wohl »vorzungen« sein mag, für den Menschen hingegen ist sie »vorhanden« im Sinne einer »Szene, worin eine Hand ist und ringsherum Dinge«. Die freigewordene menschliche Hand ist die Bedingung eines »menschlichen Standpunkt(es)«, denn um »sich etwas vorstellen zu können, muß man Hände haben, welche dieses Etwas von dort hierher stellen«.[9] Dieses Vorstellen ist zwar ein sich

7 Guldin: *Philosophieren zwischen den Sprachen*, S. 11. Guldins kenntnisreiche, luzide Monografie gibt erstmals eine Darstellung von Flussers viersprachigem Gesamtwerk.

8 Vilém Flusser: *Vom Subjekt zum Projekt. Menschwerdung. Schriften Bd. 3*, hg. v. Stefan Bollmann und Edith Flusser, Bensheim und Düsseldorf 1994, S. 197. Die Antwort steht auf Seite 201.

9 Flusser: *Vom Subjekt zum Projekt*, S. 198 f.

in der Materialität der dreidimensionalen Welt vollziehender Akt des Handelns, aber mehr als ein in diese Welt eingeschlossener bloßer Vollzug, weil das Vorstellen in diese Welt eingreift, das Ding aus seinem Kontext herauslöst und in diesem Sinne *begreift*. Mit Vorstellung ist also nicht zuerst eine geistige Repräsentation oder Fiktion gemeint, sondern eine willentliche und pragmatische Vergegenwärtigung, die zugleich über die bloße Erfüllung von Funktionen hinausführt.

Die Anthropologie, die nicht »vom«, sondern »›zum‹ Menschen handelt«, startet mit einer Geste: »Das Greifen aus dem vorderhand So-seienden ins mögliche Sein-sollen ragt schon von vornherein aus der Fläche hinaus, nämlich aus dem Gegebenen ins Vorgegebene, aus der Gegenwart in die Zukunft.«[10] Schon in dieser Geste, mit der Kultur beginnt, liegt eine erste Negation, eine »damals begonnene Bewegung der Empörung«.[11] Sie ist »der Art Mensch eigen«, weil »wir nicht nur – wie alle anderen Lebewesen – innerhalb der Lebenswelt stehen (›in-sistieren‹), sondern eigenartigerweise uns auch irgendwie aus ihr herausziehen (›ek-sistieren‹)«.[12] Die Pointe Flussers liegt in der Verbindung dieser Negation, einer Bodenlosigkeit am Grunde der Kultur, mit der Bewegung der Abstraktion. In jeder Verwendung eines Werkzeuges liegt nicht nur die Verneinung des So-Seins der Welt, sondern es muss auch eine Vorstellung von diesem Werkzeug geben, die von der konkreten Gestalt der Dinge abstrahiert, um dieses Werkzeug »gegen die Bedingungen ›verwenden‹ zu können«.[13] Schon am Startpunkt des kulturanthropologischen Denkens liegt – vor jeder Dekonstruktion – die Figur einer Differenz, die aus unterschiedsloser Immanenz hinausführt. Sie begründet die Möglichkeit des Transzendierens im Sinne von Negation und Abstraktion in der Behandlung von Dingen und in der damit einhergehenden Loslösung vom stofflichen Untergrund des Handelns. Das Ek-sistieren, oder, wie Flusser übersetzt, das Herausziehen, ist deshalb immer mit bewusstseinsmäßigen (oder zumindest bewusstseinsfähigen) Akten verbunden. Dies wird der Grund sein,

10 Ebd., S. 200 f.

11 Ebd., S. 233.

12 Vilém Flusser: *Lob der Oberflächlichkeit. Für eine Philosophie der Medien. Schriften Bd. 1*, hg. v. Stefan Bollman und Edith Flusser, Mannheim 1995, S. 295. »Existenz ist eine Negation« (ebd., S. 296).

13 Flusser: *Vom Subjekt zum Projekt*, S. 234.

warum Flusser in der Phänomenologie die Methode sieht, die die Geste als Darstellung, Sinngebung und »symbolische Bewegung« zu untersuchen ermöglicht.[14]

In jeder Verwendung eines Werkzeugs »stellt sich die verneinende Einstellung heraus«, womit »die Lebenswelt mittels einer Welt von Werten verneint wird«.[15] Dem »Verwerten von Wirklichem« beim Arbeiten und Herstellen entspricht »ein Verwirklichen von Werten«.[16] Die Kulturanthropologie Flussers kennt keine stabile Gegebenheit der Normativität von Werten und steht damit der nietzscheanischen Bewegung der Umwertung der Werte nahe, auch wenn sie nicht, wie bei Nietzsche, moralphilosophisch, sondern technisch konnotiert ist. Dass Flussers Denken gerade im Hinblick auf Wertbestimmungen des Handelns im Sinne teleologischer oder utopischer Zielsetzungen kaum zu vereindeutigen ist, hat seinen Grund darin, dass von Kultur als der Summe alles Hergestellten ohne die komplementäre, ihr inhärente Kraft der Negation gar nicht gesprochen werden kann. Sowohl Utopie wie Nihilismus sind zu kurz gedacht. Zwar gibt es eine Geschichte technischen Handelns, der Werkzeuge und der vom stofflichen Grund abstrahierenden Vorstellungen und Begriffe – darin folgt Flusser Marx –, aber ein geschichtsphilosophischer Messianismus lässt sich mit dieser Geschichte nicht mehr verbinden – darin folgt Flusser Marx nicht.

Flussers Antwort auf die »Nichtigkeit der Geschichte«[17] – deren kulturtechnischer Hintergrund noch zu erläutern ist – liegt in der phänomenologischen Untersuchung der Gesten. Die Definition der Geste, so Flusser, »besteht darin, sie als eine Bewegung des Körpers oder eines mit ihm verbundenen Werkzeugs aufzufassen, für die es keine zufriedenstellende Kausalerklärung gibt«.[18] Die zuckende Bewegung des Arms als Reaktion auf einen Stich ist also keine Geste, denn diese Bewegung ist kausal vollständig erklärbar.[19] Vielmehr handelt es sich bei der Geste um eine »symbolische Bewe-

14 Flusser: *Gesten*, S. 10 f.

15 Flusser: *Lob der Oberflächlichkeit*, S. 296.

16 Vilém Flusser: *Nachgeschichte. Eine korrigierte Geschichtsschreibung. Schriften Bd. 2*, hg. v. Stefan Bollmann und Edith Flusser, Bensheim und Düsseldorf 1993, S. 255.

17 Ebd., S. 131 ff. sowie passim.

18 Flusser: *Gesten*, S. 10.

19 Im Übrigen fallen auch »Bewegungen, wie sie an Fließbändern, Bankschaltern

gung«, die jenseits von Kausalitäten die zwingenden Verkettungen in einer darstellenden Sinngebung unterbricht. Deshalb ist die Geste »Ausdruck einer Freiheit«[20] und – wiewohl sie mit einem Werkzeug oder Mittel in Zusammenhang steht – ist nicht kurzerhand nach dem Modell McLuhans aufzufassen, wonach Werkzeuge einfach verlängerte Körperteile sind. Flusser unterscheidet denn auch zwischen kommunikativen Gesten, Gesten der Arbeit, interessefreien Gesten und rituellen Gesten, die – metatheoretisch gesprochen – als »Kommunikationstheorie«, »Theorie der Arbeit«, als »künftige Theorie des Absurden« und als »Theorie der Magie und des Rituals« zu verstehen wären, sodass die verschiedenen Gesten auf ihre Mischungsverhältnisse hin untersucht werden können.[21]

Zur Phänomenologie der Geste gehört die kulturanthropologische Perspektive des Werkzeugs, das Denken von der Technologie her. Das Werkzeug jedoch, so diagnostiziert Flusser, ist in der Gestalt von Maschinen und Apparaten »in der Neuzeit problematisch« geworden, »weil sie die Frage des Werts aufwerfen, statt einen Wert zu verwirklichen«.[22] Die Handhabung des Werkzeugs, die gegenüber dem So-Sein der Welt ein Sollen und damit einen Wert geltend macht, verschiebt sich maschinell zum Funktionieren und macht Arbeit zu »Funktionen zahlreicher Apparate«.[23] Weil die gegenwärtige Arbeit zur Funktionsleistung geworden ist, liegt für Flusser heute die Geste des Arbeitens außerhalb des Reichs von Werten.[24] Genau dies macht die Phänomenologie der Gesten zur dringlichen Aufgabe. Sie fragt nicht nach Funktionen, sondern nimmt – unter den Bedingungen einer Technologie der Funktionen – die mit Werkzeugen verbundenen Bewegungen des Körpers aus der Perspektive nicht zwingender Verkettungen in den Blick. Flusser schraubt Apparate und Maschinen gleichsam auf den Status von

und Autobahnen zu beobachten sind«, nicht unter Gesten, »weil diese Bewegungen durch objektive Theorien völlig zufriedenstellend erklärt werden können«. Flusser: *Gesten*, S. 226. Die »gegenwärtige (funktionale) Arbeit« folgt einem Modell ohne wertsetzende Distanznahme im Werkzeuggebrauch. Ebd., S. 20.

20 Flusser: *Gesten*, S. 222.

21 Ebd., S. 224 f.

22 Ebd., S. 25.

23 Ebd., S. 27.

24 Ebd., S. 20 und 29.

Werkzeugen zurück, um den »Ausdruck einer Freiheit« weiterhin denkbar zu halten.[25] Die kulturanthropologische Perspektive, wonach in jedem Werkzeuggebrauch ein Zurücktreten, Zurückziehen von der Welt, ein Ek-sistieren liegt, wird gegen die bloße Immanenz der Apparate und die Vor-Schriften/Programme des Funktionierens gewendet. Flussers mit geradezu faszinierender mikrologischer Aufmerksamkeit einhergehenden Untersuchungen z. B. zum Telefonieren, Musikhören oder Suchen zielen darauf, »sich seiner Gesten theoretisch bewußt zu werden, also von ihnen zurück- und aus ihnen herauszutreten«. Es handelt sich dabei um eine »›formale‹ Transzendenz«, die sich antihistorisch und antiideologisch versteht, während »ihr Wert die Freiheit (wäre)«.[26]

Man mag dieses Verständnis der Geste im Sinne eines Ausdrucks der Freiheit als ebenso problematisch ansehen, wie es Maschinen geworden sind. Wenn man »nicht mehr (arbeitet), um einen Wert zu verwirklichen, und auch nicht mehr, um eine Wirklichkeit zu verwerten, sondern (...) als Funktionär einer Funktion (funktioniert)«, so wird »die Geste des Arbeitens absurd«.[27] Das ist hinsichtlich des gegenwärtigen Arbeitsmodells nicht unbedingt zu bestreiten, sodass die Verortung von Freiheit Schwierigkeiten bereitet. Aber die Frage nach der Kultur, die Flusser stellt, geht im Komplex der (funktionalen) Arbeit nicht einfach auf, und umgekehrt ist mit Flusser darauf zu insistieren, dass ein Begriff von Kultur, der diese als das ganz Andere theoretisch und analytisch vom Gebiet des Arbeitens entkoppelt, den naiven Kulturbegriff des humanistischen Oberstudienrates oder den mehr oder weniger zynischen des Kompensationstheoretikers hervorbringt.

Die Technisierung der Geste ist kulturtheoretisch nicht zu suspendieren. Dieses Datum wird bei Flusser zur Frage des Modus, des *Wie* des Ausdrucks, da es sich um artifiziell vermittelte Akte des Bewusstseins handelt. Flussers *Formalismus* vermeidet die großen Ent-

25 Dass das »Denkbild der Schraube« (neben dem des »Knäuels«) »ein umfassendes geschichtsphilosophisches Modell zur Erläuterung und Erhellung der nachgeschichtlichen Lage« darstellt, erläutert Guldin, *Philosophieren zwischen den Sprachen*, S. 374 ff. »Vom Standpunkt der Schraube aus gesehen, hat Geschichte nichts mit Entwicklung oder Fortschritt zu tun, sondern mit Revolutionen und Windungen.« Ebd., S. 375.

26 Flusser: *Gesten*, S. 236.

27 Flusser: *Gesten*, S. 24.

würfe und fundamentalen Alternativen, die entstehen, wenn Kultur gegen Technik in Stellung gebracht wird. Dagegen steht eine Erkenntnis, die den Umgang mit den Dingen als Leitfaden wählt. Wenn hier die »Lebenswelt zu Worte kommt«, so unter den Prämissen der Distanznahme, die die phänomenologische Methode ermöglicht, denn »sie fordert, daß man die Distanz bewußt immer wieder beibehalte und sich nicht in den Dingen verfange«.[28] Nicht Hegel also, sondern Husserl, sofern »die Phänomenologie (...) die unserer gegenwärtigen Lage entsprechende Denkart (ist)«.[29] Phänomenologisch gesehen geht es unter den Bedingungen der Technisierung von Gesten um die Frage der Einstellung zum Herstellen und darum, auf bloße Funktion und Zerstreuung als »Ausbruch aus dem Bewußtsein«[30] schon im Modus des *formalen* Verfahrens selbst zu antworten.

II. Medien – Programme

Was Flusser phänomenologisch reflektiert, nämlich die Einstellung zum Herstellen, ist nichtsdestotrotz auch in eine kulturhistorische Perspektive einzurücken. Offensichtlich variieren solche Einstellungen beträchtlich. Das verdankt sich ursächlich weder Mentalitäten noch dem Geist oder der Seele einer Kultur, sondern dem Umstand, dass jeder Akt des Herstellens von Vorstellungen, von einem Entwurf begleitet ist. Allerdings haben Vorstellungen den Nachteil, dass sie vergänglich und flüchtig sind. »Vorstellen geht dem Herstellen voran, aber es ist ein unzuverlässiger Vorgang«,[31] wie jeder weiß, der die Erfahrung gemacht hat, dass ein nicht aufgeschriebener Gedanke unwiderruflich entgleiten kann. Somit sind Kulturen genötigt, über die subjektive Gedächtnisleistung hinaus solche Vorstellungen festzuhalten, indem sie aufgezeichnet und intersubjektiv verfügbar gemacht werden. Dazu bedarf es technischer Mittel, die, weil sie den Vorstellungen dienen, im Unterschied zum Werkzeug

28 Vilém Flusser: *Brasilien oder die Suche nach dem neuen Menschen. Für eine Phänomenologie der Unterentwicklung. Schriften Bd.* 5, hg. v. Stefan Bollmann und Edith Flusser, Mannheim 1994, S. 15.

29 Flusser: *Nachgeschichte*, S. 87.

30 Ebd.

31 Flusser: *Lob der Oberflächlichkeit*, S. 297.

als Medien zu bezeichnen sind. Auch die Vorstellung, der nachgerade existenzialistisch aufzufassende *Entwurf* steht im Horizont von Technologien.[32] »Vorstellungen (können) dank Festhaltung als Darstellungen hergestellt werden.«[33] Sprachspielerisch insistiert Flusser darauf, dass für das, was wir uns willentlich vergegenwärtigen (repräsentieren), Mittel zu seiner Formung nach bestimmten Regeln (Codes) vonnöten sind.

Flusser macht die verschiedenen Weisen, auf die Vorstellungen qua technischer Mittel dargestellt, gespeichert und übertragen werden können, zur Basis von Kulturgeschichte. Zwei Aspekte sind hierbei zu unterscheiden: eine *Phänomenologie der Medien*, die mit den Kodifizierungen von Vorstellungen befasst ist; und eine *Kommunikologie*, die eher die Strukturen der Informationsverteilung fokussiert.

Wenn Vorstellungen kodifiziert werden, dann muss sich das Subjekt zu diesen seinen Gedankendingen in Distanz setzen. Beim Gebrauch von Medien ist deshalb »eine zweite verneinende Einstellung vonnöten: diesmal nicht zur Lebenswelt, sondern jetzt zu dem die Lebenswelt verneinenden Subjekt«.[34] Ohne die Überwindung der Subjektivität gibt es für Flusser keine Darstellung, die vermittelbar wäre. Diese *existenzielle* Haltung fällt jedoch medienhistorisch völlig verschieden aus, weil sie abhängig ist von den Techniken, mit denen Vorstellungen in Form gebracht, in-formiert werden. Um die häusliche Montage eines Mitnahmemöbels zu ermöglichen, kann man auf die dreidimensionale Demonstration im Verkaufsraum verzichten und die Anleitung in die Zweidimensionalität des Bilds transformieren. Das Bild wiederum ist in die Eindimensionalität der linearen Schrift übersetzbar, also z. B. in die textuell verfasste Vermittlungsebene der Gebrauchsanweisung. Es handelt sich hier um die »Stufe des Begreifens, des Erzählens, die historische Stufe«. Vielleicht ist das Problem der Gebrauchsanweisung am ehesten geeignet, um zu verdeutlichen, dass die »Texte (...) sich jüngst als unzulänglich erwiesen (haben). Sie erlauben keine weiteren Bildvermittlungen mehr, sie sind unan-

32 Über Flussers Auseinandersetzung mit dem Existenzialismus berichtet Milton Vargas: »Vilém Flusser in Brasilien«, in: Volker Rapsch (Hg.): *über flusser. Die Festschrift zum 70. von Vilém Flusser*, Düsseldorf 1990.

33 Flusser: *Lob der Oberflächlichkeit*, S. 299.

34 Ebd., S. 298.

schaulich geworden«.[35] Auf dieser letzten Stufe der Darstellungstechniken stehen die aus Punktelementen zusammengesetzten technischen Bilder mit ihren algorithmischen Kalkulationen auf der Basis von 0 und 1, von Flusser als Nulldimensionalität bezeichnet. Die Montage von Fertigmöbeln kann nun simuliert werden.

Zwischen diesen technischen Bildern und den traditionellen besteht allerdings ein wichtiger Unterschied. Im ersten Fall geht es darum, Umstände oder Gegenstände anschaulich zu machen und Phänomene aus der Welt auf eine Fläche so zu übertragen, dass ihre rückverweisende Bedeutung entziffert werden kann. Im zweiten Fall werden Bilder mit Apparaten und Programmen erzeugt, deren Rechenoperationen gerade deshalb, weil sie semantisch gleichgültig sind, die unbegrenzte Kalkulation, man könnte auch sagen, das Spiel mit den Elementen der Bilder, ermöglichen. Die ersten Bilder sind eher reproduktiv, die zweiten produktiv.[36]

Die Geschichte der Mittel für Darstellungen vom Bild über die Schrift zum Computer ist als ein Prozess zu verstehen, in dem sich – durch Medien – auch die Haltungen zum Darstellen selbst verändert haben. Was Darstellung heißt, kann zunächst auch *Abbild* genannt werden, und der Begriff der Mimesis als eine auf Natur referierende Nachahmung hat hier eine lange Tradition. Abbilder meinen *so ist es*, auch wenn sie, wie etwa Landkarten, voraussetzen, dass von der konkreten und erlebten Gestalt der Landschaft abgesehen wird. Aber nicht alle Darstellungen fallen unter Abbilder. Auch ein Modell von etwas kann entworfen und dargestellt werden; hier handelt es sich um ein *Vorbild*. Die Aufzeichnung von Bewässerungssystemen, die vor Überschwemmungen oder Trockenheit schützen sollen, sind in diesem Sinne ein Vorbild. Bemerkenswerterweise interessiert Flusser an keiner Stelle der Begriff der Fiktion als ein von der realen Welt getrennter, als autonom kenntlicher Bereich. Alle, gerade auch die explizit medientheoretischen Konzepte sind um Fragen des Wirklichkeitsbezugs zentriert. Insofern teilt Flusser die Problematik der Moderne, deren Wirklichkeitsverhältnisse permanent reflektiert werden müssen, allerdings ohne eine Lösung im systemtheoretischen Konstruktivismus zu suchen.[37]

35 Beide Zitate stammen aus Vilém Flusser: *Ins Universum der technischen Bilder*, Göttingen 1985, S. 10.

36 Vgl. Flusser: *Ins Universum der technischen Bilder*, S. 39.

37 Zu den verschiedenen »historischen Wirklichkeitsbegriffen« ist nach wie vor ins-

Sosehr beide Modi des Darstellens, Abbild und Vorbild, lange Zeit, auch unter den Bedingungen verschiedener Darstellungsmedien, koexistent waren bzw. der Gesichtspunkt des Abbildens im Sinne mimetischen Verhaltens sogar für vorherrschend erachtet wurde, so sehr ist hier eine historische Veränderung zu diagnostizieren, die zu radikalen Verschiebungen führt. Denn der Mensch stellt die Welt nicht mehr in erster Linie als ihm gegeben dar, sondern weitaus mehr als von ihm entworfen. Den Einschnitt markiert für Flusser vor allem das Darstellungsmedium Computer, das die Welt- und Selbstverhältnisse des Menschen nachhaltig verändert. Die mit dem Computer verbundene Kalkulation auf Zahlenbasis kann zum unbegrenzten simulatorischen und virtuellen Errechnen neuer Möglichkeiten gemacht werden. Das »Abbild der physikalischen Welt, das in Punktsystemen verschlüsselt ist, (können wir) als Vorbild für künftiges Herstellen von Gewünschtem (von Werten) anwenden (...); die in Zahlen und vergleichbaren Symbolen verschlüsselten Landkarten der Welt, so wie sie uns die Wissenschaft liefert, (können wir) als Gebrauchsanweisungen zur Herstellung alternativer Welten gewissermaßen umwenden«; es handelt sich um das »Umdrehen der Abbilder in Vorbilder«.[38] Technische Bilder können Wirklichkeitsausschnitte möglichst getreu abbilden, aber solche Abbilder eignen sich genauso gut dazu, durch rechnerische Operationen Modelle z. B. künftiger Autos aus ihnen zu erzeugen. Aus der Perspektive der apparativen Implikationen hat es »keinen Sinn, bei technischen Bildern zwischen Modellen und Abbildern unterscheiden zu wollen«.[39] Hinsichtlich des Subjekts kommt Flusser zu der bündigen Formulierung, dass dieses zum *Projekt* wird und die Haltung des Entwerfens/Projizierens sich auf Städte, Häuser, Familien, Körper, Sex, Kinder, Technik und Arbeit ausdehnt.[40]

Dass Modelle erzeugt werden, ist nicht eigentlich neu. Unter den Bedingungen elektronischer Medien allerdings werden sie mit Programmen und Schaltplänen erzeugt. Programme sind spezifische Mittel, um Modelle zu entwerfen. Aufgrund ihrer semantischen In-

truktiv: Hans Blumenberg: »Wirklichkeitsbegriff und Möglichkeit des Romans«, in: Hans Robert Jauß (Hg.): *Nachahmung und Illusion. Poetik und Hermeneutik I*, München 1969, S. 9-27.

38 Flusser: *Lob der Oberflächlichkeit*, S. 311.

39 Flusser: *Ins Universum der technischen Bilder*, S. 39.

40 So die von Flusser in *Vom Subjekt zum Projekt* behandelten einzelnen Bereiche.

differenz taugen Programme nicht nur zur Erzeugung aller möglichen Modelle in allen möglichen Bereichen einer Gesellschaft, sondern auch dazu, mit allen Eventualitäten und Zufällen zu kalkulieren. Das »programmatische Weltbild«, das Flusser entstehen sieht, unterschiedet sich vom finalistischen, in dem der Mensch in der Spannung von Schicksal und Freiheit steht, und vom kausalen Weltbild, für das die Bedingtheit des Lebens zentral ist, dadurch, dass im programmatischen Weltbild der Grundbegriff der Zufall ist. Hier werden »die Phänomene als zufällige Verwirklichungen von Anlagen, eben ›Programmen‹ (erklärt)«.[41] Man muss Flussers kosmologische Parallelisierung des Funktionierens des Universums mit dem der Apparate nicht unbedingt teilen, aber hinsichtlich der Apparate ist die Koppelung von Programm und Zufall zentral. Eine entwerfende Kalkulation auf Computerbasis rechnet nicht nur mit Wahrscheinlichkeiten oder Kausalitäten, sondern auch mit Unwahrscheinlichkeiten; z. B. muss die Entwicklung von Antiblockiersystemen für die Bremsfunktionen von Autos unwahrscheinliche Verkehrs- und Fahrsituationen ebenso berücksichtigen wie die von Bügeleisen, die auch nach einer immerhin unwahrscheinlichen zwölfstündigen Benutzung nicht durchschmoren dürfen. Deshalb kann Flusser den im ersten Moment vielleicht irritierenden Satz formulieren: »Die Apparate sind programmiert, unwahrscheinliche Situationen hervorzubringen. Das heißt aber, daß diese unwahrscheinlichen Situationen in ihrem Programm stehen, und zwar nicht als ›Irrtümer‹, (...) sondern als im Verlauf der Programmverwirklichung immer wahrscheinlicher werdende, beabsichtigte Situationen.«[42] Programme sind Vor-Schriften, die auch den Zufall mit einkalkulieren. Die Konsequenz lässt sich auch informationstheoretisch formulieren: wenn gilt »je unwahrscheinlicher, desto informativer« – weil das, was wahrscheinlich ist, keinen Informationswert, sondern einen Vertrautheitswert hat –, dann führt die entwerfende Haltung des Programmierens zu immer wahrscheinlicheren Situationen, sodass »das absurde Zusammenspiel von Zufällen (...) in Notwendigkeit umschlägt«.[43] Die Zukunft wandert ins Jetzt der Programme ein oder eben aus.

Flussers *Phänomenologie der Medien* suspendiert schließlich den

41 Flusser: *Nachgeschichte*, S. 24.

42 Flusser: *Ins Universum der technischen Bilder*, S. 19.

43 Flusser: *Nachgeschichte*, S. 25.

Begriff der Geschichte. Kultur, verstanden als jenes aus der Wirklichkeit und den Modellen geschaffene dritte Gebiet, ist zwar geschichtlich, sofern sich die Werkzeuge des Herstellens und die Medien des Darstellens verändern, aber dieses Dritte ist nicht, wie es die Figur des Dritten im philosophischen Denken so oft nahe gelegt hat, dialektisch gedacht, sondern führt aus der Geschichte heraus. Gegenüber einer allgemeinen Rede vom Ende der Geschichte ist hier zu spezifizieren. Flussers Begriff der »Nachgeschichte« bezieht sich darauf, dass sich die Mittel, mit deren Hilfe Vorstellungen entwickelt und dargestellt werden, im Laufe der Geschichte so verändert haben, dass sie mit einem Prozess zunehmender Abstraktion einhergehen. Diese Logik der Abstraktion, die gegenwärtig mit dem Computer und der »Nulldimensionalität« seiner 0-1-Operationen erreicht ist, ist nicht mehr zu überbieten, eine weitere Stufe im historischen Prozess deshalb nicht zu denken, auch wenn auf dieser Stufe alles Unwahrscheinliche mit kalkuliert werden kann. Im Zentrum des kulturphilosophischen Denkens Flussers steht das Interesse an Werkzeugen und Mitteln, die es erlauben, etwas handhaben zu können, etwas hin und her zu wenden. Kultur ist Handhabung zwischen Wirklichkeit und Modellen und der Schritt z. B. vom Abbild zum Vorbild eine Wendung in der Handhabung von Vorstellungsrepräsentationen. Wenn die neuen technischen Medien schließlich Wirklichkeit und Modelle so miteinander verschränken, dass das künftig Mögliche ins Programm eintritt, dann manifestiert sich spätestens hier eine »Nichtigkeit der Geschichte«, die technisch begründet wird. Gegenüber dieser Nichtigkeit insistiert Flusser auf der Ewigkeit des Handhabens, auch wenn nur noch Fingerspitzen Tasten berühren.[44]

Statt Kultur geschichtlich zu finalisieren oder auf Kausalitäten zu basieren, folgt Flusser den Bewegungen des Wendens. Das gilt nicht nur für die *Phänomenologie der Medien*, sondern auch für die *Kommunikologie*, d. h. die Strukturen der Informationsverteilung. In ihren Grundzügen sollen sie hier in aller Kürze umrissen werden.[45]

Gegenüber einem allgemeinen Begriff der Kommunikation un-

44 Zur sich abzeichnenden Ablösung der Hand durch die Fingerspitzen siehe auch das Kapitel »Das Unding II«, in: Vilém Flusser: *Dinge und Undinge. Phänomenologische Skizzen*, München 1993, S. 85-88.

45 Vgl. Vilém Flusser: *Kommunikologie. Schriften Bd. 4*, hg. v. Stefan Bollmann und Edith Flusser, Mannheim 1996, bes. S. 16 ff. und 235 ff.

terscheidet Flusser zwischen dem *Diskurs* – der Verteilung oder Übermittlung verfügbarer Informationen – und dem *Dialog*, der den Austausch bestehender und die Erzeugung neuer Informationen ermöglicht. Diskursstrukturen wiederum werden nach vier Modellen klassifiziert: »Theaterdiskurse« (neben dem Theater z. B. das Klassenzimmer), die für Dialoge durchaus offen sind; »Pyramidendiskurse« (Armeen, Kirchen, besondere Typen von Parteien), deren hierarchische Struktur den Dialog weit gehend ausschließt; »Baumdiskurse« (im Bereich der Wissenschaft), bei denen sich die Diskurse über verschiedenen Dialogschichten verzweigen; »Amphitheaterdiskurse« (Zirkus, Massenmedien), die von einem Zentrum aus überall hin ausstrahlen und außerhalb jeder dialogischen Möglichkeiten stehen. Der Dialog weist nur zwei verschiedene Strukturen auf: den »Kreisdialog« (runder Tisch, Laboratorium), der für die Ausarbeitung neuer Informationen besonders geeignet erscheint; und den »Netzdialog« (Post, Gerede, Internetkommunikation), der gegenüber dem Kreisdialog eine offene, diffuse Struktur hat.

Die Kommunikationsstrukturen einzelner Medien lassen sich mit diesen Klassifikationen untersuchen, aber nicht auf ein externes Ziel der Geschichte hin vereindeutigen oder finalisieren. Die Bestimmung unserer Lage ist hingegen möglich: Sie besteht in der »Synchronisation von technisch hochentwickelten Amphitheaterdiskursen mit archaisch gebliebenen, aber immer besser arbeitenden Netzdialogen – eine totalitäre Entpolitisierung bei scheinbar allgemeiner Partizipation«.[46] Auch hier geht es Flusser wieder um die Geste des Wendens im Handhaben: wenn »viele Medien ausschließlich diskursiv verwendet werden (...), fragt sich, was geschähe, wenn man sie systematisch auch dialogisch verwendete«, und, so ist in umgekehrter Richtung hinzuzufügen: Was geschähe, wenn ein dialogisches Medium wie der Chatroom im Netz oder das Gerede eine diskursive Struktur erhielten? Das stetige, immer wiederholte Umwenden der durch Medien in-formierten Haltungen zum Darstellen und Kommunizieren äußert sich bei Flusser in einem Denkstil und Sprachspiel der Volten, die den Leser immer wieder der Verblüffung aussetzen, während von der Bewegung seines Denkens zugleich eine Schubkraft ausgeht, die eher als Abhebung denn als dialektische Aufhebung zu verstehen ist.[47]

46 Flusser: *Kommunikologie*, S. 34.

47 Dass Flusser auch ein (beunruhigender) Fabulierer ist, der »Unwahrscheinlichkei-

In seiner »philosophischen Autobiographie« mit dem Titel *Bodenlos* spricht Flusser von der Suche nach einem »Boden, auf dem man schreiben konnte«.[48] Weit über die Hälfte dieser Autobiografie, die die Zeit in Prag, die Flucht über London nach São Paulo, das Engagement in Brasilien bis zur Rückkehr nach Europa umfasst, ist im unpersönlichen »Man« geschrieben;[49] erst spät wechselt Flusser zur ersten Person Singular – ein Hinweis darauf, dass die Annahme und der Ausdruck eines Ichs keine Selbstverständlichkeit ist. »Man befand sich in der Schwebe über den Sprachen.«[50] Die Prager Situation, das Leben mit der tschechischen, deutschen und hebräischen Sprache, wird in Brasilien zur Erfahrung der Bodenlosigkeit. Flussers Frage lautet nun: »Wie kann man sich in der Bodenlosigkeit engagieren?«[51] oder, wie es im Untertitel der Abhandlung *Die Schrift* heißt: »Hat Schreiben Zukunft?«[52] Die Erfahrungen in Brasilien führen zu einem neuen Kulturerlebnis und einer Reflexion des Kulturbegriffs.

Anders als »in den historischen Ländern« (gemeint sind die europäischen) haben wir es in Brasilien

> nicht wie dort mit einer Gruppe zu tun, die Gruppe eben dank der gemeinsamen Sprache ist, sondern mit einer Menschenmenge, die aus außersprachlichen Gründen Gruppe werden muß und es nur werden kann, wenn sie eine echte gemeinsame Sprache findet. So läßt sich hier gleichsam jener seltene und bedeutende Augenblick miterleben, an dem sich eine Sprache mit all den erwähnten komplexen Konventionen des Bewußten und Unbewußten aus einem ebenso komplexen Urgrund herausbildet – ein Vorgang, der demjenigen, der ein Bewußtsein von ihm erlangt, den Atem verschlagen kann.[53]

Brasilien ist das »Land der Mischungen«, die Flusser als sich vervielfältigende Synthetisierungen beschreibt:

ten projizieren« will, ist in *Angenommen. Eine Szenenfolge*, Göttingen 1989 nachzulesen.

48 Vilém Flusser: *Bodenlos. Eine philosophische Autobiographie*, Bensheim und Düsseldorf 1992, S. 73.

49 Es ist das »Man« Heideggers, das hier mitklingt.

50 Flusser: *Bodenlos*, S. 83.

51 Ebd., S. 92.

52 Vilém Flusser: *Die Schrift. Hat Schreiben Zukunft?*, Göttingen 1987.

53 Flusser: *Brasilien*, S. 146.

An der technischen Hochschule in São Paulo arbeiten jüdische Professoren mit japanischen Studenten an Problemen der theoretischen Physik, die unter amerikanischer Planung von Mulatten in die Wirklichkeit umgesetzt werden, um so charakteristische brasilianische Werke zu werden. (...) ein griechischer Dichter erreicht Konkretismus in der portugiesischen Sprache mittels griechischer Rhythmik und deutscher Metrik; ein brasilianischer Dichter und ein jüdischer Philologe übertragen Majakowski ins Portugiesische und machen aus ihm ein Modell für eine Reihe von Werken.[54]

Nicht in der Referenz auf den Boden, auf eine agrikulturelle Sesshaftigkeit gründet sich Kultur, sondern auf Migration, auf die »aus dem Zusammenbruch der Seßhaftigkeit emportauchenden Nomaden«.[55] Jede Essentialisierung von Kultur als Anpflanzung in abgrenzbaren Feldern und als Konstruktion kompakter Entitäten erweist sich deshalb bestenfalls als illusionär, schlimmstenfalls als ideologisch, fundamentalistisch oder rassistisch. Vor dem Hintergrund der brasilianischen Erfahrung verliert Kultur jede Reinheit, Ursprünglichkeit, Echtheit und gewinnt synkretistischen Charakter, der portugiesischen Sprache vergleichbar.
Migration heißt, dass kulturelle Muster, Formen, Vorschriften, Entwürfe und Vorbilder – im Sinne Flussers: Modelle – wandern. Damit ist nicht die weltweite Verbreitung von Informationen oder Produkten der Massenkultur gemeint, sondern das, was mit Migranten Grenzen überschreitet. Aber hier ist genauer – phänomenologisch – hinzusehen, z. B. auf die verschleppten Sklaven und afrikanischen Einwanderer Brasiliens. Sie kamen »mit leeren Händen«, d. h. ohne »jenes Modell, das räumlich vor mir steht, zum Beispiel in Gestalt eines Boots, einer Maske, einer Skulptur, eines Gebäudes, eines Werkzeugs aus Eisen«. Aber andere Modelle wanderten mit ihnen und wurden in einer synkretistischen Assimilation kulturell sinngebend, »zum Beispiel Musik, Tanz, Ritual, Kampf, Sage«.[56] Modellübermittlungen im Rahmen von Migrationsprozessen sind das glatte Gegenteil des Handelsaustauschs von materiellen Gütern im globalen Warenverkehr. Mit den Migranten wandern kaum materielle Dinge, wohl aber immaterielle Sinngebungen oder – mit Flusser gesagt – Codes. Solche Modelle sind unter Migrationsbedingungen nicht mehr eingebettet in einen kulturhistorischen Ver-

54 Ebd., S. 35 und S. 82 f. Die Reihe der Beispiele ließe sich verlängern.
55 Flusser: *Bodenlos*, S. 250.
56 Flusser: *Brasilien*, S. 128 f.

laufs- oder Entwicklungsprozess, der sich auf einem bestimmten Boden vollzieht; sie können vielmehr – als schon übermittelte – adaptiert, nacherlebt, kopiert und eklektizistisch umgebogen werden. Die brasilianischen Mischungsprozesse stehen daher für eine »neue Kultur«, ein »Modell für die künftige menschliche Gesellschaft«: Sie »sind Ausdruck einer eigenständigen kulturellen Identität, die zwar aus den geschichtlichen Kulturen einen großen Teil ihrer Ingredienzien empfangen hat, aber ihrem Wesen nach außerhalb der Geschichte steht, ohne dabei im geringsten als ›primitiv‹ bezeichnet werden zu können«.[57]

Für einen Begriff von Kultur, der diese aus der Migration heraus versteht, muss die Arbeit des Übersetzens zentrale Bedeutung gewinnen. Eben hierfür steht das viersprachige Werk Flussers. Die Übersetzung »bestätigt die Vielzahl der Welten und relativiert sie zusätzlich dadurch, daß jede Sprache in eine andere übertragen werden kann«.[58] Das Hin und Her des Handhabens, das Flussers Kulturphilosophie insgesamt kennzeichnet, wiederholt sich hier im Umgang mit spirituellen Modellen, wie die Sprache eines ist. Übersetzen wird zum Prinzip von Kultur schlechthin, weil Kultur mehr und mehr auf Migration beruht. Diesem Gedanken der Übersetzung verdankt sich nicht allein das frühe sprachphilosophische Interesse Flussers z. B. am Wittgenstein'schen Sprachspielkonzept; auch die späteren medientheoretischen Arbeiten, in denen die Kodifizierungen von Vorstellungen, die Implikationen von Codes, die Strukturen der Übermittlung und das Wie des Ausdrucks thematische Zentren bilden, sind Umschriften der Übersetzungsproblematik.

Dem aufmerksamen Leser kann nicht entgehen, dass *Modell, Programm, Vorbild* und vergleichbare Begriffe sich wie rote Fäden durch Flussers Schriften ziehen. Es gibt hierfür einen religiösen Grund. Der von den Nationalsozialisten zur Migration gezwungene Flusser notiert in der autobiografischen Essay-Sammlung *Jude sein*: »Im Unterschied zu den griechischen bestehen die jüdischen Werte meistens aus Modellen für das konkrete Verhalten. Sie werden von den anderen, irrtümlicherweise mit Verachtung, ›Riten‹ genannt. Sie sind Modelle, die der absurden menschlichen Existenz Bedeutung geben sollen.« Modelle sind notwendig, weil sie »helfen, unse-

57 Ebd., S. 221 f., Zitat S. 84.

58 Guldin: *Philosophieren zwischen den Sprachen*, S. 41.

rem eigenen Leben und dem der anderen Bedeutung zu verleihen«.[59] Modelle unter den Bedingungen der Bodenlosigkeit zu leben: die eine spirituelle Antwort darauf steht im Horizont der Religion.

Die andere, ebenso spirituelle Antwort steht im Horizont der Kunst. Dass sie möglich ist, verdankt sich nicht zuletzt der Künstlichkeit der Übersetzungsarbeit mit und von Modellen, die ihre agrikulturelle Bodenhaftung verloren haben. In der »heutigen Kunst«, die »nicht länger nach(ahmt) – weder die Griechen noch die Natur noch die Nerveneindrücke« –, sieht Flusser »eine neue Sprache« entstehen.[60] Die Kunst arbeitet auf der Grundlage von Modellen und mit ihnen, und insofern macht sie sie wie in einem Spiegel erkennbar. Sie ist »eine direktere und unmittelbarere, und in diesem Sinne eine ›wahrere‹ Methode der Beobachtung und Selbstbeobachtung als viele andere«; sie hat »damit zu tun, etwas zu zeigen«. Darüber hinaus »existiert nur ein grundlegendes Kriterium der Beurteilung von ›Kunst‹, nämlich die ›Neuheit‹ dessen, was sie uns zeigt«.[61] Das Neue soll aus der Übersetzung alter »Codes«, also programmierter Sinngebungen, entstehen.

Flusser versteht die Kunst als »›künstliches‹, absichtsvolles Spiel«, das es ermöglicht, »die allgemeine Tendenz zur Gleichförmigkeit, zum Wahrscheinlichen [zu] verneinen und absichtlich immer komplexere Formen (›Informationen‹), immer Unwahrscheinlicheres [zu] erzeugen«. Der Mensch »kann dem Wärmetod (dem Tod überhaupt) dank Kunst die Stirn bieten«.[62] So stellt die Kunst eine Gegenbewegung zu den Programmen der Apparate dar, weil sie nicht deren Immanenz des Funktionierens folgt, sondern sie im Spiel mit Modellen distanziert – dem Begriff der Geste analog, für die es ebenso wenig eine zufriedenstellende Kausalerklärung gibt wie für das Praktizieren eines bestimmten Ritus, die Wahl gerade dieses Modells oder eben das Spiel. Anders als beim Umgang mit

59 Vilém Flusser: *Jude sein. Essays, Briefe, Fiktionen*, hg. v. Stefan Bollmann und Edith Flusser, Mannheim 1995, S. 71 f.

60 Flusser: *Nachgeschichte*, S. 153.

61 Ebd., S. 167.

62 Flusser: *Nachgeschichte*, S. 294 f. Zur Bedeutung der Kunst unter Bedingungen der »Informationsgesellschaft« vgl. auch Flussers letztes Interview, Zürich 1991, in: Vilém Flusser: *Zwiegespräche. Interviews 1967-1991*, hg. v. Klaus Sander, Edition Flusser Bd. 9, Göttingen 1996, S. 243-249.

Modellen im Horizont der Religion fehlt im Falle der Kunst aber der Glaube an sie. Deshalb darf die Kunst wohl als letzte Negation und Empörung gegenüber den Programmen technisierter Handhabungen, als letzte Abhebung vom sicheren Boden verstanden werden. Eignet sich die Kunst für ein utopisches Modell? Am Ende von *Ins Universum der technischen Bilder* schreibt Flusser augenzwinkernd: »Es wäre wie ein bewußt selbst hergestellter Traum, ein bewußt eingebildetes Leben. Ein künstliches Leben in der Kunst, ein Leben als Spiel mit Bildern und Tönen. Ein fabelhaftes Leben, was besagt, dass dieser ganze Essay auf eine Fabel hinausläuft – wenn auch auf eine technisch möglich gewordene Fabel.«[63] Für Übersetzer in der Migration hingegen »hat Schreiben Zukunft«.

Werke von Vilém Flusser (Auswahl)

Brasilien oder die Suche nach dem neuen Menschen. Für eine Phänomenologie der Unterentwicklung. Schriften Bd. 5, hg. v. Stefan Bollmann und Edith Flusser, Mannheim 1994.

Die Geschichte des Teufels, Edition Flusser Bd. 2, hg. v. Andreas Müller-Pohle, Göttingen 1996.

Gesten. Versuch einer Phänomenologie, Bensheim und Düsseldorf 1991 und 1993.

Ins Universum der technischen Bilder, Göttingen 1985.

Kommunikologie. Schriften Bd. 4, hg. v. Stefan Bollmann und Edith Flusser, Mannheim 1996.

Lob der Oberflächlichkeit. Für eine Phänomenologie der Medien. Schriften Bd. 1, hg. v. Stefan Bollmann und Edith Flusser, Mannheim 1993 und 1995.

Nachgeschichte. Eine korrigierte Geschichtsschreibung. Schriften Bd. 2, hg. v. Stefan Bollmann und Edith Flusser, Bensheim und Düsseldorf 1990 und 1993.

Vom Subjekt zum Projekt. Menschwerdung. Schriften Bd. 3, hg. v. Stefan Bollmann und Edith Flusser, Bensheim und Düsseldorf 1994.

63 Flusser: *Ins Universum der technischen Bilder*, S. 143.

Literatur zu Vilém Flusser (Auswahl)

Guldin, Rainer: *Philosophieren zwischen den Sprachen. Vilém Flussers Werk*, München 2005.

Jäger, Gottfried (Hg.): *Fotografie denken. Über Vilém Flussers Philosophie der Medienmoderne*, Bielefeld 2001.

Neswald, Elizabeth: *Medien-Theologie. Das Werk Vilém Flussers*, Köln und Weimar 1998.

Rapsch, Volker (Hg.): *über flusser. Die Festschrift zum 70. von Vilém Flusser*, Düsseldorf 1990.

Vogt, Christian: *Philosophische Dimensionen des Wohnens bei Heidegger und Flusser* (Mikrofiche), Marburg 1997.

Roman Horak

Raymond Williams (1921-1988) Von der literarischen Kulturkritik zum kulturellen Materialismus

Im Frühsommer 1970 kam es in Cambridge zu einer bemerkenswerten Begegnung. Rudi Dutschke, tragischer Held der deutschen antiautoritären Revolte, der seit geraumer Zeit in England lebte, um sich von den Folgen des am Ostermontag 1968 auf ihn verübten Attentats zu erholen, präsentierte Raymond Williams, Fellow am Jesus College, sein Forschungsvorhaben über Georg Lukacs' *Geschichte und Klassenbewußtsein*. Dutschke, der ehemalige Studentenführer, wollte in Cambridge bei der renommierten Ökonomin Joan Robinson eine Doktorarbeit verfassen und hatte das entsprechende Aufnahmeritual – Vorlegen von Empfehlungsschreiben und Gutachten, Gespräche mit Vertretern der Universitätsleitung und wichtigen Professoren – zu absolvieren.[1] Wir hätten von dem Treffen wohl kaum Kenntnis, wenn Rudi Dutschke, der im Sommer schließlich in Cambridge zum Studium zugelassen worden war, nicht Anfang 1971, nach längerem Hin und Her, in dessen Verlauf sich unter anderem Leo Löwenthal und Michael Foot für ihn eingesetzt hatten, schließlich wegen angeblich staatsfeindlicher politischer Aktivitäten des Landes verwiesen worden wäre.[2]

Raymond Williams engagiert sich heftig im »Dutschke Case«, wie wir der *Cambridge Review* entnehmen können. Er hält eine Rede im Rahmen eines öffentlichen Meetings des *National Council for Civil Liberties* in Westminster,[3] und er tut dies zugleich als politischer

1 In seinen Tagebuchaufzeichnungen klagt Dutschke einigermaßen erschöpft über den mühsamen Kampf mit den ›Papiertigern‹: »Hoffentlich geht die Scheiße bald zu Ende, möchte endlich mit dem Studium beginnen können«, schreibt er etwa am 3. Juni 1970. Vgl. Rudi Dutschke: *Jeder hat sein Leben ganz zu leben. Die Tagebücher 1963-1979. Herausgegeben von Gretchen Dutschke*, Köln 2003, S. 130.

2 Vgl. u. a. Jürgen Miermeister: *Rudi Dutschke*, Reinbek bei Hamburg 1986, S. 107 ff.; Gretchen Dutschke: *Wir hatten ein barbarisches, schönes Leben. Rudi Dutschke. Eine Biographie*, Köln 1996, S. 246 ff.

3 Auszugsweise abgedruckt in Raymond Williams: »Dutschke and Cambridge«, in: *Cambridge Review* 92, Nr. 2200, 29. Januar 1971, S. 94 f.

Aktivist und politischer Kommentator. Schärfer und pointierter noch als in der Universitätszeitung analysiert Williams knapp zwei Wochen darauf im linken amerikanischen Wochenmagazin *The Nation*, ausgehend vom »Fall Dutschke«, Tendenzen der Veränderung des englischen politischen Systems.[4] Feinfühlig konstatiert er, dass die neue Tory-Regierung den höflichen Oberschichtenstil früherer Zeiten fallen gelassen hat. »We know whom they represent, in real economic terms, but in style they are the angry petit bourgeoisie – all the old theatrical Toryism gone and replaced by the sharp accents of economic, political and social revenge.«[5]

Was hier anklingt und was Williams so pointiert beschreibt, liest sich wie eine Skizze des Thatcherismus *avant la lettre*. Ein knappes Jahrzehnt sollte es noch dauern, bis diese neue rechte Politik ihren Namen gefunden hatte und endgültig hegemonial geworden war. Sie sollte das United Kingdom grundlegend verändern. Raymond Williams, das sei hier vorweggenommen, würde zu jenen gehören, die diese Entwicklung heftig bekämpften, und er würde ihre Genese, ihre Wesensmomente, ihre Struktur theoretisch zu ergründen trachten.

Vorerst befinden wir uns noch am Beginn der 1970er-Jahre. In der ersten Jahreshälfte 1970, wohl etwas vor dem Gespräch mit Rudi Dutschke, hatte Williams den Literaturwissenschaftler Lucien Goldmann kennen gelernt. Für viele britische Intellektuelle bedeuteten die späten 1960er-Jahre nicht bloß eine Phase der politischen Veränderung, sondern auch eine der – notwendigen – theoretischen Neuorientierung, und diese Neuorientierung beinhaltete ganz wesentlich eine Auseinandersetzung mit dem kontinentalen »westlichen« Marxismus. Goldmann, der zwei Vorträge in Cambridge hielt, war nicht nur als Vertreter dieser Spezies für Williams interessant, sondern er war, nicht zuletzt wegen seiner intensiven Auseinandersetzung mit dem Werk Georg Lukács', ein herausfordernder und faszinierender Gesprächspartner. Immerhin hält Williams zu jener Zeit den Lukács von *Geschichte und Klassenbewußtsein* – neben Antonio Gramsci und dem Sartre der 1950er- und 1960er-Jahre – für den wichtigsten Vertreter der Tradition eines »alternativen Marxismus«.[6]

4 Raymond Williams: »Downhill to Dutschke«, in: *The Nation*, 15. Februar 1971, S. 210-212.

5 Ebd., S. 211.

6 Raymond Williams: »Prefatory Note: Lucien Goldmann and Marxism's Alter-

Wir können uns also gut vorstellen, dass Williams den Fortschritt der Dutschke'schen Arbeit mit großem Interesse verfolgt hätte.

Wer aber war nun dieser Raymond Williams, der von Terry Eagleton als »the single most important critic of postwar Britain«[7] bezeichnet wurde und der zum Zeitpunkt seines Todes (1988), nach einer Karriere von vierzig Jahren, über 650 Publikationen, darunter 27 wissenschaftliche Bücher, fünf Romane, drei Theaterstücke und zahllose Beiträge, unter anderem für den *Listener*, den *Guardian* und die *New Society*, hinterlassen hat?[8] Und der gleichzeitig im deutschen Sprachraum, sieht man von einigen spezialisierten Anglisten und Cultural-Studies-Leuten ab, kaum bekannt ist.

I. Biografische Notizen

Raymond Williams kam 1921 in dem kleinen Dorf Pandy in der südwalisischen Region Gwent zur Welt. Der Sohn eines Eisenbahnarbeiters verbrachte seine Kindheit in einer Labour-orientierten Familie inmitten einer weit gehend agrarisch bestimmten Umgebung. Das Eingebundensein in die sozialistische Bewegung – sein Vater hatte auf lokaler Ebene den Generalstreik 1926 mitorganisiert, er selber arbeitete während der Wahl 1935 für den Labourkandidaten Michael Foot – und die Erfahrung der nahen englischen Grenze bestimmten nicht nur das Leben dieser frühen Jahre, sondern sollten auch für seine spätere Arbeit prägend werden.

1938 ging Williams mithilfe eines Stipendiums an die Universität Cambridge, wo er sich vorerst dem *University Socialist Club* und dann im Dezember 1939 der Kommunistischen Partei anschloss, die er jedoch bald darauf wieder verließ. Nach dem Krieg kehrte er nach Cambridge zurück, um sein Studium abzuschließen. Die folgenden anderthalb Jahrzehnte war er in der Erwachsenenbildung tätig, um sich nach einigen Jahren der politischen und wissenschaft-

native Tradition (1973)«, in: John Higgins (Hg.): *The Raymond Williams Reader*, Oxford 2001, S. 159.

7 Terry Eagleton: *The Function of Criticism. From ›The Spectator‹ to Post-Structuralism*, London 1984, S. 108.

8 John Fekete: »Raymond Williams«, in: *The Johns Hopkins Guide to Literary Theory & Criticism* ⟨www.press.jhu.edu/books/hopkins_guide_to_literary_theory/raymond_williams⟩ (aufgerufen am 12. 8. 2005).

lichen Isolation in den späten 1950er-Jahren an der Diskussion der entstehenden Neuen Linken im Umfeld der *New Left Review* zu beteiligen. Williams trat 1960 in die Labour Party ein und engagierte sich in der Abrüstungsbewegung.

Der Sieg der Labour Party bei den Unterhauswahlen im Jahr 1964 nach 13 Jahren konservativer Herrschaft bewirkte für die britische Linke eine kurze Phase gewaltigen moralischen Aufschwungs – die allerdings nur kurz währte. Der technokratische Kurs der Regierung Harold Wilson rief den Widerspruch der sozialistischen Intellektuellen hervor – obgleich sie bei den Neuwahlen 1966 ihre Position im Unterhaus verbessern konnte. Raymond Williams trat aus der Labour Party aus und gab gemeinsam mit Stuart Hall und Edward Thompson das berühmte *May Day Manifesto* zum 1. Mai 1967 heraus, in dem die Sammlung einer nach-sozialdemokratischen Linken propagiert wurde. Bereits 1961 war Williams nach Cambridge zurückgekehrt, wo er auf einen Lehrstuhl für Theaterwissenschaft berufen worden war, den er bis zu seiner Emeritierung im Jahr 1983 innehatte. Bis zu seinem plötzlichen Tod im Januar 1988 blieb Raymond Williams schriftstellerisch aktiv und war eine politisch bedeutsame Stimme in der britischen Öffentlichkeit.

So weit eine knappe biografische Skizze, die bewusst den politischen Menschen Williams in den Mittelpunkt rückt, die schillernde Gesamtheit seines Werks kann hier ohnehin nur angedeutet werden. Es reicht von der klassischen Literaturkritik und -wissenschaft (*Drama in Performance* [1954], *Modern Tragedy* [1958], *Orwell* [1971]) über die Filmtheorie (*Preface to Film* [1954]), Studien zur Funktionsweise und Veränderung der Massenkommunikation, insbesondere des Fernsehens (*Communications* [1962], *Television: Technology and Cultural Form* [1974]) bis zu Arbeiten über die Entstehung und Folgen der Urbanisierung (*The Country and the City* [1973]). Einer solchen thematischen Vielfalt auch nur in Ansätzen gerecht zu werden ist in einem kurzen einführenden Aufsatz wie diesem nicht möglich. Wir wollen uns hier folglich auf den Kulturtheoretiker Williams beschränken und ihn zu diesem Behufe einerseits als Vorbereiter und Vorläufer der Cultural Studies diskutieren (d. h. uns mit seinen diesbezüglichen Schriften der 1950er- und frühen 1960er-Jahre beschäftigen) und andererseits auf seine Konzeption eines »kulturellen Materialismus« (entwickelt vor allem in den Publikationen der 1970er-Jahre) eingehen.

Im Unterschied zu einigen in jüngerer Zeit vorgelegten Arbeiten, die eine – mehr oder weniger ungebrochene – Kontinuität in Williams' Arbeit am Kulturbegriff verorten und sie als »marxistisch« deuten,[9] gehen wir hier, bei aller Zustimmung, was die grundsätzliche Haltung von Raymond Williams angeht,[10] wie oben bereits angedeutet von einer mehrfach kontextuell bedingten Verschiebung der Art und Weise seines Theoretisierens in den späten 1960er-Jahren aus. Nicht einen wie auch immer fest definierten »westlichen« oder »alternativen« Marxismus, der sich durch sein Werk zieht, wollen wir dingfest machen, sondern uns von jener These leiten lassen, die Williams' Theorieproduktion (und das bezieht sich nun nicht bloß auf »Kultur«), gleichsam gegen den Strom des in den 1970er- und 1980er-Jahren dominant werdenden Poststrukturalismus, mit zunehmendem Alter sich Marx'schen Überlegungen annähern lässt.

II. Raymond Williams und die Anfänge der Cultural Studies

Zu den stets wiederholten Klischees in Bezug auf die Cultural Studies zählt einmal die Rede von den »Gründervätern« und zum anderen die Mythologisierung des – mittlerweile geschlossenen – *Centre for Contemporary Cultural Studies* (CCCS) in Birmingham.[11] Rolf Lindner hat darauf hingewiesen, dass es seit Colin Sparks' Artikel »The Evolution of Cultural Studies«[12] üblich geworden ist, auf Richard Hoggarts *The Uses of Literacy* (1957) und Raymond Williams' *Culture and Society* (1958) als Gründungstexte der Cultural

9 Vgl. u. a. Andrew Milner: *Re-Imagining Cultural Studies. The Promise of Cultural Materialism*, London 2002; Paul Jones: *Raymond Williams's Sociology of Culture. A Critical Reconstruction*, New York 2004.

10 John Higgins: *Raymond Williams. Literature, Marxism and Cultural Materialism*, London 1999.

11 Auch heftig debattierte und kritische Texte können da offenbar wenig ändern. Vgl. Handel K. Wright: »Dare we De-centre Birmingham? Troubling the ›Origin‹ and Trajectories of Cultural Studies«, in: *European Journal of Cultural Studies*, 1/1, 1998, S. 33-56.

12 Colin Sparks: »The Evolution of Cultural Studies«, in: *Screen Education* 22, 1977, S. 16-30.

Studies zu verweisen.[13] Allerspätestens seit Graeme Turners ungeheuer einflussreichem Einführungsband[14] ist auch häufig von einer Trias die Rede – zu den genannten Werken gesellte sich Edward P. Thompsons *The Making of the English Working Class* aus dem Jahre 1963.[15]

Nun ist diese Praxis durchaus begründbar. Alle drei Autoren kann man fraglos als führende Vertreter der ersten Neuen Linken bezeichnen, alle drei eint zudem die Erfahrung der Tätigkeit in der Erwachsenenbildung und alle drei arbeiteten an einer Reformulierung dessen, was als Kultur zu verstehen sei – und zwar jenseits sowohl einer traditionell-konservativen Kulturkritik als auch einer engen parteikommunistischen Begrifflichkeit.[16] Die unterschiedlichen theoretischen Ausgangspositionen sollten allerdings nicht unterschlagen werden. Mit Ioan Davies können wir pointiert festhalten, dass diejenige von Thompson am ehesten als marxistisch bezeichnet werden kann, die von Hoggart als liberal-humanistisch und die von Raymond Williams als »socialist Leavisism«.[17]

Und in der Tat ist *Culture and Society*, Williams' erstes wichtiges Buch, auf den ersten Blick eine literatur- oder ideengeschichtliche Arbeit. Entstanden aus einem Kurs über den Begriff von »Kultur« bei T. S. Eliot, M. Arnold und F. R. Leavis' diskutiert sie die »historische Genese des modernen Kulturbegriffs«[18] vom Beginn der industriellen Revolution bis in die Mitte des 20. Jahrhunderts, bezieht sie aber zugleich auf die sie mit erklärenden realen politischen und ökonomischen Prozesse. Methodisch noch der klassischen Literaturkritik und dem »close reading« verpflichtet, geht *Culture and Society* jedoch darüber hinaus. Der Titel der deutschen Überset-

13 Rolf Lindner: »Cultural Hybrids from Border Country«, in: ders.: *Die Stunde der Cultural Studies*, Wien 2000, S. 18.

14 Graeme Turner: *British Cultural Studies*, Boston 1990.

15 Williams selber nimmt im Vorwort zur Neuauflage von *Culture and Society* im Jahr 1987 darauf Bezug. Raymond Williams: »Foreword to 1987 edition«, in: ders.: *Culture and Society*, London 1990, S. V.

16 Ioan Davies: *Cultural Studies and Beyond. Fragments of Empire*, London, New York 1995, S. 6 ff. Interessanterweise bezieht sich Davies dabei im Falle des Historikers E. P. Thompson nicht auf dessen oben genanntes Buch, sondern auf Edward P. Thompson: *William Morris: From Romantic to Revolutionary* (1955).

17 Ebd., S. 8.

18 Uwe Böker: »Raymond Williams, Culture and Society«, in: Walter Jens (Hg.): *Kindlers Neues Literaturlexikon*, Bd. 17, München 1992, S. 701.

zung, *Gesellschaftstheorie als Begriffsgeschichte*,[19] beschreibt sehr gut, was das Buch leistet und woran Williams hier arbeitet. Er entdeckt »Kultur« als Schlüsselkategorie, setzt sie aber in Bezug zu anderen sich verändernden »Schlüsselworten«[20] der Moderne: Industrie, Demokratie, Klasse und Kunst. Im 19. Jahrhundert wechselt, so Williams, der Gebrauch des Begriffs, der bisher das Kultivieren von etwas meinte, hin zu Kultur an sich. Vier Bedeutungsvarianten des Wortes macht Williams dabei dingfest:

Zunächst bedeutete es »einen allgemeinen Geisteszustand oder eine geistige Gewohnheit«, eng bezogen auf die Idee der menschlichen Vollendung. Dann bezeichnete es »den allgemeinen Stand der geistigen Entwicklung einer Gesamtgesellschaft«. Ferner umfasste es »die Künste insgesamt«. Und schließlich erhielt es im Verlauf des Jahrhunderts die Bedeutung »einer ganzen Lebensweise, materiell, intellektuell und geistig«.[21]

»Kultur« meint nicht bloß eine besondere geistige Haltung, noch wird sie auf die Künste beschränkt, mit der Formulierung »a whole way of life« wird Kultur als Prozess verstanden, und es rückt die Gesamtheit kultureller Praktiken und Erfahrungen in den Mittelpunkt des Interesses.[22] Diese Argumentation führt Williams zur Unterscheidung zwischen einer bürgerlichen und einer proletarischen Kultur, deren Differenz er – wie angedeutet – auf der Ebene der Lebensweise ansiedelt, wie H. Gustav Klaus festhält.

Auf einen Begriff gebracht, ist die bürgerliche Lebensweise die des Individualismus; zugrunde liegt ihr eine Vorstellung von der Gesellschaft als neutralem Bereich, in dem der einzelne seinem Glück nachgehen kann (als »pursuit of happiness« ist diese Vorstellung beispielsweise in die amerikanische Verfassung eingegangen). Demgegenüber ist die proletarische Lebensweise gekennzeichnet durch die »grundlegende kollektive Idee und die von ihr ausgehenden Einrichtungen, Gewohnheiten der Gedanken und Intentionen«.[23]

19 Raymond Williams: *Gesellschaftstheorie als Begriffsgeschichte. Studien zur historischen Semantik von ›Kultur‹*, München 1972.

20 Die Anfänge des knapp zwanzig Jahre später erschienenen Buches *Keywords* sind hier zu finden. Vgl. Raymond Williams: *Keywords: A vocabulary of culture and society*, London 1976.

21 Williams: *Gesellschaftstheorie als Begriffsgeschichte*, S. 17.

22 Rainer Winter: »Raymond Williams: Culture and Society«, in: Dirk Kaesler, Ludgera Vogt (Hg.): *Hauptwerke der Soziologie*, Stuttgart 2000, S. 468.

23 H. Gustav Klaus: »Über Raymond Williams«, in: Raymond Williams, *Innovatio-*

Hier ist nicht die Rede von einer historischen Mission der Arbeiterklasse, Williams entwickelt seine aus der Erfahrung gewonnene Kategorie von »Arbeiterkultur« jenseits von Proletkult in einer Wendung gegen das, was er als die offizielle englische Kultur versteht. In einem Gespräch mit Francis Mulhern, Anthony Barnett und Perry Anderson von der *New Left Review* antwortet er auf die Frage nach den Intentionen des Buches in den späten 1970er-Jahren im Rückblick: »It was oppositional – to counter the appropriation of a long line of thinking about culture to what were by now decisively reactionary positions.«[24]

Williams schreibt gegen die Einengung des Kulturbergriffs an, zuerst gegen dessen elitäre Beschränkung durch bürgerliche Ideologen, und distanziert sich so von Leavis, aber er kritisiert auch die (vulgär)marxistische Missachtung, die kulturelle Praktiken und Phänomene nur als Momente des Überbaus zu verstehen im Stande ist. Auf eine der Tradition der deutschen bzw. österreichischen Arbeiterbildungskultur nicht unähnlichen Weise[25] beharrt er darauf, dass die hohen Kulturgüter den Arbeitern nicht vorenthalten werden dürfen. Der »scholarship boy« pendelt sozusagen zwischen Oxbridge und den Black Mountains. Auf der einen Seite betont er die kulturelle Bedeutung der gelebten (Alltags-)Erfahrung der »ordinary people«, auf der anderen will er das Beste der (hoch)kulturellen Tradition für sie retten. Diese Spannung findet sich auch in seinen Überlegungen zum Massenbegriff, die, wie ich meine, auch heute noch zu den wichtigsten Momenten von *Culture and Society* zu zählen sind. Seine historisch-semantische Herleitung des Begriffs führt ihn über die Beobachtung, dass »Masse« niemals wir, sondern immer die Anderen sind, zur folgenden, mittlerweile schon berühmt gewordenen Formulierung, die ich hier im englischen Original wiedergeben will: »There are in fact no masses; there are only ways of seeing people as masses.«[26]

Eine dieser Sichtweisen findet sich im Terminus »Massenkultur«.

nen. Über den Prozeßcharakter von Literatur und Kultur, Frankfurt am Main 1983, S. 205 f.

24 Raymond Williams: *Politics and Letters. Interviews with New Left Review*, London 1979, S. 97.

25 Vgl. dazu Ursula Apitzsch (Hg.): *Neurath – Gramsci – Williams. Theorien der Arbeiterkultur und ihrer Wirkung*, Hamburg, Berlin 1993.

26 Williams: *Culture and Society*, S. 300.

Diese stammt nicht ursprünglich aus der Arbeiterklasse, sie ist kapitalistisch produziert und wird auch nicht ausschließlich von der Arbeiterklasse konsumiert. Aber, so muss Williams konzedieren, ihre Mitglieder haben Freude an ihr, sie wird durch ihren Gebrauch zur popularen Kultur. Wenngleich es ihm schwer fällt, zu akzeptieren und zu verstehen, dass die »working class«, deren Lebensweise er so schätzt, sich mit kulturellen Produkten minderer Qualität zufrieden gibt, erkennt er implizit die Beschränkung einer rein textualen Analyse und weist auf die Notwendigkeit hin, die Erfahrungen des Gebrauchs von Massenkultur zu analysieren. »This analysis included the recovery of mass cultural consumption from the point of view of the consumers and studying it in the context of changing social relations and institutions.«[27] Und das bedeutete in der Tat einen wichtigen Schritt in der Entwicklung der Cultural Studies.

Während *Culture and Society* doch eher als ein Rückblick zu verstehen ist, weist Williams' nächstes Buch *The Long Revolution* (1961)[28] in die Zukunft. Sein Erscheinen war, wie Stuart Hall anmerkt, »a seminal event in English post-war intellectual life«.[29] Konzipiert und geschrieben als Fortführung der in *Culture and Society* begonnenen Arbeit,[30] sollte es den Boden der Debatte von einer literarisch-moralischen Definition von »Kultur« hin zu einer ethnologischen verschieben. Ausgangspunkt von Williams' Argumentation ist die Feststellung, dass die britische Gesellschaft einen Wandel erlebt habe, der durch Industrialisierung, Demokratisierung und kulturelle Transformation bedingt wie gekennzeichnet wäre. Williams sieht die ersten beiden Momente zureichend behandelt, ihm geht es darum, die gleichermaßen zentrale Bedeutung der kulturellen Veränderungen festzuhalten und zu analysieren. Um diese Aufgabe leisten zu können, macht er sich an die Entfaltung seines Kulturbegriffs. Die vorliegenden Definitionen von Kultur, so hält er fest, lassen sich in drei Kategorien einordnen. Einmal in eine *ideale* Bestimmung, »derzufolge Kultur ein Zustand oder Prozeß mensch-

27 Dennis Dworkin: *Cultural Marxism in Postwar Britain. History, the New Left, and the Origins of Cultural Studies*, Durham, London 1997, S. 92.

28 Raymond Williams: *The Long Revolution*, London 1992.

29 Stuart Hall: »Cultural studies and the centre – some problematics and problems«, in: ders.: Dorothy Hobson, Andrew Lowe, Paul Willis (Hg.): *Culture, Media, Language*, London 1980, S. 19.

30 Williams, *The Long Revolution*, S. 9.

licher Perfektion ist, gemessen an bestimmten, absoluten oder universellen Werten«, zum Zweiten in eine *dokumentarische*, in ihr erscheint Kultur »als der Korpus geistiger und imaginativer Werke (…), in denen menschliches Denken und Erfahrung auf detaillierte Weise aufgezeichnet sind«, und schließlich in eine *gesellschaftliche*, »in der diese als Beschreibung einer Lebensweise erscheint, deren Werte sich nicht nur in Kunst und Erziehung ausdrücken, sondern auch in Institutionen und im ganz gewöhnlichen Verhalten«.

Es ist diese Definition, die Williams dazu führt, »Kultur« auf dreifache Weise neu zu denken. Da ist einmal der anthropologische/ethnologische Anspruch (»culture as a whole way of life«), da ist zum anderen die Behauptung, dass »Kultur« Bedeutungen und Werte ausdrücke, und schließlich der Anspruch der Kulturanalyse, deren Aufgabe er, erneut in einer klassisch zu nennenden Wendung, so formuliert: »(Es) hätte eine Analyse von Kultur eine Klärung der Bedeutungen und Werte zu besorgen, die von einer bestimmten Lebensweise, einer bestimmten Kultur implizit oder explizit verkörpert werden.«[31]

Zusammengenommen etablieren die drei Punkte, die die soziale Definition von Kultur ausmachen – Kultur als bestimmte Lebensweise, Kultur als Ausdruck einer bestimmten Lebensweise und Kulturanalyse als eine Methode »of reconstituting a particular way of life« –, zugleich eine allgemeine Perspektive wie auch eine bestimmte Zugangsweise. Williams' Hauptaugenmerk gilt zwar der gesellschaftlichen Bestimmung von Kultur, doch lässt er die anderen Definitionen von Kultur nicht außer Acht. »Jede der drei Definitionen enthält einen bedeutenden Gesichtspunkt, und wenn dies so ist, so verdienen die Beziehungen zwischen ihnen unsere Aufmerksamkeit.«[32]

Es genügt nämlich nicht, Kultur nur als die »ideale« Entwicklung des Menschen im Gegensatz zu seiner »animalischen« Natur zu verstehen, so wie es auch nicht hinreichend ist, sie »dokumentarisch«

31 Raymond Williams: »Theorie und Verfahren der Kulturanalyse«, in: ders.: *Innovationen*, S. 45 (Teil 1, Kapitel 2 von *The Long Revolution*).

32 Ebd., S. 47. Die Betonung auf die Beziehungen zwischen den einzelnen Kulturdefinitionen findet sich auch im Spätwerk Williams', z. B. in einem im März 1986 in Oxford gehaltenen Vortrag. Raymond Williams: »The Uses of Cultural Theory«, in: ders.: *The Politics of Modernism. Against the New Conformists*, hg. und eingel. v. Tony Pinkney, London, New York 1989, S. 164.

auf die wertvollen Artefakte (abgetrennt vom übrigen gesellschaftlichen Leben) zu beschränken oder andererseits in einer ausschließlichen Bestimmung im »gesellschaftlichen« Sinn »die Geschichte und den Korpus der Kunst als bloßes Abfallprodukt, als passive Widerspiegelung der wahren Interessen der Menschheit« zu negieren. Williams geht es darum, »den Prozeß als Ganzes zu sehen«, jeweilige Einzelstudien müssten »wenn schon nicht ausdrücklich, so doch in letzter Instanz auf die wirkliche komplexe Organisation«[33] bezogen werden.

Der Verweis auf die Beziehungen zwischen den unterschiedlichen Bestimmungen von Kultur und die Betonung von Kultur als Prozess scheinen mir hier besonders bedeutsam. Mit dem Begriff der »Gefühlsstruktur« (*structure of feeling*) versucht Williams sein Theoretisieren auf den Punkt zu bringen. Der Terminus zieht sich von seinen Anfängen bis hinauf zu *Marxism and Literature* (1977) durch Williams' Werk. Später leicht modifiziert und sprachlich modernisiert, findet er seine klarste Formulierung aber in *The Long Revolution*.[34]

Die leitende Idee des Begriffs Gefühlsstruktur ist die eines gemeinsamen Sets von Denk- und Fühlweisen, die ein regelmäßiges Muster zeigen und die ganze Lebensweise, die gelebte Kultur einer Epoche, Klasse oder Gruppe beinhalten, formen beziehungsweise von ihnen geformt werden. Diese Gefühlsstruktur wird zuallererst in den Künsten einer Periode sichtbar, zu denen Williams auch »die Formen des Stils in geistigen Auseinandersetzungen«[35] zählt, und zwar deshalb, weil sie als »die einzig verfügbaren Beispiele aufgezeichneter Kommunikation, die ihre Träger überlebt haben, sich ganz natürlich auf den lebendigen Sinn, auf die eine Kommunikation erst ermöglichende tiefe Gemeinschaft stützen«.[36]

Nicht alle Mitglieder einer Gesellschaft verfügen in gleichem Ausmaß über diese Gefühlsstruktur, aber gerade weil sie für kommunikativen Austausch unabdingbar ist, ist sie in allen Gesellschaften präsent. Sie wird nicht formell gelernt, und sie wird immer wieder von einer neuen abgelöst, wobei diese neue dann als die schöpferische Antwort auf geänderte Strukturen verstanden wird. Für die

33 Ebd., S. 47.

34 Higgins: *Raymond Williams*, S. 37.

35 Williams: »Theorie und Verfahren der Kulturanalyse«, S. 51.

36 Ebd., S. 52.

Kulturanalyse vor allem des frühen Williams ist der Begriff »Gefühlsstruktur« von zentraler kategorialer Bedeutung. Die Kulturanalyse besteht nun darin, entlang der Auseinandersetzung mit dem kulturell Dokumentierten, mit den Dokumenten – Williams nennt paradigmatisch Gedichte, Gebäude und Kleidermoden[37] – eine bestimmte »Gefühlsstruktur« herauszuarbeiten.

Williams betont die Bedeutung des Dokumentarischen in der Kultur, aber er ist sich bewusst, dass das, was dokumentiert vorliegt, in hohem Maße selektiv ist. Dieses Moment der Selektivität der kulturellen Tradition ist für Williams wesentlich, die Wirksamkeit der kulturellen Tradition beinhalte nämlich nicht nur Selektion, sondern zugleich Interpretation. Was nun die Kulturanalyse zu leisten vermag, ist »eine Bewußtmachung der Interpretation durch das Aufzeigen von historischen Alternativen: durch die Rückbeziehung der Interpretation auf die jeweils ihr zugrundeliegenden zeitgenössischen Werte«.[38]

Diese zeitgenössischen Werte offenbaren sich für Raymond Williams, wie oben festgehalten, zuallererst in der Kunst (und dabei hat er meist die Literatur vor Augen), aber eben nicht nur da, wie wir angedeutet haben. In einer radikalen Wendung zum Verhältnis von Kunst und Gesellschaft hält er fest: »Wenn die Kunst Teil der Gesellschaft ist, dann gibt es kein stichhaltiges Ganzes außerhalb ihrer selbst, dem – im Sinne unserer Frage – Priorität zugestanden werden könnte. Kunst ist eine Aktivität wie die Produktion, der Handel, die Politik, das Familienleben.«[39] Nun lässt sich zu einer solchen Bemerkung durchaus einiges kritisch anmerken. H. Gustav Klaus hat z. B. festgehalten, dass die Kunst in der bürgerlichen Gesellschaft allemal von der Lebenspraxis der Individuen abgehoben und das hier anklingende Verschwimmen der Grenze zwischen geistiger und materieller Produktion zumindest problematisch ist.[40]

Dennoch, Williams, dem, so könnte man formulieren, gerade weil er die Werke der hohen Kultur so sehr schätzt, heftig an deren Verortung im gesellschaftlichen Ganzen liegt, macht hier einen weiteren, wichtigen Schritt in diese Richtung. Wurde mit *Culture and Society* der Gebrauch von Massenkultur – wenngleich implizit –

37 Ebd., S. 52.

38 Ebd., S. 56.

39 Ebd., S. 48 f.

40 Klaus: *Über Raymond Williams*, S. 211.

zum Thema der Kulturanalyse, so wird nun in *The Long Revolution*, gleichsam von der anderen Seite kommend, Kunst als ein Teil des Lebens der Individuen und als *eine* kulturelle Praxis verstanden. *The Long Revolution*, und mit dem Buch das gesamte frühe Werk von Raymond Williams, war zentral für die Herausbildung einer politisch-kulturellen Soziologie, die es so im intellektuellen Großbritannien vorher nicht gegeben hatte. Seine theoretische Praxis, die von internen Erfahrungen und textuellen Ressourcen und nicht von fixierten Positionen ausging, hatte zwar ihre immanenten, auch methodischen Grenzen, an die sie bald stoßen sollte, andererseits war sie ihrer Dynamik nach offen.[41]

Die Alltagserfahrungen und die Deutungspraktiken ganz »gewöhnlicher« Frauen und Männer rücken ins Zentrum des Interesses,[42] und von da war es ist nicht mehr weit bis zur Frage nach den unter diesen Bedingungen möglichen Momenten kulturell (und politisch) widerständigen Handelns. Für Williams, aber auch für die entstehende Disziplin der Cultural Studies sollte sie ganz wichtig werden.

III. Kultureller Materialismus

Die Wende von den 1960er- zu den 1970er-Jahren zeigte auch in Großbritannien die in den westeuropäischen Debatten über Politik und Gesellschaft zu beobachtende Hinwendung zu marxistischen Positionen. Wenngleich die Rede von der »Renaissance des Marxismus« etwas ungenau zu sein scheint – ging es doch vor allem um die Rekonstruktion der Traditionen eines anderen, alternativen und undogmatischen Marxismus –, so klingen in ihr wesentliche Momente der »zweiten New Left« an. Paradigmatisch ist hier der Sammelband *Situating Marx* aus dem Jahr 1972 zu nennen, der im wesentlichen Beiträge enthält, die bei einem am *Centre for Contemporary Cultural Studies* (CCCS) an der Universität Birmingham abgehaltenen Symposion präsentiert worden waren. In der Einleitung formulieren die beiden Herausgeber Paul Walton und Stuart Hall, Letzterer damals schon Leiter des CCCS, die Differenz zur Marx-Debatte

41 Davies: *Cultural Studies and Beyond*, S. 16.

42 John Storey: *An Introductory Guide to Cultural Theory and Popular Culture*, Athens, Georgia 1993, S. 56. Vgl. auch Higgins: *Raymond Williams*, S. 173.

in Ländern wie Frankreich oder Deutschland und monieren die Notwendigkeit einer nachholenden Rezeption als eine wichtige Aufgabe der New Left.[43]

Diese nun verstärkt einsetzende Auseinandersetzung mit Texten des »westlichen Marxismus« (Perry Anderson) war Teil eines weiter gehenden Aufgreifens kontinentaleuropäischer Theorieproduktion und ging Hand in Hand mit einem wachsenden Einfluss des Strukturalismus. Gerade für die Cultural Studies sollten die von de Saussure und Lévi-Strauss herkommenden Überlegungen zur Sprache – als eines unseren Zugang zur Welt vorstrukturierenden Symbolsystems, und Roland Barthes' semiotische Analysen von Alltagsmythen außerordentlich prägend werden. Gleichwohl blieb für das CCCS der 1970er-Jahre der Marxismus das zentrale Referenzsystem.[44] Für die theoretische Praxis des Centres bedeutete dies in den Worten Stuart Halls, »in Hörweite des Marxismus zu arbeiten, über Marxismus zu arbeiten, gegen Marxismus zu arbeiten, mit ihm zu arbeiten, zu versuchen, Marxismus zu entwickeln«.[45]

Auch Raymond Williams, der für die Entwicklung der Cultural Studies bedeutsam bleiben sollte, wiewohl sich im Lauf des kommenden Jahrzehnts auch Differenzen zur Arbeit des CCCS auftaten, ging vor dem oben skizzierten Hintergrund daran, seine kulturtheoretischen Überlegungen zu reformulieren.[46] Wir hatten in den einleitenden Bemerkungen dieses Aufsatzes schon auf Lucien Goldmann verwiesen, und in der Tat werden in der Auseinandersetzung mit Goldmanns Literatursoziologie erste Züge des sich nun ändernden theoretischen Zugangs Raymond Williams' sichtbar. In einem in der *New Left Review* publizierten Nachruf auf Goldmann[47] entdeckt er Ähnlichkeiten zwischen seinem Begriff der »Gefühlsstruktur« und dessen Terminus des »genetischen Strukturalismus«, vor allem deswegen, weil Goldmanns »strukturalistisch-genetische Me-

43 Paul Walton, Stuart Hall: »Introduction«, in: dies. (Hg.): *Situating Marx*, London 1972, S. 2 ff.

44 Dworkin: *Cultural Marxism*, S. 142.

45 Stuart Hall: »Das theoretische Vermächtnis der Cultural Studies«, in: ders.: *Cultural Studies. Ein politisches Theorieprojekt. Ausgewählte Schriften 3*, Hamburg 2000, S. 38.

46 Vgl. Dworkin: *Cultural Marxism*, S. 148 ff.; Milner: *Re-Imagining Cultural Studies*, S. 86 ff.; Higgins: *Raymond Williams*, S. 110 ff.

47 Raymond Williams: »Literature and Sociology: In Memory of Lucien Goldmann«, in: *New Left Review* 67, 1971, S. 3-18.

thode«[48] sich »nicht nur mit den Strukturen, sondern auch mit ihrer historischen Herausbildung und Entwicklung« befasste.[49] Sein Strukturbegriff beinhalte eine Beziehung zwischen literarischen und gesellschaftlichen Fakten, wie Williams festhält, und er fügt hinzu, dass diese Beziehung keine des Inhalts, sondern eine der geistigen Strukturen wäre. »Sie bezeichnet die Kategorien, die gleichzeitig das empirische Bewusstsein einer bestimmten sozialen Gruppe und die vom Schriftsteller geschaffene imaginäre Welt organisierten.«[50]

Die Nähe dieser Bestimmung zum Terminus »Gefühlsstruktur«, den wir oben kurz vorgestellt haben, ist evident. Was Wunder, könnte hier angefügt werden, haben doch z. B. Terry Eagleton[51] und John Storey[52] die Nähe dieses Begriffs zu dem der Ideologie festgehalten. Es sind Fragen des Verhältnisses von Bewusstsein und Welt, allgemeiner formuliert, Fragen nach der Wirksamkeit und der Überwindung von Ideologie, die Lucien Goldmanns von Georg Lukács inspirierte Literatursoziologie bewegen. Goldmann differenziert zwischen dem »wirklichen« Bewusstsein einer sozialen Gruppe und dem ihr »zugerechneten« Bewusstsein.[53] Grob gesprochen meint das »wirkliche« Bewusstsein das empirisch vorfindbare, das alltägliche Bewusstsein, während mit dem »zugerechneten« eine Kategorie der Möglichkeit eingeführt wird. Es ist die Kunst, in der das zugerechnete Bewusstsein einer Klasse oder Gruppe am klarsten zum Ausdruck kommt. Solche Überlegungen erinnern in der Tat an Raymond Williams, und wenngleich dieser auch das Goldmannsche Modell für zu statisch hält,[54] so lässt sich durchaus behaupten, dass er sich in seiner bisherigen, von den kontinentaleuropäischen marxistischen Debatten recht isolierten theoretischen Praxis durch die Beschäftigung mit Goldmann (und Lukács) bestätigt sieht.[55]

48 Raymond Williams: »Lucien Goldmanns Beitrag zur Literatursoziologie«, in: ders.: *Innovationen*, S. 174 ff.; vgl. Lucien Goldmann: *Soziologie des Romans*, Neuwied, Berlin 1970.

49 Williams: »Lucien Goldmanns Beitrag«, S. 174.

50 Ebd.

51 Terry Eagleton: *Criticism and Ideology: A Study in Marxist Literary Theory*, London 1976, S. 33.

52 Storey: *An Introductory Guide, S.* 53.

53 Lucien Goldmann: *Kultur in der Mediengesellschaft*, Frankfurt am Main 1973, S. 7 ff.; Lucien Goldmann: *Soziologie des Romans*, S. 29 ff.

54 Williams: »Lucien Goldmanns Beitrag«, S. 177.

55 Milner: *Re-Imagining Cultural Studies*, S. 87 f.

Die Auseinandersetzung mit Antonio Gramsci sollte durchaus weiter reichende Folgen haben. Seit 1971 lag die von Quintin Hoare und Geoffrey Nowell Smith ins Englische übersetzte und herausgegebene Auswahl aus den *Quaderni del carcere* vor,[56] die eine Rezeption des Denkens von Gramsci eigentlich erst richtig ermöglichte. In seinem wieder für die *New Left Review* verfassten Aufsatz »Base and Superstructure in Marxist Cultural Theory«[57] geht Williams extensiv auf Gramsci ein und skizziert erste Überlegungen zum kulturellen Materialismus. Der Text sollte nicht bloß für die theoretische Neuverortung Williams' bedeutsam werden, auch am CCCS in Birmingham wurde er heftig debattiert, wobei allerdings anzumerken wäre, dass die Vertreter der erst später so genannten »British Cultural Studies« – von den entpolitisierten, postmodernisierten amerikanischen ist hier nicht die Rede – in ihrer Beschäftigung mit Vertretern des Poststrukturalismus (z. B. Stuart Hall mit Foucault in den 1980er- und Lawrence Grossberg[58] mit Deleuze in den 1990er-Jahren) über Williams hinausgingen.

Dieser jedenfalls wagt in seinem vielleicht letzten großen Werk *Marxism and Literature* (1977)[59] unter Einbeziehung sowohl neomarxistischer wie strukturalistischer Überlegungen den Versuch der Theorie eines »kulturellen Materialismus«. Wie er in der Einleitung festhält, geht es ihm um eine Inkorporation des kritischen Marxis-

56 Antonio Gramsci: *Selections from the Prison Notebooks*, hg. und übers. v. Quintin Hoare und Geoffrey Nowell Smith, London 1971.

57 Raymond Williams: »Base and Superstructure in Marxist Cultural Theory«, in: *New Left Review* 82, 1973, S. 3-16. Die deutsche Übersetzung erschien erstmals 1975 und wurde später in die von H. Gustav Klaus edierte Sammlung *Innovationen* aufgenommen. »Zur Basis-Überbau-These in der marxistischen Kulturtheorie«, in: *alternative*, Nr. 101, Materialistische Literaturtheorie IX, S. 77-91, bzw. in: Raymond Williams, *Innovationen*, S. 183-201.

58 Lawrence Grossberg möge mir nachsehen, dass ich ihn, als Bürger der Vereinigten Staaten, hier den Britischen Cultural Studies zuschlage, Biografie und Ausrichtung seines Werkes sprechen allerdings dafür. Gedankt sei ihm an dieser Stelle auch für den Hinweis, dass die Gramsci-Rezeption des CCCS, die parallel zu der von Williams verlief, wesentlich der Vermittlung durch Lidia Curti zu verdanken war.

59 Raymond Williams: *Marxism and Literature*, Oxford 1977. In der Soziologie der Kultur – Raymond Williams: *Culture*, London 1981, bzw. Raymond Williams: *Sociology of Culture*, New York 1982 – werden die hier formulierten Überlegungen nochmals aufgegriffen und systematisch formuliert. Die grundlegende Begrifflichkeit finden wir allerdings schon in *Marxism and Literature* voll entwickelt.

mus eines Benjamin, Lukács, Goldmann, des späten Sartre und vor allem eines Althusser und Gramsci, aber er berücksichtigt durchaus auch die Semiotik als Methode der textualen Analyse. Wie der Titel des Buches verrät, geht es zuerst um eine materialistische Verortung von Sprache und Literatur. Mit Rekurs auf Rossi-Landi und Vološinov wendet er sich gegen eine vom frühen Wittgenstein und von de Saussure ableitbare Beschränkung von Sprache als Zeichensystem und insistiert auf ihrer Eigenschaft als soziale Praxis und historische Institution.[60]

Im zweiten Abschnitt des Buches widmet sich Williams der Ausarbeitung der in *Base and Superstructure in Marxist Cultural Theory* skizzierten Überlegungen. Es geht ihm um die Formulierung eines kulturellen Materialismus innerhalb der Traditionen und Entwicklungen des Marxismus, ja innerhalb des historischen Materialismus.[61] Die klassisch orthodox-marxistische Basis-Überbau-These, nach der »Kultur« in letzter Instanz aus den Bewegungen und der Logik der Ökonomie heraus erklärt werden kann, weist er jedoch zurück. Sein Zugang, der die »relative Eigengesetzlichkeit« von Kultur betont, hat Auswirkungen auf die Analyse. »Thus, contrary to a developement in Marxism, it is not ›the base‹ and ›the superstructure‹ that need to be studied, but specific and indissoluble real processes, within which the decisive relationship, from a Marxist point of view, is that expressed by the complex idea of ›determination‹.«[62]

Determinierung als Prozess geschieht aber durch bestimmte Mechanismen, und hier ist der Ort, an dem Ideologie wirksam wird. Im Rekurs auf Althussers Ideologiekonzeption (Ideologie als effektive Praxis) und im Besonderen auf seinen Begriff von »Überdeterminierung«,[63] der Platz lässt für die relative Autonomie von Kultur, erklärt Williams das Erzielen von ideologischer Dominanz als – nie

60 Vgl. u. a. Alan O'Connor: *Raymond Williams. Writing, Culture, Politics*, Oxford 1989, S. 109 ff.; Udo Göttlich: *Kritik der Medien. Reflexionsstufen kritisch-materialistischer Medientheorien am Beispiel von Leo Löwenthal und Raymond Willliams*, Opladen 1996, S. 230 ff.; Michael Moriarty: »The Longest Cultural Journey: Raymond Williams and French Theory«, in: Christopher Prendergast (Hg.): *Cultural Materialism: On Raymond Williams*, Minneapolis, London 1995, S. 91-116.

61 Williams: *Marxism and Literature*, S. 5.

62 Ebd., S. 82.

63 Louis Althusser: »Widerspruch und Überdeterminierung«, in: ders.: *Für Marx*, Frankfurt am Main 1974, S. 52-99.

endgültiges – Ergebnis eines Kampfes widersprüchlicher und widerstreitender Kräfte. Der Vorteil des Althusser'schen Begriffs ist für Williams der, dass er die Bedeutung und Komplexität realer, gelebter Erfahrung anerkennt und berücksichtigt.

In its most positive forms – that is, in its recognition of multiple forces, rather than the isolated forces of modes or techniques of production, and in its further recognition of these forces as structured, in particular historical situations, rather than elements of an ideal totality or, worse, merely adjacent – the concept of »overdetermination« is more useful than any other as a way of understanding historically lived situations and the authentic complexities of practice.[64]

Was aber innerhalb eines streng althusserianischen Denkmodells letztlich nicht mehr konzipiert werden kann, ist ein Begriff von Widerstand. Williams, dem es ja auch darum geht, dessen Möglichkeit konzeptionell zu entfalten, verlässt also die marxistisch-strukturalistische Logik Louis Althussers an dieser Stelle und wendet sich Antonio Gramscis Hegemonietheorie zu. Hegemonie, jenen Zustand gesellschaftlicher (politischer/kultureller) Dominanz, der aber nie ein stabiler ist, sieht er so: »The reality of any hegemony, in the extended political and cultural sense, is that, while by definition it is always dominant, it is never either total or exclusive. At any time, forms of alternative or directly oppositional politics and culture exist as significant elements in the society.«[65]

Vor diesem Hintergrund geht es nicht um die – abstrakte – Feststellung jeweiliger Hegemonie, sondern um die je besonderen Funktionsweisen des »Hegemonialen« (»the hegemonic«) und des »Dominanten« (»the dominant«), wie Williams festhält. Die – interessante und zugleich schwierige – Aufgabe der Kulturanalyse in komplexen Gesellschaften sei es nun, das Hegemoniale in seinen aktiven und formativen, aber auch in seinen transformativen Prozessen zu erfassen.

Ausgehend von Gramscis Hegemonietheorie entfaltet Williams sein Modell der »kulturellen Kräfte« (»cultural forces«). Da gibt es einmal »the dominant«, die hegemonial-effektiv wirksame kulturelle Kraft einer bestimmten Gesellschaft zu einem bestimmten Zeitpunkt. Zu ihr gesellt er »the residual« und »the emergent«, wobei –

64 Williams: *Marxism and Literature*, S. 88.
65 Ebd., S. 113.

vereinfacht gesprochen – diese Kräfte etwa den ideologischen Formen von Gegenwart, Vergangenheit und Zukunft entsprechen, sich aber nicht darin erschöpfen. »The ›residual‹, by definition, has been effectively formed in the past, but it is still active in the cultural process, not only and often not at all as an element of the past, but as effective element of the present.«[66]

Die Kategorie »emergent« (neu entstehend) meint, »that new meanings and values, new practices, new relationships and kinds of relationships are continually being created«.[67] Und, schließlich – da es sich stets um Momente eines kulturellen Prozesses handelt – sind die Bestimmungen des »Residualen« oder »neu Entstehenden« nur in Bezug auf die dominante kulturelle Kraft zu treffen. Die genannten »cultural forces« können einander widersprechen, in ihrem je neu zu definierenden Verhältnis zueinander wird immer wieder Differenz, Konflikt und Widerspruch sichtbar. Dieser so formulierte Raum, der prozesshaft und stets umkämpft zu denken ist, ermöglicht alternative Deutungsweisen seitens der Individuen und damit – letztlich – auch alternative Handlungsentwürfe und Praktiken.

Was zum Verständnis der drei Kräfte und ihrer Effektivität für Williams unabdingbar bleibt, ist nämlich die grundlegende Überzeugung »that no mode of production and therefore no dominant social order and therefore no dominant culture ever in reality exhausts all human practice, human energy, and human intention«.[68] Die Determinierung ist nie vollständig, die Dominanz herrschender Sichtweisen nie total.

IV. Kultur als Ort der Auseinandersetzung

Halten wir hier inne und blicken zurück. Es ist ein weiter Weg vom Verständnis von »Kultur als Lebensweise« zur Konzeption eines kulturellen Materialismus der effektiven, aber nicht naturnotwendig determinierten und determinierenden »kulturellen Kräfte«. Und doch gibt es so etwas wie einen roten Faden, der sich durch Williams' Werk zieht, nämlich die tiefe Überzeugung, dass Kultur wichtig und bedeutsam ist, allerdings weder als noble Eigenschaft

66 Ebd., S. 122.
67 Ebd., S. 123.
68 Ebd., S. 125.

der oberen Klassen noch als bloßes Überbauphänomen. Williams setzt den Schwerpunkt auf ihre Eigenschaft als soziale Praxis,[69] für ihn wirkt Kultur als ein konstitutiver gesellschaftlicher Prozess.[70]

Diese grundlegende Einsicht des Williams'schen kulturellen Materialismus teilen auch jene Vertreter der Cultural Studies, deren theoretische Praxis sich von der Williams' abheben sollte und die in wichtigen Punkten Kritik an seinen Positionen entwickelten und formulierten.[71] Spätestens mit der Veröffentlichung von Stuart Halls zukunftsweisender Rückschau über die zwei Paradigmen der Cultural Studies[72] aus dem Jahr 1980 war klar, dass Williams nicht mehr die einzige theoretisch verbindliche Autorität des CCCS war. In einem zum Jahresende 1997 in der *Radical Philosophy* abgedruckten Interview verweist Hall nochmals auf die enorme Bedeutung, die die Auseinandersetzung mit den strukturalistischen Inputs für die Ausrichtung des Centre gewinnen sollte.[73]

Die Spannung zwischen »Strukturalismus« und »Kulturalismus« ermöglichte in dessen Umfeld seit den 1970er-Jahren so unterschiedliche Arbeiten wie Dick Hebdiges semiotische Analyse der Punks,[74] Paul Willis' ethnografische Studien zur Jugendkultur,[75] Angela McRobbies feministische Kritik an deren Beschränkun-

69 Göttlich: *Kritik der Medien*, S. 243 f.

70 H. Gustav Klaus: »Grundprinzipien des kulturellen Materialismus. Eine Skizze«, in: Apitzsch (Hg.): *Neurath – Gramsci – Williams, S.* 88 f.

71 Eine besondere Problematik in Williams' Werk, nämlich die Idealisierung des »English working man«, die eine gewisse Blindheit gegenüber Fragen von Ethnizität nach sich zog, hat Paul Gilroy mit entsprechendem Nachdruck hervorgehoben. Vgl. Paul Gilroy: *There ain't no black in the Union Jack*, London 1987.

72 Stuart Hall: »Cultural Studies. Zwei Paradigmen«, in: Roger Bromley, Udo Göttlich, Carsten Winter (Hg.): *Cultural Studies. Grundlagentexte zur Einführung*, Lüneburg 1999, S. 113-138.

73 Stuart Hall: »Culture and power: interview with Stuart Hall. Interviewed by Peter Osborne and Lynne Segal«, in: *Radical Philosophy* 86, November/Dezember 1997, S. 25.

74 Dick Hebdige: *Subculture. The Meaning of Style*, London 1979 (deutsch in: Diederich Diederichsen, Dick Hebdige, Olaph-Dante Marx: *Schocker. Stile und Moden der Subkultur*, Reinbek 1983).

75 Paul Willis: *Spaß am Widerstand. Gegenkultur in der Arbeiterschule*, Frankfurt am Main 1979; ders.: *Profane Culture, Rocker Hippies: Subversive Stile der Jugendkultur*, Frankfurt am Main 1981.

gen,[76] Lawrence Grossbergs[77] und Tony Bennetts[78] Arbeiten zur Popularkultur sowie schließlich Stuart Halls Analysen des Thatcherismus[79] und seine und Paul Gilroys[80] Überlegungen zu Ethnizität und Rassismus.

Jenseits aller Unterschiede in den theoretischen Ausrichtungen und methodischen Zugängen findet sich ein all diese Anstrengungen verbindendes Grundverständnis von Kultur als Ort der Auseinandersetzung oder – um es mit Stuart Hall etwas deutlicher auszudrücken – das Interesse, die Untersuchung der symbolischen Formen und Bedeutungen mit jener von Macht zu kombinieren.[81]

Diese grundlegende Ausrichtung hat wohl auch mit dem Einfluss Williams' zu tun. Und ich denke, hier ist die Differenz (sowohl der Cultural Studies als auch von Williams' kulturellem Materialismus) zu den diversen Formen der neuen deutschen Kulturwissenschaft (oder Kulturwissenschaften) anzusiedeln.[82] Raymond Williams selber sprach in einem seiner letzten Texte – über die Zukunft der Cultural Studies – davon, das Projekt Cultural Studies und seine unterschiedlichen Formationen als Materialisierung einer »*common* disposition of energy and direction«[83] zu verstehen. »One project, many formations«, so könnte die Parole lauten. Den Cultural Studies im Besonderen und den zeitgenössischen Debatten über Kultur im Allgemeinen könnte die Auseinandersetzung mit Williams' Projekt des kulturellen Materialismus durchaus nicht schaden.

76 Angela McRobbie: *Feminism and Youth Culture*, London 1990; dies., Mica Nava (Hg.): *Gender and Generation*, London 1984.

77 Lawrence Grossberg: *Dancing In Spite of Myself. Essays on Popular Culture*, Durham, London 1997; Lawrence Grossberg: *What's Going On? Cultural Studies und Popularkultur*, Wien 2000.

78 Tony Bennett: *Popular Culture: Themes and Issues*, Milton Keynes 1981.

79 Stuart Hall: *The Hard Road to Renewal. Thatcherism and the crisis of the Left*, London 1988.

80 Paul Gilroy: *Between Race. Nations, Cultures and the Allure of Race*, Harmondsworth 2000; Paul Gilroy: *After Empire. Melancholia or convivial culture*, London 2004.

81 Hall: »Culture and power«, S. 24.

82 Roman Horak: *Die Praxis der Cultural Studies*, Wien 2002.

83 Raymond Williams: »The Future of Cultural Studies«, in: ders.: *The Politics of Modernism*, S. 151 (Hervorhebung i. O.).

Werke von Raymond Williams (Auswahl)

Culture and Society 1780 -1950, London 1958 (deutsch: *Gesellschaftstheorie als Begriffsgeschichte*, München 1972).

The Long Revolution, London 1961.

The Country and the City, London 1973.

Television: Technology and Cultural Form, London 1974.

Keywords: A Vocabulary of Culture and Society, London 1976.

Marxism and Literature, Oxford 1977.

Innovationen. Über den Prozeßcharakter von Literatur und Kultur, Frankfurt am Main 1983.

Problems in Materialism and Culture: Selected Essays, London, New York 1980.

The Politics of Modernism, London, New York 1989.

Resources of Hope: Culture, Democracy, Socialism, London, New York 1989.

Literatur zu Raymond Williams (Auswahl)

Eagleton, Terry (Hg.): *Raymond Williams: Critical Perspectives*, Cambridge, Oxford 1989.

Eldridge, John und Lizzie: *Raymond Williams: Making Connections*, London, New York 1994.

Higgins, John: *Raymond Williams, Literature, Marxism and cultural materialism*, London, New York 1999.

O'Connor, Alan: *Raymond Williams: Writing, Culture, Politics*, Oxford, New York 1989.

Prendergast, Christopher (Hg.): *Cultural Materialism: On Raymond Williams*, Minneapolis, London 1995.

Martin Ludwig Hofmann

Paul Feyerabend (1924-1994)
Kultur des Wissens als Kultur der Freiheit

So sieht er also aus, der »schlimmste Feind der Wissenschaft«, den ein Autor der Zeitschrift *Nature* im Jahr 1987 ausgemacht zu haben glaubte: Das schüttere Haar an den Seiten etwas zu lang, buschige Brauen über wachen Augen und die Hand auf einen Gehstock gestützt. Paul K. Feyerabend, zu diesem Zeitpunkt bereits über 60 Jahre alt, Philosophieprofessor in Berkeley, den seine Lehrtätigkeit außerdem nach Bristol, Yale, London, Auckland, Berlin und Zürich geführt hatte. Eigentlich ein Gelehrter auf dem Gipfelpunkt seiner internationalen Karriere. Eigentlich.

»Ob er nun ein Hofnarr, ein Zen-Lehrer oder ein Faschist ist, läßt sich nur schwer entscheiden«,[1] schreibt J. R. Ravetz und bringt damit die ungewöhnliche Empörung auf den Punkt, die Feyerabend im rationalistischen Wissenschaftsbetrieb ausgelöst hatte. Ein »Dadasoph«[2] sei hier am Werk, ein »Chauvinist« gar, der sein philosophisches Denken eng mit seiner »liederlichen sexistischen Vorstellung« verbunden habe, dass »eine neue Theorie wie eine charmante Kurtisane erscheint, deren einziger Zweck in männlichem Genuß«[3] bestehe. Vor allem aber handele es sich um einen gefährlichen »Rationalismusverächter« und »Kulturrelativisten«, der darauf abziele, die Wissenschaft von innen her auszuhöhlen – ja, die abendländische Vernunft insgesamt zu »zersetzen«.

Und Feyerabend? Vordergründig scheint er die Aufregung zu genießen und mit nicht geringer Lust die Rolle des *enfant terrible* im internationalen Zirkel der Wissenschaftstheoretiker zu spielen. Er spricht von »kritisch-rationalistischen Nagetieren«, die zentrale

1 J. R. Ravetz: »Ideologische Überzeugungen in der Wissenschaftstheorie«, in: Hans Peter Duerr: *Versuchungen. Aufsätze zur Philosophie Paul Feyerabends,* I. Band, Frankfurt am Main 1980, S. 28.

2 So Helmut F. Spinner in: ders.: »Gegen Ohne Für Vernunft, Wissenschaft, Demokratie etc.«, in: Hans Peter Duerr: *Versuchungen*, I. Band, S. 45.

3 Vgl. zu Hilary Roses Angriffen die Ausführungen von Paul Feyerabend: *Zeitverschwendung*, Frankfurt am Main 1995, S. 201.

Ideen großer Denker bis zur Unkenntlichkeit entstellt hätten, bezeichnet seine Kritiker zuweilen als »Sonntagsleser, Analphabeten und Propagandisten« oder schlicht als »Ratio-Faschisten«. Die treffsichere Provokation hat er bis in die alltäglichen Kleinigkeiten des akademischen Lebens hinein kultiviert. Ob er die Teilnahme an einer hochkarätig besetzten Diskussionsrunde mit dem Hinweis absagte, dass im Fernsehen ein Krimi laufe, den er nicht verpassen möchte, oder ob er am Ende seiner Probevorlesung an der ehrwürdigen ETH Zürich seinen Schal wie ein Lasso über dem Kopf schwang und frohgemut verkündete, dass er jetzt müde und hungrig sei und deshalb nach Hause gehe.[4] Immer schwingt da die Selbstinszenierung als erkenntnistheoretischer Anarchist oder anarchistischer Erkenntnistheoretiker mit, was bei Feyerabend zuweilen in eins zu fallen schien.

Doch hinter diesem demonstrativ zur Schau gestellten Selbstbewusstsein verfehlten die wiederholten Angriffe ihre Wirkung nicht, wie Feyerabend kurz vor seinem Tod gestand:

> Jeder sagte, dass ich gemein und aggressiv sei ... Es stimmt zwar, dass ich die Worte nicht auf die Goldwaage legte, aber ich war bestimmt nicht das rasende Monster, das mir aus den Rezensionen entgegensprang ... Einige Zeit, nachdem sich der Entrüstungssturm erhoben hatte, verfiel ich in Depressionen, die über ein Jahr lang anhielten ... Ich habe oft gewünscht, dass ich dieses idiotische Buch nie geschrieben hätte.[5]

Dabei ist dieses »idiotische Buch« – *Wider den Methodenzwang* – ohne Zweifel sein wichtigstes und folgenreichstes Werk. Was im Untertitel als *Skizze einer anarchistischen Erkenntnistheorie* angekündigt wird, entpuppt sich bei näherer Betrachtung als eine der scharfsinnigsten Abrechungen mit dem empirisch-rationalen Wissenschaftsverständnis im Allgemeinen und dem Kritischen Rationalismus im Besonderen. Und mehr noch: Am Ende zeichnet sich der Versuch ab, eine collagenhafte Kulturgeschichte der Naturwissenschaften zu schreiben, mit der die Wissenschaft ihrer selbst geschaffenen Sonderrolle entkleidet und in den Kanon der Kulturtechniken zurückgeführt wird. Denn die »Wissenschaft ist eine der

4 Vgl. dazu die Ausführungen von Feyerabends ehemaligem Züricher Kollegen Paul Hoyningen-Huene: *Paul Feyerabend – ein postmoderner Philosoph?*, Internetveröffentlichung: ⟨www.information-philosophie.de/philosophie/feyerabendportrait.html⟩ (abgerufen am 25. 2. 2006).

5 Feyerabend: *Zeitverschwendung*, S. 197, 199 und 200.

vielen Lebensformen, die die Menschen entwickelt haben, und nicht unbedingt die beste. Sie ist laut, frech und teuer«,[6] so Feyerabend.

I. Zeitverschwendung

Paul Karl Feyerabend kommt am 13. Januar 1924 in Wien zur Welt. Dass er einmal eine internationale Karriere als Wissenschaftsphilosoph machen würde, ist ihm beileibe nicht an der Wiege gesungen worden. Sein Vater, ein einfacher Verwaltungsbeamter, sorgt für ein bescheidenes wirtschaftliches Auskommen. Seine Mutter, eine ehemalige Näherin und Verkäuferin, leidet unter starken Depressionen, was über Feyerabends Kindheit einen Schatten legt. Bis zu seinem Schuleintritt darf der kleine Paul die elterliche Dreizimmerwohnung so gut wie nie verlassen. Nach eigenem Bekunden hält er sich die meiste Zeit in der Küche oder im Schlafzimmer auf – oder er wird von seiner Mutter an einen der Fensterrahmen gebunden, damit er nicht herausfällt, während er stundenlang das Treiben auf der Straße beobachtet.

In der Schule kristallisieren sich rasch seine beiden großen Begabungen heraus: eine schnelle Auffassungsgabe in den naturwissenschaftlichen Fächern und sein musikalisches Talent, weshalb er als Jugendlicher neben dem Realgymnasium auch das Konservatorium besucht. »Mein Lebenslauf war nun klar vorgezeichnet: Während des Tages beschäftigte ich mich mit theoretischer Astronomie … am Abend folgten Proben, Gesangsübungen und Opern … und nachts schließlich astronomische Beobachtungen … Das einzige Hindernis war der Krieg.«[7] Und der kostet ihn nicht nur drei Jahre seines Lebens, sondern nimmt ihm auch seine Gesundheit: Im Januar 1945 zertrümmert eine Maschinengewehrkugel einen Teil seiner Wirbelsäule. Feyerabend bleibt unterhalb der Hüfte gelähmt und wird bis an sein Lebensende an einer Gehbehinderung leiden, die ihn zudem immer wieder mit heftigen Schmerzattacken quält.

Nach dem Krieg nimmt er den Gesangsunterricht wieder auf und

6 Paul Feyerabend: *Wider den Methodenzwang. Skizze einer anarchistischen Erkenntnistheorie*, Frankfurt am Main 1995, S. 385.

7 Feyerabend: *Zeitverschwendung*, S. 53.

schreibt sich an der Wiener Universität ein. Nicht für Physik, sondern für Geschichte und Soziologie, weil er »verstehen will, was gerade passiert war«. Doch die angebotenen Erklärungen vermögen ihn nicht zu befriedigen, weshalb er nach wenigen Semestern seiner eigentlichen Neigung folgt und zur Physik wechselt. Die Wahl scheint richtig gewesen zu sein, denn der Erfolg lässt nicht lange auf sich warten: Noch als Student erregt er beim Europäischen Forum in Alpbach durch einen respektlosen Diskussionsbeitrag die Aufmerksamkeit Karl Poppers, der als »Vater des Kritischen Rationalismus« damals die wissenschaftstheoretische Debatte unangefochten dominiert. Nachdem Feyerabend 1951 bei Victor Kraft, dem letzten lebenden Vertreter des »Wiener Kreises«, zum Doktor der Philosophie promoviert wurde, beschließt er, mit Hilfe eines Stipendiums des British Council nach Cambridge zu wechseln, um seine Studien bei Wittgenstein fortzusetzen.

Doch »Wittgenstein starb, so daß ich einen anderen Betreuer wählen mußte. Ich entschied mich für Popper«,[8] schreibt Feyerabend betont lapidar, um die Bedeutung dieser Wahl herunterzuspielen. In Wirklichkeit markiert sie den Anfang einer wissenschaftlichen Liaison, die Feyerabends gesamte Arbeit gleichsam wie ein Subtext durchziehen und dabei von inniger Verehrung bis zu heftigem Disput führen wird. Als das Stipendium ausläuft, bietet Popper dem extrovertierten Jungphilosophen eine Assistentenstelle an – eine durchaus ungewöhnliche Ehre, die durch den Umstand noch erhöht wird, dass ein weiterer prominenter Kulturschaffender versucht, Feyerabend ebenfalls für sich zu gewinnen: Bertolt Brecht bietet ihm eine Stelle an seinem Theater an. Doch Feyerabend schlägt beide Angebote aus und wechselt stattdessen als Wissenschaftsphilosoph an die wenig bekannte Universität von Bristol. Freiheit und Unabhängigkeit sind ihm damals schon wichtiger als schnelle akademische Meriten.

Drei Jahre später erreicht der gerade mal 35-Jährige einen ersten Höhepunkt seiner Karriere: Er wird als Professor nach Berkeley berufen. Die *University of California* und die liberale Westküste der USA werden trotz seiner regen akademischen Wanderschaft für die folgenden Jahrzehnte so etwas wie eine Heimat für ihn. Hier erlebt er die Studentenrevolte, hier lädt er Malcolm X zu einem Gastvor-

8 Ebd., S. 120.

trag ein und hier bereitet er seine eigene kulturwissenschaftliche Revolution vor: den Angriff auf den Kritischen Rationalismus und sein anschließendes Plädoyer für einen umfassenden Kulturrelativismus.

1975 erscheint die Erstausgabe von *Wider den Methodenzwang*. Im Lauf der folgenden Debatte verfasst er zwei umfangreiche Ergänzungen und antwortet in zahlreichen Repliken seinen Kritikern. »In einem fort schrieb ich langweilige Kapitel über langweilige Dinge und vergeudete so kostbare Zeit, die ich besser dazu verwendet hätte, in der Sonne zu liegen, vor dem Fernseher zu sitzen, ins Kino zu gehen«,[9] erinnert sich Feyerabend in seiner Autobiografie an diese wissenschafts- und kulturphilosophische *Zeitverschwendung*, die erst am 11. Februar 1994 ihr Ende finden sollte. Im Alter von 70 Jahren erliegt er im schweizerischen Genolier bei Genf einem Hirntumor.

II. Das Spiel der Vernunft

»Realisten handeln wie Archäologen, die alle Schichten vertrauter und langweiliger Vorgänge entfernen, um unerwartete und ungewöhnliche Schätze darunter zu finden«,[10] hat Feyerabend einmal gesagt – und damit in der Tat sein eigenes Vorgehen beschrieben. Denn seine Rationalismuskritik erzielte ihre nachhaltige Wirkung nicht durch sein lautes und extrovertiertes Auftreten, auch nicht durch die ironischen Einschübe in seinen Arbeiten, sondern einzig dadurch, dass hier einer auf den Plan trat, der das kritisch-rationale Denken bis in die feinsten Verästelungen hinein verinnerlicht hatte und seine Kritik gleichsam wie ein archäologisches Abtragen teils fragwürdiger, teils allgemein anerkannter »Wahrheitsschichten« konzipierte.

Feyerabend bezeichnete sich zwar als »theoretischen Anarchisten«, der wie ein Geheimagent das »Spiel der Vernunft mitspielt, um die Autorität der Vernunft (der Wahrheit, der Ehrlichkeit, der Gerechtigkeit etc.) zu untergraben«,[11] doch tatsächlich *spielte* er nicht nur, sondern *war* viele Jahre lang ein glühender Verfechter dieser empi-

9 Ebd., S. 200.

10 Feyerabend: *Zeitverschwendung*, S. 222.

11 Feyerabend: *Wider den Methodenzwang*, S. 38.

risch-rationalen Vernunftkonzeption. Von Popper dürfte er ebenso fasziniert gewesen sein, wie es Hans Albert war, mit Imre Lakatos führte er einen jahrzehntelangen Dialog, und Thomas S. Kuhns *Struktur wissenschaftlicher Revolutionen*[12] nahm manches vorweg, was Feyerabend anschließend radikalisierte. Um seine Argumentation in ihrer Kontextualität verstehen zu können, kommt man deshalb nicht umhin, einen Umweg über die Kerngedanken des Kritischen Rationalismus zu unternehmen, die sich bei Karl R. Popper und Hans Albert in ihrer ursprünglichen Form ausformuliert finden. Ohne ein Mindestmaß an formaler Logik ist Feyerabends Denken nicht beizukommen – allen anarchistischen Selbstinszenierungen zum Trotz.

Es ist eine Urlaubspostkarte erhalten, die Feyerabend im Jahr 1966 seinem Freund Imre Lakatos geschickt hat. Auf der Vorderseite: Zwei Esel auf einer staubigen Straße. Auf der Rückseite der hingekritzelte Text: »Two Popperian Philosophers«. Fast dreißig Jahre später, am 27. Januar 1994, kurz vor seinem Tod, sagt Feyerabend in seinem letzten Interview: »Die Wissenschaft ist nichts. Wissenschaft ist bloß ein Haufen von Wörtern und Formeln, die mit Inhalt gefüllt werden müssen.« Und über Popper: »Er ist der Gründer einer Kirche.«[13]

Feyerabend war von Popper besessen. Wer Feyerabends Denken verstehen will, muss deshalb auch das seines großen Antipoden kennen. Ohne Popper ist ein Zugang zu Feyerabend kaum zu haben. Und ohne Poppers teilweise arrogante und autoritäre Attitüde wirkt Feyerabends Furor manches Mal eigenartig deplatziert. Popper war, ähnlich wie Feyerabend, ein Meister der Selbststilisierung: »Selbstverständlich kann ich mich irren«, schrieb der Begründer des Kritischen Rationalismus einmal in vorgeschobener Bescheidenheit, »aber ich glaube, ein wichtiges philosophisches Problem gelöst zu haben.«[14] Die Rede ist vom *Problem der Induktion*, wie es David Hume als einer der Ersten formuliert hatte und das für Popper

12 Thomas S. Kuhn: *Die Struktur wissenschaftlicher Revolutionen*, Frankfurt am Main 1973.

13 Das letzte Interview führte Joachim Jung am 27. Januar 1994 – zwei Wochen vor Feyerabends Tod. Hier zitiert nach: Malte Oberschelp (Hg.): *absolute. Paul Feyerabend*, Freiburg 2002, S. S. 214 f.

14 Karl R. Popper: *Objektive Erkenntnis. Ein evolutionärer Entwurf*, Hamburg 1998, S. 1.

lediglich die Stellvertretung einer weitaus gewichtigeren Schwierigkeit darstellte: die Abgrenzung zwischen Wissenschaft und Nichtwissenschaft. Bereits im zarten Alter von 18 Jahren will Popper dieses Problem »formuliert und gelöst, aber nicht der Veröffentlichung für wert gehalten« haben.[15] *Honi soit qui mal y pense.*

Hume verweise, so Popper, gleich auf zwei Schwierigkeiten innerhalb eines Problemfeldes: auf das *logische* und auf das *psychologische Induktionsproblem*. Nach Kriterien der Logik stellt sich beim induktiven Vorgehen die Frage, ob es gerechtfertigt sein kann, von wiederholten Einzelfällen, die man empirisch erfahren hat (beispielsweise in wiederholten Experimenten), auf andere Fälle, die man (noch) nicht erfahren hat, zu folgern. Anders formuliert: Hume stellt die Frage, ob es logisch zulässig sei, aus einer gewissen Anzahl von Erfahrungswerten Konklusionen für zukünftige Entwicklungen zu ziehen. Seine klare Antwort: »Nein, wie groß auch immer die Zahl der vorliegenden Fälle sein mag.«[16] Denn selbst wenn beispielsweise beim Roulette sechs Mal in Folge die Farbe Rot erscheint, existiert bekanntlich kein Gesetz, das garantiert, dass auch beim siebten Mal die Kugel auf Rot fallen wird.

Wenn dem aber so ist, wenn aus empirisch gemachten Erfahrungen keine logischen Schlüsse für zukünftige Erfahrungen gezogen werden können, stellt sich in direktem Anschluss jene Frage, die Popper als das psychologische Induktionsproblem bezeichnet: Warum erwarten und glauben trotzdem durchaus vernünftige Menschen, dass noch nicht vorliegende Erfahrungen den bereits gemachten entsprechen werden? Oder noch deutlicher: Warum setzen wir großes Vertrauen in das, was wir »Erfahrungswerte« nennen? Humes unbefriedigende Antwort lautet, dass wir dies aus Gewohnheit tun. Paradoxal führt er weiter aus, dass es sogar sinnvoll sei, diese Erwartungen in unsere Erfahrungswerte zu setzen, denn ohne diesen »gewohnheitsmäßigen Glauben« wären wir Menschen wahrscheinlich nicht einmal in der Lage, unser Überleben zu sichern. Damit aber steht die Frage im Raum, ob Logik und menschliche Psychologie überhaupt in Einklang zu bringen sind.

Poppers deutscher Mitstreiter Hans Albert nähert sich in seinem berühmten *Traktat über kritische Vernunft* diesem Erkenntnispara-

15 Ebd.
16 Ebd., S. 4.

dox von einer anderen Seite: Wenn Wissenschaft Erkenntnis ermöglichen soll, so Albert, dann gehe es darum, Wissen gegen bloße Meinung, Vermutung oder Glauben abzugrenzen. Wissen müsse – im Gegensatz zu subjektivem Glauben – begründbar sein. Damit, so Albert, sei man bereits beim zentralen Problem der Erkenntnislehre angelangt, dem Problem der Begründung oder, anders formuliert: bei der Suche nach »einem archimedischen Punkt für den Bereich der Erkenntnis«.[17]

Erkenntnis bedeutet, dass wir Überzeugungen über einen Teil der Wirklichkeit entwickeln und diese in eine Aussageform bringen. Diese Aussagen müssen, wenn sie denn einen Erkenntniswert haben sollen, »wahr« sein, und zwar in dem Sinne, dass sie »die Wirklichkeit« bestmöglich beschreiben und erklären.[18] Wissenschaftliche Erkenntnis versucht, Sicherheit über die Richtigkeit der getroffenen Aussagen zu gewinnen. Sicherheit scheint aber nur erreichbar zu sein, wenn ein Fundament für das Wissen existiert, Wissen also begründbar ist. Damit betritt auch Albert den Bereich der Logik, wo sich die Forderung der Begründbarkeit im *Satz vom zureichenden Grund* findet, den Albert als das »allgemeine Postulat der klassischen Methodologie des rationalen Denkens« bezeichnet: »Suche stets nach einer zureichenden Begründung aller deiner Überzeugungen.«[19]

So weit, so klar. Doch der Rückgriff auf den Satz vom zureichenden Grund führt zu einem nicht lösbaren *Münchhausen-Trilemma*. Denn entweder versucht man, innerhalb eines Begründungsprozesses, immer weiter auf Begründungen zurückzugreifen, dann jedoch stößt man auf das bereits von Aristoteles formulierte Problem der Nichtdurchführbarkeit. Albert bezeichnet diese Strategie als *infiniten Regress*, da man den Begründungsprozess ins Unendliche steigern müsste. Oder man greift auf Gründe zurück, die selbst begründungsbedürftig sind, und verfällt damit in einen *logischen Zirkel in der Deduktion*. Das heißt, man begründet etwas mit einer Aussage, die selbst noch nicht begründet wurde, was mit den Gesetzen der formalen Logik nicht vereinbar ist. Die dritte Lösung

17 Hans Albert: *Traktat über kritische Vernunft*, Tübingen 1968, S. 9.

18 Die Problematisierung der Begriffe »Wirklichkeit« und »Wahrheit« ergibt sich im Verlauf der hier vorliegenden Ausführungen, sodass an dieser Stelle nicht näher darauf eingegangen werden muss.

19 Albert: *Traktat über kritische Vernunft*, S. 9 und 10.

schließlich besteht in dem bewussten Abbruch des Begründungsverfahrens an einem willkürlich gesetzten Punkt. Das jedoch kommt einem *Rekurs auf ein willkürlich gesetztes Dogma* gleich, da die Wahl des Abbruchzeitpunkts von der Willkür des Forschers abhängt. Ob man zwei, fünfzig oder zweihundert Begründungsschritte für ausreichend hält: In allen Fällen würde man das Mindestmaß an Begründungsschritten ohne logische Fundierung festlegen. Da Rationalität jedoch gerade Freiheit von Willkür bedeutet, entsteht somit auch bei Alberts Herleitung ein nicht lösbarer Widerspruch.

Albert zieht daraus den Schluss, dass der Satz vom zureichenden Grund als Grundlage einer rationalen Erkenntnistheorie nicht taugt – und ersetzt ihn kurzerhand:

> Setzt man dagegen an die Stelle der Begründungsidee die Idee der kritischen Prüfung, der kritischen Diskussion aller in Frage kommenden Aussagen mit Hilfe rationaler Argumente, dann verzichtet man zwar auf selbstproduzierte Gewissheiten, hat aber die Aussicht, durch Versuch und Irrtum – durch versuchsweise Konstruktion prüfbarer Theorien und ihre kritische Diskussion anhand relevanter Gesichtspunkte – der Wahrheit näherzukommen, ohne allerdings jemals Gewißheit zu erreichen.[20]

III. Die Revolution des Kritischen Rationalismus

Mit der *Ersetzung der Idee der Begründung durch die Idee der Kritik* greift Hans Albert an dieser Stelle Poppers Lösung des Induktionsproblems auf: Nach Popper habe Hume gezeigt, dass es keine Verifikation geben kann, wie viele Prüfungen man auch durchführe. Selbst wenn man tausend Mal die gleiche Erfahrung gemacht habe, gebe es keinen zwingenden Schluss, dass man beim tausendundersten Mal ebenfalls diese Erfahrung machen wird. Deshalb schlägt Popper eine Umkehrung vor: Nicht die Induktion, der logische Schluss vom Einzelnen auf das Allgemeine, sondern die Deduktion sei die Basis der wissenschaftlichen Erkenntnis. Allerdings in einer inhärenten Umkehrung: »Die deduktive Logik ist die Theorie der Übertragung der Wahrheit von den Prämissen auf die Konklusion«, so Popper, was auch andersherum funktioniere, als »Theorie der

20 Ebd., S. 35.

Rückübertragung der Falschheit von der Konklusion auf wenigstens eine der Prämissen«.[21]

Erst in dieser umgekehrten Version wird die deduktive Logik zum Organon der Kritik.[22] Statt einer Suche nach letzten und sicheren Gründen fordert Popper eine Suche nach Widersprüchen, um durch den Ausschluss untauglicher Theoreme einen Erkenntnisfortschritt zu erzielen. Statt Verifikation, Bestätigung oder Rechtfertigung solle die wissenschaftliche Prüfung die *Falsifikation* zum Ziel haben. Nur durch Falsifikation könne ein eindeutiges Ergebnis erzielt werden: Denn wenn bei tausend Prüfungen nur ein einziges Mal ein negatives Ergebnis erzielt wird, ist die Allgemeingültigkeit einer Aussage falsifiziert, und zwar in Gänze. Damit hat Popper die bisherige Erkenntnislehre vom Kopf auf die Füße gestellt – oder anders herum, je nach Blickwinkel.

Was leicht nachvollziehbar klingt, hat weit reichende Folgen. Nimmt man den Kritischen Rationalismus ernst, so müssen ausnahmslos alle wissenschaftlichen Gesetze und Theorien als Hypothesen oder Vermutungen betrachtet werden. Eine positive Rechtfertigung des Wissens gibt es nicht mehr, die einzige legitime Form der Rechtfertigung ist lediglich vorläufiger Natur. Mit anderen Worten: Eine Hypothese oder ein Theorem kann bestenfalls als »bislang nicht falsifiziert« gelten. Der Sicherheit abendländischen Denkens ist damit der Boden entzogen – alles, was wir für wahr halten, könnte sich in Zukunft als falsch erweisen.

Ein Meer des Relativismus tut sich auf, doch Popper und Albert wären keine überzeugten Rationalisten, wenn sie nicht zugleich versucht hätten, einen festen und unverrückbaren Schutzwall zu errichten. Ein Meta-Kriterium, das aller Relativierung zum Trotz unverrückbar als Lackmustest taugt, um Wissenschaft von Nichtwissenschaft zu trennen: die *Falsifikation*, die damit von der einfachen Methode zum übergeordneten Abgrenzungskriterium zwischen Wissenschaft und Nichtwissenschaft erhoben wird. »Wenn ein Lösungsversuch der sachlichen Kritik nicht zugänglich ist, so wird er eben deshalb als unwissenschaftlich ausgeschal-

21 Karl R. Popper: »Die Logik der Sozialwissenschaften«, in: Theodor W. Adorno u. a.: *Der Positivismusstreit in der deutschen Soziologie*, Darmstadt, Neuwied 1976, S. 115 und 116.

22 »Die wichtigste Funktion der reinen deduktiven Logik ist die eines Organons der Kritik.« – Popper: »Die Logik der Sozialwissenschaften«, S. 115.

tet«,[23] stellt Popper unmissverständlich fest. Eine Hypothese (oder auch ein ganzes Theoriengebäude wie die Psychoanalyse), die nicht angibt, auf welche Weise sie einem empirischen Falsifikationsversuch ausgesetzt werden kann, verliert demnach ihren Status als Wissenschaft.[24]

IV. Anarchistische Arznei gegen rationalistische Dogmatik

Damit aber hat sich der Kritische Rationalismus die Rolle eines Siegelverwalters auferlegt, der dank seines Metakriteriums gleichsam als Einziger in der Lage ist, zwischen Wissenschaft und Nichtwissenschaft zu unterscheiden. Ein Machtanspruch, der heftigen Widerspruch provozierte und den Feyerabend mit dem Aufruf parierte, dass sich die Gesellschaft aus »dem Würgegriff einer ideologisch erstarrten Wissenschaft« befreien müsse, so wie unsere Vorfahren sich aus dem Würgegriff der »einen wahren Religion« befreit hätten.[25] Einen ersten Schritt in diese Richtung versuchte er gleich selbst zu tun – mit seiner Streitschrift *Wider den Methodenzwang*: »Der vorliegende Essay wurde in der Überzeugung geschrieben, daß der Anarchismus vielleicht nicht gerade die anziehendste politische Philosophie ist, aber gewiß eine ausgezeichnete Arznei für die Wissenschaften und die Philosophie.«[26]

Anarchismus als Arznei? Der Aufschrei des rationalistischen Wissenschaftsbetriebs ließ nicht allzu lange auf sich warten. Doch wer glaubte, Feyerabend aufgrund seiner vielfältigen Bezugnahmen auf libertäres Gedankengut leichtfertig abtun zu können, der sah sich getäuscht. Feyerabend war so leicht nicht beizukommen. Denn hinter der polemischen Rhetorik steckte rationale Logik. Zunächst formulierte Feyerabend eine grundsätzliche Kritik an jeder starren, regelgeleiteten Methodologie, da der Gegenstand der Wissenschaft zu komplex und vielseitig sei. Anstatt die Möglichkeiten der Er-

23 Popper: »Die Logik der Sozialwissenschaften«, S. 105 f.

24 Gleiches gilt für eine eher philosophisch ausgerichtete Sozialwissenschaft wie die Kritische Theorie der Frankfurter Schule, woran sich deshalb auch der so genannte »Positivismusstreit in der deutschen Soziologie« entzündet hatte.

25 Feyerabend: *Wider den Methodenzwang*, S. 395.

26 Ebd., S. 13.

kenntnis im Vorhinein durch eine »methodologische Zwangsjacke« zu beschränken, solle man offen bleiben und die Regeln immer wieder den Gegebenheiten anpassen. Anhand mehrerer Beispiele aus der Wissenschaftsgeschichte, vor allem aus dem Bereich der Physik, zeigt er, dass es gerade Regelverletzungen waren, die oft eine entscheidende Rolle bei bahnbrechenden Entdeckungen gespielt haben. Als Ergebnis dieser ersten Überlegungen schließt Feyerabend, dass es für jede wissenschaftliche Regel Umstände geben kann, die eine Missachtung der Regel notwendig machen, wenn man den Erkenntnisfortschritt nicht behindern möchte.

Ins Herzstück des Kritischen Rationalismus – das heißt gegen das Metakriterium der Falsifikation – zielen jedoch *zwei Antiregeln*, die Feyerabend im Anschluss formuliert. Bei der Entwicklung dieser Antiregeln geht er von dem Gedanken der kontrainduktiven Theoriebildung aus. Kontrainduktiv soll heißen, dass es bei der Formulierung neuer Hypothesen durchaus sinnvoll sein kann, Hypothesen zu entwickeln, die gut bestätigten Theorien widersprechen, also konträr zur induktiven Theoriebildung stehen. Feyerabend bezeichnet dieses Vorgehen als *erste Antiregel*, die ihre Rechtfertigung dadurch erhält, dass man wichtige Eigenschaften einer Theorie nicht nur durch Analyse, sondern oft erst durch Kontrast entdeckt, indem man gerade jene Bereiche ausleuchtet, die sich im toten Winkel anerkannter Theorien befinden. Ein Vorgehen, das sich durchaus mit früheren Forderungen Poppers und Alberts deckt.

Doch diese scheinbare Übereinstimmung kündigt Feyerabend mit der *zweiten Antiregel* endgültig auf. Diese besagt, dass es sinnvoll sein kann, Hypothesen zu formulieren, die Beobachtungen, Tatsachen und experimentellen Ergebnissen widersprechen. Diese Forderung muss in den Ohren eines Kritischen Rationalisten widersinnig klingen, da sich ein Lösungsversuch doch gerade durch die Überprüfung an der »Realität« zu bewähren hätte. Wenn nun schon im Voraus feststeht, dass die Hypothese den »Beobachtungen, Tatsachen und experimentellen Ergebnissen« widerspricht – sie somit falsifiziert und zu verwerfen ist – ist es nicht sinnvoll, sie überhaupt erst zu formulieren.

Feyerabend hält lapidar dagegen, dass die zweite Antiregel »keiner besonderen Verteidigung« bedürfe, »denn es gibt keine einzige interessante Theorie, die mit allen bekannten Tatsachen auf ihrem Gebiet übereinstimmt«.[27] Im Klartext heißt das, dass jede bedeutende Theorie mit Anomalien behaftet sei und demnach als falsifiziert gelten müsse. Feyerabend belegt diese fundamentale These mit verschiedenen Beispielen aus der Wissenschaftsgeschichte. Hätte sich beispielsweise Galilei an die rigorosen Regeln des Kritischen Rationalismus gehalten, wäre die Mehrzahl seiner Thesen einer Sofortfalsifikation erlegen. Ebenso hätte es sich mit der modernen Atomtheorie und der Wellentheorie des Lichts verhalten.

Dadurch werde deutlich, dass es – wenn man den Erkenntnisfortschritt nicht hemmen möchte – notwendig sein könnte, Theorien auch dann zu verwenden, wenn sie mit den »Tatsachen« nicht übereinstimmen. Zumal »die Tatsachen« längst nicht so problemlos zur Überprüfung theoretischer Überlegungen taugen, wie es die rationalistischen Empiriker glauben machen wollen.[28] Der Falsifikationismus, also das Überprüfen von Theorien an »Tatsachen und Beobachtungen«, macht schließlich nur dann Sinn, wenn man von einer weit gehenden Autonomie der Tatsachen vom theoriegeleiteten Blick des Betrachters ausgeht. Mit anderen Worten, wenn der Einfluss der zu überprüfenden Theorien auf die Tatsachenbeobachtungen lediglich als sehr gering angenommen werden kann. Feyerabend nennt dies das *Autonomieprinzip*, das zu widerlegen er als eine seiner vornehmsten Aufgaben betrachtet.

Tatsachen und Theorien, so Feyerabend, seien sehr viel enger miteinander verbunden, als es das Autonomieprinzip wahrhaben wolle. »Tatsachenbeobachtungen« enthalten immer bereits theoretische Annahmen – und gerade deshalb sei es möglich, dass eine »richtige« Theorie den Daten widerspreche, »nicht weil sie falsch ist, sondern weil die Daten verseucht sind«.[29] Verseuchte Daten? Solch eine »Verseuchung« sei möglich, weil die Produktion von Tatsachenbeobachtungen aus zwei verschiedenen psychologischen Elementen bestehe: »1. einer klaren und eindeutigen Wahrnehmung und 2. einer klaren und eindeutigen Verknüpfung zwischen dieser Wahrnehmung und gewissen Teilen der Sprache«,[30] die

27 Ebd., S. 35.

28 In der Potsmoderne-Debatte der vergangenen Jahrzehnte wurde viel über das »Verschwinden der Realität« geschrieben – Feyerabend lieferte dazu das wissenschaftstheoretische Grundrauschen.

29 Ebd., S. 36.

30 Ebd., S. 95 f.

wiederum von vorhandenen Annahmen und Denkweisen erfüllt seien.

Anhand eines einfachen physikalischen Experiments – dem berühmten »fallenden Stein«, mit dem die kopernikanische Hypothese der Erdbewegung widerlegt werden sollte – veranschaulicht Feyerabend das Problem der Datenverseuchung. Bei diesem Experiment kann beobachtet werden, dass ein aus großer Höhe fallender Stein senkrecht nach unten fällt. Wäre die Erde jedoch in Bewegung, so argumentierten die Gegner des kopernikanischen Weltbilds, müsste die Falllinie des Steins eine Bogenform aufweisen. Da dies offenkundig nicht der Fall ist, galt die Annahme der Erdbewegung zweifelsfrei als widerlegt. Doch exakt hier setzt Feyerabend ein. Denn die Falsifikation des kopernikanischen Weltbilds war nur möglich, weil bereits in der Tatsachenbeobachtung unausgesprochen die Voraussetzung enthalten war, dass die Erde still stehe. Geht man dagegen davon aus, dass sich die Erde bewegt, ist zwar ebenfalls eine bogenförmige Falllinie zu erwarten, allerdings nur vom Bezugspunkt des absoluten Raumes aus, d. h. von einem Beobachtungspunkt außerhalb der Erde. Befindet sich der Beobachter innerhalb des Bezugssystems Erde, dann nimmt er nur eine senkrechte Falllinie wahr, da er die Horizontalbewegung selbst mitvollführt. Und nur weil er sich dessen bewusst ist, »weiß« er, dass der Stein mit einer bogenförmigen Falllinie nach unten fällt.

Obwohl Befürworter wie Gegner der kopernikanischen Hypothese das *Gleiche* sehen, machen sie *unterschiedliche* Tatsachenbeobachtungen. Schlicht und einfach deshalb, weil sie von verschiedenen Theorien ausgehen.[31] Damit aber hat Feyerabend tatsächlich das Herzstück des Kritischen Rationalismus getroffen: Erkennt man die enge Verknüpfung von Theorien und »Tatsachen« an, wie sie Feyerabend darlegt, dann ist die Falsifikation als Metakriterium hinfällig. Denn Tatsachen können nur dann als Richtschnur für die Güte einer Hypothese dienen, wenn sie weit gehend autonom von ihr sind – ist dies nicht der Fall, dann taugt der Falsifikationismus allenfalls als *ein* methodisches Vorgehen unter vielen, keinesfalls jedoch als *das* zentrale Kriterium wissenschaftlichen Arbeitens.

31 Am Ende überzeugte Galilei seine Kritiker nicht mit Argumenten, so Feyerabend, sondern mit Propaganda und psychologischen Tricks. Vgl. ebd., S. 105-119.

Mit *Wider den Methodenzwang* ist Feyerabend ein Meisterstück gelungen. Nicht zuletzt aufgrund der Eleganz seiner Argumentation – ging er doch bei dieser Attacke gegen den Kritischen Rationalismus gemäß dessen eigenen Forderungen vor. Oder paradoxal gesprochen: Feyerabend wendete den Falsifikationismus auf ihn selbst an und falsifizierte ihn. Eine Eulenspiegelei, die ihm Weltruhm einbrachte. Kurz nachdem das Buch 1975 bei dem kleinen Verlag *New Left Books* erschienen war, wurde es in zahlreiche Sprachen übersetzt und heftig diskutiert. Die Medien entdeckten alsbald den wortgewandten Wissenschaftsphilosophen und machten ihn innerhalb weniger Monate zum »hoch gehandelten Markenartikel«.[32] Er erhielt Angebote aus London, Berlin, Yale, Auckland und Oxford – und selbst der Ökonomie-Nobelpreisträger Friedrich August von Hayek fand Interesse an dem österreichischen Freigeist und versuchte, ihn nach Freiburg zu locken.

Das war die eine Seite, der Erfolg. Auf der anderen Seite gab es bittere Angriffe. Ihm wurde vorgeworfen, er reiße intellektuelle Schutzmauern gegen die reine Willkür im intellektuellen und gesellschaftlichen Bereich ein. Was Feyerabend als »Ersatz für die alten Ideale der Wissenschaftstheorie anzubieten hat, ist unklar und wenig konstruktiv. Es bewegt sich etwa auf der Linie, jedem ›was wer will‹ zu erlauben, ohne konventionelle Einschränkungen oder gesellschaftliche oder logische Vorschriften«,[33] schreibt beispielsweise J. R. Ravetz. Die medizinische Erkenntnismethode eines Schamanen werde mit der eines westlichen Arztes gleichgesetzt, ohne auf Erfolgsaussichten oder Erfahrungswerte Rücksicht zu nehmen. Und Ravetz wird noch deutlicher, wenn er schreibt, dass Feyerabend in einer »romantisch-radikalen Gegenwissenschaftsszene« seine Ruhe finde. »Seine politische Anschauung ist die der verrückten Randgruppen.«[34]

Wie kommt Ravetz zu diesem Urteil? Nachdem Feyerabend seine Kritik am Kritischen Rationalismus ausformuliert hat, beginnt er die »Skizze einer Methodologie« darzulegen, die nach eigenem Bekunden als »theoretischer Anarchismus« bezeichnet werden könne.

32 Feyerabend: *Zeitverschwendung*, S. 173.

33 Ravetz: »Ideologische Überzeugungen in der Wissenschaftstheorie«, S. 29 f.

34 Ebd., S. 30.

Der einzige Grundsatz, so Feyerabend, der den Fortschritt nicht behindere, sei die Maxime des *anything goes*.[35] Keine Methode sei grundsätzlich geeigneter als eine andere, vielmehr gelte es, auf die Gleichberechtigung verschiedener Methoden und Traditionen hinzuarbeiten, was auch die Gleichberechtigung von Kunst, Mythen und Wissenschaften beinhalte. Alles ist machbar? Feyerabend äußert sich widersprüchlich. Einerseits schränkt er ein, dass *anything goes* nicht sein Grundsatz sei, »sondern der erschreckte Ausruf eines Rationalisten, der sich die von mir zusammengetragene Evidenz etwas genauer ansieht«.[36] Andererseits führt er jedoch aus, dass jeder, der sich »dem reichen, von der Geschichte gelieferten Material« zuwende, einsehen werde, »daß es nur *einen* Grundsatz gibt, der sich unter *allen* Umständen und in *allen* Stadien der menschlichen Entwicklung vertreten läßt«: *anything goes*.[37]

Feyerabends Kritik des Kritischen Rationalismus weitet sich in den Schlusskapiteln von *Wider den Methodenzwang* und anschließend vor allem in *Erkenntnis für freie Menschen*[38] zu einer grundsätzlichen Wissenschafts-, Kultur- und Gesellschaftskritik. Da »Wissenschaft nur eine von vielen Arten ist, sich mit der Welt auseinanderzusetzen, und offensichtlich noch nicht einmal die beste«, solle endlich Schluss gemacht werden mit deren Vormachtstellung. Westliche Wissenschaft sei eine Kulturtechnik – wie Religion oder Kunst. Nichts rechtfertige ihre gesellschaftliche Sonderrolle. Aus diesem Grund fordert Feyerabend eine Trennung von Staat und Wissenschaft, so wie unsere Vorväter eine Trennung von Staat und Religion erkämpft haben. Dass diese Forderungen ernst gemeint und nicht der spezifischen Ironie Feyerabends geschuldet sind, wird durch konkrete Forderungen deutlich. So will er den Pflichtkanon wissenschaftlicher Fächer in der Schule abschaffen. Stattdessen sollen die Eltern jeweils entscheiden können, ob ihre Kinder in Mathematik, Magie, Astrologie oder Voodoo-Zauber geschult werden. Auch im Bereich der Medizin fordert er die Gleichberechtigung von Schamanen, traditionellen Heilern und westlichen Schulmedizinern.

Alles ist machbar? Spät hat Feyerabend seinen Relativismus selbst

35 Vgl. Feyerabend: *Wider den Methodenzwang*, S. 21.

36 Ebd., S. 11.

37 Ebd., S. 31 f.

38 Paul Feyerabend: *Erkenntnis für freie Menschen*, Frankfurt am Main 1980.

relativiert. Kurz vor seinem Tod hat er sich die Frage gestellt: »Was denke ich heute über *Wider den Methodenzwang*?«[39] Und er gab gleich zwei Antworten darauf. Zum einen hält er an seiner Kritik des Kritischen Rationalismus und seinem Ideal des wissenschaftlichen Methodenpluralismus fest. Zum anderen verabschiedet er sich vom Kulturrelativismus: »Andere Schreibtischweisheiten haben sich nicht so gut gehalten. Ich meine meinen ›Relativismus‹, das heißt den Gedanken, daß Kulturen mehr oder weniger geschlossene Einheiten mit ihren eigenen Kriterien und Verfahren sind, daß sie ihren Wert in sich selbst haben und daß nicht von außen in sie eingegriffen werden sollte.«[40]

Feyerabend hat in seiner Kritik des Kritischen Rationalismus diesen quasi auf sich selbst angewendet. Vielleicht sollte man auch Feyerabends Anspruch auf ihn selbst anwenden, d. h. seinen eigenen Forderungen das Prinzip der Kritik jeglichen Absolutheitsanspruchs zu Grunde legen. Wahrscheinlich wird man ihm erst dann gerecht. Schließlich sagte er einmal selbst, wie es zu der einen oder anderen Übertreibung in seinem Werk gekommen ist: »Ich nehme an, es lag an einer Gewohnheit, die ich immer noch habe, nämlich an der Neigung, seltsame Meinungen zu übernehmen und sie auf die Spitze zu treiben.«[41]

Werke von Paul Feyerabend (Auswahl)

Wider den Methodenzwang. Skizze einer anarchistischen Erkenntnistheorie, Frankfurt am Main 1976.
Erkenntnis für freie Menschen, Frankfurt am Main 1979.
Wissenschaft als Kunst, Frankfurt am Main 1984.
Irrwege der Vernunft, Frankfurt am Main 1989.
Über Erkenntnis. Zwei Dialoge, Frankfurt am Main, New York 1992.
Zeitverschwendung, Frankfurt am Main 1995.
Thesen zum Anarchismus, hg. von Thorsten Hinz, Berlin 1996.

39 Feyerabend: *Zeitverschwendung*, S. 204.
40 Ebd., S. 205.
41 Ebd., S. 58.

Literatur zu Paul Feyerabend (Auswahl)

Döring, Eberhard: *Paul K. Feyerabend zur Einführung*, Hamburg 1998.
Duerr, Hans Peter (Hg.): *Versuchungen. Aufsätze zur Philosophie Paul Feyerabends*, 2 Bände, Frankfurt am Main 1980 und 1981.
– (Hg.): *Paul Feyerabend – Briefe an einen Freund*, Frankfurt am Main 1995.
Oberschelp, Malte: *absolute Paul Feyerabend*, Freiburg 2002.
Preston, John/Munévar, Gonzalo/Lamb, David (Hg.): *The Worst Enemy of Science? Essays in Memory of Paul Feyerabend*, Oxford, New York 2000.

Walter Reese-Schäfer

Jean-François Lyotard (1924-1998) Die Konstruktion der Postmoderne

Der in der ersten Hälfte des 20. Jahrhunderts vorherrschende Glaube, Theorie könnte so etwas wie das wissenschaftlich begründete Versprechen einer besseren Zukunft sein, wurde in den 1960er-Jahren noch einmal von einer neuen Generation aufgenommen und war erst Ende der 1970er-Jahre so sehr erschöpft, dass es zu einer Todeserklärung kommen musste. Jean-François Lyotard hat dies von allen Theoretikern am klarsten und eindrucksvollsten vertreten und den aktivistischen Planungsintellektuellen ein Grabmal errichtet: »Le tombeau de l'intellectuel«. Intellektualität hatte bestanden in der Identifikation mit der Menschheit, dem Volk, der Nation, dem Proletariat, also mit einem Subjekt, das einen universellen Wert zu verkörpern und so einen festen und überlegenen Ausgangspunkt jeglicher Analyse und Präskription zu bieten schien. Nur die Annahme eines solchen allgemeinen Subjekts konnte Voltaire, Zola oder Sartre jene Autorität verschaffen, die ihnen zugesprochen worden war.[1]

Heute dagegen destabilisiert die Verbreitung der neuen Technologien diese Position. Diejenigen, die heute als Symbolanalytiker in den Unternehmungen und Verwaltungen, vor allem aber in den Dienstleistungszentren das, was Hegel einst den objektiven Geist nannte, prozessieren, operieren strikt arbeitsteilig und müssen, um höchstmögliche Effizienz zu erzielen, diese Arbeitsteilung auch respektieren. Natürlich bleibt auch heute noch die Versuchung groß, die Prominenz, die man in einem Bereich erworben hat, zu nutzen, um seinen Äußerungen zu allgemeinpolitischen Fragen Gehör zu verschaffen. Aber im Grunde konkurriert man mit anderen Prominenten, seien es Schauspieler oder sonstige mediale Erscheinungen, und letztlich auch mit allen anderen Bürgern um Aufmerksamkeit, ohne schon von vornherein durch einen privilegierten Zugang zum Allgemeinen hervorgehoben zu sein.

1 Jean-François Lyotard: *Grabmal des Intellektuellen*, Graz, Wien 1985, S. 10.

Das Denken hat diesen Zugriff auf Universalität verloren, sodass alle Stellungnahmen nur noch lokal und partiell erfolgen können und letztlich defensiv sein müssen. Wer weiter ausgreift, wird ähnlich fehlgeleitet denken wie einst Sartre. Im 20. Jahrhundert haben vielfältige intellektuelle Anstrengungen gerade auch der Linken zu einer Verherrlichung oder wenigstens Rechtfertigung des Totalitarismus beigetragen. In Frankreich ist diese Haltung intellektuell schon mehr als zehn Jahre vor dem gesellschaftlich-politischen Ende des Kommunismus zusammengebrochen. Lyotard empfiehlt, dies nicht einfach resignativ zur Kenntnis zu nehmen, wie viele Linke es getan haben. Der Untergang der modernen Totalität gibt Anlass zum Optimismus, denn es folgt eine postmoderne größere Gelassenheit, Beweglichkeit und Toleranz, eine »sveltesse«, wie Lyotard dies nennt.[2]

Lyotard, der einstige Altlinke, betont, dies sei im Grunde schon seit der zweiten Hälfte des 19. Jahrhunderts immer deutlicher geworden, deshalb sei die Postmoderne schon damals, bei der Geburt der ästhetischen Moderne Baudelaires und später aller antirealistischen Kunst, präsent gewesen. In der Tradition französischer Salonparadoxalität konstatiert er: »Ein Werk ist nur modern, wenn es zuvor postmodern war.«[3] Oder an einem Beispiel: »Mir scheint, daß der Essay (Montaigne) postmodern ist und das Fragment (das Athenäum) modern.«[4] Etwas weniger mechanisch weist er auf das Problem eines Großteils moderner Kunst und Literatur hin. Die moderne Ästhetik sei in vielem eine Ästhetik des Erhabenen, bleibe aber als solche nostalgisch. Postmodern dagegen seien die Momente, die auf das Nichtdarstellbare in der Darstellung selbst anspielten. Werke und Texte sind immer auch Ereignisse, und als solche finden sie zu einem späteren Zeitpunkt statt, in einer Art Vorzukunft. Anders ausgedrückt: Auch wenn absolute Präsenz im Werk dargestellt werden soll, erstarrt es doch in einem Zeitpunkt zu etwas, was als Werk abgeschlossen erscheint und unter Umständen sogar im Museum ausgestellt werden kann – dort seine provokative Ereigniskraft verlierend. Auf eine andere Ebene transponiert, formuliert Lyotard dieses Konzept so: »Es sollte endlich Klarheit darüber beste-

2 Ebd. S. 18.
3 Jean-François Lyotard: *Postmoderne für Kinder*, Wien 1987, S. 26.
4 Ebd., S. 30.

hen, daß es uns nicht zukommt, Wirklichkeit zu liefern, sondern Anspielungen auf ein Denkbares zu erfinden, das nicht dargestellt werden kann.«[5]

I.

Vielleicht ist mein Wort von der Salonparadoxalität in diesem Zusammenhang, auch wenn es Montaigne und die Montaigne-Tradition durchaus korrekt bezeichnet, ein wenig zu hart. Bei Lyotard steht dahinter ein politisch-persönlicher Entwicklungsgang, den jeder Intellektuelle seiner Generation auf die eine oder andere Weise zu vollziehen hatte. Lyotard hat ihn auf eine besonders anspruchsvolle und eigenständige Weise vollzogen. Er politisierte sich als Lehrer in Algerien und engagierte sich in den 1950er-Jahren für die algerische Widerstandsbewegung. Von 1954 bis 1964 war er Mitglied der marxistischen Gruppe *Socialisme ou barbarie*, die sich um Cornelius Castoriadis und Claude Lefort organisiert hatte. Dort ging es um antistalinistische und antitotalitäre Politik, um Formen der Arbeiterselbstverwaltung und der Autonomie von unten. Von 1964 bis 1966 schloss er sich dann der ähnlich antibürokratischen Gruppe *Pouvoir ouvrier* an. Danach verließ er, wie er es etwas pathetisch formulierte, »den Dienst der Revolution, ich machte etwas anderes, ich hatte meine Haut gerettet«.[6] Freundschaften zerbrachen, für Lyotard folgten Jahre der kritischen Selbstreflexion. Lediglich während der Revolte von 1968 wurde er noch einmal für kurze Zeit politisch aktiv, in Daniel Cohn-Bendits Bewegung vom 22. März. Sein Problem blieb aber weiterhin: »Wie soll man sich zur Politik verhalten?«[7]

Zunächst versuchte er, seine marxistische Vergangenheit durch die zeitweise geradezu rauschhafte Aneignung einer unorthodoxen Psychoanalyse zu bewältigen. Er selbst hat diese Phase seines Denkens als sein »Fegefeuer« bezeichnet.[8] Sein charakteristisches Werk aus

5 Ebd.

6 Jean-François Lyotard: »Pierre Souyri – Le marxisme que n'a pas fini«, in: *Esprit*, Heft 6, 1982, S. 11-31, hier S. 13.

7 Jean-François Lyotard: »Sprache, Zeit, Arbeit. Gespräch zwischen Jean-François Lyotard und Giairo Daghini«, in: Jean-François Lyotard u. a.: *Immaterialität und Postmoderne*, Berlin 1985, S. 37.

8 Das teilt J. P. Dubost im Anhang zu Jean-François Lyotard, *Ökonomie des Wun-*

dieser Phase ist die 1974 veröffentlichte *Economie libidinale* (*Ökonomie des Wunsches*), ein Werk, das in Frankreich wie in Deutschland nur sehr wenige Leser gefunden hat. Es hat Ähnlichkeiten mit dem *Anti-Ödipus* von Gilles Deleuze und Felix Guattari und ist im Grunde nur interessant für solche Leser, die ihren eigenen Ablösungsprozess aus der sektenhaften Rigidität marxistischer oder anderer Provenienz libidoökonomisch aufarbeiten wollen. In der deutschen Rezeption wird das Buch meist zu harmlos gelesen, als Entdeckung lustvoller Intensitäten auf den Feldern der Kunst und Erotik.

Seine deutschen Anhänger übersehen (oder verbergen vor sich selbst) die dunklen, krisenhaften, die Nachtseiten des Buches, den Rand des Wahnsinns, der dort erreicht wird. Lyotard selbst hat diese Dimension dadurch offenkundig gemacht, dass er schon auf der allerersten Seite seine Selbstanalyse mit dem Aufschneiden der Haut, also dem Sezieren des Körpers, beginnt. Erotik meint hier durchaus im Sinne von Georges Bataille auch die bedrohlichen, zerstörerischen, Verletzung und Tod bringenden Seiten. Batailles Madame Edwarda, die Lyotard an mehreren Stellen zitiert, geht ja wirklich bis ans Ende der schmerzhaften Ekstase, an den Rand des Todes, der Vernichtung. Es sind keineswegs nur die lustvollen, sondern gerade auch die schwarzen, bedrohlichen Regionen der Psyche, die Lyotard hier offen legt. Der Text ist eine schonungslose Selbstentblößung, die aber trotzdem als theoretischer Text über ein Thema auftritt, nicht als autobiografische Reflexion, wie es genauso gut möglich und angemessen gewesen wäre. Die erforderlichen sprachlichen Ausdrucksmöglichkeiten jedenfalls enthält es.

sches, Bremen 1984, S. 382, mit. Es ist deshalb unangemessen, wenn einige orthodoxe Lyotard-Anhänger mir vorhalten, ich würde dieses Werk zur bloßen Vorgeschichte des *Postmodernen Wissens* und vor allem des *Widerstreits* degradieren. Es handelt sich um die Vorgeschichte, so wie das Fegefeuer vor dem Endstadium kommt.

II.

In einem zweiten Schritt hat Lyotard dann die Krise der marxistischen Hoffnungen und Utopien in einer sozialwissenschaftlichen Studie aufgearbeitet: *Das postmoderne Wissen* (*La condition postmoderne*). Es handelte sich um eine Auftragsstudie im Zusammenhang der kanadischen Universitätsreform, in der er die Formen und Strukturen heutigen Wissens analysieren sollte. Wie man weiß, sind einige der berühmtesten Arbeiten Schleiermachers, Schellings und Fichtes ebenfalls als ›Arbeitspapiere‹ in Zusammenhang mit einer Universitätsreform entstanden, wenn auch etwa 170 Jahre früher. Es wäre schon deshalb unangemessen, die Bedeutung dieser Studie herunterzuspielen, wie es in vielen Produkten der Sekundärliteratur geschieht, die in etwas gedankenloser Weise die Bescheidenheitsgesten Lyotards als Schlüssel zur Interpretation nehmen. Im Grunde enthielt diese Studie eine fundamentale Auseinandersetzung mit der gegenwärtigen, immer noch nicht abgeschlossenen Hochschulreform. Aber betrachten wir ihre Kernthesen.

Die Denkbewegung der modernen Wissenschaft ist in einen Widerstreit zu ihrer Legitimationserzählung geraten. Die Wissenschaft stand von Anfang an auf Kriegsfuß mit traditionellen Legitimationserzählungen des Mythos und der Religionen. Die große übergreifende Parole lautete: Vom Mythos zum Logos. In diesem Streit griff sie jedoch lange Zeit auch selbst auf große Erzählungen zurück, um ihre eigenen Spielregeln zu legitimieren. Sie wählte sich dazu vor allem einen philosophisch geprägten Legitimationsdiskurs, der auf Erzählungen wie der Dialektik des Geistes, der Hermeneutik des Sinns und vor allem der Emanzipation des vernünftigen oder arbeitenden Subjekts basierte. Die große Erzählung der Aufklärung behauptete zum Beispiel, dass die Wissenschaft kämpferisch und heroisch an einem guten ethisch-politischen Ziel, dem universellen Frieden, arbeite. Wahrheit und Gerechtigkeit waren auf diese große Erzählung bezogen.

Durch den Fortschritt der wissenschaftlichen Analyseprozesse selbst aber werden diese Metaerzählungen immer mehr in Frage gestellt. Man glaubt nicht mehr an die großen Heroen, die auf ihren Irrfahrten den Gefahren trotzen, um ihr Ziel zu erreichen. An die Stelle der Metanarrative (ein kühlerer Ausdruck für die großen Erzählungen) treten schlicht verschiedene Sprachspiele, die nur mosaikartig zu Institutionen führen, also im Grunde nur eine lokale, jedoch keine übergreifende Bedeutung mehr haben können. Da aber dennoch die Machthaber und Entscheidungseliten ständig daran interessiert sind, ihre Macht zu vermehren, entwickeln sie ein übergreifendes Kriterium: das der Effizienz. Es wird der Versuch gemacht, im Prozess der Hochschulreform und anderer Gesellschaftsreformen all die vielen unterschiedlichen Spiele auf die Optimierung der Systeme auszurichten, sie kommensurabel zu machen und so ihre Effizienz zu steigern. Hierzu gehört ein quasirevolutionärer Terror der Anpassung: »Weich oder hart: Wirkt mit, seid kommensurabel, oder verschwindet!«[9]

Der Imperativ der Produktionskostensenkung und Effizienzsteigerung ergreift das Bildungssystem. Nach dem Ende der Metaerzählungen bleibt nur noch das technologische Kriterium der Operabilität – das aber ungeeignet ist, über Fragen von Wahrheit und Gerechtigkeit zu entscheiden. Habermas' auf den ersten Blick attraktiver Gedanke, nunmehr den in der Diskussion erreichten Konsens zum Maßstab zu nehmen, tut der Heterogenität der Sprachspiele Gewalt an und gefährdet die Erfindung des Neuen, die aus der Meinungsverschiedenheit, aber gerade nicht aus dem Konsens entsteht.

Das postmoderne Wissen, das Lyotard den alten und neuen Metaerzählungen entgegensetzt, versucht, sich der Instrumentalisierung durch die Machteliten teilweise zu entziehen, unsere Sensibilität für die Differenzen zu verfeinern und unsere Fähigkeit zu verstärken, das Inkommensurable zu ertragen, statt es – wie im Effizienzdiskurs oder in der Utopie – zu bekämpfen und auszuschalten. Sein Argument besteht nicht mehr in der Übereinstimmung der Experten, sondern gerade in der Abweichung, in der Differenz, die durchaus als widervernünftig oder unvernünftig in Erscheinung treten kann. Daraus ergibt sich Lyotards Leitfrage: Wie kann von einer solchen Konzeption her überhaupt noch der soziale Zusammenhalt legitimiert werden? Wie ist eine gerechte Gesellschaft möglich, wenn sie die Paradoxien und Paralogien wissenschaftlicher Innovation akzeptieren muss und man doch weiß, dass diese keine anerkannte Beweiskraft enthalten? Lyotard gesteht von Anfang an zu, dass er als Philosoph hierzu Fragen stellt, aber keine verbindlichen Antworten wird liefern können.

9 Jean-François Lyotard: *Das postmoderne Wissen*, Graz, Wien 1986, S. 15.

Die Arbeitshypothese Lyotards lautet, dass mit dem Wandlungsprozess der Gesellschaft in eine postindustrielle, also dienstleistungsbestimmte Produktionsform und der Kultur in ein postmodernes Zeitalter auch die Grundlage des Wissens einem fundamentalen Wandel unterliegt. Die Pilotwissenschaften haben durchweg die Sprache in der einen oder anderen Form zur Grundlage, die Linguistik, Kybernetik, Informatik etc. Sowohl die Forschung selbst als auch die Übermittlung von Wissen werden von dieser Transformation betroffen. Die neuen Informationskanäle kann es nur dann passieren, wenn die Erkenntnis in Informationsquantitäten umgesetzt werden kann. Lyotard prognostiziert, dass alles, was nicht in diese Form einer Maschinensprache übersetzbar ist, vernachlässigt werden wird – eine Entwicklung, die wir seitdem mit zunehmender Signifikanz beobachten.

Die Wissenschaft veräußerlicht sich immer mehr gegenüber der Person des Wissenden, sodass die so genannte Bildung einem massiven Verfallsprozess ausgesetzt ist. Wissen vermittelt nicht mehr Führungsqualität oder Status, sondern es wird auf seine Austauschbarkeit reduziert. Es handelt sich um eine Merkantilisierung des Wissens. Offen bleibt, wer in Zukunft die Kontrolle der Kanäle vornehmen, also definieren wird, welche Daten verboten werden sollten. Wird der Staat dies können, oder wird er nur ein Nutzer sein wie alle anderen auch? Das, was Lyotard die »Wiedereröffnung des Weltmarktes«[10] nennt und was wir uns heute als Globalisierung zu bezeichnen angewöhnt haben, deutet er als nachhaltige Gefährdung einer besonderen Rolle des Staates, der schon Ende der 1970er-Jahre begonnen hatte, seine Rolle in der Investitionsplanung und Investitionslenkung zurückzufahren.

III.

Insgesamt kann dieser Prozess als die Computerisierung der Gesellschaft umrissen werden. Es handelt sich nicht bloß um einen technologischen Prozess, sondern auch um einen Wandel der Legitimationsstruktur, denn die Frage ist, wer darüber entscheidet, was als wissenschaftliche Wahrheit gelten soll. Diese Entscheidung wie

10 Ebd., S. 28.

auch die Entscheidung über die Frage, was als gerecht gelten soll, wird in unterschiedlichen Sprachspielen gefällt.[11] In diesen Prozessen, für die das Wort »Spiel« vielleicht ein wenig zu idyllisch klingt, weil hier die harten Kämpfe um Macht und Einfluss ausgetragen werden, entsteht eine allgemeine Agonistik, die in der Moderne auf zwei grundsätzlich entgegengesetzte Weisen interpretiert wird. Man kann einmal von der Deutung der Gesellschaft als funktionales Ganzes ausgehen, wie in der Systemtheorie, oder sie als zweigeteiltes Ganzes sehen, wie in der marxistischen und anderen Formen so genannter kritischer Theorie. Dieses Gegensatzpaar verspricht für die spezifischen Funktionsweisen postmodernen Wissens wenig Erhellendes. Die harten Attraktionspole der Gegensätze, die Parteien, die Nationalstaaten oder die Opposition von Gewerkschaften und Arbeitgeberverbänden, verlieren an Anziehungskraft – jeder wird auf sich selbst zurückgeworfen, was wenig genug ist. Das Soziale wird atomisiert, die verschiedenen Sprachspiele durchdringen die Individuen, und allenfalls gewisse institutionelle Strukturen filtern und strukturieren die Kräfte des Diskurses.

Wenn nur noch Operativität und Performativität, also im Grunde das verwertbare Resultat, die Forschung legitimieren sollen und wenn sich im Forschungsprozess selbst die Beweisführung experimentell technisiert, dann geht die Wahrheit als Ziel der Wissenschaft verloren. An ihre Stelle tritt die Machterweiterung. Die Forschungsgelder gehen nunmehr in Bereiche, die eben dazu dienen können. Die übrigen werden vom Geldfluss ausgeschlossen und sind zum Absterben verurteilt. Das wären die düsteren Konsequenzen, wenn man dieses Legitimationsmodell konsequent weiterdenkt.

In Wirklichkeit jedoch ist die Pragmatik des postmodernen Wissens anders strukturiert. Der Wissenschaftsprozess muss ja permanent nach dem Neuen suchen und dabei immer wieder auch seine eigenen Regeln hinterfragen und weiterentwickeln. Selbst in den scheinbar so festgefügten mathematischen Grundlagen ist es vor allem durch Kurt Gödel zu einer massiven Krise gekommen.[12] Nicht

11 Ausführlicher hierzu und mit Blick auf die gesellschaftlich-ökonomischen Grundstrukturen: Walter Reese-Schäfer: »Modernisierung und Postmodernisierung«, in: ders.: *Politische Theorie heute. Neuere Tendenzen und Entwicklungen*, München, Wien 2000, S. 155-266.

12 Ernst Cassirer, der von Mathematik mehr verstanden hat als Lyotard, hat das

mehr die zwingende Sicherheit mathematischer Beweisführung und auch nicht die fragile Verlässlichkeit des Konsens eignen sich zur Produktion des Neuen, sondern es ist immer wieder die Infragestellung der bisherigen Methoden und Begründungstechniken erforderlich. Das wirklich Neue bedarf im Forschungsprozess der Paralogie, wie Lyotard das nennt, es entsteht also im Grunde durch eine vorher nicht berechenbare sprunghafte Mutation im Wissensbetrieb. Nicht mehr die Herstellung einer Gleichförmigkeit durch Gewalt, sondern die Offenheit der Systeme – nicht nur im Wissenschaftsbetrieb, sondern auch in der Politik und Gesellschaft bis hin zu den kleinsten Organisationsformen des Privaten, in denen allenfalls zeitweilige Vereinbarungen die früher für ewig gehaltenen Verbindungsformen ersetzen – wird zur postmodernen Regel. Da die Sprachspiele im Prinzip unbegrenzte neue Kombinationen und Erweiterungen zulassen, wird immer neues Unbekanntes entdeckt und entwickelt werden können.

Hier liege in Zukunft auch die Legitimation des Kapitalismus, denn dessen althergebrachte liberale und neoliberale Begründungsformel, dass durch ihn alle reicher würden, habe die Glaubwürdigkeit ebenso verloren wie die große Erzählung des Sozialismus. Die Perspektive für den Kapitalismus bestünde heute in der Entwicklung der Informationstechnologien und deren Durchdringung der gesamten Gesellschaft, das hat Lyotard schon 1981 weit gehend zutreffend vorausgesagt: »Und es ist klar, daß der Kapitalismus mit ihrer Hilfe aus der Krise herauskommen wird.«[13]

moderne Konzept der *mathesis universalis* seit Leibniz und dessen heutige Krise, noch ohne von Postmoderne zu sprechen und ohne auf Gödels Unvollständigkeitstheorem zurückzugreifen, gleichwohl sehr knapp und eindrucksvoll beschrieben in: Ernst Cassirer: *Zur Logik der Kulturwissenschaften, Fünf Studien*, Darmstadt, 6. Aufl. 1994, bes. S. 7-33. Man muss die Dramatisierung des Gödel-Theorems nicht unbedingt mitmachen, um zu den gleichen Ergebnissen zu gelangen wie Lyotard.

13 Jean-François Lyotard: »Regeln und Paradoxa (1981)«, in: ders.: *Philosophie und Malerei im Zeitalter ihres Experimentierens*, Berlin 1986, S. 99.

IV.

Lyotard hat sich in einer Vielzahl von Artikeln, Büchern und Kommentaren mit der Gegenwartskunst auseinander gesetzt und 1985 im Pariser *Centre Georges Pompidou* auch die Ausstellung *Les Immateriaux* organisiert. Die künstlerische Option sollte helfen, die moderne Reduktion von Sprache auf die Warenform der Information aufzubrechen. In den 1980er-Jahren hat er das einmal so zugespitzt: »Dieser Kampf wird hauptsächlich von den Künstlern geführt. Denn in der Kunst geht es vor allem darum, Werke hervorzubringen, in denen die das Werk als solches konstituierenden Regeln darin selbst noch einmal hinterfragt werden. Dazu ist keine Theorie nötig; ja ich möchte sogar sagen, es ist nötig, keine Theorie zu haben.«[14] Selbstreflexivität und Selbstdistanz können also durchaus ein Moment der künstlerischen Praxis sein – sie bedarf nicht unbedingt, wie in der hegelianischen Tradition, einer Theorie.

Ein Grundbegriff von Lyotards Ästhetik ist das »Erhabene« (»le sublime«), womit Gefühlsmomente beschrieben werden, die mit dem Begriff des Schönen nicht zu erfassen, sondern vielmehr mit dem Ausdruck von Schmerz und Gefahr, Angst und Schrecken verbunden waren – allerdings nicht unmittelbar, sondern immer aus einer gewissen sicheren Entfernung, sodass sich in der Betrachtung oder im Miterleben Lust und Unlust, Bedrängnis und Erleichterung eigentümlich und auf bis heute trotz Edmund Burke, Immanuel Kant und Lyotard nicht ganz ausgelotete Weise vermischen. Gerade auf die avantgardistische Kunst passt der Begriff des Erhabenen besser als jeder andere. Als ihm von Gérard Raulet vorgehalten wurde, dass dieser Begriff auch terroristische Züge trage, antwortete Lyotard, dass dieser Begriff unbedingt auf das Feld der Ideen beschränkt bleiben müsse. Jeder Versuch einer tatsächlichen Verwirklichung des Erhabenen in der Praxis, handele es sich um Stalinismus, Trotzkismus oder Maoismus, entfessele den Terror und den Terrorismus.[15] Gerade die ästhetische Form versteht Lyotard als die Rettung des Humanen.

Lyotard hält eine gewisse spannungsreiche Ambivalenz aufrecht in der Frage, wie sich die ästhetischen Konzeptionen der Gegenwart

14 Ebd., S. 105.
15 Interview mit G. Raulet in: *Spuren*, Nr. 17, November/Dezember 1986, S. 38 ff.

und der näheren Zukunft zu den Strukturen des ökonomischen Prozesses verhalten werden. Der entwickelte Kapitalismus habe den Studenten, Künstlern, Schriftstellern und Gelehrten empfohlen: Seid intelligent, seid erfinderisch, eure Ideen sind die Waren einer Informationsökonomie der Zukunft. Diese Empfehlung hätten die Betroffenen jedoch »unversehens links liegen gelassen: da sie mehr mit der Imagination als dem Markt beschäftigt waren, begann ein grenzenloses Experimentieren«.[16] Dies veröffentlicht er in der deutschen Ausgabe unter dem programmatischen und provokativen Titel »Essays zu einer affirmativen Ästhetik«. Adornos *Ästhetische Theorie* habe einen Bankrott des ästhetischen Bewusstseins konstatiert. Die hegelianische Verwirklichung des Geistes in der Geschichte sei in Auschwitz zu Ende gekommen.[17]

Für Lyotard ist damit ein Neuanfang im Rückgriff auf Kants *Kritik der Urteilskraft* nötig, die ja in der Tat den Begriff des Erhabenen noch nachdrücklicher als Burke in die Diskussion eingeführt hatte. Dieser Neuanfang ist auch »dank der Wiederbelebung des Kapitalismus«[18] möglich. Das Zeitalter des Experimentierens und der Vervielfältigung von Paralogien sei aufgeblüht. Aufgrund der inneren Struktur des Innovationsprozesses selbst lässt dieser sich jedoch zu keinem Zeitpunkt vollständig den Interessen des Systems unterordnen. Jede Aktivität der Innovation bedeutet nicht nur eine Gewinn- und Verwertungschance, sondern ist immer auch eine Kunst im Sinne der griechischen *techne*. »Die Differenz zwischen der Technik in ihrem kapitalistischen Gebrauch und der *techne* lässt sich an der Lust festmachen: im einen Falle freut man sich am Effekt, der stets das Geld (das abstrakt Allgemeine) ist; im anderen Fall an der Bewerkstelligung selber, an der einzigartigen Schönheit der Coups (daß die beiden unvereinbar seien, ist nicht einmal notwendig).«[19]

Das Problem Adornos und Benjamins, auf das Lyotard zu antwor-

16 Jean-François Lyotard: »Vorwort«, in: ders.: *Essays zu einer affirmativen Ästhetik*, Berlin 1982, S. 7.

17 Lyotards komplexe Beziehung und Auseinandersetzung mit Adorno habe ich ausführlich behandelt in: Walter Reese-Schäfer: »Adorno Lehrer Lyotards«, in: Winfried Marotzki/Heinz Sünker (Hg.): *Kritische Erziehungswissenschaft – Moderne – Postmoderne. Studien zur Philosophie und Theorie der Bildung*, Bd. 14, Weinheim 1992, S. 249-268.

18 Lyotard: »Vorwort«, S. 8.

19 Ebd.

ten sucht, bestand darin: Wie kann man sich an der Schönheit der Coups freuen, wenn es keine verbindlichen Regeln dafür, keinen Geschmack, keinen *sensus communis* gibt? Lyotard greift hierfür auf die kantische Antwort aus der Kritik der »Urteilskraft« zurück: »Immerhin gibt es das Genie, die Einbildungskraft, die den Verstand überholt und ihm Regeln, die er nicht kannte, eingibt.«[20] Die Schönheit der Coups verbindet sich für Lyotard mit der nicht geregelten Erfindung von Regeln, die zeitökonomisch auch nur bedingt berechenbar ist, also mit dem postmodernen Prozess und damit der Legitimierung durch die Paralogien.

Lyotard hat die anfangs auf die Architektur konzentrierte Postmodernediskussion auf eine philosophische Grundlage gestellt. Seine These vom Ende der großen Erzählungen ist mit dem Zusammenbruch des Ostblocksozialismus zehn Jahre nach dem Erscheinen des *Postmodernen Wissens* eindrucksvoll bestätigt worden, durch ein »Geschichtszeichen«, wie er das mit Kant bezeichnet hat. Als ehemaliger unorthodoxer Marxist hat er damit einer breiten Denkströmung innerhalb der Intellektuellen seiner Generation einen prägenden Ausdruck gegeben. Er hat aber nicht nur in die gesellschaftlich-politischen Diskurse nachhaltig hineingewirkt, sondern stärker als Foucault und Derrida auch in den Diskurs der bildenden Künste.

Das Potenzial seiner Arbeiten, insbesondere des *Postmodernen Wissens* und des *Widerstreits*, kann noch längst nicht als ausgeschöpft gelten. Vor allem die Vorstellung einer Legitimierung innovatorischer Prozesse durch die Paralogie wartet noch auf die wissenschaftstheoretische Aufarbeitung durch einen Nachfolger Karl Poppers und Paul Feyerabends. Aber auch die Überlegungen zur Verpflichtung und zu den Übergängen zwischen verschiedenen Diskursarten sind angesichts der Ratlosigkeit der Systemtheorie vor dem Problem, dass unterschiedliche Systeme aufgrund ihrer divergenten Operationsmodi nicht miteinander kommunizieren können, es aber in der Realität dennoch ständig tun, was auch nicht durch Luhmanns Idee der Interpenetration zu lösen war, für eine neue Analyse aus der Perspektive der Systemtheorie geradezu prädestiniert.

Vor allem aber ist in der bisherigen Rezeption seine originäre und

20 Ebd., S. 8 f.

weiterführende Anknüpfung an Immanuel Kant, besonders den Kant der *Kritik der Urteilskraft* und der kleinen politischen und gesellschaftstheoretischen Schriften, noch nicht hinreichend beachtet worden. Diese Anknüpfung kann als gleichrangig gelten mit der des mittleren Ernst Cassirer und wartet noch auf eine intensivere Diskussion und Ausschöpfung in den Kulturwissenschaften.

Werke von Jean-François Lyotard (Auswahl)

Das postmoderne Wissen, Graz, Wien 1986.
Das Patchwork der Minderheiten, Berlin 1977.
Der Widerstreit, München 1987.
Die Moderne redigieren, Bern 1988.
Essays zu einer affirmativen Ästhetik, Berlin 1982.
Grabmal des Intellektuellen, Graz, Wien 1985.
Postmoderne für Kinder. Briefe aus den Jahren 1982-1985, Wien 1987.
Philosophie und Malerei im Zeitalter ihres Experimentierens, Berlin 1986.

Literatur zu Jean-François Lyotard (Auswahl)

Reese-Schäfer, Walter: »Adorno Lehrer Lyotards«, in: Winfried Marotzki/Heinz Sünker (Hg.): *Kritische Erziehungswissenschaft – Moderne – Postmoderne. Studien zur Philosophie und Theorie der Bildung*, Bd. 14, Weinheim 1992, S. 249-268.
– *Lyotard zur Einführung*, Hamburg 1995.
– »Modernisierung und Postmodernisierung«, in: ders., *Politische Theorie heute. Neuere Tendenzen und Entwicklungen*, München und Wien 2000, S. 155-266.
– »Sprachanalyse und pluralistische Gerechtigkeit: Jean-François Lyotard«, in: ders., *Grenzgötter der Moral. Der neuere europäisch-amerikanische Diskurs zur politischen Ethik*, Frankfurt am Main 1997, S. 465-495.
–, Taureck, Bernhard (Hg.): *Jean-François Lyotard. Essays zur Grammatik des 21. Jahrhunderts*, 3. Auflage Cuxhaven 2002.
Wolf, Harald: »Die Revolution neu beginnen. Über Cornelius Castoriadis und Socialisme ou barbarie«, in: *Archiv für Geschichte des Widerstands und der Arbeit*, Bd. 15, 1998, S. 69-112.

Werner Bartens

Ivan Illich (1926-2002) Fundamentalkritik und Engagement

I. Leben jenseits der Grenzen

Wenn sich jemand nicht nur für den begrenzten eigenen akademischen Schrebergarten interessiert, gilt er in der Wissenschaftsgemeinde schnell als renitenter Querdenker. Wenn er dazu noch klar und prägnant formulieren kann und unfallfrei die Sprache in Wort und Schrift beherrscht, hat er in Gelehrtenkreisen bald sogar den Ruf eines Provokateurs weg. Ivan Illich besaß alle die genannten Eigenschaften. Zudem redete und schrieb er nicht nur in einer, sondern in mindestens acht Sprachen (manche seiner Freunde und Bekannten bescheinigten ihm sogar die Kenntnis von elf Sprachen). Seine Aufsätze, Essays und Monografien sind in ihrer polyglotten Vielfalt und engagierten Wucht oftmals sprachmächtiger als die Texte viele Wissenschaftler, die nur eine einzige Schriftsprache beherrschen.

Illichs scheinbar grenzenlose Neugier, sein umfassender Erklärungsanspruch, gepaart mit einer manchmal charmanten, manchmal umwerfend brüsken Unmittelbarkeit, und sein ungewöhnlicher Lebenslauf machten ihn schnell zum universitären Außenseiter. Ebenso wenig wie in die katholische Kirche, mit der er sich überwarf, schien Illich in die fest gefügte akademische Welt der Universitäten zu passen. Allenfalls als Gastdozent und kurzzeitiger Impuls- und Ideengeber fand er immer wieder Aufnahme bei sich fortschrittlich wähnenden Dozenten und Instituten.

Ivan Illich wurde am 4. September 1926 in Wien geboren. Sein Vater war katholischen Glaubens und stammte aus Dalmatien in Kroatien, seine Mutter war eine lutherisch getaufte Jüdin spanisch-amerikanischer Herkunft. Nach dem Abitur 1942 in Florenz studierte Illich dort zunächst verschiedene naturwissenschaftliche Disziplinen wie Chemie und Kristallografie, belegte aber auch Philosophie. Anschließend ging er nach Rom, wo er am berühmten Collegium Romanum, der Gregoriana, Theologie studierte. Promoviert wurde Illich 1951 in Salzburg – allerdings im Fach Geschichte. Nach seinen vielseitigen Studien ging er 1951 in die USA und wurde amerikanischer Staatsbürger. In den USA war er zunächst als Seelsorger und Priester in den New Yorker Armenvierteln tätig. Von 1956 bis 1960 leitete er die Universität von Puerto Rico. In New York gründete Illich 1960/61 das *Center of Intercultural Formation*, aus dem sich 1969 im mexikanischen Cuernavaca das *Centro interculturale de documentation* (*Cidoc*) entwickelte. In den 1960er-Jahren überwarf sich Illich endgültig mit den Institutionen des katholischen Glaubens und wurde deswegen wiederholt nach Rom einbestellt, um seinen Kurs, den man heute wohl befreiungstheologisch nennen würde, zu korrigieren. Nach etlichen Auseinandersetzungen mit dem Vatikan gab Illich 1969 alle seine priesterlichen Funktionen auf.

In den 1970er-Jahren wurde Illich durch seine die Fachwelt provozierenden und Teile der interessierten Öffentlichkeit bis heute stimulierenden Buchveröffentlichungen weltweit bekannt. Illich wurde mit diesen Werken zum Fundamentalkritiker besonders des technischen Fortschritts, der Fachleute, der Energiewirtschaft, der Kirche, des Bildungswesens und des Gesundheitssystems. 1970 veröffentliche Illich *Entschulung der Gesellschaft*, 1973 folgte sein technikkritisches Buch *Selbstbegrenzung*. 1975 erschien schließlich *Die Nemesis der Medizin* – zunächst unter dem Titel *Die Enteignung der Gesundheit*.

Nach zehn Jahren zog Illich – wie von Anfang an geplant – 1979 einen Schlussstrich unter das *Cidoc* in Cuernavaca, das er als *Denkerei* bezeichnete. Illich nahm in der Folge zahlreiche Gastprofessuren an und lehrte unter anderem in Berkeley, an der University of Pennsylvania, wo er länger blieb. An den Universitäten in Bremen, Kassel und Marburg war er ebenfalls häufiger zu Gast. In den 1980er- und 1990er-Jahren wurde es stiller um ihn – seine programmatischen Monografien hatten besonders zu Beginn der 1970er-Jahre Aufsehen erregt. Jetzt kam die Phase, in der einige seiner Ideen und Vorschläge von den kritisierten Institutionen aufgenommen wurden. Illich hielt sich häufig in Deutschland auf, wo er eine besonders große Anhängerschaft zu haben schien und seine Kurse und Kolloquien auf große Resonanz stießen. In der Folge einer Krebserkrankung starb Ivan Illich 76-jährig am 2. Dezember 2002 in Bremen.

II. Kritik an den Institutionen

Illichs Textanfänge sind fast immer verstörende Paukenschläge. Sie kommen ohne Umschweife zur Fundamentalkritik. »Die etablierte Medizin hat sich zu einer ernsten Gefahr für die Gesundheit entwickelt«, heißt der erste Satz in *Die Nemesis der Medizin*. Der zweite lautet nicht weniger anklagend: »Die lähmenden Folgen einer von professionellen Standesorganisationen ausgeübten Kontrolle über das Gesundheitswesen erreichen mittlerweile die Ausmaße einer Epidemie.«

Auch seine Technikkritik ist voll von programmatischem Elan. »In den kommenden Jahren beabsichtige ich, ein Nachwort auf das Industriezeitalter zu verfassen«, lautet der Beginn von Illichs Buch *Selbstbegrenzung – Eine politische Kritik der Technik*. Illichs Buch *Genus* zur Gleichheitskritik schließlich beginnt mit den Worten: »Die industrielle Gesellschaft schafft sich zwei Mythen: einen, um ihre Abstammung vom ›Sexus‹, den anderen, um ihr auf mehr Gleichheit gerichtetes Streben zu legitimieren.« Und seine Streitschrift *Entschulung der Gesellschaft* beginnt Illich unter der Kapitelüberschrift »Warum wir die Schule ›abschaffen‹ müssen« mit den Worten: »Viele Schüler, zumal wenn sie arm sind, wissen intuitiv, was die Schulen mit ihnen anstellen. Sie werden geschult, Verfahren und Inhalt miteinander zu verwechseln.«

Kein Wunder, dass Illichs Kritik an Schule, Medizin und Technik als umfassend empfunden wird, als eine radikale Kritik der Moderne, einigen ihrer wichtigsten Errungenschaften und ihrem weit gehend ungebremsten Fortschritt. Illichs Theorien sind zwar umstürzlerisch in Bezug auf die herrschenden Verhältnisse, doch ihnen haftet zugleich eine konservative Auffassung der *conditio humana* an. Gleichzeitig gehen sie mit einem geradezu rousseauistischen Lob des Ursprünglichen einher, dazu gehört etwa die überschwängliche Feier umgangssprachlichen Alltagswissens und der traditionellen Kenntnisse der Völker.

Diese Wertschätzung des Einfachen, Naturbelassenen wirkt in der heutigen, zumeist distanzierten Debatte um die besten aller Lebens- und Gesellschaftsentwürfe eigenartig fremd und überholt. Diese Emphase Illichs mag auch dazu beigetragen haben, dass Illich heute weit gehend in Vergessenheit geraten ist und dass diejenigen, die in den von ihm kritisierten Institutionen arbeiten – etwa

Lehrer, Ärzte, Ingenieure – mit seinem Namen oft nichts anfangen können.

In *Die Nemesis der Medizin* geht es Illich darum, die »Grenzen eines auf den professionellen Experten hin zentrierten Gesundheitswesens« aufzuzeigen.[1] Die schädlichen Auswirkungen der konventionellen Medizinsysteme auf die Gesundheit bezeichnet er als Iatrogenesis – darunter versteht er durch den Arzt (griechisch: *iatros*) verursachte Krankheiten, wobei er Krankheit nicht nur als individuelles Leiden, sondern auch als Siechtum der Gesellschaft und ihres politischen Systems versteht. Auch in der Medizinkritik Illichs finden sich etliche Appelle an die Ursprünglichkeit des Körpergefühls, die Weisheit der Alten sowie an die Selbstheilungskräfte der medizinischen Laien, etwa wenn Illich schreibt: »Ich behaupte nun, daß der Laie, und nicht der Arzt, potentiell den Überblick und tatsächlich die Macht besitzt, der heutigen iatrogenen Epidemie ein Ende zu setzen.«[2] Medizinkritik ist bei Illich immer auch Gesellschaftskritik.

Illichs Kritik an der etablierten Heilkunde der westlichen Nationen, die diese den ärmeren Ländern überzustülpen drohen, richtet sich gegen das zünftige Monopol der Medizin. Durch die ständische Hierarchie der akademisch geprägten Heilkunde gelingt es der modernen Medizin, mit dem Mittel der Verwissenschaftlichung ihre Vormachtstellung auszubauen und zugleich den Laien ihre Kompetenz in der Deutung und Behandlung von Krankheiten abzusprechen. Die westlichen Gesundheitssysteme machen laut Illich die Menschen aus drei Gründen krank: weil sie zwangsläufig klinische Schäden produzierten, weil sie die politischen Verhältnisse begünstigten, die nicht nur Menschen, sondern auch Gesellschaften krank machten – und weil sie dem Einzelnen die Fähigkeit nähmen, selbst gesund zu werden.

Illich erkennt, lange bevor dies auch in medizinischen Fachzeitschriften in größerem Maß diskutiert wird,[3] dass die moderne Medizin neue Krankheiten produziert und dass – heute ein Allgemein-

1 Ivan Illich: *Die Nemesis der Medizin. Die Kritik der Medikalisierung des Lebens*, Frankfurt am Main 1995, S. 9.

2 Ebd., S. 10.

3 Im Jahr 2002 brachte das renommierte Fachblatt *British Medical Journal* ein Schwerpunktheft »Too much medicine?« heraus, in dem Kennzeichen, Ursachen und Folgen der Medikalisierung beschrieben werden.

platz – die gestiegene Lebenserwartung sowie die verbesserte Lebensqualität in erster Linie eben nicht auf ärztliche Eingriffe oder medizinische Neuerungen zurückzuführen sind. Vielmehr haben bessere Ernährung, Hygiene, Desinfektion und gesündere Umweltbedingungen dazu beigetragen, dass viele Menschen heute länger und besser leben.

Manchmal sind Illichs Erklärungen zu den Grenzen der Medizin nicht nur geistreich, sondern auch äußerst unterhaltsam. So schreibt er:

> Die Tatsache, dass prozentual mehr Ärzte in Regionen leben, in denen gewisse Krankheiten selten geworden sind, hat wenig mit der Fähigkeit der Ärzte zu tun, diese zu kontrollieren oder auszurotten. Sie besagt lediglich, dass Ärzte, mehr noch als andere freiberufliche Experten, sich niederlassen, wo es ihnen gefällt, und dass sie sich meist dort zusammenfinden, wo das Klima gesund und das Wasser sauber ist und wo die Leute Arbeit haben und ihre Dienste bezahlen können.[4]

Es ist der unverstellte Blick Illichs auf die Grundbedingungen von Gesundheit und Krankheit, auf Wohlbefinden und Befindlichkeitsstörungen, der die Lektüre seiner Schriften auch heute noch lohnend macht. Aus heutiger Sicht überrascht es, wie hellsichtig und detailgenau Illich die Schwachstellen des medizinischen Systems aufdeckt, wenn er beispielsweise schon früh auf den fragwürdigen Nutzen von Vorsorgeuntersuchungen hinweist oder die Tendenz beschreibt, dass die Medizin, indem sie sich immer weiter ausdehnt und immer mehr Alltagsbereiche des Menschen erfasst und zu kontrollieren trachtet, sich ihre eigenen Patienten schafft: »Invalidisierende Nicht-Krankheiten resultieren aus der ärztlichen Behandlung nicht-existenter Krankheiten und nehmen ständig zu.«[5] Der Arzt, »der seine Kunst an ihm persönlich bekannten Individuen ausübt«, wandle sich durch den medizinischen Fortschritt zum Handwerker und »zum Techniker, der wissenschaftliche Regeln auf Patientenkategorien anwendet« und dadurch »der Kurpfuscherei einen anonymen, fast respektablen Status« verschaffe. Die wesentlichen Punkte einer Kritik an der *Medikalisierung* des Lebens, die in der Ärzteschaft verstärkt erst in den vergangenen fünf Jahren diskutiert wird, hat Illich schon vor 30 Jahren aufgegriffen.

4 Illich: *Die Nemesis der Medizin,* S. 21.
5 Ebd., S. 25.

Nemesis bedeutet in der Antike die Rache der Götter. Die Nemesis der Medizin zeigt sich für Illich auf drei verschiedenen Ebenen. Die erste nennt er die *klinische Iatrogenesis*. Darunter versteht Illich nicht nur Schäden, die Mediziner anrichten, wenn sie Patienten direkt untersuchen oder behandeln. Dazu kommen für ihn auch die Versuche der Übertherapie und Überdiagnostik, die allein aus dem ärztlichen Bemühen entstehen, Verfahren infolge von Kunstfehlern zu vermeiden und gegenüber den Patienten und ihren Angehörigen ja nichts zu versäumen.

Die zweite Ebene bezeichnet die *soziale Iatrogenesis*. Darunter versteht Illich die Enteignung der Gesundheit, die Menschen »dazu treibt, Konsumenten von Heil-, Präventiv-, Industrie- und Umweltmedizin zu werden«, während »andererseits ärztlich attestierte Symptome die Menschen von der Industriearbeit freisetzen und sie damit dem Schauplatz des politischen Kampfes entziehen, wo sie die Gesellschaft, die sie krank macht, umgestalten könnten.«[6]

Schließlich bezeichnet Illich als eine dritte Ebene die *kulturelle Iatrogenesis*, die die Fähigkeit der Menschen zerstöre, »ihre menschliche Schwäche, Verletzlichkeit und Einmaligkeit auf persönliche, autonome Weise zu bewältigen«. Dadurch werde jede gesunde Reaktion auf Leiden, Schwäche und Tod gelähmt. Illich diagnostiziert eine »verwaltete Instandhaltung des Lebens auf einem hohen Niveau subletaler Krankheit« und gehört damit zu den frühen Kritikern des institutionalisierten Leidens und Sterbens.

Nach der Analyse dieser drei Bedrohungen der Integrität des physischen wie des gesellschaftlichen Körpers und des Wohlbefindens der Menschen wie der Menschheit bietet Illich allerdings keine besondere Kur für das Gesundheitssystem an. Was er vielmehr fordert, ist eine andere Wahrnehmung, eine neue Sichtweise. Illich wünscht sich eine neue Einstellung gegenüber der Art und Weise, wie die Medizin organisiert und technisiert ist – und eine kritischere Haltung gegenüber den aus dem aufgeblähten Gesundheitswesen abgeleiteten Bürokratien und Illusionen.

In seinem technikkritischen Buch *Selbstbegrenzung. Eine politische Kritik der Technik* untersucht Illich nicht nur, welches Verhältnis der Mensch mittlerweile zu seinen Werkzeugen und Maschinen hat, sondern auch wie sich Sprache, Ritual und Recht im Verlauf der

6 Ebd., S. 27.

Industrialisierung gewandelt haben. Für Illich ist das Zeitalter der fortwährenden Industrialisierung und Technisierung am Ende. Er hoffte deshalb schon in den frühen 1970er-Jahren, in naher Zukunft rückblickend beschreiben zu können, »wie das Monopol der industriellen Produktionsweise dahinschwindet und ebenso die durch die Industrialisierung entstandenen Berufe, denen diese Produktionsweise dient«.

Illich schwebt eine »multidimensionale Ausgewogenheit des menschlichen Lebens«[7] vor, bei der es vor allem darum gehen solle, den Umgang des Menschen mit seinen Werkzeugen zu bestimmen. Illich spricht von »vernünftigen Wachstumsbeschränkungen«, die eine »neue Kollektivität« und ein verbessertes Zusammensein fördern können und sollen. Dieses wohl abgestimmte Verhältnis vieler Individuen – und nicht einzelner Manager – zur Technik bezeichnet Illich als »konvivialen« Zustand. Ein Begriff, der, wie Illich nicht entgangen ist, im Englischen auch eine Gemütslage der trunkenen Fröhlichkeit meint.

Illich beschreibt in seiner Technikkritik die Grenzen des Wachstums *avant la lettre*, aber durchaus in ähnlichen Begrifflichkeiten wie die um die gleiche Zeit entstandenen Analysen des Club of Rome. Seine Kritik der Industriegesellschaft liest sich wie ein frühes Manifest des Umweltschutzes und der basisdemokratischen Selbstbestimmung – manchmal in einem engagierten Pathos, dessen Wucht und entschlossene Parteilichkeit auf heutige Leser befremdlich wirken mag:

Die Gesellschaft ist ihrem Untergang geweiht, wenn das Wachstum der Massenproduktion dazu führt, daß die Umwelt ganz und gar unwirtlich wird; wenn es allen die Möglichkeit nimmt, ihre natürlichen Fähigkeiten frei zu entfalten, wenn es die Menschen voneinander entfremdet und sie zu Gefangenen in einem künstlichen Milieu macht; wenn es das soziale Gefüge unterminiert, indem es die extreme gesellschaftliche Polarisierung und eine Zersplitterung durch die Spezialisierung begünstigt oder wenn sich der soziale Wandel so schnell vollzieht, daß rechtliche, kulturelle und politische Präzedenzien nicht mehr als Leitfäden für heutiges Verhalten dienen können.[8]

7 Ivan Illich: *Selbstbegrenzung. Eine politische Kritik der Technik,* München 1998, S. 11.
8 Ebd.

Seiner grundlegenden Kritik des technischen Fortschritts, der Gesundheitssysteme und des Bildungswesens, die in ihrem gegenwärtigen Zustand für Illich die Entmündigung der Menschen vorantreiben, gesellt Illich seine als Theologiestudent und später als Armenpriester in New York gewonnene Vorstellung vom christlichen Menschenbild zu. »Eindeutig und unzweifelhaft« ist für den Historiker Illich, dass sich »der biologische Lebensbegriff aus dem christlichen Mysterium ableitet«. Mediziner, Bildungsexperten und andere Lebenstechnokraten, die das Dasein der Menschen bestimmen, kontrollieren und regulieren wollen, begehen daher sogar eine Sünde: »So gesehen ist die Vorstellung vom Leben, das sich auf die Erhaltungsphase eines Immunsystems reduzieren läßt, nicht nur Idol, nicht nur Fratze, sondern Lästerung. Und so gesehen ist der Wunsch zur Verantwortung für die Qualität dieses Lebens nicht einfach dumm oder frech, sondern sündhaft.«[9]

Neben Technik und Medizin kritisiert Illich vor allem Schulen und andere Bildungseinrichtungen. In seiner Streitschrift *Entschulung der Gesellschaft* geißelt Illich Schulen als bildungsferne Orte, die Kinder auf ein der Natur und dem Ursprünglichen entfremdetes Leben vorbereiteten, das sie auf Leistungs- und Konsumzwang trimme. Illich spricht sich dafür aus, die Pflichtschulen mit ihrem Zwang zur Disziplinierung abzuschaffen und sie durch ebenso kommunikative wie gesellige Einrichtungen zu ersetzen (Illich nennt derartige Institutionen auch Bildungs*geflechte*). In diesen Lehr- und Lernorten sollten besonders die Kreativität und schöpferische Kraft der Kinder gefördert werden.

Illichs Schulkritik misst sich immer auch an dem Anspruch, ob sich die Erfahrungen der westlichen Schulsysteme auf die Lebenswirklichkeit von Kindern in Afrika und Lateinamerika übertragen lassen. »Durch Schulung ist allgemeine Bildung nicht erreichbar«, schreibt Illich lapidar. Denn die Schule richte Schüler darauf ab, »Dienstleistungen anstelle von Werten zu akzeptieren«. Gerade diese Institutionalisierung von Werten sei es aber, die, laut Illich, unweigerlich »zu Umweltverschmutzung, sozialer Polarisierung und psychologischer Impotenz führt«,[10] mithin für alle Grundübel des Planeten verantwortlich zu machen sei.

9 Illich: *Selbstbegrenzung. Eine politische Kritik der Technik*, S. 175.
10 Ivan Illich: *Entschulung der Gesellschaft. Eine Streitschrift*, München 1995, S. 17.

Das weltweite Ideal vermehrter Schulerziehung hat in den Augen Illichs eine verheerende Wirkung. Im reichen Norden werden Schüler »durch eben jene zwölfjährige Behandlung verkrüppelt, deren Mangel die Armen im Süden als hoffnungslos rückständig brandmarkt«.[11] Schulen, so Illichs These, entmutigen und hindern gerade die Kinder in so genannten Entwicklungsländern daran, ihr Lernen selbst in die Hand zu nehmen. Gegen diese Kritik seien die Bildungseinrichtungen aber immun. Denn wann immer die Schule zu Misserfolgen führt und *Schulversager* oder verhaltensauffällige Kinder hervorbringt, werde das gleich als Beleg für ihre Wichtigkeit gesehen, kritisiert Illich – »als Beweis dafür, daß Bildung eine sehr kostspielige, sehr schwierige, immer geheimnisvolle und häufig nahezu unlösbare Aufgabe sei«.

Illich stellt den institutionalisierten Lehranstalten seine Vision gegenüber – die anders geartet ist als seine Vision von der Medizin. Sie fußt auf dem Glauben, dass das meiste Lernen immer beiläufig erfolge, häufig unbeabsichtigt und ohne direktive oder gar disziplinierende Einflüsse – schließlich beweise etwa das Erlernen der Muttersprache, dass Lernen gleichsam nebenbei geschehe. Wenn Menschen zweisprachig sind, argumentiert Illich weiter, seien sie das auch zumeist nicht durch Schulen oder andere Bildungseinrichtungen geworden, sondern weil sie mit zweisprachigen Eltern oder Großeltern zusammenlebten, bei denen sie die Sprache *en passant* aufnahmen. Oder weil sie viel gereist seien. Oder weil sie sich in einen Ausländer verliebt hätten.

Illich schlägt deshalb vor, allen Menschen in allen Altersstufen so genannte *Bildungsgutscheine* auszustellen, die sie weltweit an jeder beliebigen Ausbildungsstätte einlösen könnten. Mit Ausbildungsstätten meint Illich aber gerade nicht nur Schulen, Universitäten und andere Bildungseinrichtungen im engeren Sinne. Illich schweben Orte des freien Denkens, Lernens, Lehrens und Lebens vor. Orte, wie er sie im mexikanischen Cuernavaca zeitweise verwirklichen konnte.

11 Ebd., S. 25.

III. Das freie Denken – der Geist von Cuernavaca

Der Bildungsreformer und -kritiker Hartmut von Hentig hat 1971 eindrucksvoll beschrieben, wie Illich in Cuernavaca freies Denken, Assoziieren und Leben zu etablieren versucht hat und feiern wollte: Da ist zunächst der Ort – 70 Kilometer südlich von Mexico City an der Traumstraße nach Acapulco, 1500 Meter über dem Meer. Bei klarer Sicht ist der Popocatepetl zu sehen. Hartmut von Hentig schildert die einstige Residenz des spanischen Vizekönigs als veritablen Garten Eden – »mit einem Traumklima über Traumgärten in einer Traumlandschaft«, wobei Cuernavaca in Hentigs euphorischer Prognose bald auch zu einer Art Waren- und Wahrzeichen für ein pädagogisches Prinzip werden würde. Ein Ort für die Entdeckung eines Lernens, das im Leben vor sich gehen könne und als Zeichen der Abkehr von der Erziehung durch die Schule.[12]

Das von Illich gegründete *Centro interculturale de documentation* (*Cidoc*) propagierte Lernen und Lehren in völliger Freiwilligkeit. Lernende und Lehrer fanden sich, wenn genügend Interesse am Thema und dem jeweiligen Personal bestand und 25 Dollar Einschreibungsgebühr aufgebracht werden konnten. Das von Illich gern als *Denkerei* bezeichnete Zentrum finanzierte sich hauptsächlich über Spanischkurse, die etwa die Hälfte der 350 Studenten, die sich zu den besten Zeiten in Cuernavaca aufhielten, besuchten. Manche Teilnehmer entsprachen den Klischees der 68er-Generation geradezu vollständig – zumindest so, wie Hartmut von Hentig sie beschreibt:

> Fred z. B. ist mit seiner kleinen dreijährigen Tochter Chiqui da; Chiquis Mutter sitzt im Gefängnis wegen Aufruhr; der Vater ist hier, um sich von seiner Strafanstalt zu erholen und die Diskussion mit seinem hartnäckigen Programm einer *nonviolent* Revolution zu würzen ... An Chiquis Geburtstag, den er im unteren Garten mit uns allen feiert, darf Chiqui einen Peso-schein verbrennen, und ein Kommilitone hält seinen Einberufungsbescheid mit in die Flamme. Andere tragen nur langes Haar oder mexikanische Kleidung, um sich von ihrer bürgerlich-amerikanischen Herkunft loszusagen, oder widmen sich dem Ausdruckstanz, Berührungserfahrungen, *pure-food* Riten.

12 Hartmut von Hentig: *Cuernavaca oder: Alternativen zur Schule*, Stuttgart, München 1971, S. 13.

Vielleicht sind es solche Passagen, die Kritiker vermuten ließen, im *Cidoc* würden auch Guerillakämpfer für Befreiungskriege in Südamerika ausgebildet. Vom CIA wurden angeblich Agenten geschickt – Illich soll sie bereitwillig mit Lektüre versorgt haben. Die anderen Gäste von Illichs *Denkerei* jedenfalls »freuen sich an der Sonne, an den billigen Früchten des Landes, aneinander und auf die Kommune, in der sie leben wollen, auf ihren eigenen Maoismus, worunter sie verstehen: daß man geistige Arbeit und Handarbeit nicht trennt, daß man Lernen und Leben nicht trennt«.[13]

Cuernavaca zog zu Beginn der 1970er-Jahre einige bekannte Bildungstheoretiker und -reformer an, neben Illich etwa Paulo Freire, Jonathan Kozol, Everett Reimer und Hartmut von Hentig. Viele berauschten sich eine Zeit lang an der freien Lehre – und dem Lernen fürs Leben, das sich in der traumhaften Umgebung und den scheinbar sich selbst genügenden Tätigkeiten der mexikanischen Landbevölkerung zu spiegeln schien. Hartmut von Hentig schwärmt beispielsweise von den Kenntnissen und der Ausbildung der Einheimischen – ob sie Hängematten flechten oder im Alter von zehn, zwölf Jahren in einer Schmiedewerkstatt oder Bäckerei arbeiten.

Das *Cidoc* in Cuernavaca verlor mit der Zeit seine Strahlkraft. Es verkam zu einem Ort, an dem auch noch die seltsamsten Theorien verbreitet werden konnten. Das von Illich eingeführte Prinzip, dass sich jeder als Lehrender anbieten konnte, wenn er genug Publikum fand, lockte auch fragwürdige Dozenten an und führte mit der Zeit dazu, dass die guten wegblieben. Illich schien dies – oder zumindest die Grenzen einer solchen Einrichtung – vorausgesehen zu haben.

IV. Auflösung im Wandel

Ivan Illich wollte nicht aus querulatorischer Neigung provozieren, sondern – auch wenn das heute nahezu antiquiert und naiv klingt – in aufklärerischer Tradition wachrütteln. Denn wenn Illich vor etwas Angst hatte, dann vor geistiger Erstarrung und akademischer Selbstgefälligkeit. Ivan Illich schien die Routine zu fliehen, wann immer sich ihm die Möglichkeit dazu bot. Er hatte im mexikanischen Cuernavaca eine *Denkerei*, einen Ort zum Debattieren, Fei-

13 Hartmut von Hentig: *Cuernavaca*, S. 21.

ern und Diskutieren, gegründet. Nach zehn Jahren wurde das unabhängige Institut jedoch geschlossen – so war es von Anfang an von Illich gewünscht und geplant. Auf diese Weise wollte er seine Einrichtung vor der intellektuellen Verkrustung bewahren, die Institutionen so oft befällt.

Illich war offenbar von spielerischer Lernfreude und Wissbegier beseelt. Zeitgenossen schildern ihn als ebenso charmanten wie scharfsinnigen Gesprächspartner, der zumeist gelassen und weich wirkte, aber auch schroff und arrogant werden konnte, wenn ihm in der Diskussion ausdauernde Trägheit und Borniertheit begegneten. Ein Mann, »der viele Freunde anzieht und dabei aushalten muß, daß sie ihn meist nur halb verstehen«, hat Hartmut von Hentig ihn 1971 charakterisiert. Illich versuchte das umzusetzen, was er schrieb – auch wenn es um sein eigenes Leben und dessen Bedrohung ging. Als bei ihm ein Parotistumor, ein Krebs der Ohrspeicheldrüse, festgestellt wurde, ließ sich Illich nicht operieren. Der Tumor wuchs und war nach Schilderungen von Zeitgenossen bald auch äußerlich zu erkennen. Auf späten Fotos sieht man Illich, den Kopf in die Hand gestützt.

Die Institutionenkritik ist bei Illich allgegenwärtig. Manchmal hat er sie notorisch wie ein Fahnenträger seinen Texten vorangestellt. In seiner klugen Abhandlung über die Entstehung des neuzeitlichen Schreibens *Im Weinberg des Textes* schreibt er etwa: »Ich habe meinen Essay nicht geschrieben, um einen gelehrten Beitrag zu leisten. Ich habe ihn geschrieben, um einen Weg zu einem Ausgangspunkt in der Vergangenheit zu weisen, von dem aus ich neue Einblicke in die Gegenwart gewonnen habe. Niemand sollte sich verleitet fühlen, meine Kommentare als einen Beweis für Gelehrsamkeit oder als Aufforderung dazu zu betrachten.«[14]

Illich schrieb über verblüffend vielfältige Themen, und das in einer erfrischend klaren Sprache, etwa wenn er in dem Buch *Im Weinberg des Textes* den für ihn vielleicht wichtigsten Moment in der Geschichte des Alphabets und des modernen Schreibens skizziert, »den Moment, als – nach Jahrhunderten des christlichen Lesens – die Buchseite sich verwandelte; aus der Partitur für fromme Murmler wurde der optisch planmäßig gebaute Text für logisch Denkende«.[15]

14 Ivan Illich: *Im Weinberg des Textes. Als das Schriftbild der Moderne entstand*, Frankfurt am Main 1991, S. 13.

15 Illich: *Im Weinberg des Textes*, S. 8.

Weil Illich so sehr polarisierte, wurden seine Anregungen und Forderungen häufig zu Parolen vereinfacht. »So wurden sehr komplizierte Argumente zu sehr einfachen Schlagworten, noch bevor irgendeiner sie aufgenommen hat«, schrieb Hartmut von Hentig. Illichs Texte lesen sich so, dass man ständig das Gefühl hat, sich etwas anstreichen zu wollen. Die Detailgenauigkeit und Gewissenhaftigkeit seiner Ausführungen – und seiner Anmerkungen und Literaturhinweise – wurde hinter der manchmal verletzenden Treffgenauigkeit seiner Sprache oft übersehen.

Ebenso ist der Einfluss Illichs auf andere Wissenschaftler nicht zu unterschätzen. Zahlreiche Forscher berichten, dass sie durch intensive Gespräche mit Illich, seine sanfte Art und seine offenbar beeindruckende Vitalität und Ausstrahlung zu neuen Büchern und Projekten angeregt wurden. Weitaus stärker als andere schien Illich freie Denkräume zu ermöglichen und an vielfältige Stränge in Diskussionen anknüpfen zu können. Er führte Menschen zusammen, die sich – oftmals bereichert von dieser Erfahrung – auf neue Denkanstöße einließen und gelegentlich geradezu euphorisch von einer Begegnung mit ihm berichten.

Die Abwehrhaltungen und die Aggression, die Illichs Texte zum Zeitpunkt ihres Erscheinens provozierten, waren massiv. In merkwürdigem Kontrast dazu steht, dass Illichs Anwürfe heute vielfältig in die allgemeine Institutionenkritik eingemeindet werden. Illichs Warnungen vor einer »Medikalisierung« und der »Iatrogenese«, die Patienten gefährlich werden und Mediziner von den Kerninhalten ärztlichen Handelns abbringen können, sind heute die vielleicht wichtigsten Pfeiler der Medizinkritik. Selbst Fachzeitschriften wie das angesehene *British Medical Journal* griffen das Thema auf und publizierten 2002 ein Schwerpunktheft mit dem Titel »Too much medicine?«, in dem zahlreiche Beispiele für die von Illich mehr als 25 Jahre zuvor gegeißelte Austreibung der Gesundheit aus der Medizin angeführt wurden. Womöglich ist dies der Grund dafür, dass zahlreiche Autoren, die über Illich und seine Wirkung in den vergangenen zehn Jahren geschrieben haben, seinen aktuellen Einfluss als eher gering einschätzen: Seine Kritik an den Institutionen ist in einigen Bereichen als Selbstkritik der Institutionen übernommen worden. In den anderen – den wohl weitaus meisten – Bereichen, die Illich kritisiert hat, erreicht das revolutionäre Pathos des einstigen Priesters nicht mehr seine Adressaten.

Werke von Ivan Illich (Auswahl)

Selbstbegrenzung. Eine politische Kritik der Technik, München 1998.
Entschulung der Gesellschaft. Eine Streitschrift, München 1995.
Im Weinberg des Textes. Als das Schriftbild der Moderne entstand, Frankfurt am Main 1991.
Die Nemesis der Medizin. Die Kritik der Medikalisierung des Lebens, München 1995.
Genus. Zu einer historischen Kritik der Gleichheit, München 1995.
Klarstellungen. Pamphlete und Polemiken, München 1996.

Literatur zu Ivan Illich (Auswahl)

Barnet, Robert J.: »Ivan Illich and the nemesis of medicine«, in: *Medicine, Health Care and Philosophy* 6, 2003, S. 273.
Flöhl, Rainer (Hg.): *Maßlose Medizin? Antworten auf Ivan Illich*, Berlin, Heidelberg, New York 1979.
Gabbard, David A.: »Ivan Illich, Postmodernism, and the eco-crisis: reintroducing a ›wild‹ discourse«, in: *Educational Theory* 44, 1994, S. 173.
Hentig, Hartmut von: *Cuernavaca oder: Alternativen zur Schule*, Stuttgart, München 1971.
Lichtenstein, Peter M.: »Radical Liberalism and radical education. A synthesis and critical evaluation of Illich, Freire, and Dewey«, in: *The American Journal of Economics and Sociology* 44, 1985, S. 39.
Navarra, Vicente: »The fetishism of industrialization: A critique of Ivan Illich«, in: *Monthly Review* 28, 1976, S. 34.
Pitt, Douglas: »Mr. Illich's multiplier: the strange ›death‹ of the bureaucratic organization«, in: *The British Journal of Sociology* 31, 1980, S. 277.
Reagan, Timothy: »The foundations of Ivan Illich's social thought«, in: *Educational Theory* 30, 1980, S. 293.

Karsten Kumoll

Clifford Geertz (*1926)
Von der »dichten Beschreibung« zur Heterogenität kultureller Systeme

Clifford Geertz ist neben Marshall Sahlins wahrscheinlich der bekannteste nordamerikanische Ethnologe der Gegenwart. Der Einfluss, den seine Arbeiten bis heute auf die Ethnologie ausüben, ist kaum zu überschätzen. Wir haben ihm nicht nur das Konzept der »dichten Beschreibung« zu verdanken; vielmehr ist Geertz einer der Wegbereiter des *cultural turn* in der Ethnologie im Besonderen und der Sozial- und Geisteswissenschaften im Allgemeinen. Geertz ist der wichtigste Vertreter der symbolischen Ethnologie und wird hinsichtlich seiner historischen Bedeutung in einem Atemzug genannt mit Claude Lévi-Strauss und Bronislaw Malinowski. Geertz nimmt diesen Rang heute wohl weniger aufgrund seines ethnografischen, also im engeren Sinne empirischen Werkes ein, sondern wegen einer Reihe eher theoretischer Schriften, in denen er seinen interpretativen Ansatz ausformuliert. Geertz ist einer der wenigen Vertreter der Ethnologie, die auch außerhalb seines Faches eine große Wirkung entfaltet haben: Sein Ansatz gilt als theoretische Inspiration des *new historicism* von Stephen Greenblatt, hat einen enormen Einfluss auf die kulturwissenschaftliche Forschung und wird zudem rezipiert in Soziologie, Philosophie, Literaturwissenschaft und Theologie.

Wie dies aber häufig ist bei den so genannten »Klassikern«, erscheint Geertz' Status keineswegs unumstritten, und über das konzeptionelle wie empirische Potenzial, das sein Werk auch heute noch haben könnte – also jenseits aller historischen Erträge seiner Arbeit, die aber möglicherweise schon weit zurückliegen –, wird kontrovers diskutiert. Denn so erfolgreich Geertz' Ansatz *außerhalb* der Ethnologie bis heute ist, so stark steht die symbolische Ethnologie *innerhalb* der Ethnologie in der Kritik oder vielmehr: sie *stand* in der Kritik, denn spätestens seit der *Writing-Culture*-Debatte in den 1980er-Jahren ist die ethnologische Diskussion um die symbolische Ethnologie weit gehend erlahmt. Ob der jüngst veröffentlichte

Sammelband über Geertz' Werk ein neues Interesse daran in der Ethnologie allgemein einleiten könnte, ist ungewiss.[1] Das Interesse, das in benachbarten Disziplinen auch heute noch der symbolischen Ethnologie entgegengebracht wird, rechtfertigt aber allemal einen neuen Blick auf das Geertz'sche Gesamtwerk. Es wird deutlich werden, dass das Potenzial von Geertz' Ansatz aus heutiger Sicht zwar begrenzt ist, allerdings nicht so beschränkt, wie es in der Kritik zuweilen erscheint. Insbesondere versuche ich herauszuarbeiten, dass es bei Geertz eine Entwicklung gibt, die eine erstaunliche Sensibilität für veränderte politische Konstellationen offenbart, ohne dass er dabei den Kern seines wissenschaftlichen Lebenswerks aufgegeben hätte: die Analyse von Kultur als die symbolische Organisation der Erfahrung.

I. Modernisierungstheoretische Anfänge

Die nordamerikanische *Cultural Anthropology* erlebt in den 1950er-Jahren einen Umbruch. Der kulturelle Relativismus, den Franz Boas in der *Cultural Anthropology* etabliert hatte und der von Alfred Kroeber, Ruth Benedict oder Margaret Mead fortgeführt wird, befindet sich im Niedergang; stattdessen wird die Ethnologie zunehmend von der neoevolutionistischen Schule um Julian H. Steward und Leslie A. White geprägt. Auch die soziologische und politikwissenschaftliche Modernisierungstheorie beeinflusst die ethnologische Forschung. 1946 gründet Talcott Parsons an der *Harvard University* das *Department of Social Relations*, das Soziologen, Psychologen und Ethnologen zu einem interdisziplinären Projekt unter Parsons' intellektueller Führung zusammenführen soll.[2] Kultur wird in der Systemtheorie zum Sammelbecken für Ideen und Werte, Symbole zum Medium kultureller Systeme. Die Ethnologie soll in diesem Paradigma den Zusammenhang zwischen Symbol- und Handlungssystemen untersuchen.[3]

Diese Auffassung ist Programm für das Frühwerk von Clifford

1 Richard A. Shweder, Byron Good (Hg.): *Clifford Geertz by his Colleagues*, Chicago 2005.

2 Vgl. dazu Adam Kuper: *Culture. The Anthropologists' Account*, Cambridge, Mass. 1999, S. 47-72.

3 Talcott Parsons: *The Social System*, New York 1951, S. 553 f.

Geertz. 1949 tritt er sein Studium am *Department of Social Relations* an, nachdem er zuvor Literatur und Philosophie am *Antioch College* studiert hatte; in den 1950er-Jahren verbringt er einige Zeit in Indonesien. Aus diesen Feldforschungen gehen viel beachtete Bücher hervor, die noch nicht restlos dem interpretativen Paradigma verpflichtet sind: *The Religion of Java* ist mehr eine Beschreibung javanesischer Religionen als eine theoretisch informierte Analyse; *Agricultural Involution*, *Peddlers and Princes* sowie *The Social History of an Indonesian Town* behandeln die ökonomische und politische Entwicklung Indonesiens aus einer im weitesten Sinne modernisierungstheoretischen Analyseperspektive.[4] Dabei untersucht Geertz sozialen Wandel auf der Grundlage des systemtheoretischen Zusammenspiels von Kultur- und Sozialsystem; zudem bedient sich Geertz der Religionssoziologie Max Webers, um den Zusammenhang zwischen religiösen Glaubensvorstellungen und ökonomischem Wandel in Indonesien zu untersuchen. In dieser Phase seiner Karriere vertritt Geertz ein eher anwendungsorientiertes Wissenschaftskonzept.

1965 eskaliert die politische Krise Indonesiens; viele der so genannten »neuen Staaten« zeigen Misstrauen gegenüber westlichen Demokratien. Die amerikanische Vorherrschaft der 1950er-Jahre bröckelt, zugleich wankt Parsons' Paradigma. Die Attacken aus der Soziologie werden begleitet von Kritik aus den Nachbardisziplinen, und das interdisziplinäre Projekt des *Department of Social Relations* dissoziiert sich in seine Einzeldisziplinen. Spätestens seit 1965 weitet sich der Vietnamkrieg aus, und die Modernisierungstheorien werden zunehmend als Teil eines so genannten »military-industrial-academic complex« wahrgenommen, also gewissermaßen als der ideologische Überbau des Kalten Kriegs der Vereinigten Staaten gegen den Kommunismus, in dem Regierung, Militär und Wissenschaft an einem Strang ziehen.[5]

Auch das modernisierungstheoretische Frühwerk von Clifford

4 Clifford Geertz: *The Religion of Java*, Glencoe 1960; ders.: *Agricultural Involution. The Process of Ecological Change in Indonesia*, Berkeley 1963; ders.: *Peddlers and Princes*, Chicago 1963; ders.: *The Social History of an Indonesian Town*, Cambridge, Mass. 1965.

5 Vgl. dazu Mark Solovey: »Project Camelot and the 1960s Epistemological Revolution. Rethinking the Politics-Patronage-Social Science Nexus«, in: *Social Studies of Science* 31/2, 2001, S. 171-206.

Geertz ist dafür kritisiert worden, Teil dieses »military-industrial-academic-complex« zu sein, denn Geertz' Feldforschung in Indonesien ist Teil eines Projekts des *Center for International Studies* (CENIS) des *Massachusetts Institute of Technology*, dessen Direktor Max Millikan zuvor Assistenzdirektor bei der *Central Intelligence Agency* gewesen ist. CENIS spielt eine wichtige Rolle für die US-amerikanische Politik der 1950er- und 1960er-Jahre in Südostasien, und mit der US-Politik gerät auch das modernisierungstheoretische Paradigma unter Druck.[6] Clifford Geertz entfernt sich seit Mitte der 1960er-Jahre aber zunehmend von den anwendungsorientierten Forschungen seines Frühwerks. Die Beobachtung des Versagens entwicklungspolitischer Instrumente, die persönlich erlebten politischen Unruhen in Indonesien sowie der Niedergang der parsonianischen Synthese haben dabei wohl Geertz' Paradigmenwechsel zur symbolischen Ethnologie gefördert. 2002 erinnert sich Geertz wie folgt an seinen konzeptionellen Umbruch: »Some sort of course correction in our procedures, our assumptions, and our styles of work, in our very conception of what it was we were trying to do, seemed [...] indicated.«[7] Von 1958 bis 1960 forscht Geertz in Stanford und an der University of California in Berkeley, bis 1970 dann an der University of Chicago. Dort arbeitet er auch lange Jahre im so genannten *Committee for the Comparative Study of New Nations*. Erneut unternimmt er eine Feldforschung, diesmal allerdings nicht im vom Bürgerkrieg gezeichneten Indonesien, sondern in Marokko.[8] 1970 verlässt Geertz die University of Chicago, weil er eingeladen wird, am *Institute for Advanced Study* in Princeton die *School of Social Science* aufzubauen; Geertz etabliert hier ein bedeutendes Zentrum interpretativer Sozial- und Kulturwissenschaft, an dem er bis heute arbeitet.

Im Laufe der 1960er- und 1970er-Jahre entfaltet Clifford Geertz

6 Nils Gilman: *Mandarins of the Future. Modernization Theory in Cold War America*, Baltimore, London 2003.

7 Clifford Geertz: »An Inconstant Profession. The Anthropological Life in Interesting Times«, in: *Annual Review of Anthropology* 31/1, 2002, S. 1-19, hier S. 9.

8 Ein von Geertz immer wieder aufgegriffenes Thema ist der Gesellschaftsvergleich zwischen Indonesien und Marokko. Vgl. dazu Clifford Geertz: *Religiöse Entwicklungen im Islam. Beobachtet in Marokko und Indonesien*, Frankfurt am Main 1988, und ders.: *Spurenlesen. Der Ethnologe und das Entgleiten der Fakten*, München 1997.

seinen interpretativen Ansatz in einer Reihe von Aufsätzen, die zum großen Teil in den Sammelbänden *The Interpretation of Cultures* sowie *Local Knowledge* erschienen sind.[9] Geertz grenzt sich zwar nicht dezidiert von seinem modernisierungstheoretischen Frühwerk ab, doch es wird spätestens mit *Negara*, seiner 1980 erscheinenden Studie über den balinesischen »Theaterstaat« des 19. Jahrhunderts, deutlich, dass er sich sehr stark von Parsons' systemtheoretischer Synthese entfernt hat.[10] Eine Vielzahl philosophischer und literarischer Einflüsse machen sich in Geertz' interpretativem Werk bemerkbar, von Ludwig Wittgenstein über Ernst Cassirer bis hin zu Kenneth Burke. Auf der Grundlage von Geertz' Ansatz scheinen Ethnologie, Literatur und Philosophie näher zusammenzurücken. Im Gegensatz zur klassischen *Social Anthropology* fragt die interpretative Ethnologie nicht in erster Linie nach den Funktionen sozialer Strukturen. Vielmehr untersucht sie die einer Kultur zu Grunde liegenden indigenen Symbolsysteme, mit denen deren Angehörige ihre Erfahrungen deuten, miteinander kommunizieren und in denen sich ihre Vorstellungswelten artikulieren.

II. Soziale Praxis und »Kultur als Text«

Der Kern des Geertz'schen Programms ist die Entwicklung einer interpretativen Theorie von Kultur, die sich explizit von positivistischen Erkenntnistheorien unterscheidet.[11] Eine interpretative Kulturtheorie geht davon aus, dass die soziale Welt nicht einfach »objektiv« existiert – also gewissermaßen unabhängig von den Akteuren selbst –, sondern durch die Sinnzuschreibungen der sozialen Akteure konstituiert ist. »Der Kulturbegriff, den ich vertrete (...),

9 Clifford Geertz: *The Interpretation of Cultures*, New York 1973; ders.: *Local Knowledge. Further Essays in Interpretive Anthropology*, New York 1983. Einige Aufsätze dieser Werkphase sind auch versammelt in einer deutschen Übersetzung: *Dichte Beschreibung. Beiträge zum Verstehen kultureller Systeme*, Frankfurt am Main 1983.

10 Clifford Geertz: *Negara. The Theatre State in Nineteenth Century Bali*, Princeton 1980.

11 Vgl. zum Folgenden auch Karsten Kumoll: *›From the Native's Point of View‹? Kulturelle Globalisierung nach Clifford Geertz und Pierre Bourdieu*, Bielefeld 2005.

ist wesentlich ein semiotischer. Ich meine mit Max Weber, daß der Mensch ein Wesen ist, das in selbstgesponnene Bedeutungsgewebe verstrickt ist, wobei ich Kultur als dieses Gewebe ansehe. Ihre Untersuchung ist daher keine experimentelle Wissenschaft, die nach Gesetzen sucht, sondern eine interpretierende, die nach Bedeutungen sucht.«[12]

Kultur ist für Geertz das Netz aus Interpretationen, mit denen die Akteure ihre Erfahrungen deuten, sie in eine für sie sinnvolle Ordnung bringen und zur Grundlage ihrer Praktiken machen. Die Analyse dieser Bedeutungen steht im Mittelpunkt der Geertz'schen Analyse. Das mittlerweile fast schon sprichwörtliche Beispiel für seine Vorgehensweise ist das Augenzwinkern. Geertz fragt sich Folgendes: Warum erkennen wir das Augenzwinkern *als* Augenzwinkern? Oder anders gefragt: Warum scheint das Zucken des Auges manchmal ein Zwinkern zu sein und manchmal nicht? Geertz' Antwort ist natürlich, dass das Zucken des Auges nur in bestimmten kulturellen Kontexten als Zwinkern erkannt wird und nicht *nur* als Zucken des Augenlids. Das Zwinkern ist eine Mitteilung auf der Grundlage eines kulturell festgelegten Codes.

In diesem Zusammenhang kommt der Unterscheidung zwischen »dichter« und »dünner« Beschreibung eine besondere Bedeutung zu, die Geertz von Gilbert Ryle übernimmt. Für Ryle ist eine Beschreibung dann »dicht«, wenn sie die Bedeutung einer kulturspezifischen Gestik oder Mimik aufdeckt und beispielsweise die als Zwinkern intendierte Bewegung des Augenlids auch als Zwinkern *erfasst*. Dagegen nennt Ryle eine Beschreibung »dünn«, die eine solche Geste lediglich als physische Bewegung deutet, ohne dem Akteur eine spezifische Intention zuzuschreiben. Geertz hebt hervor, dass der Gegenstand der Ethnografie durch die dichte Beschreibung allein aber nicht erfasst werden kann. Vielmehr liegt er *zwischen* dichter und dünner Beschreibung, zwischen der dünn beschriebenen Körperbewegung und der dicht beschriebenen Bedeutung, die die Körperbewegung in einem bestimmten kulturellen Kontext besitzt. Der Erkenntnisgegenstand der Ethnografie ist »eine geschichtete Hierarchie bedeutungsvoller Strukturen, in deren Rahmen Zucken, Zwinkern, Scheinzwinkern, Parodien und geprobte Parodien

12 Clifford Geertz: »Dichte Beschreibung. Bemerkungen zu einer deutenden Theorie von Kultur«, in: ders.: *Dichte Beschreibung*, S. 7-43, hier S. 9.

produziert, verstanden und interpretiert werden und ohne die es all dies – was immer man mit seinem rechten Augenlid getan haben mag – faktisch nicht gäbe«.[13]

Kultur zerfällt für Geertz darüber hinaus in unterschiedliche Ebenen des Verstehens, die quer zu den geschichteten Hierarchien der Bedeutungen angeordnet sind. Beispiele für diese weltbildenden Sichtweisen sind der *common sense*, Religion, Ästhetik, Kunst und Wissenschaft. Eine weltbildende Perspektive »ist eine bestimmte Weise, das Leben zu sehen, eine bestimmte Art, die Welt zu deuten, so wie wir etwa von einer historischen Perspektive, einer wissenschaftlichen Perspektive, einer ästhetischen Perspektive, einer *common sense*-Perspektive oder sogar von einer bizarren Perspektive sprechen«.[14] Der *common sense* ist eine Geistesverfassung, die aus zum Teil bewussten, größtenteils als selbstverständlich betrachteten Annahmen darüber besteht, wie die Dinge gewöhnlich sind.[15] Der *common sense* behauptet, dass sich dessen Annahmen unmittelbar aus der Erfahrung ergeben, er macht die Welt eindeutig und verleiht ihr so den Charakter der Natürlichkeit. Zudem entwickelt der *common sense* Konzepte, um Irritationen dieser weltbildenden Sichtweise in seinen Interpretationsrahmen einzubinden und ihn dadurch zu stabilisieren.

Auf einem höheren Abstraktions- und Reflexionsniveau siedelt Geertz erfahrungsferne Begriffe an. Dieser Modus des Verstehens bricht aus der *common-sense*-Perspektive aus und problematisiert dessen Grundannahmen. Wissenschaft und Philosophie, zum Teil auch Religion, sind für Geertz Beispiele für weltbildende Sichtweisen, die erfahrungsferne Begriffe verwenden. Eine dritte Kategorie weltbildender Sichtweisen, die bezüglich ihres Abstraktionsniveaus zwischen den beiden dargestellten Kategorien des *common sense* und erfahrungsferner Begriffe liegt, ist das Verstehen aus einer »ästhetischen Perspektive«.[16] Diese Weltbilder erschließen für die Akteure die Wirklichkeit durch metaphorische symbolische Mittel, »in denen die gesamtkulturell relevanten Selbstbilder der Menschen (...)

13 Ebd., S. 12.

14 Clifford Geertz: »Religion als kulturelles System«, in: ders.: *Dichte Beschreibung*, S. 44-95, hier S. 75.

15 Clifford Geertz: »Common sense als kulturelles System«, in: ders.: *Dichte Beschreibung*, S. 261-288.

16 Geertz: »Religion als kulturelles System«, S. 75.

ihren stärksten und verbindlichsten Ausdruck finden«.[17] Beispiele dafür sind Kunstwerke[18] und kunstanaloge Rituale, in denen sich Bedeutungen ausdrücken, die weder mit den weltbildenden Sichtweisen des *common sense* noch mit erfahrungsfernen Begriffen zusammenfallen.

Die ethnografische Analyse erschöpft sich allerdings nicht in einer Interpretation kultureller Muster. Vielmehr betont Geertz in Anlehnung an Wittgensteins Spätphilosophie, dass die Bedeutung eines Symbols allein aus dem kulturellen Kontext seiner Verwendung ableitbar ist; im Mittelpunkt dichter Beschreibung muss für Geertz deshalb die informelle Logik des tatsächlichen Lebens stehen – mit anderen Worten: die sozialen Handlungen der Akteure. Geertz betrachtet Sinnmuster nicht als Eigenschaften einzelner Bewusstseine, sondern als ein Kollektivphänomen, das sich in öffentlich wahrnehmbaren Symbolen im Rahmen gemeinsamer Handlungspraxis manifestiert. Damit richtet sich Geertz' Argumentation gegen zwei Spielarten der ethnologischen Kulturtheorie, die in den 1960er Jahren sehr populär waren. Einerseits kritisiert Geertz die frühe kognitive Ethnologie, die sich auf das Kategorisieren fremden Wissens spezialisiert, dabei allerdings die Interpretationsleistungen der Akteure ignoriert und ein mentalistisches Kulturkonzept favorisiert. Andererseits greift Geertz den Strukturalismus von Claude Lévi-Strauss an, der Kultur auf die universalen Strukturen des menschlichen Geistes zurückführt.

Geertz argumentiert, dass der Akteur auf der Grundlage von kulturellen »Modellen von« und »Modellen für« Wirklichkeit handelt. Er entwickelt dieses Modell 1966 in seinem Aufsatz »Religion als kulturelles System«.[19] Einerseits liefern Symbolsysteme eine Weltauslegung, andererseits sind sie der Hintergrund für Motivation und Evaluation der Akteure. Die Modelle für das Handeln bestimmen, welches Handeln in bestimmten Situationen wünschenswert oder angebracht erscheint. Diese Wissensschemata bezeichnet Geertz als »extrinsische Informationsquellen«, die »außerhalb der Grenzen des einzelnen Organismus« liegen.[20] Im Rahmen einer

17 Lutz Ellrich: *Verschriebene Fremdheit. Die Ethnographie kultureller Brüche bei Clifford Geertz und Stephen Greenblatt*, Frankfurt am Main, New York 1999, S. 52.
18 Clifford Geertz: »Art as a Cultural System«, in: ders.: *Local Knowledge*, S. 94-120.
19 Geertz: »Religion als kulturelles System«, in: ders.: *Dichte Beschreibung*, S. 44-95.
20 Ebd., S. 51.

Analogie, die Geertz zwischen Gen und Symbol herstellt, argumentiert er, dass nicht nur die Anordnung der Basen in einer DNS-Kette ein codiertes Programm darstellt, sondern dass auch kulturelle Schemata als Programme für die Anordnung psychologischer und sozialer Prozesse angesehen werden können, die öffentliches Verhalten steuern. Weil die beim Menschen durch die Gene gesteuerten Prozesse im Vergleich zu niederen Tieren so unspezifisch sind, erhalten für Geertz die durch Kultur programmierten Prozesse eine besondere Bedeutung.[21]

Geertz entwirft damit ein kausales Modell sozialer Praxis, denn Bedeutungsstrukturen sind sozialer Praxis vorgelagert und erklären diese teilweise.[22] Wenn kulturelle Modelle aber das Handeln in Form von Dispositionen beeinflussen, ist Geertz' Aussage, Denken sei etwas Öffentliches,[23] erklärungsbedürftig. Dies legt eine Analyse von Geertz' Antimentalismus nahe, der eng verknüpft ist mit seiner Metapher von »Kultur als Text«, einem weiteren Element seiner Kulturtheorie. In der Sekundärliteratur gilt Geertz in erster Linie als Vertreter eines Ansatzes, der Kulturen wie Texte analysiert. Ihre Wurzeln hat diese Rezeption wohl in dem Aufsatz *Deep Play*, Geertz' Untersuchung des balinesischen Hahnenkampfes. Geertz begreift den Hahnenkampf nicht in erster Linie als einen Wettkampf zwischen Hähnen, sondern als ein ›tiefes Spiel‹, in dem die balinesischen Männer ihren Status (wenn auch nur symbolisch) aufs Spiel setzen. Status ist auf Bali ein außerordentlich wichtiges Konzept, und mit den imaginären Statussprüngen, die der Hahnenkampf ermöglicht, kommentieren die Balinesen im Rahmen eines »Spiels« ihre eigene Gesellschaft, wo eine solche Mobilität des Status die gesellschaftliche Kohäsion untergraben würde.

Natürlich ist der Hahnenkampf ein Handlungskontext, doch zugleich begreift Geertz ihn als ein Ensemble von kulturellen Texten, das die Aufgabe hat, »soziale Leidenschaften (...) mit Hilfe von

21 Clifford Geertz: »The Impact of the Concept of Culture on the Concept of Man«, in: ders.: *The Interpretation of Cultures*, S. 33-54; ders.: »The Growth of Culture and the Evolution of Mind«, in: ders.: *The Interpretation of Cultures*, S. 55-83.

22 Claudia Strauss, Naomi Quinn: *A Cognitive Theory of Cultural Meaning*, Cambridge 1997, S. 18.

23 Clifford Geertz: »Person, Zeit und Umgangsformen auf Bali«, in: ders.: *Dichte Beschreibung*, S. 133-201, hier S. 133.

Federn, Blut, Menschenansammlungen und Geld darzustellen«.[24] Der Hahnenkampf macht gewöhnliche Alltagserfahrungen verständlich und ordnet sie zu einer umfassenden Struktur. Für die Balinesen ist er sogar eine Kunstform, vergleichbar für uns mit einem Drama von Shakespeare. Wie ein solches Drama schafft der Hahnenkampf für die Balinesen ein paradigmatisches menschliches Ereignis und eröffnet ihnen einen Zugang zur eigenen Subjektivität. Ein Balinese »lernt dort, wie das Ethos seiner Kultur und sein privates Empfinden (...) aussehen, wenn sie in einem kollektiven Text ausbuchstabiert werden«.[25] Hahnenkämpfe sind kanonische Texte, die genauso viel über die balinesische Kultur aussagen wie vielleicht *Hamlet* über die abendländische Kultur. In Anlehnung an die neohermeneutische Sozialtheorie von Paul Ricœur erweitert Geertz den Textbegriff damit über schriftlich fixierte Texte hinaus und überträgt ihn auf soziale Praxis.[26] Die Rezeption Ricœurs durch Geertz hat für die symbolische Ethnologie die Folge, dass sich kulturelle Texte nicht mehr über den Weg einer Rekonstruktion der Sinnmuster einzelner Akteure erschließen, weil die untersuchten Texte Bedeutungen haben, die nicht notwendigerweise mit den Intentionen ihrer »Autoren«, den handelnden Akteuren, übereinstimmen.

Was hat die These, Kulturen seien wie Texte, für Konsequenzen für die ethnologische Forschung? Greift ein solcher Ansatz nicht zu kurz, wird er der Lebensrealität der Menschen gerecht, deren Handlungsrealität ja wohl nicht *nur* darin besteht, sich mit kulturellen Texten zu beschäftigen oder sie auszuführen? Solche Fragen werden der Komplexität von Geertz' Werk natürlich nicht gerecht, doch er selbst hat solche Kritik geradezu herausgefordert, denn in einigen Texten, insbesondere in »Deep Play« und in *Negara*, nimmt die Textmetapher tatsächlich einen hohen Stellenwert ein. Geertz wird dafür kritisiert, einen kulturalistischen Determinismus und ein Konzept kultureller Homogenität zu vertreten.[27] Darüber hinaus

24 Clifford Geertz: »›Deep Play‹. Bemerkungen zum balinesischen Hahnenkampf«, in: ders.: *Dichte Beschreibung*, S. 202-260, hier: S. 246.

25 Ebd., S. 254.

26 Paul Ricœur: »Der Text als Modell. Hermeneutisches Verstehen«, in: Hans-Georg Gadamer, Gottfried Boehm (Hg.): *Seminar: Die Hermeneutik und die Wissenschaften*, Frankfurt am Main 1978, S. 83-117.

27 Mark A. Schneider: »Culture-as-Text in the Work of Clifford Geertz«, in: *Theory*

vernachlässigt Geertz in den Augen des Neomarxismus, der Weltsystemtheorie oder der britischen *Social Anthropology* Konflikte, Kämpfe um Macht und die Rolle historischer Kontexte.[28] In der neueren kulturtheoretischen Diskussion wird zudem auf einen latenten Widerspruch zwischen einer handlungs- oder praxistheoretischen Perspektive einerseits und einer textualistischen Perspektive andererseits hingewiesen. Während Geertz nämlich im Anschluss an Wittgenstein den »Gebrauch« kultureller Muster im Rahmen sozialer Praxis analysiert, scheint er in seiner »Kultur-als-Text«-Theorie die handelnden Akteure von den kulturellen »Texten« systematisch abzukoppeln.[29]

All diese Vorwürfe sind richtig, und sie markieren wichtige Grenzen der symbolischen Ethnologie, die Geertz offensichtlich nicht überschreitet. Die Vielfalt der Kritik offenbart aber nicht nur Grenzen und latente Widersprüche der symbolischen Ethnologie, sondern auch eine bis dahin unbekannte konzeptionelle Pluralisierung der Ethnologie und angrenzender Disziplinen. Jede Theorie scheint ihre eigenen »blinden Flecke« zu haben, und während die Geertzsche Ethnologie ihr Augenmerk vielleicht zu sehr auf die Kategorie *Kultur* richtet, entgeht konkurrierenden Theorien wie dem Neoevolutionismus oder der Weltsystemtheorie die zentrale Rolle, die die symbolische Organisation der Erfahrung im menschlichen Leben spielt. Angemerkt werden sollte auch, dass Versuche, das Geertz'sche Werk auf bestimmte konzeptionelle Schlagworte zu reduzieren – kultureller Relativismus, Kultur als Text, soziale Praxis –, übersehen, dass sich das Geertz'sche Denken nur schwer in bestimmte Schubladen pressen lässt. Geertz' Werk ist erfüllt von Ambivalenzen, die nur schwer aufzulösen sind. Er möchte keine universale Theorie der Kultur entwickeln, doch seine konzeptionellen Aussagen können als Entwurf einer universalistischen Kulturtheorie interpretiert werden; Geertz richtet sich gegen den moralischen

and Society, 16, 1987, S. 809-839; Jeffrey C. Alexander: *Twenty Lectures. Sociological Theory Since World War II*, New York 1987.

28 Talal Asad: »Anthropological Conceptions of Religion. Reflections on Geertz«, in: *Man (N.S.)* 18, 1982, S. 237-259; Kuper: *Culture*, S. 75-121; William Roseberry: »Balinese Cockfights and the Seduction of Anthropology«, in: *Social Research* 49/4, 1982, S. 1013-1028.

29 Andreas Reckwitz: *Die Transformation der Kulturtheorien. Zur Entwicklung eines Theorieprogramms*, Weilerswist 2000.

Universalismus, er plädiert aber nicht für einen radikalen kulturellen Relativismus.[30] In seinen Augen ist es wohl die Ambivalenz von Kultur selbst, die die Unvollständigkeit und Ambiguität der interpretativen Ethnologie erzwingt. Ist es dann aber noch möglich, an der Wissenschaftlichkeit der Ethnologie festzuhalten?

III. Die Krise der ethnografischen Repräsentation

In den 1980er-Jahren mündet die amerikanische Ethnologie in eine »Krise der ethnographischen Repräsentation«.[31] Weltpolitische, ethnologische und philosophische Strömungen konvergieren in einem postmodernen Denken, das die Ethnologie in ihren Grundfesten zu erschüttern droht. Die Ethnologie kämpft zunächst mit dem Erbe des Kolonialismus, das die Frage aufwirft, ob die rasante Entwicklung der Ethnologie vielleicht nur aufgrund der »kolonialen Situation« möglich war. Die Diskussion über die Verflechtungen von Ethnologie und Kolonialismus, die zunächst mit *Anthropology and the Colonial Encounter* einen Höhepunkt erreichte,[32] führt zu einer erkenntnistheoretischen Debatte, in der der Status ethnologischen Wissens grundsätzlich hinterfragt wird. Edward Saids *Orientalismus* arbeitet die politische Komponente jeglicher Repräsentation anderer Kulturen heraus und entlarvt »westliche« Repräsentationen des »Orients« als bloße Projektionen.[33] Die Ethnologie erscheint in einer solchen Perspektive in erster Linie daran beteiligt zu sein, asymmetrische Machtbeziehungen zwischen der kapitalistischen Moderne und anderen Kulturen herzustellen und zu festigen. Der ethnografische Blick hat damit seine Unschuld verloren, und auch die Position des Feldforschers gerät spätestens mit der Veröffentlichung von Malinowskis berüchtigten Feldtagebüchern ins Kreuzfeuer der Kritik.[34] Da ist es kein Wunder, dass auch die interpreta-

30 Clifford Geertz: »Anti-Anti-Relativism«, in: ders.: *Available Light. Anthropological Reflections on Philosophical Topics*, Princeton 2000, S. 42-67.

31 Vgl. dazu Eberhard Berg, Martin Fuchs (Hg.): *Kultur, soziale Praxis, Text. Die Krise der ethnographischen Repräsentation*, Frankfurt am Main 1993.

32 Talal Asad (Hg.): *Anthropology and the Colonial Encounter*, London 1973.

33 Edward Said: *Orientalism*, New York 1979.

34 Bronislaw Malinowski: *Ein Tagebuch im strikten Sinn des Wortes. Neuguinea 1914-1918*, Frankfurt am Main 1986.

tive Ethnologie von Clifford Geertz von einigen als eine bloße Variante des ethnologischen Imperialismus kritisiert wird.

In der so genannten *Writing-Culture-Debatte* wird das Erkenntnisinteresse von der »Realität« auf den Text verlagert – allerdings nicht auf die Geertz'schen kulturellen Texte, sondern auf die der Ethnografen.[35] Eine Ironie der *Writing-Culture-Debatte* ist allerdings, dass Geertz selbst die Grundlagen für diese Bewegung gelegt hat, denn er war es, der zuerst eine Verbindung zwischen Ethnologie und Literaturwissenschaft hergestellt hat und dadurch letztlich die Ethnologie *als Wissenschaft* zu destabilisieren schien. Geertz' Metapher des kulturellen Textes ist natürlich wenig mehr als eine Neuformulierung der hermeneutischen Methode, und es geht ihm immer noch darum, eine wie auch immer geartete Realität zu analysieren; Teilen der postmodernen Ethnologie geht er damit allerdings noch nicht weit genug. Sie schließt eher an Geertz' Feststellung an, dass die Ethnologen nicht nur *forschen*, sondern auch – vielleicht sogar in erster Linie? – *schreiben*.[36] In den Aufsätzen des programmatischen Sammelbandes *Writing Culture* geht es dementsprechend nicht um die Realität »an sich«, sondern um deren *Repräsentation* in ethnografischen Texten.

Die Radikalität der Dekonstruktion ethnografischer Texte – ein beliebtes Ziel der Dekonstruktion ist Evans-Pritchards *The Nuer*[37] – wirft allerdings die Frage auf, wie eine postmoderne Ethnologie aussehen könnte, die sich wiederum der Empirie zuwendet. Wenn beispielsweise der wohl konsequenteste unter den postmodernen Ethnologen, der ehemalige Kognitionsethnologe Stephen Tyler, argumentiert, dass jeder Akt der Repräsentation zugleich ein Akt politischer Unterdrückung sei,[38] wirft dies natürlich die Frage auf, welche Konsequenzen aus einer solch radikalen Schlussfolgerung gezogen werden sollen. Tyler selbst hält die (postmoderne) Ethnografie für »ein okkultes Dokument, eine enigmatische, paradoxe und esoterische Konjunktion von Phantasie und Wirklichkeit«,

35 James Clifford, George E. Marcus (Hg.): *Writing Culture. The Poetics and Politics of Ethnography*, Chicago 1986.

36 Geertz: »Dichte Beschreibung«.

37 E. E. Evans-Pritchard: *The Nuer. A Description of the Modes of Livelihood and Political Institutions of a Nilotic People*, New York, Oxford 1940.

38 Stephen A. Tyler: »Zum ›Be-/Abschreiben‹ als ›Sprechen für‹. Ein Kommentar«, in: Berg/Fuchs (Hg.): *Kultur, soziale Praxis, Text*, S. 288-296, hier S. 288.

eine »Phantasiewirklichkeit einer Wirklichkeitsphantasie«.[39] Diese Argumentation läuft offenbar darauf hinaus, dass das Ziel der Ethnografie nur noch darin bestehen solle, nichtsteuerbare Effekte einer Evokation beim Leser zu erzeugen, letztlich unter Aufgabe einer Repräsentation der »Anderen« im Text.[40] Eine alternative Konsequenz hieße, ganz aufzuhören, ethnografisch zu forschen (oder zumindest zu schreiben) – ein zumindest zeitweise durchaus ernst gemeinter Vorschlag von Johannes Fabian.[41]

Geertz selbst hat dem »Anthropologen als Schriftsteller« sein wahrscheinlich schönstes Buch gewidmet.[42] Aus der Interpretation von Malinowski, Evans-Pritchard oder Benedict entwickelt er seine These, dass der Wert eines ethnografischen Werks sich weniger an der Menge der unmittelbar abzulesenden Daten bemisst, sondern damit steht und fällt, ob uns der Autor davon überzeugt, »dort« gewesen zu sein. Geertz ist der Vorwurf gemacht worden, er gebe damit jegliche Kriterien wissenschaftlicher Objektivität auf und verwandele die Ethnologie in Literaturwissenschaft. Doch die Grenze zwischen der interpretativen und der postmodernen Ethnologie mag zwar fein sein, aber sie existiert. Denn dieser Vorwurf übersieht, dass Geertz weiterhin von der Notwendigkeit und Möglichkeit empirischer Forschung überzeugt ist. Im Rahmen eines interpretativen Ansatzes haben sich allerdings die Kriterien für wissenschaftliche Objektivität verschoben, und wissenschaftliche Texte selbst rücken in die Nähe der Ästhetik, weil sie selbst ja auch nicht mehr sind als die subjektive Interpretation kultureller Texte.

Überzeugt uns aber Geertz davon, dass auch er *selbst* »dort« gewesen ist? Wenn dieses Kriterium auf »Deep Play« angewendet wird, ergeben sich schwierige Fragen, die ins Herz des ethnologischen

39 Stephen A. Tyler: *Das Unaussprechliche. Ethnographie, Diskurs und Rhetorik in der postmodernen Welt*, München 1991, S. 202.

40 Martin Fuchs, Eberhard Berg: »Phänomenologie der Differenz. Reflexionsstufen ethnografischer Repräsentation«, in: Berg/Fuchs (Hg.): *Kultur, soziale Praxis, Text*, S. 11-108, hier S. 89.

41 Johannes Fabian: »Präsenz und Repräsentation. Die Anderen und das anthropologische Schreiben«, in: Berg/Fuchs (Hg.): *Kultur, soziale Praxis, Text*, S. 335-364.

42 Clifford Geertz:, *Die künstlichen Wilden. Der Anthropologe als Schriftsteller*, Frankfurt am Main 1993.

Projekts zielen, das Fremde zu repräsentieren. Die vielleicht radikalste Kritik an Geertz stammt von Vincent Crapanzano, der zu Geertz' »Deep Play« Folgendes anmerkt:

Trotz seiner hermeneutischen Prätentionen gibt es in »Deep Play« in Wirklichkeit kein Verstehen aus der Perspektive der »Eingeborenen«. Es gibt lediglich das konstruierte Verstehen einer konstruierten Perspektive konstruierter »Eingeborener«. Geertz erbringt keinerlei spezifizierbare Beweise für seine Zuschreibungen von Intentionen, für seine Behauptungen über ihre Subjektivität und für seine Aussagen über ihr Erleben. Seine Konstruktionen von Konstruktionen von Konstruktionen erweisen sich als bloße Projektionen oder zumindest als Vermischungen seiner eigenen Perspektive und Subjektivität mit denjenigen der Einheimischen oder genauer: der konstruierten Einheimischen.[43]

Dabei betrachtet Crapanzano die »Kultur-als-Text«-Metapher als strategischen Kunstgriff, um der Darstellung eine substanzialisierte Autorität zu verleihen. Dieser Kunstgriff etabliere eine »Art asymmetrischer Wir-Beziehung, in welcher der Anthropologe hinter und über dem Einheimischen steht, verborgen, aber an der Spitze der Hierarchie des Verstehens«.[44] Crapanzano beschuldigt Geertz, beim Versuch, einen Zugang zum *native point of view* zu erlangen, zu scheitern. Durch die Kultur-als-Text-Metapher wird, so das Argument, nicht nur gerechtfertigt, dass Geertz nur über *die* Balinesen schreibt, sondern darüber hinaus in der Lage ist, den kulturellen Text zu lesen und dem Leser sodann den Kern balinesischer Kultur zu präsentieren. Crapanzano suggeriert, dass Geertz' Wahl des Kultur-als-Text-Ansatzes ein nachträglicher darstellungsstrategischer Trick sei, um seiner Interpretation eine größere Autorität zu verleihen. Offensichtlich hält er es, anders als Geertz, nicht für möglich, über *die* Balinesen zu schreiben, ihnen also nur *eine* Stimme zu geben.

Vincent Crapanzano ist – wie auch Kevin Dwyer – ein Vertreter der so genannten »dialogischen Ethnologie«, die monologische Textbaustrategien überwinden und dabei sowohl den Forschungsprozess als auch das Forschungsprodukt selbstreflexiv überwachen

43 Vincent Crapanzano: »Das Dilemma des Hermes. Die verschleierte Unterwanderung der ethnographischen Beschreibung«, in: Doris Bachmann-Medick (Hg.): *Kultur als Text. Die anthropologische Wende in der Literaturwissenschaft*, Frankfurt am Main 1996, S. 161-193, hier S. 185.

44 Ebd., S. 186.

will.[45] Ausgangspunkt des dialogischen Paradigmas Dwyers und Crapanzanos ist die These, dass es eine intrinsische Verbindung zwischen Forschungsgegenstand und Ethnograf gebe. Daraus zieht Dwyer den Schluss, dass es der Ethnologie nicht nur um ihr eigentliches Forschungsobjekt zu tun sein solle, sondern vielmehr auch um die Forschenden, die im Forschungsprozess sich selbst und ihren Gegenstand verändern. Dwyer betont nicht nur die konstruktive Rolle des Forschers im Forschungsprozess, sondern zieht auch Konsequenzen für die Darstellungsweise von Forschungsergebnissen. *Morrocan Dialogues* besteht fast ausschließlich aus möglichst originalgetreuen Dialogen zwischen Dwyer und seinem Informanten, unterbrochen nur von kurzen kontextualisierenden Abschnitten des Autors. Anstatt der Geertz'schen dichten Beschreibungen enthält sich Dwyer konsequenterweise eigener Interpretationen. Letztlich steht bei Dwyer »die Frage einer Korrektur des asymmetrischen Verhältnisses zwischen Ethnographen und Gegenüber, Zentrum und Peripherie im Vordergrund«.[46] Wie Fuchs und Berg argumentieren, tritt bei Dwyer an die Stelle eines grundsätzlichen epistemologischen Bruchs zwischen Forscher und Erkenntnisgegenstand eine Differenz zwischen Dialogpartnern – eine Differenz, die durch eine Dialogisierung des Forschungsprozesses selbstreflexiv überwunden werden soll.

Geertz selbst weist allerdings auf die Grenzen eines solchen Ansatzes hin: Die Last der Autorschaft kann nämlich nicht abgeworfen werden. Auch der Dialog *selbst* ist bereits eine Repräsentation, und diese wird nicht notwendigerweise besser (also: überzeugender), wenn der Autor selbst in den Vordergrund der Repräsentation gerückt wird. Die dialogische Ethnologie bezeichnet Geertz dementsprechend als »Protokollethnographie und Seelenerforschung in Anmerkungen«, in der »das Bild eines fast unerträglich ernsten Feldforschers [entworfen wird], der mit einem mörderisch strengen Gewissen belastet und von einem leidenschaftlichen missionarischen Gefühl erfüllt ist«.[47] Doch letztlich tut der dialogische Ethnologe in Geertz' Augen nichts anderes als alle anderen Ethnologen auch: Er schreibt – allerdings weniger über andere Kulturen als über

45 Vincent Crapanzano: *Tuhami. Portrait of a Moroccan*, Chicago 1980; Kevin Dwyer: *Moroccan Dialogues. Anthropology in Question*, Baltimore, London 1982.

46 Fuchs/Berg: »Phänomenologie der Differenz«, S. 78.

47 Geertz: *Die künstlichen Wilden*, S. 96.

sein eigenes Ich. Geertz hat mit seiner Kritik der dialogischen Ethnologie Recht, doch seine Antwort mag auch ein wenig selbstgenügsam erscheinen, und über den Forschungs*prozess* (im Gegensatz zur Ethnografie, also dem Forschungs*produkt*) erfahren wir bei ihm tatsächlich zu wenig. Der Einwand wird Geertz' Denken jedoch kaum gerecht, denn bereits 1968 hatte er einen Essay über die moralischen Probleme ethnografischer Feldforschung veröffentlicht.[48] Allerdings bleibt an Geertz' erkenntnistheoretischer Konzeption weit gehend unklar, welcher Zusammenhang zwischen einem *bestimmten* ethnografischen »Stil« und der Überzeugungskraft einer Ethnografie besteht. Gibt es wissenschaftliche Kriterien, die die Kategorie der Überzeugungskraft aus der Subjektivität des Lesers befreien? Oder ist letztlich jedwede Interpretation – also auch die Interpretation, ein ethnografischer Text sei überzeugend – notwendigerweise subjektiv? Geertz selbst klärt diese Fragen nicht, doch Ende der 1980er-Jahre erlahmt die ethnologische Diskussion über *Writing Culture* ohnehin und verlagert sich zunehmend vom ethnografischen Text zu den Prozessen weltweiter Verflechtung, Migration und Transnationalisierung.

IV. Die Welt in Stücken

Spätestens seit den 1990er-Jahren wird die Ethnologie mehr und mehr durch Prozesse wirtschaftlicher, politischer und kultureller Globalisierung geprägt. Die zunehmende Vernetzung der internationalen Wissenschaftslandschaft scheint die Ethnologie genauso rasch zu verändern, wie sich der Gegenstandsbereich der Ethnologie wandelt. Entsprechend mussten sich auch die wissenschaftlichen Konzepte wandeln. In den 1990er-Jahren gerät infolge dieses Prozesses zunehmend die ethnologische Kategorie *Kultur* in den Mittelpunkt der Kritik. Anders als in der *Writing-Culture-Debatte* geht es nicht mehr um die Analyse ethnografischer Texte, sondern um die Frage, auf welcher Grundlage die Ethnologie und angrenzende Disziplinen die Prozesse, die man nun zunehmend als »Globalisierung« bezeichnet, untersuchen sollen oder können. Die

48 Clifford Geertz: »Thinking as a Moral Act. Ethical Dimensions of Anthropological Fieldwork in the New States«, in: ders.: *Available Light*, S. 21-41.

Vorschläge reichen dabei von einer Dynamisierung des Kulturbegriffs bis hin zu dessen Aufgabe.[49] Beispielsweise lehnt Lila Abu-Lughod den Begriff *Kultur* ab, da dieser, wie sie glaubt, komplexen Identitätsbildungsprozessen nicht gerecht wird. An klassischen Kulturkonzepten kritisiert sie deren Homogenität, Kohärenz und Statik: »Individuals are confronted with choices, struggle with others, make conflicting statements, argue about points of view on the same events, undergo ups and downs in various relationships and changes in their circumstances and desires, face new pressures, and fail to predict what will happen to them or those around them.«[50]

Die Folge einer Ablehnung des Kulturkonzeptes führt im Falle Abu-Lughods zu der Empfehlung, sich Generalisierungen zu widersetzen; stattdessen schlägt sie als Ziel der Ethnografie vor: »telling stories about particular individuals«.[51] Abu-Lughod bekräftigt dies in ihrer ethnografischen Untersuchung ägyptischer Fernsehserien. Das Fernsehen als Untersuchungsgegenstand Ernst zu nehmen bedeutet, so Abu-Lughod, Kultur nicht mehr als Bedeutungssystem zu konzeptualisieren, sondern eher als etwas, dessen Elemente produziert und zensiert werden, wofür bezahlt wird und das nationale Grenzen überschreitet. Darüber hinaus ist die ideologische Natur der Massenmedien, die kulturelle Formen produzierten, für Abu-Lughod unbestreitbar.[52] Abu-Lughod verabschiedet damit nicht nur den Ansatz, Kulturen seien homogen; sie betont auch die intrinsische Verknüpfung von individueller Subjektivitätskonstruktion und Prozessen der Macht. Abu-Lughods These, dass in vielen »kulturalistischen« Modellen Macht keine Rolle spielte, ist deshalb zunächst mit der weltsystemtheoretischen Kritik an Geertz vergleichbar. Abu-Lughod plädiert aber nicht für die Einbettung des

49 Vgl. dazu Christoph Brumann: »Writing for Culture. Why a Successful Concept Should Not Be Discarded«, in: *Current Anthropology* 40, 1999, Supplement, S. S1-S27; Webb Keane: »Self-Interpretation, Agency, and the Objects of Anthropology. Reflections on a Genealogy«, in: *Comparative Studies in Society and History* 45/2, 2003, S. 222-248.

50 Lila Abu-Lughod: »Writing Against Culture«, in: Richard G. Fox (Hg.): *Recapturing Anthropology. Working in the Present*, Santa Fe 1991, S. 137-162, hier: S. 154.

51 Ebd., S. 153.

52 Lila Abu-Lughod: »The Interpretation of Culture(s) After Television«, in: *Representations* 59, 1997, S. 109-134, hier: S. 121.

Kulturkonzepts in einen weltsystemtheoretischen Analyserahmen, sondern für die individualistische Partikularisierung des Erkenntnisgegenstandes.

Zu Abu-Lughods Ansatz ist zu Recht angemerkt worden, dass er einfach nur eine Totalität (Kultur) durch eine andere (das transkulturelle Subjekt) ersetzt.[53] Dennoch ist ihr Einwand gegen homogenisierende Kulturkonzepte plausibel und sinnvoll. Clifford Geertz hat die Schwächen seines Kultur-als-Text-Ansatzes längst erkannt und versucht in seinen jüngeren Arbeiten, Grundzüge eines Ansatzes kultureller Pluralität und Differenz in Zeiten der Globalisierung zu entwickeln. In seinem Text über *The World in Pieces* beobachtet Geertz eine wachsende Unsicherheit in vielen Ländern, die von Massenmigrationen, bewaffneten Konflikten in verschiedenen Teilen der Welt oder der Bildung neuer Zentren von Reichtum und Macht im Mittleren Osten, in Lateinamerika oder in Asien ausgelöst wird.[54] Die weltweiten Veränderungen haben für Geertz kein neues Ordnungsbewusstsein produziert; vielmehr hinterlassen sie einen Eindruck der Partikularität und der Fragmentierung. Welchen Sinn hat es in einer solchen Welt noch, »große«, integrative Konzepte wie Tradition, Identität, Religion oder auch Kultur und Gesellschaft zu verwenden? Geertz nennt zwei Reaktionen auf diese Unsicherheit: einerseits die Postmoderne, die den Kulturbegriff zugunsten von Ereignissen oder Personen aufgeben möchte; andererseits das Modell des »Kampfes der Kulturen« von Huntington, das diskrete kulturell definierte Regionen postuliert, die um die politische Vorherrschaft ringen.[55] Geertz plädiert weder für die Anwendung des Modells kultureller Homogenität auf die Analyse kultureller Globalisierung noch für die Auflösung des Kulturbegriffs: »What we need are ways of thinking that are responsive to particularities, to individualities, oddities, discontinuities, contrasts, and singularities … and that yet can draw from them … a sense of connectedness, a connectedness that is neither comprehensive nor uniform, primal nor changeless, but nonetheless real.«[56]

53 Vgl. dazu Keane: »Self-Interpretation«.

54 Clifford Geertz: »The World in Pieces. Culture and Politics at the End of the Century«, in: ders.: *Available Light*, S. 218-264.

55 Samuel P. Huntington: »The Clash of Civilizations?«, in: *Foreign Affairs* 71, 1993, S. 22-49.

56 Geertz: »The World in Pieces«, S. 224.

Was sind nun die Folgen dieser neuen Verhältnisse für die Ethnologie? Zunächst hält Geertz es für wenig sinnvoll, allgemeine Globalisierungstheorien zu entwickeln. Stattdessen wünscht er sich spezifische Untersuchungen konkreter empirischer Fälle unter Beachtung des jeweiligen historischen, politischen und sozialen Kontexts. Wichtiger noch ist Geertz' These, dass essentialistische Theorien kultureller Homogenität nicht länger aufrechterhalten werden können. Einen zentralen Stellenwert hat für Geertz das Konzept Differenz, weil sich kulturelle Identitäten erst aus und durch Differenz bilden. Was ist aber eine Kultur, wenn sie kein Konsens ist? Geertz betont, dass die Vorstellungen territorialer Kompaktheit und lokaler Traditionalismen und die daraus abgeleitete Vorstellung der Ganzheitlichkeit kultureller Identität umso weniger zuzutreffen scheinen, je mehr man sich den Fragmentierungen der heutigen Welt zuwendet. Inseln, indianische Reservate oder »Argonauten des westlichen Pazifik« stellen für Geertz heute nicht länger ein brauchbares Modell zur Analyse von Kultur dar.

Angesichts der Fragmentierung der Welt hält Geertz die Auffassung von Kultur (insbesondere einer bestimmten Kultur) als Konsens über fundamentale gemeinsame Vorstellungen, Emotionen oder Werte nicht mehr für sinnvoll; »it is the faults and fissures that seem to mark out the landscape of collective selfhood«.[57] Eine Konzeption kultureller Identität als ein Feld von Differenzen kann für die Moderne einen hohen Grad an Allgemeingültigkeit beanspruchen. Geertz sieht solche Differenzen auf den unterschiedlichsten Ebenen, etwa der Familie, des Dorfes, der Nachbarschaft, aber auch der Region bis hin zum Nationalstaat und darüber hinaus. »Die Funktion der Solidarität beschränkt sich hier auf die Vermeidung konfliktträchtiger innerer Abgrenzungen, und die Funktion der Abgrenzung auf die Abwehr allzu vereinnahmender Solidaritäten.«[58] Das Problem für Länder wie Indonesien besteht nicht darin, einen kulturellen Konsens quasi zu erzwingen, sondern darin, kulturelle Differenzen anzuerkennen und kulturelle Spannungen dadurch in Grenzen zu halten. Dies ist für Geertz eine der zentralen *politischen* Herausforderungen der Globalisierung.

57 Ebd., S. 250.

58 Clifford Geertz: *Welt in Stücken. Kultur und Politik am Ende des 20. Jahrhunderts*, Wien 1996, S. 83.

Somit zeigt sich auch in seinen jüngsten Arbeiten ein besonderes Gespür dafür, welche Herausforderungen sich der Ethnologie angesichts sich wandelnder weltpolitischer Konstellationen stellen. Die weit verbreitete These, Geertz' ethnologischer Ansatz sei »unpolitisch«, übersieht, wie sehr es Geertz immer darum gegangen ist, flexibel auf neue politische Umstände zu reagieren und nicht auf einem einmal entwickelten Ansatz zu beharren, der sich nicht mehr als Gewinn bringend erweist. Aus heutiger Sicht mögen seine modernisierungstheoretischen Forschungen den Anschein erwecken, dass Geertz ein »cold warrior without weapons« gewesen sei.[59] Doch im Nachhinein sind wir immer klüger, und wer Geertz' Frühwerk tatsächlich *liest*, wird erkennen, dass es ihm nicht um die ideologische Vorherrschaft der USA in Südostasien gegangen ist, sondern um die ethnologische Analyse wirtschaftlicher, politischer und kultureller Entwicklungen, wenngleich getragen vom fortschrittsgläubigen Optimismus jener Zeit. Geertz hat frühzeitig erkannt, wie begrenzt das modernisierungstheoretische Paradigma zumal in der Ethnologie ist, und er hat nicht nur seinen eigenen Ansatz erneuert, sondern die Ethnologie im Allgemeinen mit einem interpretativen Paradigma, das wichtige Strömungen aus Philosophie und Literaturwissenschaft bündelt, empirisch wendet und neu interpretiert.

Bis heute reformuliert Geertz seinen interpretativen Ansatz vor dem Hintergrund aktueller politischer Prozesse – seine Studie über die *Welt in Stücken* ist nur ein besonders prägnantes Beispiel dafür. Dass dabei zuweilen konzeptionelle Unklarheiten aufgetreten sind, bleibt unbestritten. Zudem kann die vielstimmige und zeitweise fast hysterische Kritik an Geertz' Ansatz angesichts der konzeptionellen Vielfalt der Ethnologie und angrenzender Disziplinen nicht verwundern. Doch nicht nur Geertz' Einsichten über die interpretativen Grundlagen menschlicher Gemeinschaften, sondern auch die politische Sensibilität, die seine Schriften durchzieht, machen ihn auch heute zu einem wegweisenden Kulturforscher der Gegenwart. Jetzt, wo die Welt in Stücken zu liegen scheint, können wir solche Ansätze gut gebrauchen.

59 Vgl. dazu Eric B. Ross: »Cold Warriors Without Weapons«, in: *Identities: Global Studies in Culture and Power* 4/3-4, 1998, S. 475-506.

Werke von Clifford Geertz (Auswahl)

The Religion of Java, Glencoe 1960.
The Interpretation of Cultures, New York 1973.
Negara. The Theatre State in Nineteenth Century Bali, Princeton 1980.
Dichte Beschreibung. Beiträge zum Verstehen kultureller Systeme, Frankfurt am Main 1983.
Local Knowledge. Further Essays in Interpretive Anthropology, New York 1983.
Religiöse Entwicklungen im Islam. Beobachtet in Marokko und Indonesien, Frankfurt am Main 1988.
Die künstlichen Wilden. Der Anthropologe als Schriftsteller, Frankfurt am Main 1993.
Spurenlesen. Der Ethnologe und das Entgleiten der Fakten, München 1997.
Available Light. Anthropological Reflections on Philosophical Topics, Princeton 2000.

Literatur zu Clifford Geertz (Auswahl)

Berg, Eberhard/Fuchs, Martin (Hg.): *Kultur, soziale Praxis, Text. Die Krise der ethnographischen Repräsentation*, Frankfurt am Main 1993.
Ellrich, Lutz: *Verschriebene Fremdheit. Die Ethnographie kultureller Brüche bei Clifford Geertz und Stephen Greenblatt*, Frankfurt am Main, New York 1999.
Gottowik, Volker: *Konstruktionen des Anderen. Clifford Geertz und die Krise der ethnographischen Repräsentation*, Berlin 1997.
Griesecke, Birgit: *Japan dicht beschreiben. Produktive Fiktionalität in der ethnographischen Forschung*, München 2001.
Inglis, Fred: *Clifford Geertz. Culture, Custom and Ethics*, Cambridge 2000.
Reckwitz, Andreas: *Die Transformation der Kulturtheorien. Zur Entwicklung eines Theorieprogramms*, Weilerswist 2000.

Stephan Moebius und Dirk Quadflieg

Jacques Derrida (1930-2004) Kultur als Kultur des Anderen

I.

»Frankolatrie« ist die neueste Wiederkehr des Neuen. Zu verstehen ist darunter jene vorbehaltlose und oft genug unkritische Anpassung an französische Theorien, die seit einer Reihe von Jahren in der Bundesrepublik stattfindet. [...] Die Adepten der Frankolatrie wollen vor allem eins nicht – verstanden werden. [...] Statt sprachlichem Saftgulasch bietet sie Gedankenschonkost, statt flüssiger Süffigkeit ein quatschendes Gepansche. [...] Würde sie sich nicht in hirnschmierigen Schlieren verlieren und gelangte sie in ihrem legitimen Protest gegen die Sklerotisierungen des Wissenschaftsbetriebs über eine (gewiß nicht zu vereinnahmende, allerdings kaum subversive, sondern eher lächerliche) Scharlatanerie hinaus – dann müsste sie verdammt ernst genommen werden,

so Klaus Laermann 1986 in dem mittlerweile berühmt-berüchtigten Artikel »Lacancan und Derridada. Über die Frankolatrie in den Kulturwissenschaften«.[1] Obgleich keine einzige Zeile von Jacques Lacan und geschweige denn von Jacques Derrida in dem diffamierenden Beitrag Laermanns angeführt wird, verfehlte der Text seine Wirkung nicht: Der »Kampf um die kritische Vernunft«[2] war eröffnet. In den USA gefeiert, wurde Derrida in Deutschland hingegen nicht nur als Scharlatan beschimpft, man warf ihm gar Irrationalismus und eine »sokratische« Verführung der Jugend vor, denn »jüngere Wissenschaftler«, so Laermann, könnten sich der Rezeption des französischen Denkens »kaum noch verweigern«.[3]

Schlimmer noch als die mittlerweile zwanzig Jahre zurückliegen-

1 Klaus Laermann: »Lacancan und Derridada. Über die Frankolatrie in den Kulturwissenschaften«, in: *Kursbuch* 84, 1986, S. 34-43, hier S. 36 ff.

2 Vgl. Bernd Neumeister: *Der Kampf um die kritische Vernunft. Die westdeutsche Rezeption des Strukturalismus und des postmodernen Denkens*, Konstanz 2000.

3 Laermann: »Lacancan und Derridada«, S. 36.

den Verbalattacken Laermanns war jedoch die weit verbreitete Verzerrung (oder war es eher eine Lese-Verweigerung?) in der Rezeption des poststrukturalistischen Denkens im Allgemeinen – der Text von Laermann ist hier als ein Symptom dessen zu betrachten – und der Schriften von Derrida im Besonderen: Derrida sei ein »jüdischer Mystiker«[4] und verkünde unverhohlen sowohl den »Tod des Subjekts« als auch das »Ende der Geschichte« – pauschale und bis heute anhaltende Vorwürfe, die weder Derridas Rede von einer »postdekonstruktiven Subjektivität«[5] noch seine vehemente Kritik an der These vom »Ende der Geschichte« wahrnehmen.[6]

Mittlerweile haben sich die Wogen geglättet, und nur noch von Zeit zu Zeit liest man etwas von einer angeblichen Tötung des Subjekts, die Derrida angelastet wird. Es dominiert gegenwärtig eine ernsthafte Auseinandersetzung mit der Dekonstruktion, die sich unter anderem darin zeigt, dass Derrida vielerorts inzwischen in die Liste der Pflichtlektüren eines kultur- und sozialwissenschaftlichen Curriculums aufgenommen wurde. Die Wirkungsmacht seines Denkens bezeugt sich nicht zuletzt darin, dass es zu einem zentralen Anknüpfungspunkt und theoretischen Gerüst nicht nur für zahlreiche philosophische, sondern beispielsweise auch für literaturwissenschaftliche,[7] kulturtheoretische,[8] sozialwis-

4 Jürgen Habermas: *Der philosophische Diskurs der Moderne*, Frankfurt am Main 1985, S. 214. Zur Entgegnung auf Habermas' Mystizismusvorwurf und zum generellen Verdacht des Irrationalismus siehe das Derrida-Interview in: Florian Rötzer: *Französische Philosophen im Gespräch*, München 1986, S. 67-87.

5 Jacques Derrida: »›Man muß wohl essen‹ oder die Brechungen des Subjekts«, in: ders.: *Auslassungspunkte. Gespräche*, Wien 1998, S. 267-298, hier S. 267 f. Siehe auch Stephan Moebius: *Die soziale Konstituierung des Anderen. Grundrisse einer poststrukturalistischen Sozialwissenschaft nach Lévinas und Derrida*, Frankfurt am Main, New York 2003, S. 127 ff.

6 Vgl. Jacques Derrida: *Marx' Gespenster. Der verschuldete Staat, die Trauerarbeit und die neue Internationale*, Frankfurt am Main 1995.

7 Jonathan Culler: *Dekonstruktion. Derrida und die poststrukturalistische Literaturtheorie*, Reinbek 1988; Bettina Menke: »Dekonstruktion – Lektüre. Derrida literaturtheoretisch«, in: Klaus-Michael Bogdal (Hg.): *Neue Literaturtheorien. Eine Einführung*, Opladen 1997, S. 242-273.

8 Vgl. Homi K. Bhabha: *Die Verortung der Kultur*, Tübingen 2000; Stuart Hall: *Rassismus und kulturelle Identität*, Hamburg 1994.

senschaftliche[9] und feministische[10] Diskurse avanciert ist. Selbst in der Architektur ist Derridas »Praxis der Dekonstruktion« nicht mehr wegzudenken.[11]

II.

Jacques Derrida wurde am 15. Juli 1930 im algerischen El-Biar geboren.[12] Ähnlich wie sein Landsmann Augustinus, auf den Derrida des Öfteren zu sprechen kommt, befand er sich in einer komplexen, transdifferent-hybriden Situation zwischen den Kulturen: Augustinus stand am Wendepunkt zwischen spätrömischer und christlicher Welt; Derrida ist französischer Staatsbürger, Jude und wächst mitten unter Katholiken und Arabern auf. Als Marshall Pétain 1940 mit Nazi-Deutschland ein Waffenstillstandsabkommen schließt, wird Derrida wegen seines jüdischen Glaubens von der Schule verwiesen. Diese Erfahrungen sind die lebensweltliche Grundlage seiner Thematisierung der Fremdheit, des Ausschlusses und die Basis für das Engagement gegen Antisemitismus und Rassismus.

Derrida muss nach dem Schulausschluss das *Lycée Emile-Maupas* besuchen, wo jüdische Lehrer weiter unterrichten können. Aber selbst in der jüdischen Gemeinschaft fühlt er sich fremd. Sein Freund, Geoffrey Bennington, schreibt in diesem Zusammenhang, Derrida habe eine

> Ungeduld angesichts jeder herdenhaften Identität und des militanten Charakters der Zugehörigkeit im allgemeinen – sei es auch eine jüdische [...]. Ich denke, daß das gesamte Werk J. D.s von diesem Unbehagen an der Zugehörigkeit, man könnte fast sagen: an der Identifikation befallen ist, und

9 Vgl. Moebius: *Die soziale Konstituierung des Anderen*; Ernesto Laclau, Chantal Mouffe: *Hegemonie und radikale Demokratie. Zur Dekonstruktion des Marxismus*, Wien 1991.

10 Vgl. beispielsweise Judith Butler: *Körper von Gewicht. Die diskursiven Grenzen des Geschlechts*, Frankfurt am Main 1997; dies.: *Haß spricht. Zur Politik des Performativen*, Berlin 1998.

11 Man denke etwa an Peter Eisenman, Daniel Liebeskind oder Frank O. Gehry.

12 Zu den biografischen Daten, auf die hier wesentlich zurückgegriffen wurde, siehe Geoffrey Bennington, Jacques Derrida: *Jacques Derrida. Ein Portrait*, Frankfurt am Main 1994, S. 331 ff.; Uwe Dreisholtkamp: *Jacques Derrida*, München 1999, S. 13-23, sowie Stephan Moebius, Dietmar Wetzel: *absolute Jacques Derrida*, Freiburg 2005, S. 21 ff.

die »Dekonstruktion des Eigen(tlich)en« scheint mir das Denken dieses Unbehagens selbst, das denkende Unbehagen zu sein.[13]

1949 verlässt er Algerien und bereitet sich in Paris auf eine der *grandes écoles*, der französischen Elite-Hochschulen, vor. 1952 gelingt ihm die Aufnahme. Nebenbei engagiert sich Derrida in linksextremen, nichtkommunistischen Gruppierungen. 1956/57 besteht er die *agrégation,* die Zulassung als Hochschuldozent, und bekommt ein Stipendium als *special auditor* in Harvard. 1959 wird Derrida an der Sorbonne Assistent der berühmten Wissenschaftshistoriker Gaston Bachelard und Georges Canguilhem. Für seine Einleitung zu Edmund Husserls *Ursprung der Geometrie* zeichnet man ihn Anfang der 1960er-Jahre mit dem »Jean-Cavaillés-Preis« für moderne Epistemologie aus.

Es ist nicht zu viel gesagt, wenn man das Jahr 1967 als einen ersten Kulminationspunkt seines Denkens bezeichnet: Derrida veröffentlicht seine bis heute wichtigsten Werke *De la grammatologie*, *La voix et le phénomène* und *L'écriture et la différence* und hält im gleichen Jahr seinen mittlerweile berühmtesten Vortrag über den Neologismus *différance*. Man hat ihn seitdem mit zahlreichen Ehrendoktortiteln bedacht. Besonders in den USA werden der Poststrukturalismus und die Dekonstruktion positiv aufgenommen, während in Deutschland und Frankreich noch verhalten bis abwehrend reagiert wird. In Frankreich ändert sich dies erst nach 1968: Hat es zuerst den Anschein, als ob die 68er eine Renaissance des Sartre'schen Existenzialismus einläuten, so sind es jedoch die Poststrukturalisten, die aus den Studentenprotesten gestärkt hervorgehen.[14]

1984 hält Derrida einen Vortrag über James Joyce im Seminar von Jürgen Habermas. Noch ist der »Kampf um die kritische Vernunft« nicht entflammt, erst ein Jahr später erscheint Habermas' Abrechnung mit dem »Neostrukturalismus«.[15] Es sollte einige Jahre dauern, bis eine erneute Annäherung zwischen Frankfurt und Paris stattfinden konnte. In der Zwischenzeit entfaltet Derrida eine un-

13 Bennington, Derrida : *Jacques Derrida*, S. 332 f.

14 Ausdruck dessen ist die Wahl Michel Foucaults (1970) und Roland Barthes' (1976) an das renommierte *Collège de France*. Zur Philosophie in Frankreich seit 1933 und zur Geschichte des Strukturalismus siehe Vincent Descombes: *Das Selbe und das Andere. Philosophie in Frankreich 1933-1978*, Frankfurt am Main 1981.

15 Vgl. Habermas: *Diskurs der Moderne.*

geheure Produktivität, die Rezeption seiner Arbeiten wächst ins Unübersichtliche.

Mit der Vervielfältigung von gesellschaftlichen Prozessen der sozialen Desintegration, der Entstabilisierung gesellschaftlicher Institutionen und sozialstruktureller Spaltungen werden auch die Begegnungen zwischen Habermas und Derrida wieder zahlreicher. Gemeinsam engagieren sie sich gegen die Auswüchse des Neoliberalismus, die zunehmenden Ungleichheitsmomente in der Globalisierung und diskutieren über die Frage einer »Philosophie in Zeiten des Terrors«.[16] Doch die Zeit ist zu kurz, der Dialog wird unterbrochen: Derrida stirbt in der Nacht vom 8. auf den 9. Oktober 2004.

III.

Ein Großteil der Vorbehalte gegen das Denken Derridas lässt sich entschärfen, wenn man den Status dessen, was Dekonstruktion genannt wird, ernst nimmt. Sie hat, anders als dies viele Kritiker unterstellen, nicht den Anspruch, eine eigenständige Theoriebildung zu sein, nicht einmal den, eine neuartige philosophische Methode zu entwerfen.[17] In erster Linie ist sie eine Praxis der Lektüre, ein bestimmter Umgang mit Texten und deren Interpretation. Wie schon Hegels Dialektik ist auch die Dekonstruktion nicht die Erfindung eines Autors, sie bezeichnet einen Prozess, der immer schon stattfindet und den es freizulegen gilt.[18] Ihrem Namen nach zielt sie sowohl auf die innere Konstruktion und Funktionsweise von Sinngebilden als auch auf die darin angelegten Destruktionspotenziale. Eine dekonstruktive Lektüre lässt sich deshalb als eine Spielart der immanenten Kritik verstehen, mit der die betrachteten Theoriegebilde, Denkfiguren und Vorstellungen auf ihre eigenen Inkonsistenzen hin untersucht werden können: »Die Dekonstruktion hat notwen-

16 Vgl. Jürgen Habermas, Jacques Derrida: *Philosophie in Zeiten des Terrors*, eingeleitet und kommentiert von Giovanna Borradori, Berlin 2003.

17 Vgl. Emil Angehrn: *Interpretation und Dekonstruktion. Untersuchungen zur Hermeneutik*, Weilerswist 2003, S. 237.

18 Trotz seiner vehementen Zurückweisung des aufhebenden Momentes in der Hegel'schen Dialektik spricht Derrida von einer »fast absoluten Nähe zu Hegel« (vgl. Jacques Derrida: *Positionen. Gespräche mit Henri Ronse, Julia Kristeva, Jean Houdebine, Guy Scarpetta*, Wien 1986, S. 92).

digerweise von innen her zu operieren, sich aller subversiven, strategischen und ökonomischen Mittel der alten Struktur zu bedienen.«[19]

Auf einer zweiten Ebene entfaltet Derrida mit Hilfe der Dekonstruktion eine großflächige Kritik an den metaphysischen Voraussetzungen der abendländischen Vernunft insgesamt. Dazu zeigt er anhand von zahlreichen Lektüren, wie sich unser Denken bis in die Gegenwart hinein immer wieder auf binäre und hierarchische Oppositionen stützt, die jedoch ihrerseits unbegründet bleiben; zu nennen wären hier u. a. die Paarungen innen/außen, Grund/Begründetes, Wesentliches/Unwesentliches, Aktivität/Passivität, Identität/Differenz usw. Derart fundamentale Klassifikationen aber können nicht einfach aufgegeben oder ersetzt werden, da sie noch unser alltägliches Sprechen und Handeln leiten und strukturieren. Die Dekonstruktion macht es sich daher zur Aufgabe, zunächst die zweite, abgewertete Seite eines Gegensatzpaares ins Spiel zu bringen und von dorther die Möglichkeit eines subversiven Denkens zu skizzieren.[20] »Allgemeiner gesprochen, setzt die Dekonstruktion damit ein, das als primär zu erweisen, was die Metaphysik als sekundär gefaßt hat.«[21]

Einen vorrangigen Einsatzort bilden in Derridas frühen Schriften verschiedene sprachphilosophische Modelle, mit denen die Moderne den metaphysischen Ballast abwerfen zu können glaubte. Insbesondere der erste Teil seiner *Grammatologie* zeigt, in welch subtiler Weise sich lang tradierte Vorstellungen bis in die zeitgenössische Sprachphilosophie fortsetzen und unser Denken beherrschen. Ein »Logozentrismus« und eine »Metaphysik der Präsenz« durchziehen Derrida zufolge die Frage nach der sprachlichen Vermittlung und letztlich die Frage nach der Wahrheit selbst, angefangen von den platonischen Dialogen bis hin zur strukturalen Linguistik von Ferdinand de Saussure und zur Fundamentalontologie Heideggers.[22] In dieser metaphysischen Tradition, so Derrida, gilt das Zeichen stets als die kontingente und äußerliche Repräsentation (Signifikant) einer dahinterliegenden, idealen Bedeutung (Signifikat). Wahres Wissen kann es in einem solchen Modell nur auf Seiten des

19 Jacques Derrida *Grammatologie*, Frankfurt am Main 1974, S. 45.
20 Vgl. Derrida: *Positionen*, S. 88 f.
21 Bennington/Derrida: *Jacques Derrida*, S. 50.
22 Vgl. Derrida: *Grammatologie*, S. 26 f.

Repräsentierten, in der Wiederherstellung einer ursprünglichen Präsenz der Sache oder Vorstellung und in der Reduktion der Vermittlung des Zeichens geben.[23]

Charakteristisch für die Metaphysik der Präsenz sind laut Derrida eine Psychologisierung der Zeichentheorie und eine damit einhergehende Zuspitzung auf die gesprochene Sprache, den phonetischen Ausdruck.[24] Denn nur im Akt des Sprechens besteht die Möglichkeit einer unmittelbaren Selbstaffektion, die Möglichkeit, sich selbst im Sprechen zu vernehmen und somit das vermittelnde Moment des Zeichens auszustreichen. Die im griechischen *logos* vorgegebene Verbindung von Wort und Vernunft hat sich immer nur auf das gesprochene Wort bezogen: »Jedenfalls ist die Stimme dem Signifikat am nächsten, ob man es nun sehr genau als (gedachten oder gelebten) Sinn oder etwas weniger genau als Ding bestimmt. Jeder Signifikant, zumal der geschriebene, wäre bloß Derivat, verglichen mit der von der Seele oder dem denkenden Erfassen des Sinns, ja sogar dem Ding selbst untrennbaren Stimme.«[25]

Im Gegensatz dazu schlägt Derrida ein Konzept der Schrift (*écriture*) als einen Ausweg aus der Metaphysik der Präsenz des gesprochenen Wortes vor: »Es hat den Anschein, als ob die Schrift die Sprache *begreifen* würde (in allen Bedeutungen des Wortes).«[26] Die Formel für ein solches Begreifen entnimmt Derrida der aristotelischen Bestimmung der Schrift: Sie ist das Zeichen des Zeichens oder, wie man in einer linguistischen Terminologie sagen könnte, der Signifikant des Signifikanten.[27] Mit dieser Definition der Schrift soll die metaphysische Separation von Zeichen und Bedeutung umgangen werden. Dazu muss man sie jenseits des historisch-empirischen Erscheinens verschiedener Schriftarten als die fundierende Struktur der im weitesten Sinne sprachlich-symbolischen

23 Vgl. Jacques Derrida: *Die Stimme und das Phänomen. Einführung in das Problem des Zeichens in der Phänomenologie Husserls*, Frankfurt am Main ²2003, S. 40 ff.

24 Die bekannteste und in ihrer Vorbildfunktion für die strukturalistische Linguistik sicherlich wirkungsmächtigste Zurückführung des Zeichenbegriffs auf die Psychologie lässt sich bei Saussure finden: »Im Grunde ist in der Sprache alles psychologisch« (Ferdinand de Saussure: *Grundfragen der allgemeinen Sprachwissenschaft*, Berlin, New York ³2001, S. 8).

25 Derrida: *Grammatologie*, S. 25.

26 Ebd., S. 17.

27 Vgl. Aristoteles: *Lehre vom Satz [Peri hermeneias]*, Philosophische Schriften Bd. 1, Hamburg 1995, S. 1 (I, 16 a).

Welterschließung ansetzen.[28] Damit überhaupt etwas *als* etwas erscheinen kann, bedarf es einer fundamentalen Verweisstruktur, durch die jedes aktuell Anwesende an ein Abwesendes gebunden bleibt. In dem sich so konstituierenden Verweisungszusammenhang – der Schrift – ist jedes Element zunächst Signifikant eines anderen Signifikanten. Die Selbstgegenwart der Bedeutung oder des Sinns ist darin weder das Erste noch die eigentliche Bestimmung, vielmehr erzeugen die aufeinander verweisenden Signifikanten »Sinn- oder Signifikats-Effekte«.[29] Ein derart verallgemeinerter Schriftbegriff kann ohne die Referenz auf ein außersprachliches Sein und ohne die strikte Trennung zwischen einer idealen Ebene der Bedeutung und dem ›materiellen‹ Zeichen auskommen. In der Schrift als umfassendem System gibt es nur Zeichen, die auf andere Zeichen verweisen: »Ein Text-Äußeres gibt es nicht.«[30]

Wie aber konstituiert sich der Verweisungszusammenhang der Signifikanten, in dem Sinn überhaupt erst entsteht? Um dies zu erklären, führt Derrida den Neologismus *différance* ein: »Jeder Begriff ist seinem Gesetz nach in eine Kette oder ein System eingeschrieben, worin er durch das systematische Spiel von Differenzen auf den anderen, auf die anderen Begriffe verweist. Ein solches Spiel, die *différance* ist nicht einfach ein Begriff, sondern die Möglichkeit der Begrifflichkeit, des Begriffsprozesses und -systems überhaupt.«[31] In einer ersten Näherung lässt sich festhalten, dass die *différance* nicht das Verhältnis zwischen zwei (oder mehreren) gegebenen Zeichen, sondern einen reinen Prozess der Differenzierung meint. Dieses Different-Werden der sprachlichen Elemente ist der eigentliche Motor der Bedeutungsgenese. Wie schon Saussure feststellt: »In der Sprache aber gibt es nur Verschiedenheiten *ohne positive Einzelglieder.*«[32]

28 Weshalb Derrida zuweilen von einer »Ur-Schrift« spricht (vgl. Derrida: *Grammatologie*, S. 98 f.).

29 Vgl. Bennington/Derrida: *Jacques Derrida*, S. 42.

30 Derrida: *Grammatologie*, S. 274. Derrida ist nicht der Einzige, der in den 1960er-Jahren die *écriture* als eine neue Weise, die Sprache zu denken, entdeckt. Auch Michel Foucault, Roland Barthes und Philippe Sollers rekurrieren auf einen vergleichbaren Schrift-Begriff, um Entwicklungen in der zeitgenössischen Literatur zu fassen.

31 Jacques Derrida: »Die *différance*«, in: ders.: *Randgänge der Philosophie*, Wien ^{2}1999, S. 40.

32 Saussure: *Grundfragen*, S. 143.

Die eigenwillige Schreibweise des Wortes *différance* bündelt eine ganze Reihe von nicht aufeinander reduzierbaren Verweisungszusammenhängen, von denen hier lediglich die wichtigsten genannt werden sollen.[33] Das eingeschobene ›a‹ – das nur in der Schrift erscheint, aber die Aussprache unverändert lässt – spricht eine doppelte Lesart an, in der man das französische Verb *différer* aufgrund seiner lateinischen Herkunft verstehen kann: Erstens im Sinne einer zeitlichen Differenzierung als Aufschub oder Verzögerung (»Temporisation«) und zweitens in der herkömmlichen Bedeutung von ›nicht identisch sein‹, was einen Abstand, eine gewisse »Verräumlichung« impliziert.[34] Während die von Derrida kritisierte Metaphysik der Präsenz den sprachlichen Ausdruck letztlich auf eine mit sich selbst identische Gegenwart des Sinns reduzieren muss, bleibt das Verweisungsgefüge der allgemeinen Schrift stets im Prozess einer verräumlichenden-verzeitlichenden Differenzierung begriffen. Die fundamentale *différance* nennt die irreduzible Bedingung, die erfüllt werden muss, damit überhaupt ein Verweis als Verweis funktionieren und etwas *als* etwas erscheinen kann. Ohne ein minimales raum-zeitliches Intervall, das den Signifikanten von einem anderen zugleich trennt und mit ihm verbindet, wäre kein Verweis denkbar.[35]

Dieser differenzierende Aufschub trifft natürlich auch Derridas eigene Begrifflichkeit. Die Worte ›Schrift‹ und *différance* stehen nicht für eine letzte Instanz, sondern erhalten ihre Bedeutung ihrerseits nur aus der Differenz zur Terminologie der Metaphysik, mit der sie verbunden bleiben.[36] Ihre Aufgabe besteht jedoch auch nicht darin, eine neue Theorie der Dekonstruktion zu errichten, sie sind vielmehr als Operationsbegriffe zu verstehen, die in einem bestimmten Diskurs – hier dem der Sprachwissenschaften – das Geflecht der Voraussetzungen offen legen und zugleich außer Kraft setzen. Dies können sie, weil sie eine bereits vorhandene binäre und hierarchische Ordnung – etwa die zwischen dem Signifikat und dem Signifikanten, dem gesprochenen Wort und der Schrift etc. – umkehren

33 Derrida: »Die *différance*«, S. 32.

34 Vgl. ebd., S. 36 f.

35 Vgl. ebd., S. 42.

36 »Unser Diskurs gehört dem System der metaphysischen Oppositionen in irreduzibler Weise an« (Jacques Derrida: »Kraft und Bedeutung«, in: ders.: *Die Schrift und die Differenz*, Frankfurt am Main 1972, S. 9-52, hier S. 36).

und dadurch das gesamte, von dieser Unterscheidung abhängige Denksystem aus den Angeln heben.[37] In gewisser Weise ist eine dekonstruktive Textarbeit deshalb immer ›parasitär‹ und bleibt abhängig von dem Diskurs, in dem sie interveniert.

Derridas zeichentheoretische Überlegungen zu einer »allgemeinen Schrift«, die sich im Prozess der *différance* etabliert, können zur Beschreibung und Verdeutlichung einer zentralen Einsicht der Dekonstruktion dienen: Jedes Sinngebilde, sei es sprachlicher oder nichtsprachlicher Natur, muss, um als solches erscheinen zu können, eingeschrieben zu sein in ein Netz differenzieller Beziehungen, und das heißt letztendlich, es kann niemals absolut unabhängig von anderem nur es selbst sein. In der Kurzform könnte man daher sagen, das Selbe bedarf, um es selbst zu sein, konstitutiv eines Anderen, sodass es immer schon aus seiner Selbigkeit herausgerissen ist: »Das Andere ist im Selben.«[38]

IV.

Da die allgemeine Schrift und der Prozess der *différance* für jegliches Sinngebilde konstitutiv sind, fallen weiterhin die institutionalisierten und scheinbar klaren Grenzen zwischen den verschiedenen Diskursgattungen. Ab 1972 rückt in diesem Zusammenhang immer wieder das Verhältnis von Literatur und Philosophie in den Vordergrund von Derridas Arbeiten. Neben seinen Beiträgen für die Zeitschrift *Tel Quel*, die zum Teil in der Publikation *Dissemination* zusammengefasst sind, gehören hierzu auch eine Reihe von Einzeluntersuchungen, etwa zu Maurice Blanchot,[39] James Joyce[40] oder Paul Celan.[41] Trotz aller Grenzüberschreitungen geht es Derrida jedoch nicht, wie einige seiner Kritiker vermuteten, um eine völlige Auflösung der gattungsspezifischen Unterschiede: »Ich habe niemals einen sogenannten philosophischen Text mit einem sogenannten literarischen gleichgesetzt. Diese beiden Typen erscheinen

37 Vgl. Derrida: *Positionen*, S. 88 f.

38 Jacques Derrida: »Ellipse«, in: ders.: *Die Schrift und die Differenz*, S. 443-450, hier S. 446.

39 Vgl. Jacques Derrida: *Gestade*, Wien 1986.

40 Vgl. Jacques Derrida: *Ulysses Grammophon. Zwei Deut für Joyce*, Berlin 1988.

41 Vgl. Jacques Derrida: *Schibboleth. Für Paul Celan*, Wien 1986.

mir in irreduzibler Weise unterschiedlich.«[42] Gleichwohl gehört es zu den Eigenarten der Derrida'schen Dekonstruktion, den ›philosophischen Diskurs‹ ausgehend von »seiner Form, seinen Gestaltungsmodi, seiner Rhetorik, seinen Metaphern, seiner Sprache und seinen Fiktionen zu analysieren«,[43] d. h. nach Kriterien, die vor allem für die Literaturwissenschaften von Relevanz sind.

Auf Seiten der Literaturinterpretation hingegen stellt eine Engführung mit eher philosophischen Themen sicherlich keine Neuigkeit dar. Allerdings benutzt Derrida die Literatur nicht zur Verdeutlichung eines eigentlich philosophischen Problems, er findet in der literarischen Schreibweise – in ihrer *écriture*, wenn man so will – ein Selbstverhältnis des Textes und des Schreibens, das sich jenseits des in der Philosophie diskutierten Begriffs der Reflexivität bewegt. In Texten von Mallarmé oder Sollers etwa macht sich die Bewegung der Schrift auf eine ganz eigene Weise bemerkbar, und zwar so – wie Derrida sagt –, dass sie sich in den Text einschreibt, ohne dort selbst thematisch zu werden.[44] Was sich hier zeigt und sich *per definitionem* nicht mehr mit identifizierenden Begriffen einholen lässt, ist die strukturelle und unabschließbare Ausstreuung des Sinns, seine »Dissemination« in einer »irreduziblen und *generativen* Mannigfaltigkeit«.[45] Weil die Sprache als Verweisungszusammenhang der Schrift keine letzte stabile Bedeutung mehr kennt und das Zeichen nur in der Differenz zu anderen Zeichen bezeichnet, muss der Prozess der Signifikation notwendigerweise offen und jede begriffliche Bestimmung prinzipiell substituierbar bleiben.[46] Eher als eine auf Eindeutigkeit zielende philosophische Abhandlung kann daher gerade ein literarischer Text eine Bewegung vollziehen, in der sich der aufschiebende und disseminierende Effekt der *différance* »spiegelt«, aber nicht mehr als solches benannt werden muss.[47] So lässt sich etwa, wie Manfred Frank zeigt, ein Verständnis für die unauflösbare

42 Jacques Derrida: »Gibt es eine philosophische Sprache?«, in: ders.: *Auslassungspunkte*, S. 229-240, hier S. 230.

43 Ebd., S. 230 f.

44 Vgl. Derrida: *Positionen*, S. 96.

45 Ebd., S. 95.

46 »Die Kette dieser Substitutionen ist [...] ein Effekt des Gesetzes der *différance*« (Wolfgang Welsch: *Vernunft. Die zeitgenössische Vernunftkritik und das Konzept der transversalen Vernunft*, Frankfurt am Main 1996, S. 265).

47 Vgl. Jacques Derrida: »Die zweifache Séance«, in: ders.: *Dissemination*, Wien 1995, S. 230.

Vielschichtigkeit der Gedichte von Paul Celan erarbeiten, ohne sie auf eine oder mehrere eindeutige Sinndimensionen hin festzuschreiben.[48]

Vor diesem Hintergrund wird verständlich, weshalb Derrida beginnt, auch in seinen eigenen Texten eine neue Schreibweise auszuprobieren, die sich nicht mehr an die Gepflogenheiten eines wissenschaftlichen Stils hält und stattdessen bis in die Anordnung des Schriftbildes hinein ein vielfältiges Netz von Konnotationen aufzuspannen sucht. Besonders eindrucksvoll wird dies in der Publikation *Glas* von 1974 durchgeführt. Sie besteht aus zwei nebeneinander herlaufenden Textkolonnen, mit einer Abhandlung zu Hegels Begriff der Familie auf der linken und einer Arbeit über Jean Genet auf der rechten Seite, die ihrerseits von eingeschobenen Zitatblöcken durchbrochen werden.[49] In einer solchen zerklüfteten Textur entsteht dann nicht nur ein unvorhersehbarer Dialog von Sinnbezügen, sie verdeutlicht zugleich, weshalb die Dekonstruktion in der Tat eine Praxis genannt werden kann: Jede Lektüre muss den Text gleichsam neu schreiben, da es keine vorgegebenen Pfade der Interpretation mehr gibt. Und was Derrida an anderer Stelle für Mallarmé konstatiert, gilt folglich nicht weniger für ihn selbst: »Er schreibt, indem er liest.«[50]

V.

Eine Reihe von Werken bezeugt, dass Derridas Interesse für politische Fragen nicht, wie oft mit kritischem Unterton vorgebracht wird, erst in den letzten Jahren begonnen hat.[51] Konkrete Konturen nimmt das politische Denken Derridas bereits zu Beginn der 1980er-Jahre im Kampf gegen die Apartheid und in seiner Unterstützung für Nelson Mandela an. Es folgt eine intensive Beschäfti-

48 Vgl. Manfred Frank: *Was heißt Neostrukturalismus?*, Frankfurt am Main 1983, S. 590 f.

49 Vgl. Jacques Derrida: *Glas*, Paris 1974.

50 Derrida: »Die zweifache Séance«, S. 250.

51 Vgl. beispielsweise Jacques Derrida: »Fines hominis«, in: ders.: *Randgänge der Philosophie*, S. 133-157; Jacques Derrida: *Apokalypse*, Wien 1985; Jacques Derrida: »Die Bewunderung Nelson Mandelas oder Die Gesetze der Reflexion«, in: ders. u. a. (Hg.): *Für Nelson Mandela*, Hamburg 1987, S. 11-45.

gung mit Fragen der Gerechtigkeit, der Demokratie, mit dem Marxismus, den so genannten »Schurkenstaaten«, dem Terrorismus und der sozialen und politischen Exklusion des Anderen.[52] Eine zentrale Rolle spielt im Zusammenhang der politischen Philosophie Derridas das Denken seines Freundes Emmanuel Lévinas, in dessen Werk Derrida über die ausschließlich philosophische Sphäre hinaus ein genuin ethisch-politisches Anliegen entdeckt. Lévinas' »Humanismus des Anderen« richte sich gegen Blut-und-Boden-Metaphern und gegen ein Denken der Heimat, es sei Artikulation eines Engagements für den Anderen, eine Einforderung der unbedingten Gastlichkeit, die

> heutzutage mehr denn je zählt hinsichtlich jenes Asylrechts und aller Dringlichkeiten, welche die unsrigen sind, überall wo Millionen von Menschen ohne Aufenthaltsgenehmigung und ohne festen Wohnsitz, in Israel, Ruanda, Europa, Amerika, Asien und allen St.-Bernard-Kirchen der Welt, gleichzeitig ein anderes internationales Recht einfordern, eine andere Politik, ja, ein humanitäres Engagement, das effektiv jenseits nationalstaatlicher Interessen anzusiedeln ist.[53]

Der Nachruf auf Lévinas, aus dem das vorangegangene Zitat stammt, ist das Supplement zu *Politik(en) der Freundschaft* (2000), einer intensiven Auseinandersetzung mit der politischen Philosophie von Carl Schmitt. Im Rahmen der dekonstruktiven Lektüre der Schmitt'schen Freund/Feind-Unterscheidung bestimmt Derrida die »bejahende« Beziehung zum Anderen als das allgemeine Merkmal von Sozialität. Es handelt sich bei dieser Beziehung um eine Art »Mindestfreundschaft«, die selbst noch für die Beziehung zum Feind wesentlich ist und dieser vorangeht; noch vor einer möglichen Freund/Feind-Unterscheidung muss der Andere als Anderer empfangen werden. Erst dann folgen alle weiteren Typisierungen, Freund/Feind-Unterscheidungen etc.[54] Diese Freundschaft und die von ihr ausgehende Politik als schon immer geschehene Öffnung

52 Da nicht die ganze Bandbreite der politischen Begrifflichkeiten und des politischen Denkens Derridas an dieser Stelle besprochen werden kann, sei auf Moebius: *Die soziale Konstituierung* verwiesen, das den folgenden Zeilen als Grundlage dient.

53 Jacques Derrida: *Adieu. Nachruf auf Emmanuel Lévinas*, München 1999, S. 129.

54 Vgl. Stephan Moebius: »Wegmarken zu einer Soziologie des maximal Fremden«, in: Michael Schetsche (Hg.): *Der maximal Fremde. Begegnungen mit dem Nichtmenschlichen und die Grenzen des Verstehens*, Würzburg 2004, S. 205-214.

auf den Anderen unterscheidet Derrida in *Politiken der Freundschaft* von überlieferten Vorstellungen von Politik und Freundschaft, wie sie im Denken Aristoteles', Ciceros, Lévinas' oder Nietzsches zu Tage treten (darum der Plural *Politiques de l'amitié* [1994] im Originaltitel, der in der deutschen Übersetzung verloren gegangen ist). Die übliche politisch-philosophische Konzeption von Freundschaft sei geprägt von einem Denken der Brüderlichkeit, die als familiäre und quasinatürliche Verwandtschaft Pate gestanden habe für politische Ordnungen wie »Staat«, »Volk« oder »Nation« – immer unter Ausschluss der »Schwestern«. Eine auf Brüderlichkeit aufbauende Politik der Freundschaft entwerfe Schemata der Abstammung: der Herkunft, des Geschlechts, der Natur und des Bodens. Es gilt nach Derrida, diese brüderliche Autorität und Politik in Gestalt des Bruders zu denaturalisieren – zugunsten der Anderen, die von dieser Politik ausgeschlossen werden.[55] Problematisch sei aber nicht nur die Naturalisierung, die im Gedanken einer Politik der Brüderlichkeit mitschwingt, sondern auch die implizite binäre Hierarchisierung zwischen Brüdern und Schwestern, Staatsangehörigen und Ausländern sowie zwischen Freunden und Feinden.

Im Rahmen der Dekonstruktion der Schmitt'schen Vorannahmen und diskursiven Strategien entwickelt Derrida ein neues Denken des Politischen, des Ereignisses und einer nichtdezisionistischen Entscheidung. So folgt nach Derrida eine Entscheidung nicht aus einem unbestimmten subjektiven Willen heraus, sondern sie ist in Anlehnung an Lévinas und in Abgrenzung zu Carl Schmitt immer eine »passive Entscheidung des Anderen in mir«.[56] Diese »passive Entscheidung des Anderen in mir« ist zugleich ein Ereignis, etwas, das in den vorangegangenen Sinnhorizont und Möglichkeitsradius hereinbricht. »Bedingung des Ereignisses, ist die Entscheidung ihrer Struktur nach stets eine andere Entscheidung, eine zerreißende Entscheidung als Entscheidung des Anderen. In mir. Des absolut Anderen in mir, des Anderen als Absoluten, das in mir über mich entscheidet.«[57]

Die Lévinas'sche »Beziehung zum Anderen« ist wie die »passive Entscheidung« oder das »Ereignis« ein Motiv, das alle politischen

55 Jacques Derrida: *Politik der Freundschaft*, Frankfurt am Main 2000, S. 219 f.
56 Vgl. dazu Moebius: *Die soziale Konstituierung des Anderen*, S. 149 ff.
57 Derrida: *Politik der Freundschaft*, S. 105.

Texte Derridas durchzieht. Selbst der Begriff der »Gerechtigkeit« wird in einer Lévinas'schen Weise ausformuliert:

Ich bin versucht, den Begriff der Gerechtigkeit, den ich hier tendenziell von dem des Rechts unterscheide, in gewissem Maße jenem anzunähern, der sich bei Lévinas findet, und zwar gerade aufgrund der Unendlichkeit, die ihn auszeichnet, und des heteronomen Verhältnisses zum Anderen, zum Antlitz des Anderen, das mir befiehlt, dessen Unendlichkeit ich nicht thematisieren kann und dessen Geisel ich bin. Lévinas schreibt in seinem Werk *Totalität und Unendlichkeit* (›Wahrheit und Gerechtigkeit‹): ›[...] die Beziehung zum Anderen – das heißt die Gerechtigkeit‹ [...]. Diese Gerechtigkeit, die kein Recht ist, ist die Bewegung der Dekonstruktion.[58]

Zwischen dieser Gerechtigkeit und dem Recht existiert eine aporetische Spannung: Einerseits gilt es, sich asymmetrisch und notfalls gegen jede Regel dem singulären Anderen zuzuwenden, andererseits bedarf es des Ausgleichs und eines geregelten Systems codierter Vorschriften. Die Wahl zwischen beiden Positionen ist unentscheidbar:

Das Unentscheidbare ist nicht einfach das Schwanken oder die Spannung zwischen zwei Entscheidungen, es ist die Erfahrung dessen, was dem Berechenbaren, der Regel nicht zugeordnet werden kann, weil es ihnen fremd ist und ihnen gegenüber ungleichartig bleibt, was dennoch aber – dies ist eine Pflicht – der unmöglichen Entscheidung sich ausliefern und das Recht und die Regel berücksichtigen muß. Eine Entscheidung, die sich nicht der Prüfung des Unentscheidbaren unterziehen würde, wäre keine freie Entscheidung, sie wäre eine programmierbare Anwendung oder ein berechenbares Vorgehen.[59]

Der Augenblick der Entscheidung ist ein Wahn, wie Derrida in Anlehnung an Kierkegaard formuliert.[60] Und dennoch bleibt die Entscheidung für Derrida eng mit dem Begriff der Verantwortung verbunden: Wie die Entscheidung folgt die Verantwortung keiner Regel, sondern ist eine Antwort auf den Anderen und muss je nach Situation und Kontext immer wieder neu getroffen werden – im Unentscheidbaren. Derrida unterstreicht damit, dass »die Dekonstruktion weit davon entfernt ist, der amoralische oder unethische Nihilismus zu sein, als der sie oft dargestellt wird. Die Dekonstruktion ist ein affirmatives Denken einer möglichen Ethik, eines Enga-

58 Jacques Derrida: *Gesetzeskraft. Der »mystische Grund der Autorität«*, Frankfurt am Main 1991, S. 45 und 52.

59 Ebd., S. 49 f.

60 Ebd., S. 54, auch Derrida: *Schrift und Differenz*, S. 53.

gements jenseits der Technik des Kalkulierbaren. Die Sorge um die Verantwortlichkeit steht im Zentrum der dekonstruktiven Erfahrung«.[61]

In dem 2003 erschienenen und vor dem Hintergrund der Terroranschläge vom 11. September 2001 entstandenen *Schurken. Zwei Essays über die Vernunft* greift Derrida das Denken der »passiven Entscheidung« erneut auf. Nun wird sie nicht nur als Ereignis, sondern auch als eine Art von Freiheit gedacht: »Was es hier zu denken gilt, ist etwas Unvorstellbares oder Unerkennbares: eine Freiheit, die nicht mehr die Macht eines Subjekts wäre, vielmehr eine Freiheit ohne Autonomie, eine Heteronomie ohne Knechtschaft, kurz, so etwas wie eine passive Entscheidung.«[62] Derrida redet hier weder einem Tod des Subjekts das Wort, noch will er dessen Handlungsmöglichkeiten aushebeln, vielmehr macht er darauf aufmerksam, dass sich »Freiheit« und »Autonomie« nur von einer vorangegangenen heteronomen Beziehung zum Anderen, einer »Mindestfreundschaft« her denken und verwirklichen lassen.[63]

Schurken diskutiert die Verwendung des Begriffs »Schurkenstaaten« durch den US-amerikanischen Präsidenten George W. Bush, dessen Regierung selbst das Recht missachte. Aber noch mehr: *Schurken* ist eine intensive Auseinandersetzung Derridas mit den Begriffen »Politik«, »Krieg«, »Terror«, »Ereignis« und »Demokratie« zu einer Zeit, in der die tradierten Souveränitätsordnungen im Zuge der Globalisierung aufbrechen und sich neu zu ordnen beginnen. Derridas Frage lautet: Wie sehen die kommenden Beziehungen zwischen Gewalt und Vernunft aus? Was sind die Bedingungen einer »zu-kommenden« Demokratie?

Bereits in früheren Texten sprach Derrida von einer »zu-kommenden Demokratie« (*démocratie à venir*), um anzudeuten, dass es erstens niemals ein Ende der Geschichte gebe, und zweitens, dass es zum Wesen der Demokratie gehöre, sich immer auf den ausgeschlossenen, »zu-kommenden« Anderen zu öffnen. Die Demokratie

61 Derrida in: Rötzer: *Französische Philosophen im Gespräch*, S. 78.

62 Jacques Derrida: *Schurken. Zwei Essays über die Vernunft*, Frankfurt am Main 2003, S. 207.

63 Interessant ist hier eine an Marcel Mauss' Gabe-Theorem erinnernde untrennbare Verknüpfung von *Freiheit und Bindung*. Zu Mauss' Gabe-Theorem, das auch im Gabe-Denken Derridas eine zentrale Rolle spielt, vgl. Stephan Moebius: *Marcel Mauss*, Konstanz 2006.

müsse sich ständig selbst entgrenzen, eine Beziehung zum Anderen herstellen.[64] Das verbinde sie mit der Dekonstruktion, die ebenfalls eine Beziehung zum Anderen herstellt: »Keine Dekonstruktion ohne Demokratie, keine Demokratie ohne Dekonstruktion.«[65] Anders gesagt: Keine Demokratie, auch nicht die westlich-liberale, kann von sich behaupten, sie sei vollständig realisiert. Immer wird es Andere geben, die von ihr ausgeschlossen werden, die es aber – sofern man den Begriff »Demokratie« ernst nimmt – zu berücksichtigen gilt.

Besonders deutlich wird dieser Einsatz für das Denken einer *démocratie à venir* in *Marx' Gespenster*. Dort wendet sich Derrida gegen einen »Zynismus des guten Gewissens«, der die »Gespenster« der liberal-westlichen Demokratien ausblendet. Diese »Gespenster« sind nach Derrida unter anderem der Ausschluss Obdachloser, die Abschiebungen von Exilanten, die damit eng verbundenen Grenzziehungen bürgerlicher und nationaler Identitäten, die Rüstungsindustrie, die Auslandsverschuldung, die Ausweitung atomarer Bewaffnung, die von bestimmten Staaten ausgeübte Kontrolle des internationalen Rechts und seiner Institutionen.[66] Nimmt man alle diese gegenwärtigen Probleme in den Blick, rechtfertigt sich keineswegs die Annahme, die westlich-marktliberale Demokratie sei der einzig gangbare politische Weg. Es bedarf vielmehr einer radikaleren Demokratie, die die zur Ökonomisierung des Sozialen eingeschlagene neoliberale Gangart verlässt.

VI.

Die Öffnung zum Anderen, dem konstitutiven Außen einer Ordnung, ist die allgemeine Bewegung der Dekonstruktion. Dies gilt sowohl für ihr Lektüreverfahren, in dem sie das vom Text verschwiegene Andere aufspürt, als auch für die politische Philosophie der

64 Die Figur der Entgrenzung und die Annäherung der Dekonstruktion an eine Bataille'sche »Heterologie« verweisen auf die Prägungen des Derrida'schen Denkens durch Motive, wie sie Georges Bataille am *Collège de Sociologie* ausgearbeitet hat, siehe dazu genauer Stephan Moebius: *Die Zauberlehrlinge. Soziologiegeschichte des Collège de Sociologie*, Konstanz 2006, S. 469 ff.

65 Derrida: *Politik der Freundschaft*, S. 156.

66 Derrida: *Marx' Gespenster*, S. 132 ff.

Dekonstruktion, die ihr Augenmerk auf die Exklusion des Anderen richtet. Eine dekonstruktivistische Perspektive rückt ausgehend hiervon von der Annahme ab, kulturelle, ethnische oder nationale Identitäten als geschlossene Einheiten zu betrachten. Vielmehr versucht Derrida aufzuzeigen, inwiefern solche Identitäten durch Relationen und durch einen konstitutiven Ausschluss konstituiert sind, der darauf verweist, dass Eigenes und Anderes nicht absolut zu trennen sind. Dies impliziert zum Beispiel für kulturwissenschaftliche oder ethnologische Untersuchungen, dass »der« Andere nicht mehr zum Objekt der Analyse avanciert, sondern es interessiert die Produktion und Exklusion dieses Anderen als kulturell Anderem sowie die irreduzible Verschränkung von Anderem im Eigenen.

Im Zuge einer an Derrida angelehnten Theoretisierung wird also nicht behauptet, es gebe keine Kultur, sondern dass es einer jeden Kultur wesentlich ist, *nicht mit sich selber identisch* zu sein, d. h. mit dem Anderen verschränkt zu sein: »Nicht, dass sie keine Identität haben kann, sondern dass sie sich nur insoweit identifizieren, ›ich‹, ›wir‹ oder ›uns‹ sagen und die Gestalt des Subjekts annehmen kann, als sie mit sich selber nicht identisch ist, als sie, wenn Sie so wollen, *mit sich* differiert. Es gibt keine Kultur und keine kulturelle Differenz ohne diese Differenz *mit sich selbst.*«[67] Allgemein gesprochen geht es der Dekonstruktion um eine radikale Hinterfragung aller kulturellen Eindeutigkeiten sowie des Glaubens, man müsse Kultur vor ihrem Anderen schützen – was nichts anderes bedeuten würde, als die fundamentale Dynamik und Komplexität des Kulturellen selbst auszublenden.

67 Jacques Derrida: *Das andere Kap. Die vertagte Demokratie*, Frankfurt am Main 1992, S. 12.

Werke von Jacques Derrida (Auswahl)

Die Stimme und das Phänomen. Einführung in das Problem des Zeichens in der Phänomenologie Husserls, Frankfurt am Main ²2003.
Grammatologie, Frankfurt am Main 1974.
Die Schrift und die Differenz, Frankfurt am Main 1972.
Randgänge der Philosophie, Wien ²1999.
Dissemination, Wien 1995.
Positionen. Gespräche mit Henri Ronse, Julia Kristeva, Jean Houdebine, Guy Scarpetta, Wien 1986.
Glas, Paris 1974.
Marx' Gespenster, Frankfurt am Main 1995.
Gesetzeskraft. Der »mystische Grund der Autorität«, Frankfurt am Main 1991.
Politik der Freundschaft, Frankfurt am Main 2000.
Schurken. Zwei Essays über die Vernunft, Frankfurt am Main 2003.

Literatur zu Jacques Derrida (Auswahl)

Bennington, Geoffrey/Derrida, Jacques: *Jacques Derrida. Ein Portrait*, Frankfurt am Main 1994.
Dreisholtkamp, Uwe: *Jacques Derrida*, München 1999.
Angehrn, Emil: *Interpretation und Dekonstruktion. Untersuchungen zur Hermeneutik*, Weilerswist 2003.
Kimmerle, Heinz: *Jacques Derrida zur Einführung*, Hamburg ⁶2004.
Moebius, Stephan/Wetzel, Dietmar: *absolute Jacques Derrida*, Freiburg i. Br. 2005.

Markus Reisenleitner

Stuart Hall (*1932)
Identitätsrouten ohne Garantien

Kulturwissenschaften oder *Cultural Studies*? – Diese Frage wird derzeit nicht nur im deutschsprachigen Raum heftig diskutiert, wobei es nicht zuletzt um eine Positionsbestimmung deutschsprachiger Wissenschaft(lerInnen) geht. Hat das hermeneutische Erbe der Geisteswissenschaften noch Gültigkeit, oder erscheint es hoffnungslos altmodisch gegenüber einer anglophonen Universitäts- und Verlagshegemonie, in der semiotischer Poststrukturalismus, literarischer Postkolonialismus und Lacan'sche Psychoanalyse sich zu einer Theoriesprache zusammengefunden haben und beständig neue, immer atemlosere Konglomerate von Studienprogrammen und Universitätsinstituten bilden?

Angesichts der Unübersichtlichkeit von Magisterprogrammen, wie beispielsweise *Modernity and the Culture of the City in the Humanities and Social Theory*, um ein aktuelles Programm an der York University in Toronto zu nennen, nimmt es nicht wunder, dass *Cultural Studies* sehr oft die notwendige Kurzformel dieser Vielfalt darstellen. Und damit auch zur Reibungsfläche werden: Politisch links, mit Themen beschäftigt, die »populär« sind, ohne historische Dimension und Tradition, gleichzeitig banal und obskur, werden *Cultural Studies* verantwortlich gemacht für so ziemlich alles, was in den Geisteswissenschaften schief läuft. Gleichzeitig sind sie mit Erwartungen durchsetzt, die an Hybris grenzen: Dass in Zeiten einer konservativen Wende, einer globalisierten Kulturindustrie der Konzerne und eines populistischen Wiederauflebens vergessen geglaubter Nationalismen und Rassismen von den *Cultural Studies* die Rettung kritischer Intellektualität ausgehen könnte.

Woher diese Aufmerksamkeit weit über den englischsprachigen Raum hinaus für etwas, was als unterdotiertes Graduiertenkolleg an einer mittelmäßigen englischen Universität vor gut 40 Jahren entstanden ist? Die Geschichte der *Cultural Studies* ist verbunden mit den akademischen, pädagogischen und politischen Bemühungen von Stuart Hall, der dem Projekt über fast ein halbes Jahrhundert hinweg Richtung gegeben hat und der dadurch zu einem öffentlichen Intellektuellen wurde, der weit über die Gelehrtenstuben hinaus sichtbar ist.

I. Cultural Studies und die Neue Linke

Cultural Studies verstehen sich als eine kontextbezogene, akademische, intellektuelle und politische Praxis – und somit muss auch die Biografie einer öffentlichen *persona* wie der Halls in ihren Entstehungskontext eingereiht werden. Im Fall Halls ist dies das Milieu der Neuen Linken in England, wo Stuart Hall an der Eliteuniversität Oxford 1951 einen Studiengang in Literatur beginnt (ermöglicht durch ein Stipendium) und im weiteren Verlauf eine Dissertation über Henry James in Angriff nimmt. Unzufrieden mit der politischen Aussagekraft und den mangelnden Interventionsmöglichkeiten traditioneller Literaturwissenschaft (und, wie so viele andere Intellektuelle der Linken, beeinflusst von den Ereignissen des Jahres 1956 in Suez und Ungarn und damit in Oppositionshaltung sowohl zum Stalinismus als auch zum europäisch-amerikanischen Imperialismus), verstärkt er sein politisches Engagement und wird zum Mitherausgeber der *Universities and Left Review,* eines Universitätsorgans, das sich aus »der linken Studierendengeneration der 1950er entwickelte und immer in einiger Distanz zu Parteilinien stand«.[1] Gleichzeitig verdiente er seinen Lebensunterhalt als Sekundarschullehrer.

Pädagoge, Publizist, politischer Aktivist und Akademiker: Dies sind nicht nur Parameter von Halls Lebenslauf, sondern gleichermaßen die Parameter der von ihm begründeten akademischen Disziplin. In dieser Frühphase kristallisiert sich das grundsätzliche theoretische Anliegen der Neuen Linken heraus: den vulgärmarxistischen Reduktionismus des Basis-Überbau-Modells kritisch zu hinterfragen und Kultur zur Grundlage einer erneuerten politischen Praxis der Linken zu machen. Und wenn es ein einendes Element im vielfältigen Werk Halls gibt, ist es sein Insistieren, dass

1 Stuart Hall: »The ›First‹ New Left: Life and Times«, in: Robin Archer, D. Bubeck, H. Glock, L. Jacobs, S. Moglen, A. Steinhouse und D. Weinstock (Hg.): *Out of Apathy: Voices of the New Left Thirty Years On*, London 1989, S. 15. Alle Zitate aus dem Englischen übersetzt von M. R.

»kulturelle Fragen (...) absolut todernste politische Fragen«[2] seien. Besonders die Frage nach der politischen Wirksamkeit der sich explosionsartig verbreitenden populären Vergnügungsformen, wie Kino, Radio und Trivialliteratur, sowie die Frage nach der Bedeutung des Wandels der Arbeiterschaft im Wohlfahrtsstaat der Nachkriegszeit – von Produzenten zu Konsumenten – rückten Kultur in den Mittelpunkt einer politisch informierten, interventionistischen und emanzipatorischen Interpretationspraxis.

In Beiträgen wie »A sense of classlessness«[3] betont Hall die aktive Rolle, die Kultur in der Gesellschaft spielt, vor allem in der ideologischen Konstruktion der neuen Konsumkultur, die Klassengegensätze keineswegs aufhebt (wie es der *common sense* nahe zu legen scheint), sondern verdeckt, indem sie den Subjekten eine neue Position als »Konsumenten« zuweist. Damit ist Politik untrennbar mit Populärkultur verbunden. Und Populärkultur spielt eine wesentliche Rolle in der politischen Praxis. Kulturelle Formen und Praktiken haben sehr reale politische, soziale und ökonomische Konsequenzen. Daraus folgt für Hall auch, dass kulturelle Bedeutungen verhandelbar und durch Interventionen rekonfigurierbar sind – intellektuelle Praxis kann somit als kulturelle Intervention verstanden werden, die auf reale Veränderungen abzielt (ein Gedanke, der Hall zu Althusser und Gramsci führen sollte).

Eine solche Praxis konnte nach Halls Überzeugung nur effektiv werden, wenn sie nicht von politischer Handlungsfähigkeit abgekoppelt würde. Unter diesen Vorzeichen ist die Vereinigung des *Universities and Left Review* mit dem *New Reasoner*, dem von Edward Thompson herausgegebenen Organ der KP Englands, zu verstehen: eine Vereinigung zweier sehr verschiedener Richtungen im britischen Marxismus. Auf der einen Seite stand die akademische Intellektualität Halls, Charles Taylors und anderer linker Querdenker, auf der anderen Seite eine humanistische, oppositionelle Tradition einer politischen Partei. Der Rest ist (linke) Geschichte: das Entstehen der *New Left Review*, des wohl einflussreichsten, in jedem Fall aber dauerhaftesten Organs linker Kulturpolitik und politischer Kultur.

2 Stuart Hall: »Subjects in History: Making Diasporic Identities«, in: H. Wahneema (Hg.): *The House That Race Built: Black Americans, U. S. Terrain*, New York 1997, S. 290.

3 Stuart Hall: »A Sense of Classlessness,« in: *Universities and Left Review* 1/5, 1958, S. 26-32.

In dieser Umgebung hatte Hall zwei Jahre Gelegenheit, das zu versuchen, was sich zur *best practice* der *Cultural Studies* entwickeln sollte: die Gratwanderung zwischen zugänglichem Stil und Theorie, der Erforschung populärer Kultur und der Kritik politischer Kultur. In seinem Leitartikel zur ersten Ausgabe des Organs macht Hall dies deutlich:

> Wir besprechen das Kino oder Teenagerkultur im *NLR* nicht, um auf modische Art zu zeigen, dass wir mit der Zeit Schritt halten. Diese Themen sind direkt relevant für eine einfallsreiche Widerständigkeit aller derer, die im Kapitalismus leben müssen (...) Die Aufgabe des Sozialismus ist es heutzutage, die Menschen dort abzuholen, wo sie stehen, Unzufriedenheit zu erzeugen und gleichzeitig der sozialistischen Bewegung einen *unmittelbaren* Bezug zu der Zeit zu geben, in der wir leben.[4]

Populärkultur wird hier ganz deutlich als Ort politischer Intervention identifiziert, nicht bloß als kapitalistisches Werkzeug zur Verblendung der Massen – und damit werden linke Intellektuelle vor die Aufgabe gestellt, theoretische Werkzeuge für solche Analysen zu entwickeln, um herauszufinden, welche Bedeutungen Populärkultur schafft und welche sie für eine emanzipatorische politische Praxis schaffen *kann*.

Als Hall sich 1962 von der *New Left Review* zurückzog und Perry Anderson die Herausgeberschaft übernahm, wandelte sich die Zeitschrift zunehmend zu einem Organ, in dem Theorie eher auf abstrakter Ebene betrieben und kontinentaleuropäische Theoriebildung (vor allem aus dem französischen, zu einem gewissen Grad aber auch aus dem deutschsprachigen Raum) auf hoher Ebene und in englischer Übersetzung betrieben werden konnte. Unmittelbare politische Intervention und Polemik traten in den Hintergrund, wie Ioan Davies kritisch anmerkte.[5]

Hall, später als »Theoretiker« der *Cultural Studies* gefeiert und kritisiert, stürzte sich jedoch in eine viel pragmatischere Auseinandersetzung mit populärkulturellen Formen und verfasste, zusammen mit Paddy Whannel, dem Erziehungsbeamten des *British Film Institute*, einen Bericht über Massenkultur in Großbritannien und deren Konsequenzen für den Unterricht.[6] Ausdrücklich auf Erfahrun-

4 Stuart Hall: »Introducing New Left Review«, in: *New Left Review* 1/1, 1960, S. 1.

5 Ioan Davies: *Cultural Studies and Beyond: Fragments of Empire*, London, New York 1995.

6 Stuart Hall und Paddy Whannel: *The Popular Arts*, London 1964.

gen in der Unterrichtspraxis rekurrierend, versucht das Buch, eine Brücke »zwischen den Normen und Erwartungen formaler Erziehung und den Komplexitäten der Lebenswelten von Kindern und jungen Erwachsenen«[7] zu schlagen. Hall und Whannel verzichten dabei ganz bewusst auf eine Theorie der Massenmedien und formulieren ihre zentrale These folgendermaßen:

> Was die tatsächliche Qualität betrifft (und wir sind hauptsächlich daran, und nicht an den ›Auswirkungen‹ [der Massenmedien, M. R.] interessiert), geht es bei der Auseinandersetzung zwischen Güte und Relevanz einerseits und Schund und Minderwertigem andrerseits nicht um die *Bekämpfung* moderner Kommunikationsformen, sondern um eine Auseinandersetzung *innerhalb* der modernen Kommunikationsformen.[8]

Dies ist eine bemerkenswerte Aufwertung der Populärkultur insgesamt – ein Abgehen von einer (heutzutage sehr veraltet anmutenden, in den frühen 1960er-Jahren jedoch sehr realen) Geringschätzung des Kinos als Unterhaltungsform insgesamt. Während die Frage von Qualität innerhalb der Populärkultur für die *Cultural Studies* eher in den Hintergrund treten sollte, war der Weg geebnet, *jede* kulturelle Ausdrucksform zumindest ernst zu nehmen (vor allem in politischer Hinsicht) und damit sowohl als Material für den Schulunterricht zuzulassen als auch einer wissenschaftlichen Analyse zugänglich zu machen. Eine solche Analyse leisteten Hall und Whannel in *The Popular Arts* für eine Vielfalt von Genres, vom Western über Detektivromane und Filme bis hin zum Jazz. Dabei führen sie auch den Begriff der Lust des Publikums an bestimmten Populärkulturformen ein, der später einen zentralen Stellenwert in Populärkulturstudien einnehmen sollte[9] – jedoch hier noch nicht in einer politischen Dimension, sondern als pädagogische Maßnahme zur Geschmacksbildung verwendet wurde.[10]

The Popular Arts ist ein komplexes und unterschätztes Buch, vermutlich auch deshalb, weil es an einer Zeitgeistigkeit leidet, die eine Untersuchung populärkultureller Formen ohne theoretische Abstraktionsebene auszeichnet. Die Notwendigkeit, Populärkultur nicht nur neu zu bewerten, sondern diese Neubewertung auch theoretisch abzusichern, sollte Halls weiteres Wirken auszeichnen. Als

7 Ebd., S. 13.
8 Ebd., S. 15.
9 Vgl. John Fiske: *Lesarten des Populären*, 2. Aufl., Wien 2003.
10 Hall und Whannel: *The Popular Arts*, S. 38.

Hall fast zwei Dekaden später, stark beeinflusst von der englischsprachigen Gramsci-Rezeption, die er selbst eingeleitet hatte, zur Populärkultur Stellung nahm, hatte sich sein theoretischer Zugang grundlegend verändert: Es ging ihm nun nicht mehr um die Zuschreibung von Werten, sondern um ein Aufzeigen des grundsätzlich (politisch) widersprüchlichen Charakters, der Populärkultur zu einem bevorzugten Ort im Kampf um Bedeutungen macht (der immer gleichzeitig ein politisch-sozialer Kampf um Definitionsmacht ist)[11] – der Kampf um Hegemonie, verstanden als Prozess, politische Vorherrschaft durch kulturelle Praxis, d. h. durch das Festschreiben konsensualer Weltsichten, abzusichern in einem ständig Widersprüche erzeugenden Umfeld.[12]

II. Das Birmingham Centre for Contemporary Cultural Studies

Gelegenheit zur weiteren Entwicklung dieser Fragen sollte Hall in einer Institution erhalten, die wie keine andere zur Institutionalisierung der *Cultural Studies* beigetragen hat, dem *Birmingham Centre for Contemporary Cultural Studies* (CCCS), an dem Hall von 1964 bis 1979 tätig war. Das Centre wurde, mit minimaler Personalausstattung, als Postgraduierten-Forschungsinstitut 1964 gegründet. Zu Halls Zeiten bestand das Institut aus kaum mehr als einer Hand voll Fellows und Mitarbeitern, finanziell unterstützt durch eine Stiftung Allen Grants, des Inhabers des Penguin-Verlags.[13] Hall wurde vom ersten Leiter, Richard Hoggart, zunächst zum Fellow und 1968 zum geschäftsführenden Leiter ernannt, eine Stellung, die er bis zu seinem Wechsel zur Open University 1979 innehatte.

Eine Besonderheit des Zentrums sollte von Beginn an die projektorientierte, kollektive Forschung seiner Mitglieder sein. Die reichhaltigen Ergebnisse dieser Forschungsarbeit, präsentiert in den per

11 Stuart Hall: »For Allon White: Metaphors of Transformation«, in: David Morley, Kuan-Hsing Chen (Hg.): *Stuart Hall: Critical Dialogues in Cultural Studies*, London 1996, S. 287-305; Stuart Hall: »Notes on Deconstructing ›the Popular‹«, in: R. Samuel (Hg.): *People's History and Socialist Theory*, London 1981, S. 227-240.

12 Mit dieser Sicht auf Populärkultur als einem Feld, in dem sich Hegemoniebildung ereigne, umging Hall produktiv die Frage, was denn »authentische« Populärkultur ausmache.

13 Davies: *Cultural Studies and Beyond*, S. 36.

Hand vervielfältigten *Working Papers in Cultural Studies*, die grundlegende Studien zu Themen der britischen Kulturpolitik und insbesondere der Populärkultur hervorbrachten, sind ein eindrucksvolles Zeugnis dafür.[14] In dieser kooperativen Umgebung wurden die wesentlichen Weichen für die theoretische Orientierung der *Cultural Studies* gelegt, in einer akademischen Atmosphäre der Offenheit für kontinentaleuropäische, poststrukturalistische Theoriebildung. Zentral war die Althusser- und Gramsci-Rezeption: Hegemonie und Widerstand als Analysekategorien wurden damit auf die theoretische Grundlage eines strukturalistischen Marxismus gestellt. (Die Betonung sozialer Klasse in der Birminghamer Analysemethode sollte in der Folge durch eine feministische[15] und eine rassismuskritische[16] Komponente ergänzt werden.)

Der *Hegemoniebegriff*, interpretiert auf der Grundlage von Gramscis fragmentarischen, im Gefängnis verfassten Schriften, die 1971 in Auswahl und mit einer einleitenden Interpretationsanleitung ins Englische übersetzt worden waren, eignete sich wie kein anderer Begriff für eine Analyse populärkultureller Phänomene, die nicht nur als Mittel des Transports dominanter Ideologien, sondern auch als Ort des Widerstandes und der produktiven Aneignung potenziell mehrdeutiger Inhalte verstanden werden. Hegemonie betont als forschungsleitende Kategorie den dynamischen Charakter der Konsensbildung zwischen dominanten und unterdrückten Bedeutungen im kulturellen Feld, »der Augenblick, »in dem die herrschende Klasse imstande ist, von einer unterdrückten Klasse Interessenskonformität nicht nur zu *erzwingen*, sondern eine ›Hegemonie‹ oder ›vollständige soziale Kontrolle‹ … auszuüben. Dies beinhaltet das Ausüben einer speziellen Form von Macht – der Macht, Alternativen zu begrenzen und Möglichkeiten einzuschränken, *Zustimmung zu erlangen und zu formen*«,[17] ein kontinuierlich

14 Stuart Hall (Hg.): *Policing the Crisis: Mugging, the State, and Law and Order*, London 1978; Stuart Hall, Tony Jefferson (Hg.): *Resistance through Rituals: Youth Subcultures in Post-War Britain*, London 1976.

15 University of Birmingham – Centre for Contemporary Cultural Studies, Women's Studies Group: *Women Take Issue: Aspects of Women's Subordination*, London 1978.

16 University of Birmingham – Centre for Contemporary Cultural Studies: *The Empire Strikes Back: Race and Racism in 70s Britain*, London 1982.

17 Hall und Jefferson (Hg.): *Resistance through Rituals*, S. 38.

dynamischer Prozess, der sich innerhalb der Institutionen (und auch auf der Ebene der Populärkultur) ereignet.

Kulturelle Texte können daher daraufhin befragt werden, welche Möglichkeiten der produktiven und subversiven Aneignung sie den nichtdominanten Gruppen erlauben. Dies ermöglicht ein Überschreiten des engen Rahmens marxistischer Interpretationen des *Ideologiebegriffs*: Der Ausgang der Konflikte um Bedeutungen und Interpretationen im kulturellen Feld kann nun als offen, als Produkt ständiger *Verhandlung* angesehen werden, ist nicht mehr vollständig determiniert. Die Komplexität dieser kulturellen Mechanismen wird respektiert. Sinn und Bedeutungen gehen in diesem Zugang nicht in intellektueller Verzweiflung unter, sondern konstituieren sich dynamisch immer wieder neu.

Die Gramsci-Rezeption im Allgemeinen und das Hegemoniekonzept im Besonderen integrierten die *Cultural Studies* als kontextspezifischen, »nicht-reduktionistischen Marxismus, der sich dem Verstehen spezifischer historischer Kontexte und Anordnungen verpflichtete und von einem Fehlen von Garantien in der Geschichte und der Realität der Kämpfe ausging, durch die historische Beziehungen konstituiert werden«.[18] Der strukturalistische Marxismus Althussers wurde somit durch seine Nuancierung in der für die *Cultural Studies* spezifischen Gramsci-Rezeption von seinen totalisierenden Tendenzen befreit und für eine interventionistische akademische Praxis geöffnet, während gleichzeitig Humanismus und Hermeneutik in der Praxis der *Cultural Studies* zu Randerscheinungen wurden.[19]

Die Umgebung, in der sich diese Theorierezeption vollzog, war nicht die der abgehobenen Intellektualität abstrakter philosophischer Diskussionen (wie oft in *New Left Review*), sondern hatte sich anhand der Forschungspraxis einer akademischen Institution zu vollziehen und gleichzeitig ihre politische Interventionskraft unter Beweis zu stellen. Dadurch wurde das CCCS wesentlich für die Ausbildung von *Cultural Studies* als akademischer Disziplin und Hall als intellektuelle Leitfigur richtungweisend. (Ebenso wurde er

18 Lawrence Grossberg: »The Formations of Cultural Studies: An American in Birmingham«, in: Valda Blundell, John Shepherd, Ian Taylor (Hg.): *Relocating Cultural Studies: Developments in Theory and Research*, New York 1993, S. 29.

19 Dazu vor allem Stuart Hall, Dorothy Hobson, Andrew Lowe, Paul Willis (Hg.): *Culture, Media, Language*, London 1980, Einleitung.

später an der Open University, einer Institution, die sich der Aus- und Weiterbildung durch Fernstudien auf grundlegender Ebene widmet, richtungweisend für die Verbreitung der *Cultural Studies* als pädagogischer Praxis.) In methodischer Hinsicht wurde am CCCS der interpretierend-literaturwissenschaftliche Ansatz Hoggarts und Williams' zwar nicht gänzlich aufgegeben, jedoch durch ethnografische und soziologische Methoden ergänzt, die teilnehmende Beobachtung und Publikumsforschung gleichberechtigt neben semiotische Analysemethoden stellten.

Halls Verdienst ist es sicherlich, dies ermöglicht zu haben, ohne je den politisch-interventionistischen Anspruch aus den Augen zu verlieren. Konkrete Studien zu Jugend- und Subkulturen waren exemplarisch für die methodisch-pragmatische Umsetzung von rekontextualisierten Theoriekonzepten der Linken. Halls Wirken in Birmingham kann daher mit gutem Recht als »schulbildend« bezeichnet werden, ohne dass Hall dabei seine eigene Theorie entwickelt hätte – Letzteres ganz bewusst: »Die einzige Theorie, die der Aneignung wert ist, ist diejenige, mit der man ringt, nicht diejenige, die man vollständig beherrscht.«[20] Hall ist Meister einer solchen selektiven Aneignung für eine akademische Praxis, die Theorie als Werkzeug und nicht als Selbstzweck versteht.

Der Schlüsselbegriff für die Analyse hegemonialer Manifestationen in kulturellen Praktiken ist dabei *Artikulation*. Und zwar verstanden als das Aneinanderfügen

> zweier Teile, die miteinander verbunden sind, aber durch eine sehr spezifische Verbindung. Eine Artikulation ist eine Form der Verbindung, die unter bestimmten Bedingungen eine Einheit aus zwei verschiedenen Elementen herstellen *kann*. Es ist eine Verbindung, die nicht notwendig determiniert, absolut und für ewige Zeiten festgesetzt ist. Man muss fragen, unter welchen Umständen eine solche Verbindung zustande kommen *kann*? Daher besteht die so genannte ›Einheit‹ eines Diskurses in Wirklichkeit aus der Artikulation verschiedener, distinkter Elemente.[21]

Dies bezieht sich auf Analysemethode und Theorie zugleich:

20 Stuart Hall: »Cultural Studies and Its Theoretical Legacies«, in: Lawrence Grossberg, Cary Nelson, und Paula Treichler (Hg.): *Cultural Studies*, New York 1993, S. 280.

21 Stuart Hall: »On Postmodernism and Articulation«, in: David Morley, Kuan-Hsing Chen (Hg.): *Critical Dialogues in Cultural Studies*, London; New York 1996, S. 141.

Artikulation ist die Produktion von Identität auf der Grundlage von Differenz, von Einheiten aus Fragmenten, von Strukturen auf der Grundlage von Praktiken. Artikulation verbindet eine bestimmte Praxis mit einem bestimmten Effekt, einen bestimmten Text mit einer bestimmten Bedeutung, eine bestimmte Bedeutung mit einer bestimmten Realität, eine bestimmte Erfahrung mit einer bestimmten Politik. Und diese Verbindungen fügen sich zu größeren Strukturen zusammen usw. (...) Artikulation ist ein fortwährender Kampf, Praktiken in einem Feld von sich ständig ändernden Kräften neu zu positionieren, die Möglichkeiten des Lebens neu zu definieren, indem man das Feld der Beziehungen – den Kontext –, in dem die Praxis verortet ist, neu definiert.[22]

Diese »weiche« Form eines auf den politischen Kontext bezogenen Strukturalismus wurde am CCCS, wie oben erwähnt, auf ein weites Themenfeld angewendet, das nicht nur Populärkultur, sondern auch Literatur und Film, Tagespolitik und Medienanalysen umfasste. Gerade auf dem Gebiet der Medienanalyse etablierte sich das CCCS unter Halls Leitung als ein Alternativmodell zu den amerikanischen Kommunikationswissenschaften und einer Mediensoziologie, die basierend auf der Annahme eines unhinterfragten »Medienpluralismus« die »Auswirkungen« der Medien empirisch untersuchte (und damit den Publikumsforschungen der Medienkonzerne durchaus nahe stand). Der kulturpessimistischen Medienkritik der Frankfurter Schule, die Massenkultur auf ein Mittel sozialer Kontrolle im Kapitalismus reduzierte, hat sich diese Medienanalyse nicht verschrieben. Die Birminghamer Medienstudien, zusammengefasst in dem Sammelband *Culture, Media, Language*,[23] und besonders Halls viel zitierter Aufsatz »Encoding/Decoding«,[24] setzen diesen beiden Modellen – das eine kritisch, das andere affirmativ – ein Medienverständnis gegenüber, das zwar auf die ideologische Rolle der Medien hinweist und die »Vorstellung von Medientexten als ›transparenten‹ Bedeutungsträgern«[25] hinterfragt, gleichzeitig aber auch auf die aktive – und damit potenziell subversive – Rolle der Rezipienten im Kommunikationsprozess verweist.

22 Lawrence Grossberg: *We Gotta Get out of This Place: Popular Conservatism and Postmodern Culture*, New York 1992, S. 54.

23 Hall u. a.: *Culture, Media, Language*, London 1980.

24 Stuart Hall: »Encoding/Decoding«, in: Stuart Hall, Dorothy Hobson, Andrew Lowe, Paul Willis (Hg.): *Culture, Media, Language: Working Papers in Cultural Studies, 1972-79*, London 1980, S. 128-138.

25 Hall u. a.: *Culture, Media, Language*, S. 117.

Das lineare Kommunikationsmodell, von dem Hall sich absetzt, geht davon aus, dass ein Sender auf lineare Weise eine Nachricht schickt, die vom Empfänger dekodiert wird. Dem setzt Hall ein Verständnis der Nachricht als prinzipiell vieldeutig gegenüber (dem semiotischen Verständnis jedes Zeichensystems als polysem entlehnt). »Verzerrungen« sind dem Kommunikationsakt immanent, da durch Sprache Realität nicht einfach widergespiegelt, sondern aktiv konstruiert wird, und zwar in politischen Kontexten von Dominanz und Widerstand. Die Möglichkeiten der Interpretation sind vielfältig, aber nicht beliebig, da sie durch die Ideologie der klassenspezifischen Position, die sich als ›natürlich‹ präsentiert, eingeschränkt sind.

Bedeutungen sind in Halls Modell somit hierarchisch strukturiert. Es gibt eine »dominant-hegemoniale« Position, die eine »bevorzugte Lesart« produziert. Durch die Überdeterminierung des Dekodierungsprozesses gibt es jedoch auch Lesarten, die zwar die dominante Position im Grunde akzeptieren, sie aber an ihre eigenen Verhältnisse anpassen (»verhandelte Lesarten«), und solche, die die Nachricht völlig an ihre eigene Sicht der Welt (aus der sozialen Position der Unterdrückten heraus) angleichen (»oppositionelle Lesarten«). Aus diesen Einsichten entwickelt Hall ein zirkuläres Modell von Kommunikation, in dem der *Konsum* der Nachricht eine ebenso wesentliche Rolle spielt wie die Produktion: Nachrichten zirkulieren, und verschiedene Zuhörerschaften bzw. Individuen verwenden (dekodieren) die angebotenen »Texte«, um ihnen ihrerseits (neue) Bedeutung zu geben. »Das Wertvolle an diesem Zugang ist, dass zwar für jede Phase der Kreislauf [der Kommunikation, M. R.] insgesamt in der Artikulation notwendig ist, jedoch keine Phase die nächste, mit der sie artikuliert wird, vollständig garantieren kann.«[26]

Das Kodieren und das Dekodieren von Nachrichten sind daher in Halls Verständnis kontextgebundene, *relativ* autonome – jedoch artikulierte – Prozesse, die eine komplexe Struktur von Dominanz und Widerstandsmöglichkeit bilden. Sie zu entschlüsseln ist das Ziel einer Medienanalyse im Sinne Halls.

26 Hall: »Encoding/Decoding«, S. 128.

III. Akademischer Postkolonialismus und Identitätspolitik

Politischer Interventionismus als Leitkategorie machte die kulturellen Praktiken marginalisierter Gruppen zu einem bevorzugten Studienobjekt. Subkulturen dienten dabei besonders anschaulich zur Illustration des Kampfes um Bedeutungshegemonie und Subversion. *Resistance Through Rituals* ist das erste Sammelprojekt, das sich in Detailstudien diesen Fragen zuwendet, hauptsächlich (aber nicht ausschließlich) auf weiße Arbeiterjugend fokussierend.[27] Die Fallstudien zur Subkultur machen deutlich, wie subversive Bedeutungen in kleinen Gruppen bzw. Klassenfragmenten entstehen und Widerstand im Alltag auf symbolische Weise (durch Kleidungsformen, kulturelle Vorlieben, Sprechweisen, z. B. in der Punk-Subkultur) ebenso geleistet werden kann wie durch politische Organisation. Und wie dabei bestehende, hegemoniale kulturelle Praktiken angeeignet, uminterpretiert und neu zusammengesetzt werden – eine Form, Klassenunterschiede auf dem symbolischen Feld zu verhandeln (nicht jedoch zu überwinden).

Die spezifische politische Lage im England der 1970er-Jahre machte es jedoch notwendig, sich einem Problemfeld zuzuwenden, das in der traditionell-marxistischen Zugangsweise Birminghams eher vernachlässigt worden war: dem systematischen Unterdrückungszusammenhang von sozialer Klasse, Ethnizität und Hautfarbe. Anlass war eine »moralische Panik« im Jahr 1972, als eine überhitzte Medienkampagne die zunehmende Gefährdung der öffentlichen Sicherheit durch schwarze Jugendliche propagierte. Eine Kampagne, die einen zunehmend rassistisch geführten öffentlichen Diskurs hervorrief – und das entgegen der Tatsache, dass die Gewaltkriminalität in den Straßen in Wirklichkeit gesunken und die Strafmaßstäbe gleichzeitig strenger geworden waren. Das CCCS stellte sich die Aufgabe, zu untersuchen, durch welche Mechanismen diese mediale Angstmaschinerie den Zusammenhang zwischen Rassismus, Einwanderung und Kriminalität zu erzeugen vermocht hatte. Eine Angstproduktion mit realen Konsequenzen – für die Betroffenen, aber auch für die Gesellschaft im weiteren Sinn, etwa

27 Hall/Jefferson (Hg.): *Resistance through Rituals: Youth Subcultures in Post-War Britain.*

durch den institutionalisierten Rassismus von Einwanderungsgesetzen.

Das Produkt dieser Forschungsarbeiten war einerseits ein weiterer richtungweisender Sammelband, *Policing the Crisis*,[28] eine Intervention gegen die Repression von Immigranten, andererseits aber auch eine Hinwendung Halls (und des CCCS insgesamt) zu Fragen der Identitätspolitik und der Rassismen, die sich in den 1980er-Jahren mit zunehmender Dringlichkeit stellten. Identitätsbildung, Identitätspolitik und Rassismen im Kontext von Globalisierung, Postkolonialismus und Multikulturalismus bilden seither den Kern von Halls Arbeiten. Dies ist auch der Zeitpunkt, an dem Hall seine eigene Position als schwarzer Intellektueller karibischer Herkunft in der britischen Diaspora zu thematisieren beginnt. Unmittelbarer Anlass war sicher die konservativ-nationalistische Kulturpolitik der Regierung Thatcher, die den neoliberalen und deindustrialisierenden Umbau Englands mit einer rückwärtsgewandten, populistischen Ideologie verband: der Einheit einer weißen »Nation« gegenüber den historisch präsenten Klassenunterschieden. Den Immigranten blieb dabei lediglich die kriminalisierte Außenseiterposition. »Vor 15 Jahren war es uns, oder zumindest mir, egal, ob es die Farbe Schwarz im Union Jack gab. Nun ist es uns wichtig, es *muss* uns wichtig sein«, schreibt Hall.[29]

Der vermutlich wesentlichste theoretische Beitrag Halls zu dieser Diskussion ist das Hinterfragen einer vermeintlich kritischen Haltung, die auf einer speziellen Form von Identitätspolitik beruht. Einer Identitätspolitik, die impliziert, dass eine Gruppenidentität durch essentialistische Merkmale ihrer Mitglieder (schwarz, schwul, weiblich …) festgelegt ist und dass diese Gemeinsamkeit als Basis für Solidarität und Zusammengehörigkeit dient.[30] Dieser Suche nach dem authentischen, wesenhaften Inhalt von Identität stellt Hall das Konzept der *Identität als Konstruktion* gegenüber, als Prozess, der niemals abgeschlossen ist, der immer »gewonnen« und »verloren« werden kann.[31] Dieses Konzept der Identität ist daher

28 Hall (Hg.): *Policing the Crisis: Mugging, the State, and Law and Order.*

29 Stuart Hall: »New Ethnicities«, in: David Morley, Kuan-Hsing Chen (Hg.): *Stuart Hall: Critical Dialogues in Cultural Studies*, London 1996, S. 448.

30 Stuart Hall, Paul du Gay (Hg.): *Questions of Cultural Identity*, London 1996.

31 Stuart Hall: »Who Needs Identity? (Introduction)«, in: Hall/du Gay (Hg.): *Questions of Cultural Identity*, S. 2.

kein essentialistisches, das auf einen stabilen, unveränderlichen Kern rekurriert, der immer gleich bleibt, sondern ein strategisches, das Identität (sowohl individuell als auch kollektiv) als positioniert – und daher immer schon als durch miteinander in Wechselwirkung und in Widerspruch stehende Diskurse, Praktiken und Positionen fragmentiert und gebrochen – auffasst.

»Jede Identität ist situiert, positioniert – in einer Kultur, einer Sprache, einer Geschichte ... Sie besteht auf Spezifität, auf einem bestimmten Umstand. Aber ... sie ist nicht an unbewegliche, dauerhafte, unveränderbare Opposition gebunden. Sie ist nicht völlig durch Ausschließungen definiert.«[32] Differenz ist der Identität inhärent, nicht äußerlich und wird kontextspezifisch politisch mobilisiert.

Tatsächlich geht es bei Identitäten darum, die Ressourcen von Geschichte, Sprache und Kultur für einen Prozess des Werdens, nicht des Seins zu mobilisieren: Nicht, ›wer wir sind‹ oder ›woher wir kamen‹, sondern was wir werden können, wie wir repräsentiert wurden und wie dies auf unsere Selbstrepräsentationen zurückwirkt ..., nicht eine so genannte Rückkehr zu den Wurzeln (*roots*), sondern eine Auseinandersetzung mit unseren ›Routen‹. [Identitäten, M. R.] entstehen aus einer Narrativierung des Selbst, aber der notwendigerweise fiktionale Charakter dieses Prozesses untergräbt in keiner Weise seine diskursive, materielle oder politische Wirksamkeit.[33]

Hall setzt sich in seinen Aufsätzen offensichtlich mit postmodernen Theoriebildungen auseinander, versucht jedoch, das politische Moment darin nicht verloren zu geben, indem er immer wieder darauf hinweist, dass Identität weder essentialistisch festgeschrieben noch völlig beliebig ist. Diese Überlegungen bilden den Hintergrund seiner einflussreichen Aussagen über »New Ethnicities«,[34] in denen er »Rasse« als hegemoniale kulturelle Zuschreibung dekonstruiert, durch die Schwarze zu Repräsentationsobjekten werden, die ihrerseits den negativen Bedeutungszuschreibungen positive entgegenhalten müssen, ohne damit die Basis dieser Identitätspolitik zu verändern. Halls interventionistisches Konzept besteht demgegenüber nicht darin, die Art und Weise der Repräsentation von Schwarzen

32 Stuart Hall: »Minimal Selves«, in: *Identity: The Real Me, ICA Documents 6*, London 1987, S. 46.

33 Hall: »Who Needs Identity? (Introduction)«, S. 4.

34 Hall: »New Ethnicities«.

zu hinterfragen, sondern die Repräsentationsmechanismen selbst: »›Das Ende der Unschuld‹ oder das Ende der unschuldigen Annahme eines essenziell schwarzen Subjekts ... Dies bedeutet die Anerkennung der immensen Vielfalt und Differenziertheit der historischen und kulturellen Erfahrung des schwarzen Subjekts«,[35] der Unterschiede in Klasse, Geschlecht und Sexualität.

Eine emanzipatorische Identitätspolitik müsse daher diese Differenzen aktiv annehmen und in den Vordergrund stellen, um die binären Zuschreibungen und die epistemische Gewalt der Rassismen aufzulösen und ein »Bewusstsein der schwarzen Erfahrung als einer Erfahrung von *Diaspora* und der Folgen, die das für den Vorgang des Verunsicherns, Rekombinierens, Hybridisierens«[36] von Identitäten, ihrer Diasporisierung, hat, zu schaffen. Im Sinne postkolonialer Kritik wird Diaspora hier zu einem grundlegenden Begriff für antiessentialistische Identitätspolitik und -ästhetik. Ein Begriff, der Differenz und Hybridität jeder Form von Ethnizität betont. Und Hall ist als postkolonialer Intellektueller, der im Alter von 18 Jahren von Jamaika nach England kam, selbst das Produkt solcher Hybridisierung: kein organischer Intellektueller im Gramsci-Verständnis, sondern als Angehöriger der kolonialen Intelligenzija von den Erfahrungen seiner »Landsleute« abgeschnitten. Von diesen getrennt durch das Beherrschen des kulturellen Idioms der Metropole, durch Bildung und sozialen Status, gleichzeitig aber auch identifizierbar »anders« in der hegemonialen Kultur Englands, die seine intellektuelle Laufbahn bestimmt.

Erst mit seiner Zuwendung zur Identitätspolitik – und deren theoretischer Aufarbeitung – kann Hall seine eigene Position und Herkunft thematisieren. Die Bruchlinie zwischen der Kolonialgesellschaft in Jamaika – die den Rassismus des Imperiums internalisiert hatte, weshalb er sie hinter sich ließ – und der Metropole, die »seine« Gesellschaft erzeugte. Eine Bruchlinie, die er als prägend und produktiv für die Formierung einer neuen Form der Identitätspolitik zu sehen begann. »Indem er seine karibische Vergangenheit aufarbeitet, beansprucht Hall gleichzeitig – wenngleich vorsichtig und zögernd – seine (traumatische) Vergangenheit und situiert sich innerhalb der Anpassungserfahrung der anderen Immigranten aus

35 Ebd., S. 443.
36 Ebd., S. 447.

Westindien. Diese mögen nicht die gleichen Psychobiografien haben, aber ihre Bahnen führten sie ebenso von der Peripherie in die Metropole.«[37]

Stuart Hall mag kein Standardwerk hervorgebracht haben, er setzt jedoch nach wie vor Standards – wie akademische Praxis politisch sein kann, wahrlich politisch sein muss.

Werke von Stuart Hall (Auswahl)

Rassismus und kulturelle Identität, Hamburg 2002.
Cultural Studies, Hamburg 2002.
Ideologie, Kultur, Rassismus, Hamburg 2004.
Identität, Ideologie, Repräsentation, Hamburg 2004.
Policing the Crisis: Mugging, the State, and Law and Order, London 1978.
Hall, Stuart/Whannel, Paddy: *The Popular Arts*, London 1964.
Hall, Stuart/Gay, Paul du (Hg.): *Questions of Cultural Identity*, London 1996.
»Encoding/Decoding«, in: Stuart Hall, Dorothy Hobson, Andrew Lowe, Paul Willis (Hg.): *Culture, Media, Language: Working Papers in Cultural Studies, 1972-79*, London 1980, S. 128-138.
»Subjects in History: Making Diasporic Identities«, in: H. Wahneema (Hg.): *The House That Race Built: Black Americans, U. S. Terrain*, New York 1997, S. 289-299.

Literatur zu Stuart Hall (Auswahl)

Davies, Ioan: *Cultural Studies and Beyond: Fragments of Empire*, London, New York 1995.
Davis, Helen: *Understanding Stuart Hall*, London, Thousand Oaks, CA 2003.
Gilroy, Paul/Grossberg, Lawrence/McRobbie, Angela (Hg.): *Without Guarantees: In Honour of Stuart Hall*, London, New York 2000.
Grossberg, Lawrence: »The Formations of Cultural Studies: An American in Birmingham«, in: Valda Blundell, John Shepherd, Ian Taylor (Hg.): *Relocating Cultural Studies: Developments in Theory and Research*, New York 1993, S. 21-66.

37 Grant Farred: *What's My Name? Black Vernacular Intellectuals*, Minneapolis 2003, S. 181.

Morley, David/Chen, Kuan-Hsing (Hg.): *Stuart Hall: Critical Dialogues in Cultural Studies*, London, New York 1996.
Procter, James: *Stuart Hall*, London, New York 2004.
Rojek, Chris: *Stuart Hall*, Cambridge 2003.

Hinweise zu den Autorinnen und Autoren

Martin Baltes, Dozent, Texter, Autor und Übersetzer. Seit 2001 Geschäftsführer des Verlags orange-press. Studium der Germanistik, Soziologie und Sprachen in Saarbrücken, Brest und Freiburg.

Veröffentlichungen: *absolute Marken, Labels, Brands*, Freiburg 2004 (Hg.); *absolute Black Beats*, Freiburg 2003 (Hg. mit Max Annas); *absolute Marshall McLuhan* Freiburg 2002 (Hg. mit Rainer Höltschl).

Werner Bartens, Dr. med., Medizin- und Wissenschaftsredakteur der *Süddeutschen Zeitung* in München. Studium an den Universitäten Freiburg, Montpellier und Washington D. C. Medizinische Promotion, Magisterexamen in Germanistik und Geschichte. Mehrjährige Forschungsaufenthalte in den USA und am Max-Planck-Institut für Immunbiologie in Freiburg. Ärztliche Tätigkeit an den Universitätskliniken Freiburg und Würzburg. Zahlreiche Fachpublikationen.

Veröffentlichungen (Auswahl): *Was hab ich bloß? Die besten Krankheiten der Welt*, München 2003, als Taschenbuch: *Die Krankmacher. Wie Ärzte und Patienten immer neue Krankheiten erfinden*, München 2005; *Lexikon der Medizin-Irrtümer. Vorurteile, Halbwahrheiten, fragwürdige Behandlungen*, 12. Auflage Frankfurt am Main 2005.

Helmuth Berking, Prof. Dr. phil., Professor für Soziologie an der Technischen Universität Darmstadt. Zuvor Gastprofessuren in Chicago, Freiburg, Berlin und Budapest. Mitherausgeber und Redakteur der Zeitschrift *Ästhetik und Kommunikation*, Referee reader bei *Theory, Culture and Society* sowie Manuscript reader bei *Routlegde Publishing House, Cambridge University Press*.

Veröffentlichungen (Auswahl): *Die Macht des Lokalen in einer Welt ohne Grenzen*, Frankfurt am Main 2006 (Hg.); *Die Wirklichkeit der Städte*, Sonderband 16, Soziale Welt, Baden-Baden 2005 (Hg. mit Martina Löw); *Schenken. Zur Anthropologie des Gebens*, Frankfurt am Main 1996; *Kultursoziologie. Symptom des Zeitgeistes?*, Würzburg 1989 (Hg. mit Richard Faber).

Martin Ludwig Hofmann, Dr. phil., Soziologe und Journalist. Textchef einer Kommunikationsagentur in Freiburg und Redakteur des *Museumsmagazins* des Hauses der Geschichte der Bundesrepublik Deutschland in Bonn. Wiederholte Gutachtertätigkeit für die EU-Kommission in Brüssel und Tätigkeit als Lehrbeauftragter an der Universität Freiburg. Studium der Soziologie, Politikwissenschaft und Betriebswirtschaftslehre an der Universität Freiburg. Forschungsaufenthalte in Großbritannien und bei Lakota-Indianern in den USA.

Veröffentlichungen (Auswahl): *Indian War. Der Fall des indianischen Bürgerrechtlers Leonard Peltier*, 2. Aufl., Bremen 2005; *Culture Club. Klassiker der Kulturtheorie*, 2. Aufl., Frankfurt am Main 2004 (Hg. mit Tobias F. Korta und Sibylle Niekisch); *Monopole der Gewalt. Mafiose Macht, staatliche Souveränität und die Wiederkehr normativer Theorie*, Bielefeld 2003.

Roman Horak, Prof. Dr. phil., Professor am Institut für Kunst- und Kulturwissenschaften, Kunstpädagogik der Universität für angewandte Kunst in Wien und Leiter des Bereichs Kunst- und Kultursoziologie ebendort. Mitbegründer und von 1984 bis 1992 Co-Leiter des 1994 geschlossenen Instituts für Kulturstudien (IKUS) in Wien. Im Wintersemester 1988/89 Honorary Visiting Fellow am Department of Sociology (University of Leicester, Großbritannien).

Veröffentlichungen (Auswahl): *Metropole Wien. Texturen der Moderne*, 2 Bde., Wien 2000 (Hg. mit W. Maderthaner, S. Mattl, L. Musner, G. Meissl, A. Pfoser); *Stadt. Masse. Raum. Wiener Studien zur Archäologie des Popularen*, Wien 2001 (Hg. mit W. Maderthaner, S. Mattl, L. Musner); *Die Praxis der Cultural Studies*, Wien 2002; *Randzone. Zur Theorie und Archäologie von ›Massenkultur‹ am Beispiel Wiens 1950 - 1970*, Wien 2000 (Hg. mit W. Maderthaner, S. Mattl, L. Musner, O. Penz); *Futbol ve Kültürü. Takimlar, Taraftalar, Indüstri, Efsaneler*, 4. Aufl., Istanbul 2004 (Hg. mit W. Reiter und Tanil Bora).

Christa Karpenstein-Eßbach, Prof. Dr. phil., apl. Professorin für Neuere deutsche Literaturwissenschaft an der Universität Mannheim. Studium der Germanistik, Soziologie, Politikwissenschaft und Philosophie an der Universität Göttingen. Arbeiten zum Feminismus, zur Medientheorie, zur Gegenwartsliteratur, zur Literaturtheorie und Diskursanalyse, zur Aufklärung, zur Romantik, zur Literatur der Jahrhundertwende und zum Dadaismus.

Veröffentlichungen (Auswahl): *Einführung in die Kulturwissenschaft der Medien*, Paderborn 2004; *Medien, Wörterwelten, Lebenszusammenhang. Prosa der Bundesrepublik Deutschland 1975-1990 in literatursoziologischer, diskursanalytischer und hermeneutischer Sicht*, München 1995; *Einschluss und Imagination. Über den literarischen Umgang mit Gefangenen*, Tübingen 1985; *Anschlüsse. Versuche nach Michel Foucault*, Tübingen 1985 (Hg. mit Gesa Dane u. a.).

Tobias F. Korta, M. A., Referent im Sächsischen Staatsministerium für Soziales. Studium der Soziologie, Geschichte und Rechtswissenschaft an den

Universitäten Freiburg i. Br. und Glasgow. Anschließend Tätigkeit als wissenschaftlicher Mitarbeiter im Bundestag.

Veröffentlichungen: *Culture Club. Klassiker der Kulturtheorie*, 2. Aufl., Frankfurt am Main 2004 (Hg. mit Martin Ludwig Hofmann und Sibylle Niekisch); *Geschichte als Projekt und Projektion. Walter Benjamin und Siegfried Kracauer zur Krise des modernen Denkens*, Frankfurt am Main u. a. 2001; *Siegfried Kracauer – Fragmente einer Archäologie der Moderne*, Sinzheim 1997 (mit Martin Ludwig Hofmann).

Karsten Kumoll, M. A., M. Sc., Studium der Soziologie, Geschichte und Volkswirtschaftslehre an der Universität Freiburg sowie Ethnologie an der London School of Economics. Zur Zeit Doktorand am Institut für Soziologie der Universität Freiburg mit einem Stipendium der Studienstiftung des deutschen Volkes. Zuletzt war er Visiting Fellow am Department of Sociology der Harvard University in Cambridge, Massachusetts (USA).

Veröffentlichungen: *»From the Native's Point of View«? Kulturelle Globalisierung nach Clifford Geertz und Pierre Bourdieu*, Bielefeld 2005.

Rolf Lindner, Prof. Dr. phil., Professor für Europäische Ethnologie an der Humboldt-Universität zu Berlin. Mitherausgeber der Zeitschrift *Historische Anthropologie*, Mitglied des Editorial Board der Zeitschrift *Cultural Studies*, Mitglied des wissenschaftlichen Beirats der Zeitschrift *Sport und Gesellschaft*. 1992/93 Fellow am Kulturwissenschaftlichen Institut Essen, 1998/99 erster Urban Fellow der Stadt Wien und des Internationalen Forschungszentrums Kulturwissenschaften (IFK) in Wien.

Veröffentlichungen (Auswahl): *Walks on the Wild Side. Eine Geschichte der Stadtforschung*, Frankfurt am Main, New York 2004; *Die Stunde der Cultural Studies*, Wien 2000; *The Reportage of Urban Culture*, Cambridge 1996; *Die Entdeckung der Stadtkultur*, Frankfurt am Main 1990.

Sibylle Niekisch, M. A., Studium der Soziologie und Ethnologie an der Universität Freiburg, seitdem Tätigkeiten in der Presse- und Öffentlichkeitsarbeit und als Redakteurin in Berlin.

Veröffentlichungen: *Culture Club. Klassiker der Kulturtheorie*, 2. Aufl., Frankfurt am Main 2004 (Hg. mit Martin Ludwig Hofmann und Tobias F. Korta); *Kolonisation und Konsum. Kulturkonzepte in Ethnologie und Cultural Studies*, Bielefeld 2002; »Cultural Studies und Ethnologie. Zu einem schwierigen Verhältnis«, in: Udo Göttlich, Rainer Winter, Lothar Mikos (Hg.): *Die Werkzeugkiste der Cultural Studies. Perspektiven, Anschlüsse, Interventionen*, Bielefeld 2001, S. 131-158.

Ingeborg Nordmann, Dr. phil., Literaturwissenschaftlerin und Studienleiterin der Evangelischen Stadtakademie Frankfurt sowie Mitglied der Redaktion des Hannah-Arendt-Newsletters.

Veröffentlichungen (Auswahl): *Hannah Arendt, Denktagebuch. 1950-1973,* 2 Bde., München, Zürich 2002; *Hannah Arendt. Eine Einführung,* Frankfurt am Main 1994; *Margarete Susman. Das Nah- und Fernsein des Fremden.* Essays und Briefe, Frankfurt am Main 1992.

Stephan Moebius, PD Dr. phil., Soziologe und Kulturwissenschaftler. Privatdozent an der Universität Bremen und wissenschaftlicher Mitarbeiter am Institut für Soziologie der Albert-Ludwigs-Universität Freiburg i. Br. Er arbeitet derzeit an einem von der DFG geförderten Projekt zu Marcel Mauss. Zuletzt arbeitete er zu dem von Georges Bataille, Roger Caillois und Michel Leiris Ende der 1930er-Jahre in Paris gegründeten Collège de Sociologie. Weitere Informationen: www.stephanmoebius.de.

Veröffentlichungen (Auswahl): *Die Zauberlehrlinge. Soziologiegeschichte des Collège de Sociologie,* Konstanz 2006; *Marcel Mauss. Eine Einführung,* Konstanz 2006; *absolute Jacques Derrida,* Freiburg 2005 (Hg. mit Dietmar Wetzel); *Die soziale Konstituierung des Anderen. Grundrisse einer poststrukturalistischen Sozialwissenschaft nach Lévinas und Derrida,* Frankfurt am Main, New York 2003.

Dirk Quadflieg, M. A., Philosoph und Soziologe. Stipendiat der Zentralen Forschungsförderung der Universität Bremen. Er arbeitet zur Zeit an einer Dissertation über ein Denken der Differenz bei Hegel, Wittgenstein und Derrida. Weitere Informationen: www.dquadflieg.de.

Veröffentlichungen: *Das Sein der Sprache. Foucaults Archäologie der philosophischen Moderne,* Berlin 2006; *Kultur. Theorien der Gegenwart,* Wiesbaden 2006 (Hg. mit Stephan Moebius).

Willem van Reijen, Prof. Dr. phil., Professor emeritus für Sozialphilosophie und politische Philosophie an der Universität Utrecht (Niederlande) sowie Honorarprofessor für Soziologie und Sozialphilosophie an der Universität Freiburg. Forschungsschwerpunkte: Politische Ontologie (insbesondere Heidegger), Kritische Theorie (Adorno, Horkheimer, Benjamin) und Modernitätstheorien.

Veröffentlichungen (Auswahl): *Aufenthalte und Passagen. Leben und Werk Walter Benjamins,* Frankfurt am Main 2001 (mit Hermann van Doorn); *Der Schwarzwald und Paris. Heidegger und Benjamin,* München 1998; *Heilsversprechen,* München 1997; *Modernisierung. Projekt und Paradox,* München, 2. aktualisierte Aufl. 1997 (mit Hans van der Loo); *Die authentische Kritik der Moderne*, München 1994; *Walter Benjamin*, Frankfurt am Main 1991 (mit Norbert Bolz).

Walter Reese-Schäfer, Prof. Dr. phil., Professor für politische Theorie und Ideengeschichte an der Universität Göttingen, Director of Studies des internationalen Studiengangs »Euroculture« der Universitäten Göttingen, Groningen, Straßburg, Udine, Uppsala, Bilbao-San Sebastian, Krakau und Olmütz, Fellow des Kulturwissenschaftlichen Instituts Essen.

Veröffentlichungen (Auswahl): *Politische Theorie der Gegenwart in 15 Modellen*, München und Wien 2006; *Luhmann zur Einführung*, 5. Aufl., Hamburg 2005; *Lyotard zur Einführung*, 3. Aufl., Hamburg 1995; *Jürgen Habermas*, 3. Aufl., Frankfurt am Main, New York 2001; *Kommunitarismus*, 3. Aufl., Frankfurt am Main, New York 2001; *Richard Rorty zur Einführung*, 2. Aufl., Hamburg 2006.

Markus Reisenleitner, Prof. Dr. phil., Professor für Cultural Studies an der Lingan Universität in Hongkong. Studium der Geschichte, Anglistik und Sprachwissenschaft. Promotion 1990. Universitätslektor in Wien 1990 bis 1998, Associate Director des Canadian Centre for Austrian and Central European Studies 1998-2001. Seit 2001 Associate Professor am Department of Cultural Studies an der Lingan Universität in Hongkong, seit 2004 Institutsleiter.

Veröffentlichungen (Auswahl): *Cultural Studies – Eine Einführung*, 4. Aufl., Wien 2002 (mit Christina Lutter); *Floodgates – Technologies, Cultural Ex/change and the Persistence of Central Europe*, Wien 2005 (Hg. mit Susan Ingram und Cornelia Szabó-Knotik); *Placing History: Themed Environments, Urban Consumption and the Public Entertainment Sphere*, Wien 2003 (Hg. mit Susan Ingram).

Michael Sukale, Prof. Dr. phil., Professor für Philosophie und Grundlagen der Wissenschaften in Oldenburg. Studium der Philosophie, Psychologie, Geschichte und Soziologie in Freiburg und Mannheim. 1971 Ph. D. in Stanford, USA. 1984 Habilitation in Mannheim. Professuren und Lehraufträge unter anderem in Princeton, Chicago, Washington, Jerusalem, Genf sowie in Düsseldorf, Konstanz, Bamberg und Leipzig. Er gab die Zeitschrift *LOGOS* heraus (mit Hans-Jürgen Wendel) und *Max Webers Schriften* in drei Bänden, Stuttgart 1991-1997.

Veröffentlichungen (Auswahl): *Max Weber und das Irrationale* (im Erscheinen); *absolute Max Weber*, Freiburg 2004 (Hg.); *Max Weber – Leidenschaft und Disziplin. Leben, Werk, Zeitgenossen*, Tübingen 2002, sowie zahlreiche Aufsätze und Bücher über Phänomenologie, Sprachphilosophie und Kunstwissenschaft.

Richard Rorty
im Suhrkamp Verlag

Kontingenz, Ironie und Solidarität. Übersetzt von Christa Krüger. stw 981. 324 Seiten

Die Schönheit, die Erhabenheit und die Gemeinschaft der Philosophen. Übersetzt von Christa Krüger. Erbschaft unserer Zeit. Band 5. es 2149. 87 Seiten

Der Spiegel der Natur: Eine Kritik der Philosophie. Übersetzt von Michael Gebauer. stw 686. 438 Seiten

Stolz auf unser Land. Die amerikanische Linke und der Patriotismus. Übersetzt von Hermann Vetter. Gebunden. 167 Seiten

Wahrheit und Fortschritt. Übersetzt von Joachim Schulte. stw 1620. 515 Seiten

Donald Davidson/Richard Rorty. Wozu Wahrheit? Eine Debatte. Herausgegeben von Mike Sandbothe. stw 1691. 350 Seiten

Zu Richard Rorty

Hinter den Spiegeln. Beiträge zur Philosophie Richard Rortys mit Erwiderungen von Richard Rorty. Herausgegeben von Thomas Schäfer, Udo Tietz und Rüdiger Zill. Übersetzt von Joachim Schulte. stw 1522. 395 Seiten

NF 148/1/4.05